旅游管理十五讲

董观志 著

廣東旅游出版社
GUANGDONG TRAVEL & TOURISM PRESS
悦读书·悦旅行·悦享人生

中国·广州

图书在版编目（CIP）数据

旅游管理十五讲 / 董观志著. — 广州：广东旅游出版社，2024.3
ISBN 978-7-5570-3088-9

Ⅰ.①旅… Ⅱ.①董… Ⅲ.①旅游经济－经济管理－高等学校－教材 Ⅳ.①F590

中国国家版本馆CIP数据核字(2023)第116848号

出 版 人：刘志松
策划编辑：林保翠
责任编辑：林保翠　陈伊甜
装帧设计：艾颖琛
责任校对：李瑞苑
责任技编：冼志良

旅游管理十五讲
LÜYOU GUANLI SHIWU JIANG

广东旅游出版社出版发行
（广东省广州市荔湾区沙面北街71号首、二层）
邮编：510130
电话：020-87347732（总编室） 020-87348887（销售热线）
投稿邮箱：2026542779@qq.com
印刷：佛山家联印刷有限公司
（佛山市南海区桂城街道三山新城科能路10号自编4号楼三层之一）
开本：787毫米×1092毫米　16开
字数：619千字
印张：26.25
版次：2024年3月第1版
印次：2024年3月第1次
定价：68.00元

[版权所有　侵权必究]
本书如有错页倒装等质量问题，请直接与印刷厂联系换书。

前言

旅游管理者的价值变现力

旅游肇始于人们的文化空间跨越行为，旅游业脱胎于产业革命形成的社会分工潮流，旅游学发端于市场经济推进的国际贸易体系，旅游管理萌发于经济全球化加速的社会流动性。实践出真知，时间见真功。

在科技加速创新和经济持续发展的现代社会，人类正在从繁重的劳动和繁忙的工作中解放出来，高频率的休闲度假正在成为日常生活的标准配置，远距离的旅行观光和沉浸体验正在成为生活方式的主体架构，旅游已经成为人类命运共同体的建设性力量。

目前，信息技术进入了人工智能时代，交通运输进入了磁悬浮列车和超音速飞机组合模式，公共教育进入了高等教育普及普惠状态，社会治理进入了共建人类命运共同体轨道，多重动能叠加推动旅游发生着颠覆性的深度变革，旅游业迎来了规模增长和质量提升的战略机遇。因此，如今的旅游管理直面着技术创新的挑战和消费迭代的考验。

这个时候，旅游学家需要整装列队上阵，锚定旅游业理论的困惑和现实的悖论，解构长期以来形成的"吃住行游购娱"要素论思维体系，重构技术创新背景下的内容经济导向体系，架构旅游需求端、供给端、监管端"三端对接"，旅游产业链、供应链、价值链"三链融合"，旅游基础层、应用层、发展层"三层叠加"的现代旅游管理体系，为旅游业高质量可持续发展提供灯塔效应的理论引擎和策略指南。回归旅游学的常识是最好的学术态度，回归旅游业的本质是最好的理论标杆。

这个时候，旅游管理者需要系统认知旅游消费逻辑并透彻洞见旅游供给规律，锁定旅游业投资、生产、运营和收益活动中碰到的问题，夯实旅游要素经济的基础层，强化旅游载体经济的应用层，提升旅游内容经济的发展层，打造旅游融合经济的生态圈，高瞻远瞩地冲破客群市场"蛋糕空心化"和接待业态"旺丁不旺财"的旅游业困惑，求真务实地破解理论上的战略支柱性产业和现实中的战术竞争性产业的旅游业悖论，为构建旅游业高质量发展模式提供引领性的技术实现路径和价值变现能力。回归经济规律的理性是最好的职业操守，回归商业逻辑的业绩是最好的发展战略。

世界上，从来就没有横空出世的运气，只有不为人知的努力。每一颗钻石在被发现之前，都经受了埋藏于尘埃的寂寞时光。旅游业态是这样，旅游企业是这样，旅游管理者是这样，旅游管理学术成果更是这样！只有经历过、探索过、实践过、成败过，走出以理论为穹顶、实践为路径的漫长从业隧道，沐浴在豁然开朗的阳光下，才能真切地体会到在旅游管理中常识如阳光、本质如空气、理性如食物、业绩如生命的生态系统法则。

1994年，我辞去荆州古城里江陵县政府的部门工作，考入湖北大学旅游学院院长马勇教授门下，开始旅游管理的学习和探索，至今已经30年啦！非常幸运，我参与了中国旅游学术从启蒙到蔚然成风的架构过程，见证了中国旅游业从启动到蔚为壮观的发展过程，贡献了"三驾马车"式的建设性力量。所谓"三驾马车"是指学术研究、讲课教学和行业实践。

学术研究成果表现在发表了100多篇论文和出版了20多本著作上。1996年在《武汉大旅游圈的构建与发展模式研究》论文中提出"旅游圈"，被学术界认定为"这是学者首次提出旅游圈的概念"；2000年在《旅游主题公园管理原理与实务》一书中提出来的"主题公园"概念，被业界广泛认同；2017年8月接受国家发改委邀请，参与拟定了《关于规范主题公园建设发展的指导意见》（发改社会规〔2018〕400号）文件，主题公园的概念成为规范性术语；2008年在《旅游+地产：华侨城的商业模式》一书中阐述的"旅游+"发展逻辑，2017年被原国家旅游局推广成为全国性的旅游业发展举措。

讲课教学成果一方面体现在坚守在暨南大学深圳旅游学院指导本科生、硕士研究生和博士研究生，为学生们主讲"旅游学概念""景区运营管理""企业战略管理"等课程，编著的《旅游管理原理与方法》被教育部两次评选为普通高等教育国家级规划教材；另一方面体现在接受涉及全国31个省份的地方政府和旅游企业邀请，做旅游资源开发、旅游市场营销和旅游业发展战略等专题报告。

行业实践成果反映在受涉及全国31个省份的地方政府和旅游企业邀请主持完成的一系列规划设计项目，足迹遍布大江南北、长城内外、深山老林、大漠戈壁、冰川雪峰和边境地区。正是这样的背景和实践，让我有了分享《旅游管理十五讲》的内在动力。

《旅游管理十五讲》力图用最通俗的语言和最简洁的形式表达最丰富的内容，把最基础的操作方法和行动策略分享给旅游界的朋友们，赋能旅游管理者的价值变现能力。本书共分为5个部分：

第一部分为旅游管理的内生核，共3讲。从旅游学科的建设问题出发，讲述了旅游管理的研究方法，阐述了旅游管理的应用理论，意在构建旅游管理的决策力。

第二部分是旅游管理的基础层，共3讲。从旅游地的空间结构出发，讲述了规划管理的技术路线和编制方法，阐述了旅游投资的过程管理与效果评价，论述了旅游企业的环境分析、战略选择和战略控制，意在构建旅游管理的执行力。

第三部分是旅游管理的应用层，共4讲。基于标准和旅游业管理标准化，讲述了旅游业信息化管理和智慧化管理的实现技术，阐述了旅游管理的虚拟化操作模式，意在构建旅游管理的整合力。

第四部分是旅游管理的操作层，共3讲。基于旅游产品的特性和创新意义，讲述了旅游节庆演艺产品策划和景区游乐设备管理，阐述了景区市场营销的过程管理和实施策略，意在构建旅游管理的竞争力。

第五部分是旅游管理的发展层，共2讲。着力旅游目的地的管理策略，以武隆区为实证案例讲述了优势旅游区的领先策略，以兴文县为实证案例讲述了次优旅游区的创新策略，以九寨沟为实证案例讲述了品牌旅游区的竞合策略，以乌鲁木齐市的大南山为实证案例讲述了国际旅游区的富民策略，论述了应对旅游趋势性的迭代演进、稳中求进、精准施策和守正创新等管理策略，意在构建旅游管理的收益力。

《旅游管理十五讲》是我为高校学生、旅游企业管理者和政府部门监管者主讲的专题课程和演讲报告的内容集成，所以资料来源广泛，汇集了大家的思想，展示了业界的原创力，受到了众多的启发，感恩分享者的百家之长，感谢听我课的百万之众。正是因为承担（45022418）喀什大学旅游学科发展规划（45022016-子课题），才有机会付梓出版。总体而言，这本《旅游管理十五讲》具有三个方面的特色。一是讲述内容的系统性。因为旅游业是系统性的，只有意识流、信息流、物质流、客群流和资本流的耦合集成，才能保障旅游业的高质量可持续发展，本书的5个部分正是讲述了这5个"流"的对接融合。二是编写体例的务实性。因为旅游业是实体经济，只有战略决策力、管理执行力、资源整合力、市场竞争力和运营收益力的叠加赋能，才能促进旅游业的转型升级和创新发展，本书的5个部分正是阐述了这5个"力"的同频共振。三是读者对象的针对性。因为旅游业是为了满足人们日益增长的美好生活需求，只有顶层思维、扁平组织、多维赛道、底盘操作、网链技术的同步创新，才能开创旅游业的发展战略新格局，本书的5个部分正是为谋局者、投资者、建造者、运营者和监管者等5个群体提供的管理策略。总之，《旅游管理十五讲》在编写理念、大纲设计、内容安排、资料引用和行文风格等方面体现了"够用、实用、好用"的基本特征，系统构建价值变现力，适合作为高校旅游管理专业的教材、旅游实业操作的指南和旅游管理者的参考书。

目录
CONTENTS

001 **第一讲 旅游学科的建设问题**
003　　第一节 旅游学是什么
005　　第二节 旅游学是相当年轻的学科
012　　第三节 旅游学还处于探索性理解阶段
017　　第四节 首要任务是构建旅游学的学科体系

025 **第二讲 旅游管理的研究方法**
027　　第一节 为什么需要研究旅游管理
030　　第二节 旅游管理是人的社会活动
034　　第三节 旅游管理研究的常用方法

043 **第三讲 旅游管理的应用理论**
045　　第一节 旅游管理遵循管理学的基本原理
053　　第二节 旅游管理需要跨学科的逻辑思维
059　　第三节 旅游管理应该自主创新学理体系

069 **第四讲 旅游地的规划管理**
071　　第一节 旅游地的空间结构
078　　第二节 旅游地的功能布局
082　　第三节 旅游规划的技术体系
094　　第四节 旅游规划的编制方法

097　第五讲　旅游地的投资管理
- 099　　第一节　旅游投资的概念界定
- 104　　第二节　旅游投资的基础知识
- 109　　第三节　旅游投资可行性研究
- 111　　第四节　旅游投资的过程管理
- 116　　第五节　旅游投资的效果评价

121　第六讲　旅游企业战略管理
- 123　　第一节　旅游企业的环境分析
- 130　　第二节　旅游企业的战略选择
- 137　　第三节　旅游企业的战略实施

143　第七讲　旅游管理的标准化
- 145　　第一节　标准与旅游业标准化管理
- 150　　第二节　旅游业的标准化管理体系
- 152　　第三节　旅游企业的标准化管理体系

157　第八讲　旅游管理的信息化
- 159　　第一节　信息技术与旅游信息化管理
- 165　　第二节　旅游业信息化的实现技术
- 174　　第三节　旅游业信息化的系统管理

185	**第九讲 旅游管理的智慧化**	
187	第一节	网链技术与智慧旅游
193	第二节	智慧旅游的移动通信技术
199	第三节	智慧旅游的物联网技术
202	第四节	智慧旅游的云计算技术
207	第五节	智慧旅游的人工智能技术
221	**第十讲 旅游管理的虚拟化**	
223	第一节	虚拟企业与虚拟化经营
232	第二节	旅游产业的虚拟化管理
239	第三节	旅游企业的虚拟化管理
249	**第十一讲 景区产品创新管理**	
251	第一节	景区产品的特性与创新意义
254	第二节	景区产品创新的理论与原则
257	第三节	景区产品创新的方法与途径
260	第四节	景区节庆演艺产品策划管理
267	**第十二讲 景区游乐设备管理**	
269	第一节	景区游乐设备的分类与特征
275	第二节	景区游乐设备的操作与运营
281	第三节	景区游乐设备的维护与保养
284	第四节	景区设施设备的维修与更新

第十三讲 景区市场营销管理 — 289

- 第一节 景区营销的内涵与特征 — 291
- 第二节 景区营销的过程管理 — 295
- 第三节 景区营销的实施策略 — 298
- 第四节 景区营销的维护管理 — 304

第十四讲 区域性旅游的管理策略 — 317

- 第一节 武隆大格局：优势旅游区的领先策略 — 319
- 第二节 兴文新举措：次优旅游区的创新策略 — 331
- 第三节 九寨沟范例：品牌旅游区的竞合策略 — 341
- 第四节 大南山样本：国际旅游区的富民策略 — 349

第十五讲 趋势性旅游的管理策略 — 359

- 第一节 迭代演进是旅游发展的主流趋势 — 361
- 第二节 稳中求进对接可预期的旅游市场 — 373
- 第三节 精准施策应对旅游业的不确定性 — 380
- 第四节 守正创新抓住双循环的战略机遇 — 386

主要参考文献 — 395

后记 — 405

有趣的人生,
一半是山川湖海。
旅游管理不一定能改变山川湖海,
但是一定能让山川湖海的人生更有趣。

——董观志

2023 年 6 月 18 日

第一讲
旅游学科的建设问题

第一节　旅游学是什么

第二节　旅游学是相当年轻的学科

第三节　旅游学还处于探索性理解阶段

第四节　首要任务是构建旅游学的学科体系

第一节　旅游学是什么

旅游作为人类文明的产物，由来已久。为获取生活资料而被迫迁徙，为改善生存环境而辗转迁移，为逃避战乱而远走他乡，为赚取商业利益而踏上旅程，为宗教朝拜而长途跋涉，为了解异域风物而探险游历……时至今日，旅游已经发展为当今世界规模最大的人类活动之一，旅游活动呈现出来的现象与规律引起了学术界的广泛关注[1]。

是否存在旅游学，什么是旅游学？这是一个首先要回答的基本问题。明确旅游学的概念，不仅有利于建设旅游学科体系，有利于提高旅游管理水平，而且有利于旅游业实现高质量的可持续发展，因而是一件非常重要的基础性工作。

真的存在旅游学吗？从逻辑的角度讲，解决这个问题的前提首先是必须界定什么是旅游学。显然，这是一个关于旅游学自身的问题，也是一个关于旅游学整体的问题。针对这个问题，"旅游学"是作为对象被引入研究中来的，由于任何一门学科都不可能以自身为自己研究的对象，所以"旅游学是什么"的问题不是一个旅游学问题。那么，"旅游学是什么"究竟属于哪一个学科的问题呢？在科学群体中，各学科都几乎无一例外地由其主题来界定，由它们研究什么而不是怎样研究来界定。旅游是伴随着人类历史而存在的一种客观现象，而把旅游现象作为一个独立学科来研究的时间并不长，仅仅是最近几十年的事情。由于旅游学研究者们涉足自然科学和社会科学的不同领域，旅游学通常因为多样化的热烈争论而未能获得"旅游学是什么"的满意答案。

哲学是一种思考的科学，作为一门学科或一系列学科的哲学，就是回答"我们能认识什么"和"我们怎样才能最终认识它"这类基本问题的[2]。所以，"旅游学是什么"的问题是一个哲学问题，按照通常的说法，这个问题应该属于旅游学哲学。这里提出的"旅游学哲学"这一命题，显然在现实中还存在着相当大的困难，因为时至今日尚没有关于旅游学哲学的明确术语和具体论述。

从科学哲学的角度来看，旅游学哲学是科学哲学的一个专门化的分支，正像物理学哲学、化学哲学、生物学哲学、心理学哲学、经济学哲学等一样，都是科学哲学在某一特殊领域的具体化。综观近30年来中国出版的高校旅游教材，数量确实可观，而有新的创见者则极少。以高校旅游专业的基础入门教材而言，自1982年出版第一本《旅游概念》以来，相继出版了《旅游学概论》《旅游学导论》《旅游学》《旅游业教程》等名目繁多的教材，但都以旅游业为研究对象，其内容了无新意[3]。为什么会出现这种局面？一方面是旅游学研究者们没有提出旅游学特定的学科主题——一个限定着"我们能认识什么"和"我们怎样才能最终认识它"的框架，一套指示研究和争论将如何在学科内进行的规则和程序；另一方面是旅游部门长期以来不鼓励旅游学者们从事旅游理论研究，认为旅游学是一门应用性的学科，从事理论研究就是脱离实际。这两者之间是互为因果的，前者是因，后者是果。所以，如果不解决好旅游学的哲学问题，将不仅限制旅游学的学科进步，使旅游学在学科建设中被边缘化，从而失去特殊性和独立性，还影响旅游业的可持续发展，使旅游业在产业体系建设中被零碎化，从而失去成长的机会和发展的优势。最近几十年来，不论是中国的旅游业，还是世界的旅游业，都取得了突飞猛进的发展，成为社会、经济和文化发展重要的组成部分，客观上旅游学迫切需要作为一个独立学科尽快成熟起来。

旅游学要作为一个独立的学科而存在和发展，就必须回答一个根本问题：旅游学是什么？对这个问题的回答，可以通过两个途径来入手。一是通过阐述"旅游学家是干什么的"来回答。但是，这种方式的回答不仅是间接的，而且不可能给出一个确切的答案，这是因为并不存在一个旅游学家及其言行就代表着"旅游学家应该是怎样的"。这就是中国旅游学术界30多年来没有形成主流学术思想和出现学术核心人物的特殊原因，尽管旅游学者们付出了许多甚至是艰辛的学术努力。二是直接通过对旅游学研究内容的考察来回答。比如，罗伯特·麦金托什（Robert W. McIntosh）等的《旅游学：要素、实践、基本原理》[4]、谢彦君的《基础旅游学》[5]和笔者的《旅游管理原理与方法》[6]等就是如此。每一种学科的哲学都既包含某种认识论，又包含某种本体论。认识论包括学科的四个方面：它的性质（人们所相信的是什么）、它的类型（第一手知识和第二手知识）、它的客体（学科主题所反映的事实）和它的起源。在哲学框架内与认识论联系在一起的是本体论，本体论的理论限定了"什么可能存在"。认识论和本体论一起被用来限定方法论，方法论的应用使旅游学的知识积累得以聚合起来，从而使人们理解旅游学的假定、旅游学的理论成长逻辑、旅游学的理论结构、旅游学理论检验的标准等特定主题，最终上升到旅游学的学科主题。显然，这是一种富有成效、可持续探讨的回答方式。

总的来说，旅游学的关键术语、思维逻辑、研究边界和话语体系还处于混沌的学术爆炸状态，也就是"旅游学是什么"的问题至今尚未得到合理的、比较一致的解决。因此，这里以这个基本结论作为展开讨论的背景，提供了三种旅游学，而不是一种科学和两种非科学或反科学：第一种是以旅游现象研究为基础的旅游学[7]，第二种是以旅游系统研究为基础的旅游学[8]，第三种是以旅游实证研究为基础的旅游学[9]。从科学哲学的角度来看，这里实际上提供了旅游学的三种哲学思想：以旅游现象研究为基础的旅游学反映了人本主义的思想，以旅游系统研究为基础的旅游学反映了结构主义的思想，以旅游实证研究为基础的旅游学反映了经验主义的思想。因为旅游活动被理解为经济学现象，中国经过1990年以来轰轰烈烈的推广运动之后，经验主义思想在中国旅游学科研工作中占据了主导地位，大部分旅游学者热衷于用统计学的工具解读地方旅游业的发展成就。2008年美国"两房"危机引爆的金融危机重创了世界经济，冲击了全球旅游业，中国旅游学者开始意识到生态学、社会学、人类学和法学对旅游可持续发展的重要意义，因而人本主义和结构主义思想被作为对经验主义的批判引入旅游学，目前正在成为独立的研究学派而为旅游学领域做出独特的贡献。科学是使知识系统化和形式化的事业，它并不局限于某一特定的认识论，所以本书没有采用特殊的划分方法把三种思想严格地区别开来，而是采取融会贯通的方式把三种思想渗透在具体的阐述之中，以保证旅游学的学科主题值得研究，从而促进旅游学作为学科本身逐渐稳定下来，并获得传播机会与发展优势。

第二节 旅游学是相当年轻的学科

1841年7月5日，英国人托马斯·库克在米德兰铁路公司包租一列从莱斯特往返拉夫伯勒的火车，为参加禁酒大会的570人提供了每人收费1先令的打折优惠出行服务。这次活动很成功，被认为是近代旅游业诞生的标志。名声大振的托马斯·库克随后就成立了世界上第一家旅行社——通济隆旅行社，专门经营旅游服务业务。之后，世界各地的许多组织纷纷效仿托马斯·库克的做法，开启了旅游业的新篇章，西方社会有关促进旅游业发展的研究随之而来。1899年，意大利统计局局长博迪奥（L. Bodio）发表的《关于在意大利的外国旅游者的流动与花费》一文，被公认为把旅游活动作为科学研究对象进行系统理论研究的开始。

20世纪初，以通济隆旅行社为代表的外国公司在中国开始经营旅行服务业务。1923年，陈光甫在1915年成立的上海商业储蓄银行内开设旅行部，被公认为中国现代旅游业的开端。为了扩大旅行服务业务，陈光甫1927年把旅行部从上海商业储蓄银行中分离出来，专门成立中国旅行社，经营兑换货币、发行旅行支票、代售船票车票、组织旅行以及编辑发行旅行指南等业务。与中国旅行社成立同步创刊的《旅行杂志》，以发表的一系列论文为标志开始了中国关于旅游学的研究。1944年，中国旅行社出版的佘贵棠的《游览事业之理论与实际》，被公认为中国有关旅游理论研究的第一本专著[10]。

从世界范围来看，相对于其他比较成熟的学科而言，旅游学是一个相当年轻的学科，正处于构建学科理论框架的关键发展期。

一、国外旅游学研究的三个特征

申葆嘉教授系统地研究了国外旅游研究的发展过程[11]，概括出了国外旅游学研究的三个基本特征。

第一个特征是把旅游学纳入社会科学范畴来研究。社会科学诞生于19世纪的欧洲[12]。当时，市场经济的迅速发展，引起了社会的巨大变革，人们需要对变革造成的社会影响及其起因、形态和性质等做出科学的解释，就在这种情况下产生了社会科学。现代旅游是伴随着市场经济的发展而逐渐发展起来的，旅游发展过程中所产生的各种矛盾是市场经济社会生产循环过程中必不可少的一环，所以，旅游学就被纳入了社会科学的研究范畴。

第二个特征是旅游学比较多地通过理论途径来研究。在任何一个社会科学门类的学术性理论研究中，各个理论层次之间存在着内在的联系：基础理论—专业理论—应用理论。各种理论层次之间的内在关系，表现在它们之间的主导和制约作用上：专业理论的发展要受到基础理论的主导和规范，在专业方向发展上要受到其制约；基础理论和专业理论在微观范围内的应用有一定的局限性，应用理论需要在专业理论的基础上才能发展。三者之间尽管存在一定的制约关系，但是在各自的发展过程中也存在独立运行的特性。旅游学比较多地采用了在三个层次上的学术性研究，注重了跨学科的综合研究。这从方法论的角度反映了旅游学具有复杂性和整体性的学科特征。

第三个特征是把旅游现象作为旅游学的主要对象来研究。旅游既是一种社会经济现象，又是一种社会文化现象。旅游活动与社会经济、政治、文化、艺术、科学技术等各种社会要素都有十分复杂而密切的关系，现代旅游不仅是人们跨越空间界线的简单运动，而且是复杂而敏感的社会、经济和文化活动。旅游学研究的任务就是要建立对旅游现象的解释和预言，这种对旅游现象的解释和预言就是旅游学理论。理论的基本组成是概念和变量，它们相互联系而形成的陈述就是命题。一个命题可以是一个公理、一个假设、一个定理、一种经验的概括，或者一个假说。一组命题相互联系而形成理论，当然，有些理论只由一个单独的命题组成。旅游学作为解释和预言旅游现象的理论，理所当然是由专业性的基本概念和基本变量所组成的。以"旅游业是朝阳产业"这一命题为例，一个公理（旅游是一种经济学现象）、一个假设（旅游需求随着时代的发展而不断增长）、一个定理（旅游供给或者说旅游产品具有生命周期）、一种经验（旅游能够促进经济发展）等形成了一个相互联系的假说体系。实际上，旅游业受不同国家和地区旅游资源、旅游市场、自然因素、政策因素、法律法规、文化环境等主客观条件的影响，也就是说变量比较多而且关系复杂，导致"旅游业是朝阳产业"这一命题并不能经受共时和历时的验证。再以"旅游可以开阔眼界"这一命题为例，这是基于过去的经验、观察和阅读，人们推测到旅游与眼界之间存在某种关系，从而得出的一种猜测性陈述。不过，这个陈述太模糊，难以检验。因此，需要说明旅游与眼界都能够测定的方法，比如用一种量化方法对旅游进行测定，并且按照一定的标准将眼界进行等级划分，上述命题便可以用更确切的方式表达——"旅游越多，眼界越开阔"。这样表达的命题就可以用实验或者调查的数据来检验，所得出的关于旅游与眼界之间存在某种关系的结论才可以成为旅游学的理论基础。

二、国外旅游学研究的四个阶段

1. 旅游学研究的起步阶段

19世纪70年代，产业革命引起了欧洲社会的根本变革，形成了资本主义社会和市场经济体系，旅游条件得到了充分的改善和提高，旅游者的数量、旅游消费的规模和旅游活动的内容持续不断地增长和变化，引起了人们的关注。在这种背景下，应用统计学方法研究旅游学的历史进程开始了。意大利统计局局长博迪奥1899年发表的《关于在意大利的外国旅游者的流动与花费》一文，不仅成为旅游学研究开始的标志，而且为人们认识旅游现象的内涵提供了范式基础。德国、意大利、奥地利和英国的学者们首先从经济学的角度开始了旅游学的研究，旅游学著作相继出版。

2. 旅游学研究的功利性阶段

两次世界大战在改变世界政治格局的同时，也改变了世界经济发展的状况，对各个国家来说，战后发展经济的意义无疑是非常重大的。在这种时代条件下，旅游学研究出现了功利性的思想——旅游的经济属性成为普遍性的认识。1927年，罗马大学的马里奥蒂（A. Mariotti）在《旅游经济讲义》一书中将旅游现象界定为一种旅游业的经营活动，认为旅游业是一个劳动密集型的行业。这种思想影响了几代人对旅游现象性质的认识，几乎成为人们审视旅游现象的一种思维定式。随后，柏林大学葛留克斯曼（G. Glücksmann）出版了《旅游总论》一书，他在书中提出"旅游学需要从不同的学科去研究而不只是从经济学的角度考察"的观点，招致了许多旅游学研究者的批评，因此这种观点在当时并没有形成影响。1942年，瑞士学者汉泽克尔（W. Hunziker）与克拉普夫（K. Krapf）在《旅游总论概要》一书中，提出了与葛留克斯曼比较接近的学术观点，他们认为旅游现象不具备经济性质，而更接近于社会学的范畴。因为这种观点与功利性的思想相差甚远，所以在西方学术界也未能形成应有的影响。

3. 旅游学研究的综合化阶段

直到20世纪60年代，全球化的大众旅游方兴未艾，美国、加拿大和日本等国家的学者们加入到旅游学研究中来，出现了众多学科向旅游学领域广泛渗透的现象，"旅游的经济属性思想一统天下"的情况才发生了根本性的变化。1972年，英国萨里大学的梅特利克（S. Medlik）和伯卡特（A.J. Burkart）出版了《旅游的过去、现在和未来》一书，他们指出：旅游活动涉及许多领域。这一观点引起了不同学科研究者的兴趣和重视，他们纷纷借助某一学科的理论和方法从某一方面或某一层次揭示旅游活动的规律。这个时期，经济学、社会学、政治学、心理学、市场学、管理学、生态学、地理学、规划学、历史学、美学等学科为旅游学科的发展做出了积极的贡献。从某种意义上说，这正体现了旅游学所要求的在更大范围内和更深刻程度上的综合和深化。

4. 旅游学研究的前学科阶段

进入20世纪80年代，经过100年的旅游学研究成果积淀，旅游学理论体系基本达到了"前学科"（pre-discipline）阶段[13]。这个阶段的旅游学研究主要有三个明显的特点：

第一，理论体系的尝试性研究比较活跃，取得了比较多的阶段性成果。美国的尼尔·利珀（Neil Leiper）1981年出版了《旅游学的发展趋势》[14]，美国的乔威斯克（Z. Jovicic）1988年出版了《旅游学原理与方法》[15]，英国的库珀（C. Cooper）与弗瑞奇尔（J. Fletcher）等1993年出版了《旅游学理论与实务》[16]，美国的罗伯特·麦金托什、查尔斯·戈尔德耐（C.R. Goeldner）与布伦特·里奇（J.R. Brent Ritchie）1994年出版了《旅游业教程：旅游业原理、方法和实践》[17]，属于这类成果的典型代表。

第二，旅游学的方法论研究成为热点。美国的《旅游研究年刊》1988年编辑出版的《旅游研究的方法论》专辑，英国的斯蒂芬·史密斯（Stephen L.J. Smith）1989年出版的《旅游分析手册》[18]，美国的罗伯特·C.麦尔和阿拉斯特·M.摩尔森2002年出版的《旅游系统》，英国的斯蒂芬·佩吉（Stephen J. Page）2003年出版的《旅游管理》[19]，都对旅游学的方法论进行了研究。

第三，学术导向性的旅游期刊发挥了重要作用。美国的《旅游研究年刊》自1974年创刊以来，相继推出了《旅游社会学》（1979年）、《旅游地理学》（1979年）、《旅游管理学》（1980年）、《旅游教育》（1981年）、《国际旅游经济学》（1982年）、《旅游人类学》（1983年）、《旅游与政治科学》（1983年）、《旅游与社会心理学》（1984年）、《旅游民俗学》（1984年）、《旅游与环境科学》（1987年）、《旅游符号学》（1989年）、《旅游社会科学》（1991年）等27期专辑，对旅游学的"前学科"研究成果进行了阶段性总结，并从1997年开始把专辑研究成果上升到"旅游社会科学系列丛书"的层面，出版专业著作。英国的《旅游管理》也从1997年开始推出旅游学研究的系列专辑，从而促进了旅游学研究对象和研究内容的界定、研究方法的改进。

三、国内旅游学研究的四个特征

中国的旅游学研究是伴随着改革开放事业而逐步发展起来的，经历了从无到有、从零散到系统、从翻译借鉴到自主创新、从肤浅到深刻的发展过程，为建设旅游学科理论体系奠定了基础。综观国内旅游学的发展态势，可以归纳出国内旅游学研究的四个基本特征。

1. 开展研究的时间比较晚

从1927年中国旅行社成立和《旅行杂志》创刊开始，中国旅游学的研究主要是旅行社从业人员围绕旅行游览业务展开的，出版的书籍有《中国古代旅行之研究》《中国旅行手册》《旅行向导》《游览事业之理论与实际》《旅行社业调查资料》等，期刊有《旅行杂志》《旅行月刊》《旅行周报》《旅行》《旅行天地》《旅行卫生》《旅行便览》等，发表的文章有《交通与旅行部之关系》《中国旅行社之新气象》《论旅行》《旅游中的道德问题》《中国人之游览观》《游览事业之意义》《中国旅行事业之展望》等[20]。1964年7月国务院下设中国旅行游览事业管理局，人们才慢慢习惯将"旅行游览"简称为"旅游"。1978年，中国开始实施改革开放政策和进行社会主义市场经济建设，现代旅游业随之发展起来。在这种背景下，中国学者开始了旅游学的研究工作，1982年，邓观利在天津人民出版社出版了《旅游概论》，这是中国第一本关于旅游学的专业教材。1987年，《旅游学刊》在北京旅游学院创刊，这是中国第一本由学术界创办的交流旅游学术研究成果的专业期刊。相对而言，中国的旅游学研究比欧洲晚了将近一个世纪。

2. 以翻译借鉴为主

1979年上海旅游专科学校（今上海旅游高等专科学校）成立，1980年北京旅游学院（今北京联合大学旅游学院）成立，1985年桂林旅游专科学校（今桂林旅游学院）成立，大连外国语学院、南开学院、西北大学、西安外国语学院、中山大学、暨南大学、湖北大学等高校相继开办有关旅游的专业，教师们也投入到旅游学的学术研究和学科建设中。王立纲、刘世杰1982年出版了《中国旅游经济学》，杨时进和江新懋1983年出版了《旅游概论》，林南枝和陶汉军1984年出版了《旅游经济学》，这些著作都是为了教学需要而编写的教材，在编写体例、概念术语和内容表述等方面较多地受到经济学的影响。1981年，于学谦翻译了日本学者土井厚的著作《旅游业入门》，并由北京旅游学院筹备处印刷出版发行。1985年，蒲红、方宏等翻译出版罗伯特·麦金托什的《旅游学：要素、实践、基本原理》。1987年，向萍、杜江等翻译出版霍洛韦（J.C. Holloway）的《旅游业》。1990年，张践、顾维舟等翻译出版梅特利克和伯卡特的《旅游的过去、现在和未来》（中译本名为《西方旅游业》）。

以上的旅游学研究成果有一个明显的共性，就是都还没有提出"旅游学"这个概念来。直到1991年，南开大学的李天元和王连义出版了《旅游学概论》，"旅游学"这个概念才第一次出现在中国的旅游学研究中。随后，李光坚（1991年）、孙文昌（1992年）、田里（1994年）、徐明（1995年）、曾廷忠（1995年）、谢彦君（1998年）、马勇（1998年）、刘伟（1999年）、魏向东（2000年）等出版的《旅游学概论》或《旅游学》，一直未能取得重大的突破，在框架体系和研究方法上始终没有摆脱《旅游的过去、现在和未来》的影响。

3. 具有认识论的功利性倾向

从中国已经出版的旅游学教材来看，旅游学研究的内容主要建立在旅游结构论研究的基础上，也就是旅游学术界和旅游实业界普遍存在着的几种习惯说法：第一是"吃、住、行、游、购、娱"的"六要素"说，第二是旅游主体（旅游者）、旅游客体（旅游资源）、旅游媒体（旅游业）的"三体"说，第三是"旅游产业"说。这三种习惯说法，实质上反映了人们把旅游活动仅仅理解为经济学现象的功利性倾向。当然，旅游学研究产生这种认识论的功利性倾向是有客观原因的：首先是旅游学研究起步阶段受到拿来主义的影响，因为国外旅游学研究在比较长的时间内受功利性思想主导，相关学术研究成果相对比较多，中国在翻译借鉴过程中自觉或不自觉地受到了这种思想的影响；其次是中国的旅游发展从1980年代开始就是以经济利益为主导方向的，在国家层面上采取了"适度超前"的发展战略，在地方层面上采取了"重要产业"的发展战略。因为"理论从实践中来，到实践中去"，所以中国的旅游学研究受到了现实需求的影响，出现了功利性的倾向，目前这种倾向还在主导旅游学的研究，对此要有清醒的认识。

4. 旅游学研究依赖高等旅游教育

中国旅游学研究的学者队伍主要集中在高等院校，研究成果主要体现在教材建设和学术论文中，使旅游学研究的发展深刻地打上了高等旅游教育的烙印。

四、国内旅游学研究的五次跳跃

中国高等旅游教育从1987年上海旅游专科学校的诞生开始，30多年来经历了四次跳跃式的发展阶段，旅游学研究也如影随形，经历了5次从隐学到显学的演变过程[21]。

1. 1978—1988年的10年探索发展时期

主要是以原国家旅游局指导8所高等院校开办旅游系或旅游专业为代表，为适应中国旅游业由外事接待型向经济效益型转变做了大量人才培养的开拓性工作。20世纪80年代中期恰好是中国一些综合性大学进行学科（专业）重组的浪潮期，旅游业的长足发展引起了广泛的关注，旅游教育被纳入综合性大学"试办"的议事日程，中国高等旅游教育开始了数量增长型的无序发展。这个时期的旅游学研究以基本常识的普及为主。

2. 1989—1994年的6年规模化发展时期

旅游业快速发展激发了高校的高度兴趣，各高校纷纷涉足旅游教育，高等旅游教育在全国范围内"天女散花"式地开办起来，实现了中国高等旅游教育办学数量的规模化扩张。这个时期，以南开大学、杭州大学等高校旅游系为代表，加快了中国高等旅游教材的编著和对国外旅游理论著作的翻译工作，形成了指导中国旅游业发展的理论轮廓。以中国科学院地理所、北京大学等为代表，把地理学、区域科学、经济学等学科延伸至旅游教育，开始了旅游专业方向的硕士研究生教育工作，把中国高等旅游教育提高到了更高的层次。这个时期的旅游学研究以翻译国外旅游学成果、借鉴相关学科理论为主。

3. 1995—2005年的内涵式发展时期

随着中国旅游业实现了国际市场与国内市场并举的发展战略，旅游市场的激烈竞争促使旅游业发展方式向质量效益型转变，为中国高等旅游教育体系的构建提供了机遇和动力。在这种条件下，有4个方面值得我们关注：

第一，综合性大学为了更好地以集约方式开展旅游教育，相继成立了旅游学院和旅游研究机构，更加注重师资、教材、手段、设施等旅游教育的内涵因素。

第二，以1996年11月全国高等旅游教育研究会召开的"武汉会议"和1997年11月全国高等旅游教育协作会举办的"昆明会议"为标志，中国高等旅游教育开始了资源共享性的"教学—科研—合作"体系网络化。

第三，教育部对旅游管理专业目录进行调整，并对高等旅游院校的旅游专业进行评估，促进了高等旅游教育的规范化建设。

第四，以高等教育出版社、旅游教育出版社、南开大学出版社、东北财经大学出版社等为代表的出版社，相继出版发行了众多具有较高质量、自成体系的高等旅游教材；以《旅游学刊》《旅游科学》《经济地理》《中国旅游报》为代表的全国性旅游专业报刊和旅游边缘性报刊，发表了大量有创见、有价值的学术著作，为旅游学科理论建设和高等旅游教育"整体跟进"与"适度超前"奠定了基础。《旅游学刊》与1997—1999年开展的关于旅游学理论体系研究的大讨论，对中国旅游学的觉醒和自立具有建设性的历史意义。

4. 2006—2019年的创新性发展时期

这个时期具有8个特点：

第一，旅游院校和学生数量形成规模。

第二，旅游教育的发展基本上与区域旅游业的发展相适应，形成了旅游业越发达的地区、旅游院校数和在校学生数就越多、旅游教育也就越发达的良好格局。

第三，以旅游管理和饭店管理为主的旅游教育专业体系基本形成。

第四，院校层次结构形成了从专科生、本科生、硕士生到博士生的金字塔型结构。

第五，国内旅游学研究的原创性成果开始充实到教材内容中。

第六，办学体制改革不断深化，出现了旅游企业集团与高等院校联合办学的可喜局面。

第七，"教学—科研—实践"共轭型办学机制开始形成，旅游院校开始承担国家科学基金研究项目，省、部级科研课题以及一大批地方旅游专项研究课题。

第八，高等旅游教育"立足国内，走向世界"的国际交流与合作日益广泛。这个时期，中国的旅游学研究开始出现具有中国特色的理论体系和方法论，专著性成果开始丰富起来。

5. 2020年至今的变革性发展时期

30多年来，尽管参与旅游业的市场主体在变化，主导旅游业的利益相关者在变化，但是旅游业带动经济发展的认知主基调保持了高度一致。2020年以来，一连串的国际性大事件输入性因素叠加，诱发了旅游业一系列的内生性效应累积，不仅重创了旅游业，而且深度碾压了旅游消费信心，让旅游企业感到特别艰难，形成了精神内耗的社会性沉没成本。在这种背景下，国内旅游学研究进入了变革性发展时期。这个时期有5个方面值得关注：①40多年的旅游业实践，让国内旅游学研究者清晰地认识到旅游业与经济发展之间不是一种简单的直线关系，而是一种多元多次的函数关系，出现了"旅游业是经济发展的结果，不是经济发展的原因"的基本认知；②国内旅游学科的博士研究生教育规模化，越来越多海外留学博士回国，受过数学、经济学和信息技术训练的年轻学者加入到旅游学的研究队伍中来，国内旅游学研究者的迭代优化加速了国内旅游学研究范式的变革创新；③定量的数学模型应用已经成为国内旅游学研究方法的主流；④国内旅游学更集中于旅游消费者的群体画像和个体分析、体验场景中旅游者的情绪价值和行为方式、旅游营销中的自媒体内容生成和传播路径等主题的研究和教学；⑤互联网、物联网、大数据、元宇宙、区块链、云计算、虚拟现实、人工智能等网链技术被高强度地引入到了国内旅游学的研究内容和教学过程之中。

第三节 旅游学还处于探索性理解阶段

任何一门学科的形成，都是人类社会发展到一定历史阶段的产物，是人们对社会实践活动的概括和总结。旅游学就是伴随着旅游活动的产生与发展而形成的一门新兴学科，是研究旅游活动中各种矛盾运动规律的科学。许多旅游学著作对旅游学的学科性质问题都采取了回避的态度，比如库珀与弗瑞奇尔1993年出版的《旅游学理论与实务》、查尔斯·戈尔德耐等1994年出版的《旅游业教程：旅游业原理、方法和实践》、李天元和王连义1991年出版的《旅游学概论》等都没有涉及旅游学的学科性质问题。实际上，旅游学的学科性质问题时至今日也没有形成统一的认识，还处于探索性的理解阶段。

一、旅游学是一个独立的学科吗？

旅游学作为一个独立的学科在中国至今还没有得到广泛的认可。中国旅游学术界有一个基本的共识：1991年以前，国内是没有"旅游学"这个概念的，更不用说独立的旅游学科。直到1991年，李天元与王连义共同主编的《旅游学概论》出版，国内才开始使用"旅游学"这个概念。

现在，中国有三种通行的"学科分类"。一是中华人民共和国国家标准《学科分类与代码》（GB/T 13745-2009），是在1992年版本基础上修订编制而成的。该标准的标准号"GB/T 13745"中的"T"是"推"字汉语拼音的第一个字母，代表"推荐性"的意思，标明这个标准只是推荐性的标准，不是必须遵照执行的标准。二是教育部印发的《普通高等学校本科专业目录》（2021年），是在1954年颁布的《高等学校专业分类设置》基础上经过1963年、1980年、1988年、1993年、1998年、2012年、2020年等多次修订编制而成的，是设置和调整专业、实施人才培养、安排招生、授予学位、指导就业、进行教育统计和人才需求预测等工作的重要依据。三是国务院学位委员会、教育部印发的《研究生教育学科专业目录》（2022年），是在1997年颁布的《授予博士、硕士学位和培养研究生的学科、专业目录》基础上于2011年修订为《学位授予和人才培养学科目录》，再经过2018、2022年等多次修订编制而成的，是国家进行学位授权审核与学科专业管理、学位授予单位开展学位授予与人才培养工作的基本依据，适用于硕士博士学位授予、招生培养，学科专业建设和教育统计、就业指导服务等工作。

1992年11月1日，原国家技术监督局（现国家市场监督管理总局）颁布了国家标准《学科分类与代码》（GB/T 13745-1992）（现已废止），这个学科分类标准包括管理学、语言学、宗教学、哲学、马克思主义、经济学、考古学、历史学、艺术学、文学、图书情报档案学、新闻学、社会学、法学、军事学、政治学、教育学、体育科学和统计学等19个学科。这个学科分类体系中，一级学科"经济学"下设有二级学科"旅游经济学"，而且"旅游经济学"是由"旅游经济学理论""旅游经济管理学""旅游企业管理学""旅游事业史""旅游经济学其他科学"等三级学科所构成的。这种分类标准和学科体系，充分反映了人们把旅游活动仅仅理解为经济学现象的功利性倾向，而且偏重于旅游经济活动中的供给活动，因而显然是不合理的或者说不科学的。

1997年，国务院学位委员会和教育部颁布了《授予博士、硕士学位和培养研究生的学科、专业目录》，这个目录是根据"逐步规范和理顺一级学科，拓宽和调整二级学科"的原则修订的，包括哲学、经济学、法学、教育学、文学、历史学、理学、工学、农学、医学、军事学和管理学等12个学科。这个学科目录中，在一级学科"管理学"下设有二级学科"工商管理"，"工商管理"是由"会计学""企业管理""旅游管理"和"技术经济及管理"等4个三级学科所构成的。在这个学科目录里，没有使用"旅游管理学"的概念，而是使用了"旅游管理"的概念，并且把"旅游管理"划归为管理学的三级学科，这不仅在学术思想上反映出功利性倾向，而且在术语上模糊了"旅游学"的概念，或者更直接地说，就是以偏概全地质疑了旅游学的学科存在。2021年教育部发布的《普通高等学校本科专业目录》把"旅游管理""酒店管理""会展经济与管理"作为二级学科归入到"旅游管理类"一级学科，2022年国务院学位委员会和教育部颁布的《研究生教育学科目录》把"旅游管理"作为二级学科归入了"管理学"。

从上述通行的三种学科分类中对"旅游学"相关专业"旅游管理"的分类归属来看，不管是原国家技术监督局颁布的《学科分类与代码》，还是教育部颁布的《普通高等学校本科专业目录》和《研究生教育学科专业目录》，在目前看来，都是关于学科分类的权威标准。在这两套权威标准中，一个设有二级学科"旅游经济学"，一个设有二级学科"旅游管理"，在确认了旅游有学科问题的同时，都回避了旅游学的学科问题。这是一个客观存在的事实，如果要改变这种状况，就需要从事旅游学研究的人们更加努力地工作。

二、旅游学可以成为一个独立的学科吗？

近年来，中国旅游学术界对旅游学的独立性问题进行了广泛的讨论，形成了比较一致的观点：旅游学可以作为一个独立的学科来研究。从逻辑的角度讲，这种观点不仅确认了旅游学还不是一个独立学科的客观事实，而且隐含着旅游学可能不是一个独立学科的逻辑思辨。实际上，旅游学可能不是一个独立学科的担忧是客观存在的，这在中国关于旅游学学科性质问题的讨论中表现得十分突出。

旅游学属于社会科学，这种观点的代表人物是申葆嘉教授。他认为，早期的欧洲学者已经把旅游现象作为一门学问来研究，虽然存在着旅游现象不同性质的争论，但对旅游现象的研究应该属于社会科学范畴是没有异议的。所以，作为社会科学的旅游学科所从事的是旅游发展过程中与生产有关的各种问题的研究[22]。孙文昌、马勇、田里表达了同样的观点，他们认为，旅游学是一门综合性质的社会科学，涉及各个学科领域[23]。

旅游学属于应用基础科学，这种观点的代表人物是吴必虎教授。他认为，作为一门应用基础科学，旅游科学的研究对象与现代旅游活动的性质和广域关联度密切相关[24]。

旅游学属于边缘性学科，这种观点是目前中国旅游学术界的主流。一种表述为"综合性的边缘学科"，以王德刚教授为代表。他认为，旅游学是一门综合性的边缘学科，它是以研究旅游的三要素（旅游主体、旅游客体和旅游媒体）及其相互关系为核心，探讨旅游活动和旅游业发展规律的科学[24]。另一种表述为"新兴的交叉边缘学科"，以明庆忠教授为代表。他认为，旅游学是一门新兴的交叉边缘学科，它涉及社会学、经济学、美学、心理学、市场学、地理学、历史学、法学、文化学、医学、教育学、生态学、环境学、政治学、交通学等学科，因而具有高度的复杂性和综合性[26]。第三种表述为"跨学科"，主要以谢彦君教授为代表。他认为，旅游学的跨学科性质，不仅仅表现在旅游学研究的历史进程中，它实际上植根于旅游学研究对象的复杂性和综合性这个根本点上[27]。

旅游学属于综合性学科，这种观点的代表人物是王洪滨教授。他认为，20世纪50年代以后，美国和日本对旅游学的研究和旅游教育十分重视，取得了重大进展，出现了众多学科向旅游学领域广泛渗透的现象，体现了旅游学所要求的在更大范围内和更深刻程度上的综合和深化，旅游学是一门新兴的综合性学科[28]。

综上所述，关于旅游学的社会科学、应用基础科学、边缘性学科和综合性学科性质的阐述，集体无意识地确认了"旅游学不是一个独立学科"的认知，设定了旅游学存在和发展的两个基本前提：一是旅游学需要借助其他学科的力量，才能揭示旅游活动的规律；二是只有其他学科广泛地向旅游学渗透，旅游学才能扩大自己的视野和拓展自己的研究领域。而且，这从学理上确认了旅游学在将来也不可能成为一个独立的学科。显然，这不仅与旅游学研究的特定兴趣中心——学科主题日益清晰地突显出来的客观事实相背离，而且也不符合旅游学研究成果的功利作用越来越显著的客观事实，因而旅游学的学科性质是一个需要慎重审视的问题。所以，我们在开篇就提出了"旅游学是什么"的问题，主张关于旅游学学科性质的反思必然会上升到哲学的高度，并且开宗明义地阐述了只有"旅游学哲学"才能解决这个问题。显然，旅游学的直接哲学基础是科学哲学，科学哲学的中心任务就是对科学理论进行评价，因此可以运用科学哲学的成果来审视旅游学的学科性质问题。

三、旅游学正在成为一门合格的学科

基于上述讨论，我们可以清楚地认识到三个基本要点：旅游学目前还不是一个独立的学科；旅游学是可以成为一个独立学科的；旅游学成为一个独立的学科是需要条件的。

为什么旅游学的独立性问题如此重要呢？因为科学发展的最重要形式是理论的更替，显然，旅游学理论更替的前提是旅游学必须保持科学的独立性。也就是说，没有旅游学的独立性，就没有旅游学理论；没有旅游学理论，当然就无所谓旅游学理论的更替；没有旅游学理论的更替，就不可能有旅游科学的发展——基本结论就是没有旅游学！这种逻辑推理是理性的，但从感性的角度讲，可能没有多少旅游学研究者认同这种逻辑，所以说旅游学的独立性问题非常重要。

最近几年，中国旅游学研究者一直在寻找"为什么旅游学至今仍不是一门合格科学"的原因，试图通过这种寻找解决旅游学的学科性质、研究对象、学科体系和研究方法等问题。旅游学研究很难以严格的科学实验为基础，从而导致了这种努力和探索绝对不可能轻而易举。事实上，这是当代旅游学研究的中心问题，解决了这个问题，旅游学的独立性问题就迎刃而解了。

肖洪根教授认为，由于旅游现象的动态性和复杂性，以及旅游系统的开放性和边际模糊性，旅游学的理论体系应归属于一种学科（discipline），或是一门科学（science），抑或是一个专业（specialization），仍然是一个争论不休的重大问题。无论是作为学科的理论框架和原理命题，作为科学的研究理论和思维方式，还是作为专门领域的边际界定和知识结构，旅游学都表现出粗浅和片面的不成熟特征[29]。

现代科学哲学家尼格尔（E. Nagel）提出：一旦解释必须系统化和由事实证据来支配，科学就产生了；在解释原理的基础上，对知识进行组织和分类正是各门科学的有区别的目标。这里，尼格尔规范了一种社会现象被作为一门学科进行研究的条件。申葆嘉教授认为，迄今为止，旅游学科还没有最终形成的原因在于尼格尔所说的"解释必须系统化"还没有完成，这里所说的"系统化解释"可以理解为"理论体系"；一般情况下，学科基础的形成常常要花费很长时间，甚至需要经过几代人的努力才能完成[30]。

尽管如此，我们还是认为，旅游学自博迪奥应用统计学方法研究旅游者的消费规律以来，一直是朝着科学方向发展的，表现为科学性日益增强的过程。这主要是根据著名的现代科学哲学家伊姆雷·拉卡托斯（Imre Lakatos）所提出的科学研究纲领理论来检验的。在理论检验对象上，拉卡托斯认为应该把一切科学理论都置于一定的科学研究纲领中，任何理论都是由四个相互联系的部分组成的：

第一，有最基本的理论、观点构成的"硬核"。所谓"硬核"就是这个科学研究纲领的基本理论部分或核心部分。

第二，有许多辅助性假设构成的保护带。保护带的任务在于保护硬核，竭尽全力不让硬核遭受经验事实的反驳，从而使其成为不可反驳的硬核。

第三，消极保护硬核的反面启示规则。它在本质上是一种禁令，禁止科学家们把反驳的矛头指向硬核。

第四，积极改善和发展理论的正面启示规则。它鼓励并提倡科学家们通过增加、精简、修改或完善辅助性假设等办法，发展整个科学研究纲领[31]。简单地说，就是"四个必须"：必须有自己的研究对象，必须有自己的研究方法，必须有自己完整的理论体系，必须经过检验并在一定程度上能够指导人们的行动。

结合以上对旅游学的阐述，根据这四个标准来判断，我们认为，旅游学日益具备成为一门合格学科的条件。这主要有三个理由：

第一，旅游学具有三个最基本的"硬核"，就是关于旅游者、旅游吸引物与旅游业的最基本理论和观点。

第二，旅游学具有了以上述三个基本"硬核"为基础的众多辅助性假设，而且这些辅助性假设形成了相对完整的学说，比如旅游心理学、旅游社会学、旅游资源学、旅游规划学、旅游管理学、旅游经济学等专门学说。

第三，旅游学之所以得以存在和发展，是因为有研究者持续不断地加入到旅游学的研究中来，为旅游学提供新知识，以及传播旅游学知识的人们表现出来的推动能力，从最广泛的意义上保证了旅游学的功利作用。比如自1990年以来，国内旅游学的研究机构、出版机构、教育机构、行业组织迅速发展和日益壮大，促进了中国旅游学的学术繁荣与人才培养，使旅游学的学科独立性日益突显出来，逐步走向成熟。

第四节 首要任务是构建旅游学的学科体系

早在1995年，喻学才教授就呼吁建立旅游学学科体系。旅游学术界应该把注意力转向学科理论体系、学科知识框架和学科建设等实质性问题上来[32]。自2000年以来，中国旅游业的发展取得了举世瞩目的成就，跨越式地发展成为世界旅游大国。旅游大国不仅意味着接待国内旅游者人次和旅游收入的攀升以及入境旅游者数量和旅游外汇收入的增长，而且意味着旅游理论的进步和旅游学科的成熟。就目前看来，作为世界旅游大国的中国，旅游学科理论体系研究具有重要性和紧迫性，已经成为旅游学术界的首要任务。

一、旅游学的研究对象

任何一门学科的建立在很大程度上都是由特殊的研究对象决定的[33]。毛泽东同志指出：科学研究的区分，就是根据科学对象所具有的特殊的矛盾性。因此，对于某一现象的领域所特有的某一种矛盾的研究，就构成了某一门科学的对象。

正如前文所述，旅游学作为一门正在走向成熟的学科，必须研究自己特定的领域和特有的矛盾。实际上，我们在前文中反复强调了旅游学研究的对象问题，归纳起来，主要是三个最基本的"硬核"——旅游者、旅游吸引物和旅游业。以旅游者为"硬核"，就形成了以人为中心的旅游学特有的矛盾；以旅游吸引物为"硬核"，就形成了以物为中心的旅游学特有的矛盾；以旅游业为"硬核"，就形成了以组织为中心的旅游学特有的矛盾，对这三个"硬核"所决定的特有矛盾进行研究就形成了旅游学特定的研究领域[34]。简而言之，这里可以把这种思想称为"三个硬核"说，主要是区别于"三体"说、"六要素"说、"游憩系统"说、"旅游产业"说等习惯说法。相对于"三个硬核"说而言，现行的"三体"说、"六要素"说、"游憩系统"说、"旅游产业"说都存在以偏概全的问题，对其中任何一种习惯说法的研究都不能完整地建立旅游学科的理论体系，因而需要明确旅游学对"三个硬核"的研究，研究"三个硬核"特有的矛盾运动以及"三个硬核"之间的矛盾运动规律，这就是旅游学的研究对象。

二、旅游学的研究任务

旅游学要发展为一门独立的学科而使之成为合格的科学，最重要的研究任务是必须加强学科基础研究，解决好9个基本问题。

对象问题 虽然大多数旅游学研究者都承认旅游学是研究旅游现象的科学，但是，依然有一些旅游学研究者并不认同这种观点。比如说，前面提及的"三体"说、"六要素"说、"游憩系统"说、"旅游产业"说，都是对把旅游现象作为旅游学研究对象的"旅游现象"说的异议。实际上，如果深究旅游现象的内涵的话，就会发现一个很直观的问题：旅游现象是关于人的现象，还是关于物的现象，抑或是既有人又有物的现象？这个问题是旅游学科性质的分水岭。如果是人的现象，旅游学就是社会科学；如果是物的现象，旅游学就是自然科学；如果既有人的现象又有物的现象，那么，旅游学就是边缘科学。从逻辑上讲，如果旅游学是边缘科学，就没有必要讨论旅游学的学科独立性问题了。所以，"旅游现象"说并不是一个界定清晰的学说，多少有些不知所云。我们认为，把"三个硬核"特有的矛盾运动以及"三个硬核"之间的矛盾运动规律作为旅游学的研究对象可能更具有合理性。为了更加简洁明了，可以用"旅游活动"这个专门概念来特指"三个硬核"特有的矛盾运动以及"三个硬核"之间的矛盾运动规律。如果这个命题成立，就可以把旅游学界定为：旅游学是研究旅游活动过程中矛盾运动规律的科学。

价值问题 这是一个关于研究者的价值观与研究对象之间关系的问题，实际上就是科学研究的客观性问题。这里涉及两种基本关系：第一种关系是两者分离，即研究者的价值观不对研究过程的价值判断产生影响的"价值中立"，这就是自然科学研究为什么容易具备"客观性"的原因；第二种关系是两者相互渗透，即研究者的价值观对研究过程的价值判断直接产生影响，或者相反。在旅游学研究过程中，研究者是不容易做到"价值中立"的，比如旅游者的哪些需求是合理的、哪些旅游资源是值得开发的、旅游业是不是产业，都存在着价值判断问题，而且这种价值判断客观上存在着分歧，有些分歧甚至是不可调和的。所以，研究者在从事旅游学研究时往往会受到价值判断的干扰。说到这里，人们就会问：旅游学研究能否摆脱这种价值判断的干扰，是否存在着一个"完美的"价值判断标准？如果回答说不存在这样的价值判断标准，那就意味着旅游学将淹没在无休止的争议乃至偏见和谎言之中；如果回答是肯定的，那么，评价这种"完美的"价值判断标准的依据是什么？这就提出了一个非常根本的问题：在旅游学中，客观的标准或科学的标准究竟存在还是不存在？当然，回答这样的问题，客观上存在着难以跨越的障碍，那就是时至今日，旅游学研究"完美的"价值判断标准还没有建立起来，而且在许多基本问题上还远没有形成共识。比如关于旅游这一学科核心概念的界定问题，客观现实是：有多少人从事旅游学研究，就会有多少个旅游概念。

假定问题 旅游学及其理论在某种程度上说是从假定开始的，所以，旅游学及其方法论方面的争论往往会涉及假定的现实性问题，即旅游学中的假定总是具有非现实性。旅游学中假定的现实性问题中争论最多的是旅游学中最基本的假定——旅游者（tourist）的假定。世界旅游组织、各国的旅游行政管理部门以及旅游行业协会都对旅游者做出了相应的定义，由于目的不同，各个组织所做出的定义也就不同。为了形成统一的认识，韦弗（D. Weaver）和奥珀曼（M. Opperman）提出了界定旅游者的三个限制因素：空间因素（spatial component）、时间因素（temporal component）和旅行目的（travel purpose）[35]。这就是被广泛接受的关于旅游者的基本假定：一个人要成为旅游者就必须离开自己的常住环境，不应该在目的地连续居住超过限定的时间范围（世界旅游组织限定国际旅游者不超过12个月），旅行的主要目的应该排除在目的地从事涉及赚钱的任何活动。事实上，关于旅游者的假定只是满足了旅游统计的需要，而将大多数旅游者排除在外了，所以造成了旅游学研究的困惑。因此，旅游学需要加强对假定问题的研究。

实验问题 实验一直被认为是"科学"的标志。传统观念上旅游学通常被视为一门"观察性"学科，而非一门实验学科。旅游学中所谓实证意义的观察以及相关的经验研究，只是在一系列假定前提下对旅游现象与行为的描述和解释，即使是量化分析中的统计数据往往也不是研究者亲自获取的，而多由政府和经营机构采集。因此，旅游学研究存在四个方面的不足。①旅游学理论不仅难以实证，而且也难以证伪。前文中所说的关于旅游者的公理化假定就是这种情况。②旅游学理论中的分歧甚至对立倾向越来越明显。例如，关于旅游对目的地的文化影响，不同的旅游学者或派别往往会做出不同乃至对立的理论解释。③旅游学理论与现实世界之间的距离越来越远。例如，旅游地生命周期理论在没有进行"可重复性"和"可控制性"实验的情况下，就被无原则地滥用了，这种没有严格前提假定的理论研究范式已经成为旅游学研究的一种"时尚"。④旅游学理论在传播过程中越来越技能化，导致人们误认为旅游学只是一门讲究吃喝玩乐的实用性学科。例如，国内旅游高等学校把旅游教育作为"职业教育"来办，提出了"走洛桑道路"的口号，模糊了本科生甚至研究生教育在专业、课程、教材和讲授方法等方面与专科生、高职生的层次界限。

量化问题 大多数旅游学研究者认为旅游学研究是从1899年意大利统计局局长博迪奥开始的，功利性思想和统计方法形成了旅游学理论框架的两个重要支点。功利性思想直接表现为把从经济学角度研究旅游学问题作为旅游学研究的主流，原国家技术监督局1992年颁布的《学科分类与代码》中用"旅游经济学"代替"旅游学"，并把"旅游经济学"作为"经济学"的二级学科，就明显地受到这种思潮的影响。统计方法直接表现为用数学语言描述旅游学的理论问题，就是说，一些旅游学研究者把数学当作旅游学研究的唯一手段，不顾条件地加以应用，而且这种应用很大程度上是一种形式主义的应用。近年来，中国主流旅游学有比较明显的夸大量化分析作用的倾向，具体表现为：旅游专业学位论文的通过、学术论文的发表、会议论文的评价、课题研究的报告等环节都把数学模型作为科学化的衡量标准。经济学界有一句流行语："数字不会说谎，但说谎者在使用数字。"就目前国内旅游学研究情况而言，数字也在说谎。所以，在实际的研究工作中，始终正确地应用数学工具并不是一件容易的事。

体系问题 大多数旅游学研究者都认为理论体系是旅游学成为合格科学的一个重要标志。因为他们认为旅游学要成为一门合格的科学，必须具备三个基本条件：特有的学科主题、成熟的学科术语和规范的学科逻辑[36]。而理论体系的建设能够使旅游学达到这些条件。1998年，肖洪根教授对旅游学科理论体系研究进行了评价，指出目前旅游学科理论体系的研究正处于"前学科"阶段，表现出众说纷纭、争鸣热烈等典型的学科起步阶段的特点[37]。时至今日，肖洪根教授评价的旅游学科理论体系的研究态势仍然没有明显的改进，这使我们清晰地认识到旅游学理论体系的建设任重而道远。

预测问题 在旅游学能否预测的问题上,旅游学术界实际上是存在分歧的,大致可以分为三种观点。①认为旅游学完全可以用于预测,因为旅游学所研究的对象具有矛盾运动规律,只要对这些规律进行分析,就能对矛盾运动的未来趋势进行预测,这就是旅游学是一门科学的原因。实际上,包括世界旅游组织在内的许多旅游机构都非常正式地发布了相当多的预测报告。②认为旅游学不能用于预测,因为旅游学所研究的对象具有动态性和复杂性,甚至不可重复性和不可控制性,对旅游学研究者来说,预测这种变化趋势是相当困难的。事实上,旅游学术界流行的"旅游业具有敏感性和脆弱性"的观点,就表现出对旅游预测无可奈何的潜意识。③认为旅游学可以用于预测特定对象,比如现行的旅游规划文本中对旅游客源市场所进行的预测。旅游学关于预测问题的研究,就是要解决旅游学预测的前提条件是什么,具体困难在哪里,如何克服这些困难。我们认为,旅游学预测是相当困难的,甚至是不可能的;可以说旅游学只能对趋势进行预言,而不能做出准确的预测;可不可以预测,并不是旅游学能不能作为科学的理由。

检验问题 旅游学研究就是为了解释和预言旅游活动中矛盾运动的规律,这种解释和预言是否准确,必然会涉及旅游学的检验问题。正如前文所述,旅游学中存在着许许多多的假定,由于假定的非现实性,导致旅游学的检验相当困难甚至难以进行,这就是目前旅游学的理论体系还远没有建立起来的客观原因。旅游学的理论体系是在旅游学研究的过程中逐步建立起来的,只有通过检验的理论才能对理论体系具有建设性的意义。所以,旅游学研究必须解决好检验问题。

发展问题 旅游学研究不仅要对旅游业发展实践进行理论总结,更重要的是用理论指导旅游业实践。创新发展不仅是旅游业的永恒主题,而且是旅游学研究的核心引擎。一个学科保持或发扬其学术优势的决定因素有两个条件:一是学科理论研究产生新突破,二是学科实验和实践有新的发明或发现。上述两个条件一般是在学科交叉融合中出现的。旅游活动的多样性、动态性和关联性决定了旅游学理论研究的广域性和复杂性,因此,旅游学的自主创新研究、引进再创新研究和集成创新研究,是保持旅游学理论先进性和实践指导性的重要保证。客观上,旅游者的空间跨越活动为地理学研究旅游提供了可能性,旅游消费的经济属性为经济学研究旅游提供了切入点,旅游者的文化交流为文化学研究旅游提供了支撑面,旅游影响的多元化为人类学、社会学、心理学、市场学、环境学、管理学等学科渗透到旅游学研究领域提供了发挥优势的舞台和成长的空间,为旅游学理论的发展创造了生长点和增长极。

三、旅游学的研究内容

旅游学具体研究哪些内容？这是一个非常现实的问题，因为它涉及如何划分旅游学的学术边界和建立什么样的旅游学理论体系等关键问题。自1899年旅游学研究开始以来，旅游学研究者们为此做出了不懈努力，尽管时至今日还远没有形成共识，但旅游学的研究领域已经呈现出越来越清晰的轮廓，为进一步的研究奠定了厚实的基础。通过比较国内外旅游学著作所涉及内容，就可以大致描绘出旅游学研究内容的轮廓。

通过对罗伯特·麦金托什和夏希肯特·格波特的《旅游学：要素、实践、基本原理》、斯蒂芬·佩吉的《旅游管理》、罗伯特·C.麦尔和阿拉斯特·M.摩尔森的《旅游系统》、查尔斯·戈尔德耐和布伦特·里奇的《旅游业教程：旅游业原理、方法和实践》等国外旅游学代表性著作进行分析[38]，可以发现旅游发展史、旅游者的旅游动机与旅游需求、旅游市场营销、旅游开发规划、旅游业经营管理、旅游组织、旅游影响等7个方面是国外旅游学研究的基本内容。通过对孙文昌的《旅游学导论》、马勇的《旅游学概论》、谢彦君的《基础旅游学》、李天元的《旅游学》、笔者和张巧玲的《旅游学基础教程》等中国旅游学代表性著作进行分析[39]，可以发现旅游发展史、旅游者的旅游动机和旅游需求、旅游资源、旅游市场营销、旅游业、旅游组织、旅游影响等7个方面是国内旅游学研究的基本内容。如果对国外旅游学代表性著作与国内旅游学代表性著作进行比较分析，可以发现国内与国外旅游学研究的基本内容具有高度一致性。只是国外更加注重从市场的角度对旅游供给进行研究，国内偏重从资源的角度对旅游供给中的旅游资源进行研究，这反映出两者在思维导向方面还存在着一定的差别。

综上所述，本书按照"三个硬核"的思维逻辑，结合国内外旅游学研究的基本内容，建立了旅游学研究内容的逻辑系统，如图1-1所示。

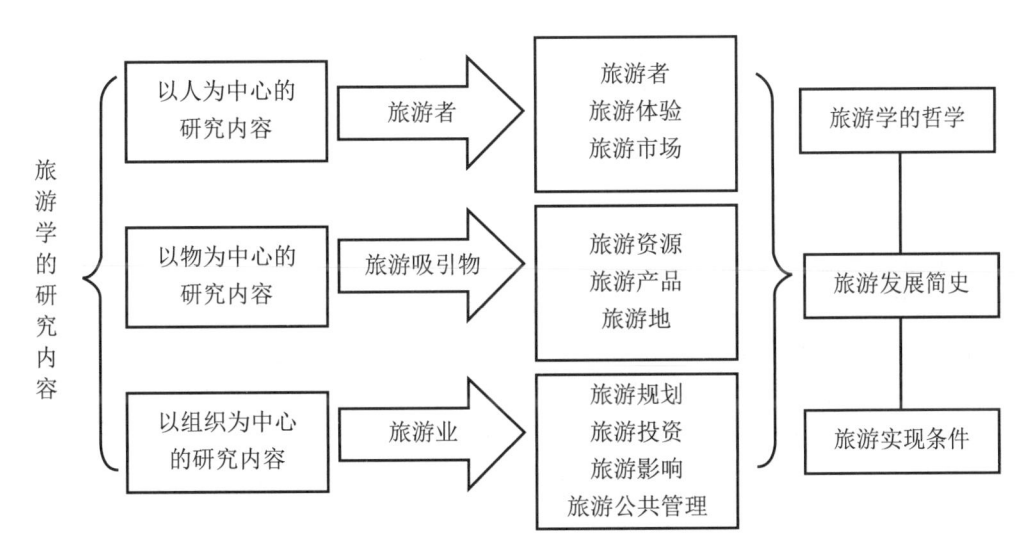

图1-1 旅游学研究内容的逻辑系统

通过对旅游的英文单词tourism进行语用学上的构词法分析，可以形成表1-1所示的旅游概念要素分解系统。

表1-1 旅游概念的要素分解系统

	"旅游"		简短解释
T	Travel	旅行	旅游是由旅游者空间跨越行为所引起的。
O	Open	开放	旅游是社会、文化和经济开放的结果。
U	Undergo	经历	旅游者的旅游经历质量是旅游的关键。
R	Reciprocity	互惠	利益相关者共享旅游活动的成果。
I	Integrative	整合	旅游依赖于对各类资源的整合能力。
S	Service	服务	服务是旅游经历不可或缺的重要组成部分。
M	Mass	大众	旅游是大众广泛参与的社会文化活动。

从表1-1中反映出来的旅游要素中，可以发现旅游学是一门涉及内容非常广泛的学科。因而，旅游学的研究，要求综合运用人类学、社会学、心理学、哲学、文学、法学、生态学、地理学、市场学、体育科学、教育学、政治学、管理学、经济学、统计学、运筹学、信息技术、系统工程等多学科的知识。这些学科的发展与综合应用，为旅游学的研究内容提供了有利条件和扩展机会。

注释

[1] 董观志.旅游学基础教程[M].北京:清华大学出版社,2008.

[2] （英）R.J.约翰斯顿.哲学与人文地理学[M].蔡运龙,江涛,译.北京:商务印书馆,2000.

[3] 申葆嘉.谈旅游高等教育的几个问题[J].旅游学刊,1998(A1):32.

[4] （美）罗伯特·麦金托什,（美）夏希肯特·格波特.旅游学:要素、实践、基本原理[M].蒲红,译.上海:上海文化出版社,1985.

[5] 谢彦君.基础旅游学[M].北京:中国旅游出版社,1999.

[6] 董观志,白晓亮.旅游管理原理与方法[M].北京:中国旅游出版社,2005.

[7] 余书炜.论旅游理论研究内容的框架[J].旅游学刊,1997(4):30-35,62. 谢彦君.论旅游的本质与特征[J].旅游学刊,1998(4):41-44,63.

[8] 吴必虎.旅游系统:对旅游活动与旅游科学的一种解释[J].旅游学刊,1998(1):20-24. 肖洪根.谈对旅游学科理论体系研究的几点认识[J].旅游学刊,1998(6):41-45.

[9] 明庆忠.试论旅游学学科体系的构建[J].旅游学刊,1997(A1):28-31. 王德刚.略论旅游学的理论体系[J].旅游学刊,1999(1):63-66.

[10]贾鸿雁.民国时期旅游研究之进展[J].旅游学刊,2002(4):74-77.许春晓.民国时期中国旅游学术探索述论[J].北京第二外国语学院学报,2008(3):1-11.

[11]申葆嘉.国外旅游研究进展[J].旅游学刊,1996(1):62-67,79;1996(2):48-52;1996(3):48-54;1996(4):46-50;1996(5):52-56.

[12]余炳辉,等.社会研究的方法[M].杭州:浙江人民出版社,1986.

[13]Thomas S. Kuhn.The structure of scientific revolution second edition[M].Chicago:University of Chicago.1970.

[14]Neil Leiper.Towards a cohesive curriculum tourism:The case for a distinct discipline[J].Annals of Tourism Research,1981,8(1):69-84.

[15]Z. Jovicic.A plea for tourismological theory and methodology[J].The Tourist Review,1988,43(3):2-5.

[16]C. Cooper,J. Fletcher,G. David,et al.Tourism:principles and practices[M].London:Pitman Publishing,2008.

[17]Robert W. McIntosh,Charles R. Goeldner,J.R. Brent Ritchie.Tourism:principles, practices and philosophies[M].New York:Wiley,1994.

[18]Stephen L.J. Smith.Tourism analysis:A handbook[M].Harlow:Longman Scientific & Technological,1989.

[19]Stephen J. Page. Tourism Management. UK:Elsevier,2003.

[20]刘德谦.旅游学科建设断想[J].旅游学刊,2019(12):3-5.

[21]董观志.知识经济时代旅游高等教育的模式创新研究[J].旅游学刊,1998(A1):18-21.

[22]申葆嘉.谈旅游高等教育的几个问题[J].旅游学刊,1998(A1):31-33.

[23]孙文昌.旅游学导论[M].青岛:青岛出版社,1992:9.马勇.旅游学概论[M].北京:高等教育出版社,1998:12.田里.现代旅游学导论[M].昆明:云南大学出版社,1994:2.

[24]吴必虎.旅游系统:对旅游活动与旅游科学的一种解释[J].旅游学刊,1998(1):20-24.

[25]王德刚.略论旅游学的理论体系[J].旅游学刊,1999(1):63-66.

[26]明庆忠.试论旅游学学科体系的构建[J].旅游学刊,1997(A1):28-31.

[27]谢彦君.基础旅游学[M].北京:中国旅游出版社,1999:14-16.

[28]王洪滨.我国旅游学科的建设和发展[J].旅游学刊,1998(A1):33-35.

[29]肖洪根.谈对旅游学科理论体系研究的几点认识[J].旅游学刊,1998(6):41-45.

[30]申葆嘉.论旅游学科建设与高等旅游教育[J].旅游学刊,1997(A1):21-24.

[31](英)拉卡托斯.科学研究纲领方法论[M].兰征,译.上海:上海译文出版社,1986:65-73.

[32]喻学才,毛桃青.论旅游学学科体系亟待建立[J].江汉论坛,1995(12):81-84.

[33]毛泽东.毛泽东选集 合订一卷本[M].北京:人民出版社,1964:284.

[34]董观志.旅游学概论[M].沈阳:东北财经大学出版社,2007:16.

[35]D. Weaver,M. Opperman.Tourism management[M].Milton,Australia:John Wiley & Sons Australia,Ltd.,2000:26-33.

[36]马波.论我国的旅游研究与旅游学科建设[J].旅游学刊,1998(A1):35-39.

[37]肖洪根.谈对旅游学科理论体系研究的几点认识[J].旅游学刊,1998(6):41-45.

[38] （美）罗伯特·W. 麦金托什,（美）夏希肯特·格波特.旅游学:要素、实践、基本原理[M].上海:上海文化出版社,1985. Stephen J.Page.Tourism management:Managing for Change[M].Oxford:Butterworth-Heinemann,2003. Robert C. Mill,Alastair M. Morrison.The Tourism System[M].Dubuque:Kendall Hunt Publishing,2002. （美）查尔斯·戈尔德耐,（美）布伦特·里奇,（美）罗伯特·麦金托什.旅游业教程:旅游业原理、方法和实践 第8版[M].贾秀海,译.大连:大连理工大学出版社,2003.

[39] 孙文昌.旅游学导论[M].青岛:青岛出版社,1992. 马勇.旅游学概论[M].北京:高等教育出版社,1998. 谢彦君.基础旅游学[M].北京:中国旅游出版社,1999. 李天元.旅游学[M].北京:高等教育出版社,2002. 董观志.旅游学基础教程[M].北京:清华大学出版社,2008.

[40] 杨时进,江新懋.旅游概论[M].北京:中国旅游出版社,1986.

[41] 董观志.扩大内需战略下旅游业的后疫情红利[J].新经济,2023(1):5-10.

第二讲
旅游管理的研究方法

第一节　为什么需要研究旅游管理

第二节　旅游管理是人的社会活动

第三节　旅游管理研究的常用方法

旅游是人类社会的一种短期性生活方式，是旅游者的旅行与暂时居留所引起的一切现象及关系的总和。随着科学技术的日益进步和社会经济的迅速发展，大众化旅游的群体规模不断扩大，旅游需求层次的不断提升和发展，促进旅游成为一种重要的社会经济活动。旅游产业化的进程，客观地催生和发展了一系列的旅游管理活动。

第一节 为什么需要研究旅游管理

管理是对组织的资源进行有效整合以达到组织既定目标与责任的动态创造性活动。这就意味着管理的最终目的都是针对面临问题的本身特点和所处的环境，通过组织和协调，以最小的资源消耗取得最大限度的目标实现。

一、旅游管理活动是客观要求

旅游活动是旅游者的文化空间跨越行为和过程引起的各种关系和现象，因而具有异地性、暂时性、文化性、层次性和综合性的基本特征。旅游活动包括旅游者的消费活动和为旅游者服务的接待活动，构成了需求侧与供给侧的双向互动关系，为了保证这种双向互动关系的动态平衡，就必须加强管理。一般语境下，旅游管理更侧重于对旅游供给活动的管理，也就是对旅游业的管理，这是由旅游业的如下性质决定的：

（1）旅游业是一个系统化的综合性行业。旅游是旅游者的一种空间跨越活动，按旅游活动的空间范围可分为国内旅游与国际旅游。国内旅游可分为地方性旅游、区域性旅游、全国性旅游；国际旅游可分为跨国旅游、洲际旅游、环球旅游。旅游者在这种空间跨越活动过程中，既需要满足多样化的休闲娱乐需求，也需要满足生理性的物质享受需求，这就客观地要求旅游业为旅游者提供"吃、住、行、游、购、娱"等方面的一体化服务。在市场经济条件下，旅游者的空间跨越活动实际上就是一种复杂的系列化旅游消费活动，旅游业的各个部门在这一活动过程中分工协作，相互衔接。旅游业这种关联性和综合性，客观地要求诸多专业化社会经济部门实现科学管理，保障这种分工与协作高效、有序和持续地进行。

（2）旅游业是一个国际化的服务性行业。旅游活动是一种异地性活动，从旅游接待服务的业务类型来分，旅游业务接待可分为三种类型：①组织国内公民在本国进行的国内旅游活动；②组织本国公民赴国外进行的出境旅游活动；③接待国外游客到国内进行的入境旅游活动。其中出境旅游和入境旅游，是具有涉外性质的国际旅游活动。在全球经济一体化的格局下，旅游业的产业化和国际化程度日益提高，只有实行有效的管理，才能保证国际旅游和国内旅游的持续、稳定发展。

（3）旅游业是一个人格化的精致性行业。人们旅游的动机是为了满足求知、求趣、求奇、求新的心理需要，旅游活动就是满足这种需要的体验过程。旅游者只有通过空间移动和实地感受，才能实现旅游目的，这就决定了旅游者的旅游消费与旅游业的接待服务具有同时性和不可转移性的特点。显然，旅游业的接待服务质量直接关系到旅游者旅游期望的满足程度，所以，旅游业必须提供精致的产品与细致的服务，让旅游者在人格化的消费环境氛围中体验旅游。在人文主义日益深入社会生活的条件下，只有人格化的管理活动，才能保证旅游者在旅游业的人文关怀中达到旅游目的。

（4）旅游业是一个产业化的经营性行业。旅游活动是在一定社会经济条件下产生的一种社会经济文化现象，实现旅游活动必然涉及政治、经济、文化、宗教、历史、地理、法律等诸多社会领域。旅游接待服务涉及交通、海关、邮电、保险、电力、园林、商业等社会行业。旅游业本身就包含旅行社、旅游饭店、旅游交通、旅游景区、旅游商品等部门。因而，旅游业的接待服务活动就是一种产业化的、经营性的旅游供给活动。显然，旅游接待服务是一个产业化的社会工程，必须有科学的决策、计划、组织、指挥、监督、调节、创新等管理活动，才能保证旅游接待服务活动的正常运作。

（5）旅游业是一个依托化的敏感性行业。旅游业的高度依托性主要表现为对全球政治经济及安全形势的依托、对旅游资源的依托、对本地区经济发展的依托、对旅游相关行业的依托。正是旅游业的这种高度依托化使得旅游业具有极高的敏感性，任何环境和形势的变化都会影响到旅游业的发展。因此，旅游管理活动必须十分重视旅游利益相关者的利益，必须十分关注环境和形势的发展变化，必须强调旅游的危机管理。

二、旅游管理活动是实现价值

旅游管理是指为了以最有效的方式实现旅游活动的目标，综合发挥管理职能的作用，对旅游活动所涉及的各种关系和现象进行管理的活动与过程。从组织层面的角度讲，可以把旅游管理分为微观旅游管理和宏观旅游管理。

微观旅游管理是指旅游企业的经营管理活动。在现代旅游企业里，人们从事着既有分工又有协作的共同劳动，只有通过管理，才能使这些共同劳动协调有序地进行。所谓旅游企业管理就是旅游企业管理者根据一定的理论、原则、政策、法规、程序，运用一定的方式和方法，对企业所能支配的人、财、物、信息、能源等有形资产和无形资产，进行有效的计划、组织、指挥、协调和控制，使各项要素得以合理配置，以求达到企业所预期实现的战略目标和策略目标。管理是搞好搞活旅游企业的基础，是实现旅游企业目标的可靠保证，是旅游企业发展的基石。

宏观旅游管理是指政府部门或者行业组织从促进和规范国家旅游产业发展的角度来管理旅游活动。它主要包括两个方面的内容。一是旅游活动的引导与管理。根据国民经济发展水平和社会进步的需要，对旅游活动制定促进或限制性政策，协调旅游活动与社会经济发展之间的关系。二是旅游行业管理。制定促进旅游业发展的各项政策、规划和标准，把握旅游业发展总量，对旅游企业进行宏观指导和间接协调。旅游宏观管理的职权行使者是政府部门或其授权的有关机构；管理的对象范围广泛，包括旅游者的活动、旅游企业、旅游资源、旅游信息等；管理者与管理对象之间的关系较为松散，管理者通过引导与监督等间接手段进行管理；宏观管理的主要目标是为了取得国家的整体利益。

第二节 旅游管理是人的社会活动

管理是人的社会活动。一方面，管理是进行社会化的必要条件，是组织协作劳动过程的一般要求，只要有许多人共同劳动或进行经济活动，就要求对劳动过程或经济活动进行组织、指挥、协调和监督，从而形成管理的自然属性。另一方面，管理又处在一定的生产关系中，都是在一定的生产条件下进行的，由此形成管理的社会属性。因此，管理既要适应生产力发展运动的规律，又要适应生产关系发展变化的规律。

一、旅游管理的自然属性

随着科学技术的发展和社会分工的深化，旅游业的社会化程度不断提高，在旅游业再生产过程中，旅游部门、行业和企业之间客观上存在密切的关系。旅游管理的任务就在于保证旅游业再生产过程的客观联系得到顺利实现，从而保证整个旅游业再生产的正常进行。因此，旅游管理的自然属性主要具有6个特征：

系统性 旅游业是由以饭店为代表的住宿业、旅行社业、旅游交通运输业和旅游景区业等相互依赖的四大支柱性产业部门所组成的，每一个产业部门又是由许多相互依赖的企业群所组成的。旅游管理必须把旅游作为一个有机整体、一个系统来研究，只有这样，才能保证旅游业有序、高效和可持续发展。

比例性 旅游业再生产过程中，旅游支柱性产业部门之间、旅游企业之间，都存在着相互联系和相互依赖的关系，客观上提出了整个旅游业要按比例发展的要求。旅游管理必须保证旅游资源在旅游产业部门和企业之间按比例进行合理配置，保证旅游生产和服务在种类、数量、质量上符合旅游市场的客观要求，保证旅游产业链在时间、空间和要素上的相互衔接。

权威性 权威意味着意志的统一。旅游管理本身就是一种权威，没有这种权威，就无法组织和协调各旅游产业部门与旅游企业的活动，旅游业就不能正常发展。生产的社会化越发展，管理越要具有权威性。

前瞻性 随着社会经济文化的日益发展和科学技术的不断提高，人们休闲娱乐的需求日益多样化，旅游产品开发、旅游服务接待、旅游活动组织等都必须具有前瞻性，才能满足旅游者日益增长的休闲娱乐需求。因此，旅游管理工作必须有前瞻性，必须把政策和行动建立在正确地预测未来的基础上。

科学性 现代社会的发展与科学技术的进步是紧密联系在一起的。先进科学技术的采用，导致生产的速度和规模、分工的深刻程度和管理的复杂程度都会产生巨大的变化。因此，旅游管理工作必须科学化，必须使用科学的管理方法和管理手段进行旅游管理活动。

创造性 旅游管理活动需要在变动的环境与组织中进行，需要消除资源配置过程中的各种不确定性，因此，旅游管理活动是动态的。旅游管理活动尽管是动态的，但还是可以将其分成两大类：一是程序性活动，二是非程序性活动。所谓程序性活动就是指有章可循、照章运作就可以取得预想效果的管理活动。所谓非程序性活动就是指无章可循、需要边运作边探讨的管理活动。旅游管理活动是一种全新的管理活动，存在着多种多样的非程序性管理活动，因而需要有一定的创造性。

二、旅游管理的社会属性

任何管理活动都是在一定的生产关系中进行的。所以，除了生产社会化所决定的自然属性以外，管理总要带有占统治地位的生产关系的痕迹，从而具有社会属性。在社会主义市场经济条件下，旅游管理的社会属性主要具有5个特征：

国家性 旅游业是国家国民经济的重要组成部分，它既可反映国民经济发展水平，同时又通过产业关联效应对国民经济产生深刻影响。所以，旅游业的产业部门和企业，都必须服从国家的政策法规，接受国家职能部门的宏观协调和政策指导；在一些地区，旅游业还必须在政府的主导下进行发展。在利益分配上，各产业部门和企业必须坚持国家利益、集体利益和个人利益三者之间相互兼顾的原则。

自主性 在社会主义市场经济条件下，旅游企业是相对独立的生产者和经营者，是旅游业和国民经济发展的物质条件。旅游企业在经营上具有独立性，组织上具有完整性，财务上独立核算、自负盈亏，具备社会上的"法人"地位，对企业生产资料和劳动力具有支配使用上的自主权。

群众性 旅游业是国民经济的产业部门和服务业的重要组成部分，旅游管理活动必须遵循现代管理的原理、原则、体制和方法，充分调动和发挥旅游从业人员参与管理的积极性，走群众路线，才能实现旅游管理的现代化，保证旅游业的可持续发展。

关联性 旅游的高度依托性决定了旅游管理的关联性。旅游管理强调多部门的协调合作，旅游管理活动涉及种类多样的利益相关者。旅游管理必须重视在管理活动中平衡多方利益，全盘考虑，通力合作。

国际性 国际化是当今政治经济发展所造成的一个客观的管理环境。管理国际化是一个普遍问题，几乎一切管理领域都面对着环境的扩大化，许多国内管理也需要把国际环境纳入考虑的内容之中，一些原先不可能与国际关系有任何联系的领域也受到变动着的国际环境的影响。旅游业是一个开放性的产业部门，随着国际交往与国际合作日益频繁，旅游管理的国际性特征也将日益凸显与强化，并成为旅游管理的全新课题。

三、旅游管理的活动范畴

旅游业是以旅游资源为凭借，以旅游设施为条件，为旅游者的旅行游览提供各种有形物质产品与无形服务的社会经济产业部门。旅游管理同国民经济各个部门的管理一样，始终贯穿于旅游业发展的全过程，具有一定的活动范畴。

从旅游管理的对象看，旅游管理活动包括3个层面：①旅游企业经营活动的管理，这里的旅游企业是指具有独立法人资格、提供旅游产品和服务的生产经营单位；②旅游行业组织活动的管理，这里的旅游行业是指提供同类旅游产品和服务的旅游企业集合体，如旅游饭店协会、旅行社协会、旅游景区协会和旅游教育机构协作组织等；③旅游产业运行活动的管理，这里的旅游产业是指由提供各种旅游产品和服务的生产经营单位所构成的相对独立的国民经济部门。

从旅游管理的过程看，旅游管理活动包括：确定旅游管理战略的活动、确立旅游管理目标的活动、建立旅游信息系统的活动、开展旅游预测与决策的活动、制定旅游发展计划的活动、监督旅游发展的活动，等等。

从旅游管理的内容看，旅游管理活动包括：旅游人力资源管理活动、旅游物质资源管理活动、旅游财务资源管理活动、旅游信息资源管理活动、旅游技术资源管理活动，等等。

从旅游管理的业务看，旅游管理活动包括：旅游资源管理活动、旅游设施管理活动、旅游市场管理活动、旅游服务管理活动、游客管理活动，等等。

从旅游管理的体制看，旅游管理活动包括：建立和执行旅游产业管理体制的活动、建立和执行旅游部门管理体制的活动、建立和执行区域旅游管理体制的活动、建立和执行旅游企业管理体制的活动，等等。

从旅游管理的方法看，旅游管理活动包括：用行政方法管理旅游业的活动、用经济方法管理旅游业的活动、用法律方法管理旅游业的活动、用技术方法管理旅游业的活动、用德育方法管理旅游业的活动，等等。

四、旅游管理的基本任务

旅游是一种重要的社会经济活动。20世纪50年代以来，群体旅游从和平与发展的国际环境中脱颖而出，迅速形成规模，在世界各地一直保持着快速发展的态势。大众化的群体旅游活动对旅游客源地，旅游目的地，旅游通道的资源、环境、文化、经济、社会等方面产生了广泛而深刻的影响。进入21世纪，旅游活动越来越强调个性化的定制式，这对旅游管理提出了新的要求。旅游管理的总任务就是运用管理学原理，协调旅游活动中各种关系的矛盾运动，充分调动各方面的积极性，从而促进旅游业实现可持续发展。具体而言，主要有以下5个方面：

解决旅游管理的认识问题 旅游是一种特殊的生活方式。旅游管理就是要充分认识到这种特殊生活方式的广泛性与发展性，从满足人们日益增长的多样化休闲娱乐需求出发，致力于研究如何把旅游业中各种人的因素与物的因素科学地组织起来，把旅游活动中的各个环节、各个方面有效地结合起来，认真地探索和提出正确的指导思想、科学的管理体制以及有效的管理途径与方法，不断完善旅游管理体系，将旅游业逐步培植成国民经济的重要产业部门。

制定旅游产业发展战略 旅游管理部门要根据国民经济发展的要求和旅游业发展的总体趋势，结合本地区的实际，制定旅游产业发展战略。"战略主导，政府协调，企业担纲，市场运作"是市场经济条件下旅游业发展的基本战略。旅游业是一个国际化的产业，在制定旅游产业发展战略时，应该认真参照国际旅游业的发展经验，结合地区发展实际情况，制定科学的旅游产业发展战略，促进国内旅游业早日与国际旅游业同步发展。应根据旅游产业发展战略，制定并组织实施产业发展计划，贯彻执行有关的法律法规与方针政策，为实现旅游产业的可持续发展提供保障。

改革旅游产业宏观管理体制 由于旅游业的综合性以及历史原因，中国的旅游业涉及国民经济的许多产业部门，旅游管理体制处于条块分割的状态。旅游宏观管理主要体现在编制旅游产业发展战略规划、制定旅游产业发展政策、实现旅游业的行业管理与协调。旅游宏观管理要充分考虑旅游产业与其他产业的协调与均衡，切实搞好旅游管理部门与相关产业部门之间的分工与协作，才能发挥各方面发展旅游业的积极性，为旅游业谋求更加广阔的发展空间。

保护旅游者的合法权益 各级政府的旅游行政主管部门，应该根据相关法律法规与方针政策，通过实行定点、定级等行业管理措施，对为旅游者提供服务的各级各类企业和经营单位进行检查与督导，不断改进服务，提高服务质量，切实保障旅游者的生命财产安全与合法权益，维护旅游业的整体形象。

提高旅游企业的综合效益 旅游企业为旅游者的旅游活动提供的必需产品与服务，是旅游业的物质基础与运作保障。只有提高旅游业的经营管理水平，才能提高旅游企业的服务质量；只有提高旅游企业的服务质量，才能提高旅游者的满意程度；只有提高旅游者的满意程度，才能提高旅游地的知名度与吸引力；只有提高旅游地的知名度与吸引力，才能提高旅游地的市场占有率；只有提高旅游地的市场占有率，才能实现旅游业的规模经营与持续发展。这是一个互为因果的循环关系，只有实现这种关系的良性互动，旅游企业才能提高综合效益，中国的旅游业才能实现可持续发展。旅游企业要提高经营管理水平，就必须从两个方面下功夫：一方面，旅游行政主管部门要加强对旅游企业的引导、监督与服务，从宏观管理的角度促进旅游企业管理的现代化；另一方面，旅游企业要加大深化改革的力度，认真学习先进的管理理论与方法，建立现代企业制度，不断提高经营管理水平。

第三节 旅游管理研究的常用方法

旅游管理方法是人们为了解决某种旅游管理问题所采取的特定活动方式。在一定程度上，旅游管理方法可以解释为管理学知识在旅游活动中的应用。旅游管理方法论的创新与发展，是旅游管理学理论（或学派）形成与发展的基础。离开了旅游管理方法论的创新与发展，任何一门旅游管理学理论（或学派）就无法形成，更不用说发展了。旅游管理方法论是对旅游管理方法的理论探讨，或者可以把"旅游管理方法论"理解为"旅游管理学所运用的科学哲学"。旅游管理方法论不仅仅对旅游管理方法进行概括和总结，还应该研究一般旅游管理方法的功能和特点，以及旅游管理方法在总体上的相互联系。

一、旅游管理学研究的基本阶段

旅游管理学是从管理的角度研究旅游活动及其各种关系的矛盾运动规律，因而，旅游管理学属于管理性学科的范畴，而且是一门实践性特征比较明显的应用性基础学科。从学科研究的一般过程来看，旅游管理学研究一般经历5个基本阶段。各个阶段相互依赖、相互联系地共同组成了一个系统，这个系统是一个循环的过程，如图2-1所示。

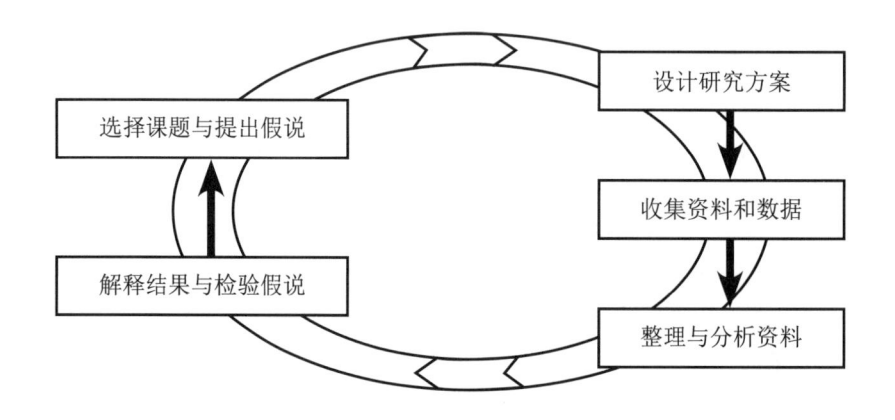

图2-1 旅游管理学研究的基本阶段

二、旅游管理研究的方法体系

旅游是一个复杂的综合性系统，涉及社会、经济、文化甚至政治和外交，所以，旅游管理也是一个复杂的综合体系。因此，旅游管理研究的学科背景必须是多元化的，旅游管理研究的方法也必须是多元化的，主要包括注重概念性和描述性分析的传统定性方法，对各种定性数据进行频度和频率统计分析的现代定性方法，进行定性和定量综合分析的定性定量结合方法，运用均数、频度、相关分析对定量数据进行分析的简单统计方法，运用因子分析、回归分析和聚类分析对定量数据进行分析的复杂统计方法。

中国老一辈旅游管理研究者在积极介绍国外旅游管理的理念与方法的同时，也通过多学科合作的方式，从不同学科深入旅游管理研究的方法，并获得突出的成就。随着中国旅游业发展的不断深化和旅游管理学科发展的不断成熟，中国旅游管理研究的方法也不断更新进步。今天，中国旅游管理研究从传统的定性研究向定性研究和定量研究相结合发展，继而进行统计分析研究；从概念性的理论探讨向实证性的案例研究发展；从简单套用国外方法和模型向深入探讨国情并运用先进方法进行研究发展。如今，计算机和互联网技术进入到大数据支持的人工智能时代，旅游管理研究的工具、模型和方法越来越多样化和精准化。

根据旅游管理学的研究对象、研究内容以及学科性质，旅游管理学的研究必须把握理论与实际相结合、定性与定量相结合、多学科综合分析研究三大原则。

由于旅游管理学是一个多学科综合的体系，研究现象复杂多变，因而要借鉴其他学科成熟的方法，吸取本学科最新的研究成果，形成旅游管理较为独立和统一的方法体系（如表2-1所示）。

表2-1 旅游管理研究的方法体系

哲学方法论		辩证唯物主义、唯物史观、实证主义哲学、规范主义哲学、系统论与控制论、信息论与博弈论、结构论突变论、协调论
一般方法		具体与抽象统一的方法、归纳与演绎统一的方法、研究与叙述统一的方法、宏观与微观统一的方法、动态与静态统一的方法、逻辑与历史统一的方法、分析与综合统一的方法、比较与类比的方法、功能研究法、系统方法
具体方法	定性分析法	德尔菲法、焦点小组访谈法、深度访谈法、投射法、观察法、案例法、内容分析法、环境分析法、功能分析法、Q分类法、询问法、实验法、系统分析法
	定量分析法	社会调查与统计分析法、预测分析法、投入产出分析法、评价法、层次分析法、最优化分析法、对策与决策分析法、管理系统模拟法、网络计划法

三、旅游管理研究的哲学方法论

一般意义上来说，方法是指人们为了解决某种问题所采取的特定活动方式，既包括认识世界的方式，也包括改造世界的方式。方法的基本含义是办法、技术和手段。在汉语体系中，"论"的含义有两个方面：一是理论和学说；二是说明道理，表示规律。因此，方法论可以理解为对方法的理论探讨，即关于方法的一门学说。方法论可以看作是方法学。

辩证唯物主义 马克思辩证唯物主义认为事物是客观存在的，其存在对立统一的辩证运动。旅游现象是客观存在的；旅游需求与旅游供给是对立矛盾的，这一对矛盾统一体共同推动了旅游活动现象的发展和变化；旅游研究必须以旅游实践为基础，依赖于旅游实践，并最终为旅游实践服务。

唯物史观 马克思的唯物史观对旅游管理研究方法有三个指导作用：第一，唯物史观揭示经济学本质上是一门历史科学，那么旅游活动作为一种经济现象，其研究方法不是从概念出发，也不是从人出发，而是从一定的社会经济时期出发的分析方法；第二，唯物史观以揭示事物运动的本质为己任，旅游管理作为一门社会科学，只能依赖于思维的抽象力，透过旅游活动的表面现象来发掘其深刻本质；第三，唯物史观坚持质与量分析的统一，旅游管理学的研究必须在定性分析的前提下，进行精确的量的分析。

实证主义 实证主义将哲学的任务归结为现象研究，以现象论观点为出发点，拒绝通过理性把握感觉材料，认为通过对现象的归纳就可以得到科学定律。在实证主义的指导下，旅游管理研究应强调旅游现象的客观性，强调可通过实地访问、观察、实验等方法来获取第一手资料，运用计量和数量表示，对旅游研究的结果进行反复检验。这样更能防止主观倾向对形成旅游研究结论所产生的不良影响。

规范主义 马克思规范主义概括起来主要有三个方面：制度分析、人的本质分析以及公平与效率分析。在旅游管理研究中，运用规范主义哲学思想，将一些长期自然形成的民族习俗、伦理、惯例制定成旅游行业标准、规范，具有一定的科学意义。

系统论与控制论 系统论认为，系统是由要素和子系统组成的，系统的这些组成部分形成一定的结构，表现出特定的功能，并与系统的外部环境相互适应。系统论的主要方法有系统工程法、层次分析法、功能分析法和环境分析法。旅游作为一个综合系统，可以运用系统论的所有方法进行研究。控制论的关键在于它先要有预测的结果——就是目的，然后从多种可能中选出某种估计能够得到预期结果的动因，加以作用，以便实现预期的结果。旅游管理的研究常常要从结果分析，导出动因所在，从而探讨如何促使动因推动结果。

信息论与博弈论 信息论的研究方法，就是根据信息的观点，把旅游系统的过程当作信息传递和信息转化的过程，应用信息论的理论分析信息流程，达到对整个旅游系统运动过程的规律的认识。信息论的方法对于旅游管理研究的意义主要体现在旅游信息化方法、旅游流程化方法和旅游统计应用方法。博弈论解释了旅游活动的中的博弈现象，运用博弈论的基本原理，构造适合旅游发展的伦理道德和行为规范，是旅游管理研究的一个重要的方法。

结构论、突变论与协调论 耗散结构论认为，一个远离平衡态的开放系统（如旅游系统），通过不断地与外界（社会系统）交换物质和能量，在外界条件的变化达到一定的阈值时限，可能从原有的混沌无序的混乱状态，转变为宏观时空的有序状态。突变论呈现了连续量变中产生的突变现象，旅游活动在长期量的积累下自然会产生质的突变，使旅游系统的发展成为一个循环递进的过程。协调论方法就是协同分析法，它的大体思路是：在某一开发系统（如旅游系统）中，适当输入能量诱发系统协同运动能量大于独立运动能量；合理的结构设计，使系统协同效应更加明显。

四、旅游管理研究的一般方法

宏观与微观统一的方法 宏观与微观结合是系统论的延伸。旅游管理的研究既要从宏观层面的制度、规范以及系统功能上分析，也要从微观层面的子系统结构、功能进行分析。在旅游研究中不要局限于单体领域的研究，要拓展思路，从整个旅游系统甚至整个社会政治、经济和文化系统的宏观层面进行研究。

研究与叙述统一的方法 研究方法是从具体上升到抽象，再从抽象上升到具体；叙述方法是从抽象上升至具体。旅游管理的研究方法就是从旅游活动这一"具体"开始，通过抽象思维提炼原理和规律，再将原理和规律应用于旅游管理实践；旅游管理的叙述方法就是将旅游管理研究的结果用一定的方法再现，形成可以操作的规程和方法。

具体与抽象统一的方法 旅游管理研究首先要撇开旅游活动运行过程中一切纷繁复杂的现象，深入剖析其中最简单的旅游范畴和旅游过程；以此逐步地上升到对比较复杂的旅游范畴和旅游过程的分析。具体与抽象的统一要求从最简单的"具体"着手，逐步上升到最复杂的"抽象"。

归纳与演绎统一的方法 旅游管理研究既要将大量的旅游现象和经验事实进行归纳，也要将旅游管理的原理与方法进行演绎；既要防止由于偏重归纳以致难以形成概括和推理，也要防止由于偏重演绎以致脱离现实，流于空洞的推理。要做到归纳与演绎的统一。

逻辑与历史统一的方法 逻辑方法是按照旅游范畴的逻辑联系，从比较简单的旅游范畴上升到比较复杂的旅游范畴，从而阐明整个旅游系统的运动过程；历史方法是利用旅游历史的发展脉络来研究旅游现象和旅游发展的过程。

分析与综合统一的方法 单纯应用分析而不用综合，就不能全面了解旅游活动的全过程和各种现象；单纯应用综合而不用分析，就不可能在旅游活动的各种复杂情况中去伪存真、去粗取精。分析与综合的统一要求旅游管理研究既要深入，也要全面。

动态与静态统一的方法 旅游系统是一个动态循环的递进过程，对旅游系统运动的研究既强调在某个空间时点上的探讨，也强调在运动发展过程的分析。通过动静结合的分析研究，找出旅游系统运动的一般规律和特殊规律。

比较与类比的方法 比较和类比是通过对两个或两个以上的事物进行对比分析，找出它们的优劣长短，分析它们获得这些优劣长短的原因，从而抽象出一般规律。旅游管理研究运用比较和类比的方法，对旅游和其他经济领域、旅游自身的各个领域进行比较和类比分析，找出旅游发展的一般规律。

五、旅游管理研究的具体方法

旅游管理研究的具体方法有很多，经常应用到的有如下几种。

1. 旅游管理研究的定性分析法

旅游学科作为综合性的交叉边缘学科，其研究方法应该是多元化的，二战以后英语国家的旅游研究以定量研究为主导方法，体现"科学"研究思想，但旅游社会学家和旅游人类学家极力倡导定性研究，认为旅游研究中有许多定量研究无法解决的问题，两种方法有着各自的适宜情境[1]。

德尔菲法 德尔菲法（Delphi Method）是最著名及最受推崇的定性和定量结合的模型，由美国兰德公司于20世纪60年代设计。德尔菲法是一种专家咨询法，它用背对背的信息沟通来代替面对面的会议讨论，依靠调研主持机构反复征询每一位专家的意见，经过客观分析和多次征询反馈，使专家们各种不同的意见逐渐趋向一致。使用德尔菲法做定性分析具有匿名性、高效性和真实反馈性等诸多优点。但是同时，由于德尔菲法过分依赖专家意见，其结果趋向主观化，甚至只代表专家意见，并不反映公众意见。

访谈法 访谈法就是通过正式或非正式交流获取信息的一种方法，其中最著名的有焦点组访谈法（Focus Group Interviews）和深度访谈法（Depth Interviews），当然，德尔菲法也可以算是一种访谈法。焦点组访谈法是由一个训练有素的主持人以非固定的、自然的方式与一组反应者面谈、讨论，以洞察了解有关调研问题的信息。深度访谈法由一个有经验的访谈者寻找一个受访者进行直接的、无固定模式的面谈，以发现有关主题的信息，访谈的时间一般在半个小时到一个小时之间。

投射法 投射法是一种没有固定结构的、以间接的或掩饰的提问形式诱发反应者给出他们内在真实信息的测试技术。和其他方法相比，投射法的优点在于它能够诱发出受测试者如果知道调研目的就会不愿意或不能够给出的反应。

观察法 观察法就是采用一定的非语言交流手段或技巧对一个大样本的情况进行观察和记录的一种定性方法。观察法按照观察者的身份可以分为：完全参与者、观察参与者和完全观察者。完全参与者真正参与观察群体的活动，在其中体会并观察群体的情况；观察参与者明确自己研究者的身份，希望参加到活动中，但不扮演具体角色；完全观察者完全置身于群体活动之外，以彻底的旁观者角度进行研究。

案例法 案例法就是从旅游管理的基本原理出发，旨在从实证的角度通过大量的案例分析，为旅游管理活动提供有价值的运作技巧和手段，并形象具体地阐述旅游管理的原理，是一种理论和实际相结合的方法。由于旅游管理研究的历史不长，尤其在中国，研究工作在20世纪后期才开始；而中国旅游事业发展迅速，大量问题和弊病不断涌现。在这种旅游管理方法不成熟而旅游发展又迫切需要成熟理论指导的矛盾下，案例法通过深入地剖析具体问题提出可行有效的解决方法，是一种既解决实际问题又有助于促进旅游管理学研究的方法。

询问法 询问法可以分为三类：当面询问法、电话询问法和邮件询问法。没有哪一种询问方法是全面优越的，依据项目的不同特点，综合使用某一种或几种询问法会得到比较贴近真实的情况。

实验法 实验法是研究人员控制或改变一个或多个独立变量并度量它们在实验单位上对一个或多个依赖变量的作用，与此同时控制消减外生变量的作用影响的一种方法。实验法是一项十分重要的研究方法，管理者设计出来的方案和计划要通过实验的检验才能真正付诸实施，而研究者也可以通过控制干扰因素来观察关键因素，从而得到有效的实验结果，对管理活动具有实际的指导作用。

Q分类法 Q分类法是运用等级顺序程序对Q分类材料进行分类，以收集若干调查单元的心理和行为资料，探讨调查单元类别的一种方法。运用Q分类法首先要求确定分类材料，一般的材料是60~140张图片或写有陈述句的卡片，要求被调查者按事先确定的标准对材料进行分类，然后对分类结果进行相关分析或因子分析，在此基础上对被调查对象进行分类。

系统分析法 系统分析法就是从系统的观点出发，着重从整体和部分、内部和外部之间的相互联系、相互制约的关系中综合地、精确地考察研究对象，以达到最终目标的一种研究方法。将这种方法应用于旅游管理学的研究，要求把旅游业看成是一个有机的完整的系统，相应地把旅游管理也看成是一个由各方面因素组成的、相互联系和影响的有机统一体。在研究过程中，在旅游业内部，要看到旅游客源地系统、旅游目的地系统、旅游通道系统、旅游支持系统之间的相互作用、相互制约的关系；在旅游业外部，也要看到旅游业与社会文化、旅游业与相关产业之间相互作用、相互制约的关系。同时，在研究旅游管理的过程中，还要避免用静止的观点看问题。旅游这个系统本身是在不断发展变化的，旅游业系统内的各种因素也在不断地发展变化，因而，旅游管理学的研究内容也处在不断的发展变化之中。我们要用历史的发展的观点看问题，不仅要研究旅游管理的过去和现在，而且还要研究旅游管理的趋势和未来。在研究过程中，要注意一定社会、一定阶段的旅游管理所处的社会历史环境，要紧密联系一定的社会生产力水平和一定社会的生产关系，并把它们放到一定的历史条件下去考察，这一思维过程通常归纳为表2-2所示的六个"W"。只有这样，才有可能获得科学的正确结论。

表2-2 系统分析逻辑思维表

六个"W"	要回答的问题	对回答问题的解释
Why	目的	为什么？

（续上表）

六个"W"	要回答的问题	对回答问题的解释
What	对象	做什么？
Where	地点	何处做？
When	时间	何时做？
Who	人（主体）	谁去做？
How	方法	怎么做？

2. 旅游管理研究的定量分析法

以系统工程、管理学、运筹学为基础建立起来的定量分析方法为旅游管理研究提供强有力的工具。系统工程强调在系统规划、研究、设计、制造、试验和使用的全过程建模、分析、预测、评价、决策的科学性；管理学强调在管理的职能内实现人力、物力、财力和信息的协调；运筹学强调以量化为基础的最优决策。

预测分析法 预测分析法就是根据研究对象发展变化的实际数据和历史资料，运用现代的科学理论和方法，以及各种经验、判断和知识，对事物在未来一定时期的可能变化情况进行推测和估计。预测分析法分为两大类：定性预测法和定量预测法。定性方法在前文已经介绍了一些，除了德尔菲法以外，还有主观概论法和领先指标法等能够用于预测的方法。定量预测法可以分为时间序列分析和因果关系预测，时间序列分析根据系统对象随时间变化的资料进行研究，只考虑系统变量随时间的发展变化规律，对其将来进行预测，包括移动平均法、指数平滑法和博克斯－詹金斯法等；因果关系预测根据系统内部某种因果关系找出一个或几个因素，建立数学模型，研究自变量的变化，预测结果变量的变化，包括回归分析法、马可夫法和系统动力仿真法等。

投入产出分析法 20世纪30年代，美籍经济学家华西里·列昂惕夫（Wassily Leontief）设计出投入产出表，并在该表基础上建立的数学模型，投入产出法从此诞生。投入产出分析就是对旅游系统的生产与消耗的依存关系进行综合考察和数量分析。旅游业作为一个综合的经济体系，随着其进一步发展，逐渐走向高度专业化和社会化，旅游业与其他行业之间、旅游业内部子行业之间、旅游企业之间普遍存在高度关联、相互依存的客观现象。投入产出分析从旅游系统的整体出发，分析各个部门之间相互输入（投入）与输出（产出）的产品的数量关系，确定达到平衡的条件。

评价法 评价法就是对各种可行的备选方案，从社会、政治、经济、技术等方面予以综合考虑，权衡利弊得失，给出评价结果，为决策提供科学依据的方法。评价法普遍应用于旅游开发与规划、旅游企业管理决策、区域旅游发展研究等领域。常用的评价法有排队打分法、体操计分法、专家打分法、两两比较法、连环比率法、综合评分法、加权评分平均法、模糊综合评价法、风景资源评价法、指数评价法、价值工程评价法、旅游容量评价法等。

层次分析法 层次分析法（Analytical Hierarchy Process，AHP）是美国匹兹堡大学萨蒂

（T.L. Saaty）于20世纪70年代提出的一种系统分析方法。AHP是一种定性与定量相结合的方法，是分析多目标、多准则的复杂公共管理问题的有力工具。应用AHP首先要把问题分层系列化，即根据问题的性质和要达到的目标，将问题分解为不同的组成要素，按照要素之间的相互影响和隶属关系将其分层聚类组合，形成一个递进有序的层次体系模型。然后对模型中每一层次要素的相对重要性设置权重，评价各个层次要素，给出分值，最后综合分值与权重，得出一个综合分值。

最优化分析法 最优化方法也称运筹学方法，始于第二次世界大战期间，主要运用数学方法研究各种系统的优化途径及方案，为决策者提供科学决策的依据。随着最优化分析法在系统配置、聚散、竞争的运用机理等方面的深入研究和应用，出现了诸如规划论、排队论、存储论和决策论等比较完备的理论和方法。20世纪50年代，贝尔曼提出了著名的最优化原理，原理指出，整个过程的最优化策略具有这样的性质：不管该最优化策略上某状态以前的状态和决策如何，对该状态而言，余下的诸决策必定构成最优子策略。

对策与决策分析法 根据人们对规律的认识程度和信息的掌握程度，一般可以将决策问题分为确定型决策、风险型决策、完全不确定型决策三种。如果决策方案选定之后，决策结果具有唯一性，这类决策叫确定型决策；如果方案确定之后出现多种可能性，各种可能性的发生概率可知，预测结果的发生具有风险性，这类决策叫风险型决策；如果方案确定后出现多种可能，各种可能结果的发生概率无法确定，这类决策叫完全不确定型决策。确定型决策可以采用运筹学的规划论法；风险型决策可以采用决策矩阵法、决策树法、贝叶斯（Bayes）决策法等；完全不确定型决策可以采用悲观法、乐观法、折中法、最小遗憾值法等。

管理系统模拟法 系统模拟（系统仿真）是近30年来发展起来的一门新兴技术学科。系统模拟法就是通过建立和运行系统的数学模型，来模仿实际系统的运行状态及其随时间变化的规律，以实现在计算机上进行试验的全过程。系统模拟模型有蒙特卡洛模拟法、排队模型、多服务台排队模型、系统动力学模拟等。系统模拟主要应用于解析模型方法不能获得问题解决途径的情况。这些情况通常表现为问题本身不能用一个正规、完备的定量模型加以表示。系统模拟对解决旅游管理问题的最大用途在于可以进行政策"实验"，运用建立的数学模型，通过改变、调整各种参数或者调整模型构造来表示不同的政策方案，在计算机上反复进行模拟运行，以观察政策"实验"的结果，从而为政策的决策和实施提供依据。

网络计划法 网络计划法是关键路径法（Critical Path Method，CPM）和计划评审技术（Program Evaluation and Review Technique，PERT）的统称。网络计划法可以应用于时间的计划管理、成本控制、资源配置、生产调度等工作。网络计划法把一项工作或者一项工程项目的研究开发过程当作一个系统来处理，将组成系统的各项工作和各个阶段按先后顺序，通过网络图的形式，统筹规划、全面安排，并对整个系统进行组织、协调和控制，从而最有效地利用资源，并用最少时间完成任务的目标。

注释

[1]张宏梅,陆林.旅游研究定性方法的初步分析[J].江西师范大学学报(自然科学版),2005(3):269.

第三讲
旅游管理的应用理论

第一节　旅游管理遵循管理学的基本原理

第二节　旅游管理需要跨学科的逻辑思维

第三节　旅游管理应该自主创新学理体系

旅游业作为满足人民日益增长的美好生活需要的现代服务业，在构建双循环新格局、推动经济高质量发展中具有战略性支柱产业的重要意义。只有高质量的旅游管理，才能实现旅游业的高质量发展。高质量的旅游管理需要坚实的理论基础发挥保障作用。

第一节　旅游管理需要遵循管理学的基本原理

管理的实践由来已久，自有人类活动起就有了管理活动。管理思想随着生产力的发展而发展，随着人类社会的进步而进步，到了19世纪末形成了真正意义上的管理学科。人类管理科学的发展有两条基本路径，一条是基于人性思考而建立起来的管理理论，一条是基于实践活动而建立起来的管理理论。西方管理学体系无疑是走第二条道路发展起来的，中国的古代管理思想走的则是第一条路。管理科学的发展主要经历了古代管理思想、西方古典管理理论、西方行为科学管理理论、西方现代管理理论以及管理创新理论五个阶段。

一、中国古代管理思想

尽管中国古代的管理思想和理论没有形成体系，但在其发表的时代具有先进性。无论是先秦时期的都江堰，还是汉唐时期的城墙宫阙，这些宏伟浩大的建造工程，古人如果没有先进的管理知识是不可能指挥数万之众来完成它们的。中国古代的管理思想对现代管理具有积极的借鉴意义，表3-1介绍了中国古代主要的管理思想。

表3-1　中国古代主要的管理思想

人物	代表作	主要管理思想
孔子	《论语》	认为做事要有规范，追求稳定性；提倡中庸之道，讲究管理的"度"；以"民"为本，强调人的重要性；用人为贤，强调人的发展；树立榜样，德治天下；必也正名，认为大权集中，适当分权，管理才有序。
老子	《老子》	认为管理是一个不以人的意志为转移而独立发展的客观过程；人是管理要素之一，管理的中心是对人的管理；管理中充满矛盾运动；以柔克刚，小可以胜大，弱可以胜强。
韩非子	《韩非子》	认为管理要集权；重视制度而不重视人的因素；人多事功，追求经济效益；充分利用别人的智慧，管理者旨在管人而不在管事。
孙子	《孙子兵法》	认为管理者要预测和把握危机，防患于未然；要考察环境，了解对手，做到知己知彼；因敌制胜，必须根据环境和条件的变化而变化；上兵伐谋，强调战略和策略上的竞争。

（续上表）

人物	代表作	主要管理思想
管子	《管子》	认为人是追求利益、趋利避害，是可以导引的；人的情感和物欲会影响人；强调法治的同时也注重实行顺应人性的管理方法。

注：笔者根据《古今管理理论概要》（杨静光编著，中共中央党校出版社，2005年4月版）第3~22页内容整理。

二、西方古典管理理论

西方古典管理理论是现代管理学的基石，是系统的、科学的管理体系。18世纪英国工业革命之后，大量企业涌现，一些学者如英国的亚当·斯密等对劳动分工和专业化问题进行了理论研究。西方古典管理理论是早期资本主义世界发展的重要成果，表3-2中许多代表理论至今仍在被运用并持续发展。

表3-2 西方古典管理代表理论

理论体系	理论	人物	代表作
科学管理理论	泰勒科学管理理论	弗雷德里克·W.泰勒	《科学管理原理》
	法约尔一般管理理论	亨利·法约尔	《工业管理和一般管理》
组织管理理论	韦伯行政组织理论	马克斯·韦伯	《新教伦理与资本主义精神》
	厄威克的组织原则	林德尔·厄威克	《管理的要素》
	古利克的七职能论	卢瑟·古利克	《管理科学论文集》

泰勒科学管理理论 科学管理理论是区别于古代经验管理而形成的一个特定范畴，最早是由被誉为"科学管理之父"的著名管理学家弗雷德里克·W.泰勒提出的。泰勒所阐述的标准化原理、定额化原理、分工化原理、实施例外原则、实行有差别的计件工资制等许多深刻的管理思想奠定了科学管理理论的基础。

法约尔一般管理理论 亨利·法约尔于1916年出版了著名的《工业管理与一般管理》，较为完整地提出了企业组织管理理论，区分了"经营"和"管理"两个不同的概念，把经营活动划分为技术活动、商业活动、财务活动、安全活动、会计活动和管理活动六个部分。法约尔通过研究前人的理论和进行管理实验，提出了著名的十四项管理原则：实行分工与协作，权利与责任要相对应，制定并维护纪律，统一指挥，统一领导，个人要服从整体利益，报酬要合理，权利集散要适度，建立组织等级制度，建立并维持秩序，平等公正，组织人员稳定，具有首创精神，培养团队协作精神。

韦伯行政组织理论 韦伯研究了经济组织和社会之间的关系，着重思考了国家行政体系的管理问题，他最大的贡献在于提出了"理想的行政组织体系理论"。韦伯认为任何组织都必须有某种形式的权力作为基础，只有权力才能变混乱为有序。他划分了三种纯粹形态的权力，即理性权力、传统权力和超凡权力，并一一做了解释。韦伯认为行政组织中要建立职权等级体系，通过培训和考试选用人员，建立明确的工资制度和员工制度，并按照制度理性地处理组织中的各种关系。

厄威克的组织原则 林德尔·厄威克最主要的贡献在于把古典管理理论系统化，他在《管理的要素》一书中选择了一些古典管理学的代表理论和著作，总结出一些更为广泛的管理学原则：所有组织都必须要有目标；权力和责任要相符合，上级对下属的工作职责是绝对的；组织要建立等级制度；给每一个员工设定单一职能；注重组织中的协调；每个职务要有明确的职责说明。

古利克的七职能论 卢瑟·古利克把当时管理学上的一些重要论文合编成《管理科学论文集》，系统化地整理了法约尔等人的管理职能理论，提出了有名的七职能论，即计划、组织、人事、指挥、协调、报告和预算。

三、西方行为科学管理理论

20世纪初期，西方管理学家们将心理学、社会学等理论引入组织管理的研究中，建立行为科学理论。管理者运用心理学和社会学的理论和方法对工人在生产中的各种行为及产生这些行为的原因进行研究分析，提出相应对策。学者们根据这些生产管理实践，提出了表3-3所示的行为科学管理理论。

表 3-3 西方行为科学管理理论

理论体系		理论	代表人物
人际关系学说		人际关系理论	梅奥、罗特利斯伯格
需求动机和激励理论	激励内容理论	需要层次理论	马斯洛
		激励-保健因素论	赫茨伯格
		成就需要理论	麦克利兰
	激励过程理论	期望机率模式理论	维克托·弗鲁姆
		公平理论	亚当斯
		归因理论	凯利、韦纳
		波特-劳勒期望理论	爱德华·劳勒、波特
人的特性理论		X-Y人性理论	道格拉斯·麦格雷戈
		人性假设	埃德加·沙因

（续上表）

理论体系		理论	代表人物
团体和组织行为理论	团体动力理论	团体动力学	库尔特·勒温
		团体规范和压力理论	哈罗德·莱维特
		团体凝聚力理论	库尔特·勒温
	领导行为理论	双因素理论	斯托格第、沙特尔
		管理方格法	布莱克、简·穆顿
		领导者品质论	亨利、吉赛利
		支持关系理论	伦西斯·利克特
	组织变革和发展理论	组织变革理论	埃德加·沙因
		适应循环学说	埃德加·沙因
		组织变革模式	小詹姆斯·唐纳利

由于经济的发展和需求层次的提高，人们在关注物质获得的同时，也更加关注精神成就，行为科学的发展也对应了人们需求的发展。早期的行为科学侧重于"经济人"和"社会人"的研究，关注员工的物质需求和社会尊重；后期的行为科学研究侧重于人的自我实现理论研究，关注员工在工作中的成就感和自我价值的认同。行为科学管理理论的派别和理论学说繁多，需要结合实际与时俱进。

四、西方现代管理理论

20世纪40—90年代，管理思想进入到现代管理阶段。第二次世界大战以后，科技迅速发展，市场不断扩大，竞争日益激烈，管理思想得到了快速发展，出现了许多新的理论和学说，形成了众多的学派。1961年，美国管理学家哈罗德·孔茨在《管理理论的丛林》一文中把管理理论学派划分为管理过程学派、经验学派、人类行为学派、社会系统学派、决策理论学派和数学学派共六个学派。此后，管理理论不断涌现和发展，管理学派林立，形成了更为复杂的理论体系（如表3-4所示）。

表3-4 西方现代管理的主要派别及其贡献

管理学派	主要成就	应用领域
管理过程学派	确定了管理的领域、管理的职能、管理的基本原则和管理的地位。	组织建设、人力资源管理等
行为科学学派	组织中个人和群体行为的研究。	组织建设、人力资源管理等
管理科学学派	提出了管理的最大经济效益观，主张制定量化的标准，运用数学模型进行科学决策。	管理决策、财务管理、成本控制、战略管理等

（续上表）

管理学派	主要成就	应用领域
系统管理学派	运用系统观将管理各个派别的研究领域结合，构建组织系统管理。	组织建设等管理的综合领域
权变理论学派	运用数学方法研究组织与环境的主要变量以及彼此间的相互关系。	战略管理、管理决策等
营销管理学派	建立了企业营销的基本理论。	市场营销等

五、管理创新理论

21世纪，伴随着工业社会向知识社会的转型，人类社会面临着科技高新化、经济知识化、时空网络化、竞争全球化的机遇与挑战，只有创新管理，才能获得发展与进步。

管理创新的含义 管理创新是指管理者系统地利用新思维、新技术和新方法，创造一种新的、更有效的资源整合方式，以促进管理系统综合效益不断提高，达到以尽可能少的资源消耗获得尽可能多的综合效益产出的目的，具有动态反馈机制的全过程管理。可以理解为"五全管理"：全员化、全方位、全过程、全动态反馈、全面效益。

管理创新的原则 管理创新最根本的原则是"经济学"原则。经济学是一门关于选优的科学，研究如何对有限的资源进行有效的整合，从而达到良好的综合效益的目的。"经济学"原则涉及3个方面的问题：一是管理创新的经济性反映在资源配置的机会成本上，即管理者选择一种资源配置方式是以放弃另一种资源配置方式为代价的；二是管理创新的经济性反映在管理方式方法选择的成本比较上，因为各种可进行的资源配置方式方法所耗费的成本是不同的，所以如何选择一种方式方法就是一个经济性问题；三是管理创新的经济性反映在管理对资源进行有效整合的动态过程中，即资源配置与整合的模式和过程不同，就有成本大小不同的问题存在。可以用"ECONOMICS"来概括，具体而言，体现在以下9个方面：有效性（Efficient）、可控性（Controllable）、开放性（Open）、新颖性（New）、突出性（Outstanding）、群众性（Mass）、整合性（Integrative）、创造性（Creative）、系统性（System）。

管理创新的方向 21世纪是信息技术日新月异的世纪，网络正在改变着整个世界，并将导致社会资源配置方法、社会组织形态、人类工作规则、个人生活方式的重大变革。这种变革在管理创新方面主要表现为管理理念现代化、管理组织网络化、管理决策知识化、管理方式动态化、管理策略艺术化、管理文化多元化、资源管理活用化、竞争管理多赢化等方向，具体而言，就是表3-5所示的柔性管理、项目管理、风险管理、虚拟企业、学习型组织、顾客关系管理、核心竞争力等趋势。

表3-5 管理创新的方向

创新方向	重要内容或特点	旅游应用领域
柔性管理	"以人为中心",依据共同价值观和文化、精神氛围,在研究人的心理和行为规律的基础上,采用非强制性方式进行的人格化管理。	旅行社、旅游公司、旅游饭店等企业管理
项目管理	以任务团队为核心的扁平式过程化管理组织模式。	旅游规划、旅游投资、旅游事件管理、旅游会展管理等
风险管理	通过对风险的识别与衡量,采用必要且可行的经济手段和技术措施对风险加以处理,以一定的成本实现最大的安全保障的一种管理活动。	旅游业管理、旅游企业管理、旅游投资等
虚拟企业	以信息技术为连接和协调手段的动态联盟形式的虚拟组织。	旅游企业管理、旅游事件管理等企业管理
学习型组织	组织力求精简、扁平化、弹性因应、终生学习、不断自我组织再造,以维持竞争力。	旅行社、旅游公司、旅游饭店等企业管理
顾客关系管理	确定并满足顾客的需求,认为建立和维持顾客关系的能力是企业的核心能力之一。	旅行社、旅游公司、旅游饭店等企业管理
核心竞争力	通过识别、强化和运用企业核心竞争力以实现企业价值。	旅行社、旅游公司、旅游饭店等企业管理

管理创新的圈层架构 旅游管理是一个产业治理与管理制度的系统化构建过程,是满足人们文化空间跨越行为和过程的高质量资源配置活动,涉及旅游供给侧的战略决策力、管理执行力、资源整合力、市场竞争力、运营收益力的传导集成,这就需要顶层思维的引领、网链技术的赋能、扁平组织的保障、多维赛道的支持和底盘操作的变现,从而实现对旅游活动中意识流、信息流、客群流、物质流、资本流的定向导流,确保旅游业实现高质量的可持续发展[1]。如图3-1所示,为了实现旅游业的发展目标,就需要在旅游企业、地方政府和国家三个层面体系中架构旅游管理的创新模式。

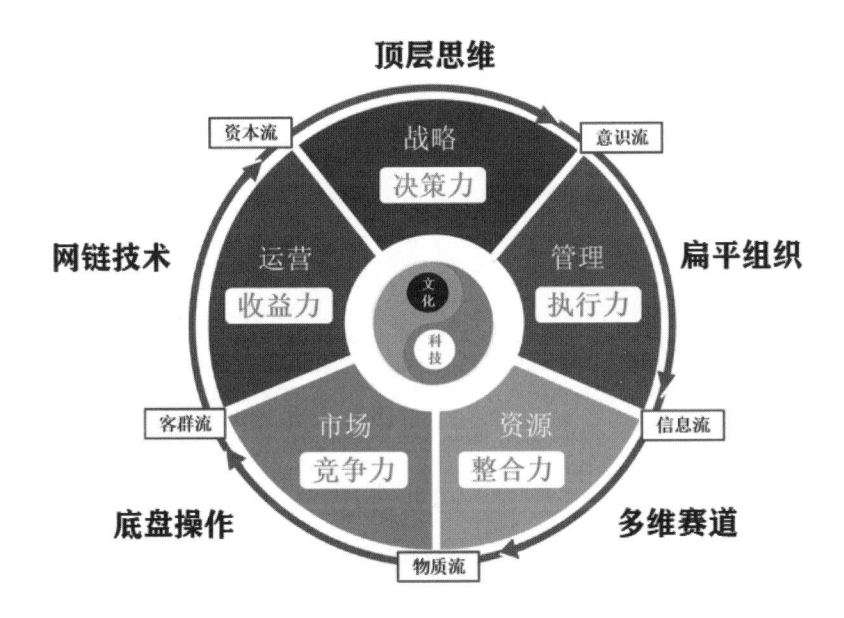

图3-1 区域发展模式的圈层分析模型（董观志，2016）

六、管理技术与工具

旅游业是国民经济体系的重要组成部分，旅游管理的总任务是从国家和地方旅游业发展的需要出发，贯彻国家旅游业发展的方针政策，协调各方面的关系，完善市场运行机制，维护旅游业整体利益和行业形象，提高旅游业的核心竞争力，促进旅游业的可持续发展。旅游企业的管理是旅游管理的基础和重点，在市场经济的动态竞争条件下，旅游企业不仅要建立现代企业制度，而且还要积极导入现代管理技术，只有这样，才能保证旅游企业的健康发展，保证旅游管理目标的有效实现。表3-6为旅游企业导入现代管理技术提供了一个工具箱。

表 3-6 旅游管理技术工具箱

方面	管理技术
生产技术管理	计算机辅助设计、计算机辅助工艺规划、计算机辅助工程、工程设计集成系统、设计经济分析、工艺经济分析、价值工程、并行工程、虚拟制造、正交试验法、优化生产技术等
物料资源管理	现场规范化管理、项目动态管理、成组技术、看板管理、准时生产制、缩短生产周期、最优生产技术、精细生产、最优作业排序、物料需求计划、制造资源计划、企业资源计划、动态企业建模、智能资源计划、敏捷制造、绿色制造、柔性制造系统、管理信息系统、制造自动化系统、供应链管理、经济订货批量、库存控制优化、ABC分类法等
生产安全管理	全员生产维修制、动态规划、设备更新选择、故障分析法等

（续上表）

方面	管理技术
企业质量管理	质量圈、全面质量管理、零缺陷管理、自我管理小组、走动管理、基准比较法、ISO9000 系列质量体系认证等
决策技术管理	组合矩阵、博弈分析、决策分析、决策树法、因果分析法、排列图法、相关分析法、投入产出法、德尔菲法、回归分析法、时间序列分析法等
经营计划管理	目标管理、线性规划、滚动计划、应变计划、网络计划技术、经验曲线、甘特图、负荷图、制造资源规划（MRPⅡ，Manufacturing Resource Planning Ⅱ）、企业资源计划（ERP，Enterprise Resource Planning）、计量经济模型、S曲线与产品生产周期、有限增长理论、长期战略计划等
企业财务管理	零基预算、量本利分析法、成本效益分析法、利润预算管理、利润信息管理系统、投资组合理论等
旅游环境管理	ISO14001 环境管理体系、因子分析法、游人密度法、可接受的变化极限（LAC，Limits of Acceptable Change）模型、游客空间行为模拟系统（TSBS，Tourists' Spatial Behavior Simulator）等
旅游风险管理	贝叶斯决策法、决策树决策法、期望损益决策法、最小机会损失准则、等可能性准则、风险价值法（VAR，Value at Risk）、总体风险管理（TRM，Total Risk Management）
旅游客户管理	客户价值矩阵、客户管理方格、作业成本法、ABC 法、Logit 模型、TOPSIS 方法、模糊评判矩阵、柏拉图分析法、灰色关联分析法、模糊层次分析法（Fuzzy-AHP）等
市场营销管理	全员化营销、形象营销、品牌营销、绿色营销、社会营销、关系营销等
人力资源管理	科学管理、行为科学理论、XYZ 理论、权变理论、管理方格、集权策略、分权管理、授权管理、矩阵管理、T 小组、横向管理、平衡计分卡（BSC，Balanced Score Card）、一分钟管理、重构管理、虚拟组织、企业精神（文化）等
企业战略管理	名牌战略、企业形象战略、多角化经营战略、关键竞争战略、企业过程再造战略、企业重组战略、企业 4L 战略（联合、联动、联系、联盟）、虚拟经营战略等
现代管理信息技术	计算机模拟技术、网络技术、动态企业建模技术、管理信息系统、决策支持系统、专家系统、区块链、大数据、量子计算、人工智能、"星链"等

第二节 旅游管理需要跨学科的逻辑思维

旅游是一个复杂的社会、经济、文化现象,旅游管理的研究客观上需要旅游相关学科的支撑。就学科发展的历史而言,旅游管理学科的发展相对较晚。直到20世纪后半期,世界经济持续发展,国际环境相对缓和,旅游文化日趋繁荣,旅游成为全社会的大众行为,旅游的巨大商业价值和发展潜力使得旅游管理研究的价值受到社会的认同。随着旅游学术界的扩大和旅游专业团队在各国的发展,旅游管理学科研究的领域更加宽广,旅游管理研究的专业化程度不断提高。旅游的范围如此之广大、复杂、包罗万象,人们有必要运用许多方法来研究该领域,不同的方法适用于旅游管理研究不同的领域。

一、经济学与旅游管理

中国学者对于旅游管理的研究最早是从经济的角度进行的,由此产生了旅游研究领域中相对独立的旅游经济学。如表3-7所示,经济学对旅游管理研究的贡献功不可没,它在很多方面解释和支持了旅游活动。

表 3-7 经济学对旅游管理研究的贡献

经济学理论	旅游管理研究的应用领域
供给与需求理论	旅游供给、旅游需求、旅游供求平衡、旅游供求弹性
消费者行为理论	旅游消费特点、结构、效果和满足,旅游消费行为特征
生产理论	旅游产品的构成和开发、旅游成本、机会和决策分析
生产、成本理论	旅游投资分析、经济可行性分析、经济效用分析
市场结构理论	旅游市场竞争特点、市场的细分与开拓、旅游市场经济
不确定性和博弈论	信息不对称、旅游博弈理论、旅游消费者决策理论
收入需求理论	旅游需求、旅游决策、旅游市场发展预测
政府作用理论	环境保护、旅游政策、法律法规、政府旅游采购
经济衡量理论	旅游卫星账户、旅游乘数、旅游漏损、旅游业供求平衡
就业与供给理论	旅游效益、旅游影响、旅游产业经济
对外贸易理论	旅游国际收支平衡、汇率的影响、旅游贸易特征
经济增长理论	旅游经济增长理论、旅游产业链、旅游乘数效应
货币政策理论	利率与旅游需求和供给、货币政策的旅游价格影响
商业周期理论	旅游产品周期、旅游影响因素理论、旅游企业决策
消费和投资理论	国民旅游消费规模和特征、旅游投资

如表3-8所示,产业经济学是经济学的重要研究领域,相关理论对旅游管理的影响很大。

表 3-8 产业经济学对旅游管理的影响

产业经济学理论	旅游管理研究的应用领域
产业形成与发展理论	旅游产业的产生与发展、中国旅游产业的演变及发展阶段
产业结构理论	旅游产业的分类、结构、影响因素、关联分析及优化理论
产业空间理论	旅游区位理论、旅游地域分工理论、增长极理论、旅游地生命周期理论、旅游产业空间布局模式、旅游产业集群理论
产业组织理论	旅游产业组织理论、旅游产业政策
产业市场结构理论	旅游市场集中度、旅游产业的进出壁垒、旅游产品结构
产业市场绩效理论	旅游市场绩效衡量与评价理论、旅游产业竞争力分析
企业竞争行为理论	旅游企业的博弈研究、旅游企业一体化、旅游价格竞争
产业政策理论	旅游产业政策
产业发展模式理论	旅游产业发展模式理论及应用、旅游产业发展中的政府作为

二、心理学与旅游管理

旅游和人们的心理活动密不可分，旅游活动总是伴随着人们的心理活动，旅游业形成之后，人们开始关注和研究旅游活动中的心理现象。20世纪70年代末，旅游学与心理学结合，形成了旅游心理学，相关成果如表3-9所示。心理学的相关理论和方法主要应用于旅游者心理、旅游企业管理心理、旅游服务心理、旅游地居民心理以及旅游开发和设计中的心理问题研究。心理学的基本原理和方法阐明了旅游者心理活动的特点和规律，分析了激发和影响旅游者决策的各种心理因素，探索了从心理角度提高旅游从业人员素质及工作质量的途径，解决了旅游企业管理与经营活动中的心理问题，指导了旅游产品的开发与设计。

表 3-9 心理学在旅游管理中的应用及其成果

应用领域	理论与结果
旅游者心理	旅游知觉、旅游需求与动机、旅游态度与行为、旅游者个人心理对旅游活动的影响、社会群体对旅游行为的影响、旅游消费者行为
旅游地居民心理	旅游地居民社会心理、旅游地居民文化心理、旅游活动对旅游地居民心理的影响研究
旅游服务心理	旅游形象、服务员心理、营销心理、服务过程心理
旅游开发与设计	旅游开发与设计的人性化、个性化以及与环境的和谐化
旅游企业管理	管理心理学、个性差异与管理、激励与压力、劳动心理、沟通与人际关系、领导心理、组织心理

三、地理学与旅游管理

地理学分为自然地理学、经济地理学和人文地理学（社会文化地理学），旅游管理的研究中应用了这三类地理学的相关理论。西方国家地理学界对旅游现象的地理学研究可以追溯到20世纪20年代。1935年，英国地理学家R.M. 布朗就倡议地理学家应把更多精力放在研究旅游业上[2]。中国地理学界对旅游现象的地理学研究从1927年陈光甫把旅行部从上海商业储蓄银行中分离出来专门成立中国旅行社，并同步创刊《旅行杂志》的时候就开始了，但系统的旅游地理学在20世纪70年代末才形成。1978年北京大学陈传康教授首次提出旅游地理学是中国地理学综合的方向之一的观点[3]。1979年，中国科学院地理研究所组建了以郭来喜研究员为领导的旅游地理学科研究组。

自然地理与旅游管理 自然地理研究的对象是人类赖以生存发展的自然环境，包括人周围"气、水、土、生、地"的物质与物质运动，以及由"气、水、土、生、地"错综复杂的相互关系共同构成的自然环境[4]。

经济地理与旅游管理 经济地理是研究经济活动区位、空间组织及其地理环境相互关系的学科，强调人类生存的环境和技术条件的产生与利用。经济地理学包括企业地理学、产业（部门）经济地理学、区域经济地理学，而旅游地理学与农业地理学、工业地理学、商业地理学、城市地理学一样，同属于产业经济地理学。旅游管理涉及经济地理学的全部领域。

人文地理与旅游管理 人文地理学是研究人类与地理环境关系的科学，简单地说就是研究人类社会现象的地理学。人文地理学可分为区域地理学、部门人文地理学、理论人文地理学；而旅游地理学也可以与历史地理学、聚落地理学、文化地理学、社会地理学、政治地理学、军事地理学等一起纳入人文地理学的范畴。人文地理学探讨的内容包括：经济活动与地理环境、人口与地理环境、文化活动与地理环境、旅游活动与地理环境、政治活动与地理环境、自然资源的利用和保护、区域发展与协调等。其中的区位论、行为论、文化景观论和人地关系论等核心理论都与旅游活动密切相关，被广泛应用于旅游管理。

四、人类学与旅游管理

人类学于19世纪中叶形成，分为体质人类学和文化人类学。体质人类学研究人类的起源、进化，人的体质和形态；文化人类学研究人类创造的一切物质文化和精神文化，有三个分支，即民族学、考古学和语言人类学。人类学和旅游是两个平行的综合学科，具有密切的亲缘关系，人类学各个派系的理论和方法都有适用于旅游管理研究的内容。

1977年，瓦伦·史密斯（Valene L. Smith）出版了旅游人类学的先锋之作《东道主与游客：旅游人类学》，确定了"主客关系"这一旅游人类学的核心主题，把旅游学与人类学紧密地结合在一起，开启了旅游人类学的系统研究。人类学主要关注旅游者、旅游者与当地居民、旅游系统的功能和结构、旅游文化、旅游影响等领域的旅游管理研究。

五、生态学与旅游管理

1866年，德国博物学家恩斯特·海克尔（Ernst Haeckel）出版了《生物的普通形态学》一书，首次提出了生态学一词ecology的最初形式oecologie，将其界定为讨论有机体与外界环境关系的学问。从时间上看，生态学概念的提出几乎与旅游学产生的时间相当。20世纪70年代末，旅游业的繁荣给旅游地带来一系列的生态和环境问题，一些学者从生态的角度开始研究旅游的影响与发展，逐渐形成了旅游生态学。旅游生态学主要关注旅游生态系统、旅游活动影响、游客安全与健康、资源的生态评价及开发影响、旅游地规划与建设、旅游地的管理等领域的旅游管理问题，产生了旅游乘数效应理论、旅游地选址导向理论、旅游地聚集与分散理论、旅游地生命周期理论、旅游门槛距离与行为区位论等有影响力的旅游生态学理论。

随着旅游业的发展速度越来越快，旅游引起的生态问题越来越突出，一些以旅游业为经济支柱产业的地区，旅游景观的破坏使其经济发展受到影响，因此，生态学在旅游管理研究中应发挥更大的作用。

六、建筑学与旅游管理

建筑学是一个研究建筑艺术和建筑技术的学科。在中国，建筑学包括建筑历史与理论、建筑设计与理论、城市规划与设计、建筑技术科学等学科。旅游活动涉及建筑学的所有学科领域，旅游管理的研究与建筑学科的研究密不可分。其中，城市规划与设计和旅游管理结合最紧密，两者结合所形成的旅游规划是旅游管理研究中很重要的一个领域，相关成果如表3-10所示。20世纪30年代，美国学者从土地利用角度切入旅游规划的早期工作被认为是规范的旅游规划研究的起始标志[5]。1959年，夏威夷的旅游规划因为具有完整的规划形态被认为是现代旅游规划的先驱[6]。

表3-10 城市规划理论在旅游管理中的应用

城市规划理论	旅游管理的相关内容及应用
城市与区域发展理论	点轴开发理论、城乡一体化理论、田园城市理论、卫星城市理论、有机疏散理论、聚集经济理论、大都市带理论、世界都市和综合城市理论
城市增长理论	旅游城市增长理论、城市发展阶段理论、城市发展规模理论
城市空间结构理论	城市空间密度、布局和形态理论，同心圆理论，扇形地带理论，多核心理论，城市竞租理论

(续上表)

城市规划理论	旅游规划的相关内容及应用
城市开发与经营理论	城市开发类型和模式理论、生产要素经营理论、保值增值理论、竞争论、城市经营主体和模式理论
城市形象与品牌理论	城市旅游形象定位和设计理论、城市旅游品牌建设理论
城市设计理论	旅游城镇的设计理论
生态城市理论	旅游生态城市理论
城市规划思想	《雅典宪章》《马丘比丘宪章》《华沙宪章》《人居环境议程》《柏林宣言》

七、社会学与旅游管理

社会学是通过人们的社会关系和社会行为，从社会系统的整体角度来研究社会的结构、功能以及社会现象发生和发展规律的一门综合性社会科学[7]。20世纪70年代，旅游社会学作为社会学的一个分支开始出现在旅游管理的研究领域。如表3-11所示，社会学的理论和方法主要应用于旅游者、旅游者与旅游接待地社会关系、旅游系统和旅游影响等四个方面的旅游管理研究。

表3-11 社会学理论在旅游管理中的应用

研究领域	理论与结果
旅游者	旅游者社会行为、旅游动机、旅游心理、旅游价值取向、旅游审美观念、旅游决策的社会影响因素、社会因素对旅游体验的影响
旅游系统	旅游社会关系、旅游系统结构和功能、旅游跨文化交际、旅游流
旅游影响	旅游与社会变迁，旅游与社会文化，旅游与社会效益，旅游对当地收入、就业、价格、利益分配、所有权控制等的影响
旅游者与接待地社会关系	旅游主客关系、旅游交际、接待地居民态度、旅游文化入侵、旅游社区参与

社会学与旅游管理的结合还只是初级阶段，两者所形成的旅游社会学尚未形成独立学科。中国社会学理论和方法应用于旅游管理的研究仍属于探索阶段，最主要的研究方向主要集中在旅游的社会影响方面。

八、法学与旅游管理

在20世纪50年代末60年代初，"旅游法"作为调整旅游活动关系的法律法规的概念被学术界提出。中国正式的旅游立法工作始于1982年《中华人民共和国旅游法》的起草，旅游立法工作的第一个成果是1985年公布实施的《旅行社管理暂行条例》。2013年4月25日，中华人民共和国第十二届全国人民代表大会常务委员会第二次会议通过了《中华人民共和国旅游法》，同年10月1日正式施行。遗憾的是这部法律对旅游业的产业地位、产业边界、产业管理等关键问题没有给出明确的规定，也没有涉及现实需要规定的问题。到目前为止中国尚未制定完善的旅游法律体系，旅游法制建设的相对滞后与旅游业的快速发展形成了巨大反差。

中国现阶段旅游法律体系由两个部分组成：全国旅游法律和地方旅游法律。在全国旅游法律体系没有完善的情况下，地方旅游法律在全国各地进行了相应的尝试，为调整旅游活动的关系发挥了巨大的作用。

中国旅游法律与法制健全、体系完善的旅游业发达的国家相比，存在较大的差距。但纵向比较而言，中国旅游业发展仅有30多年的时间，在旅游法律环境建设，尤其是地方旅游法律环境建设方面已经取得了不小的成绩，对旅游业的可持续发展发挥了积极的推动作用。随着旅游业的不断发展，越来越多复杂的旅游法律问题将摆在我们面前，需要加快旅游法律体系的建设步伐。

第三节 旅游管理应该自主创新学理体系

旅游业作为满足人民日益增长的美好生活需要的现代服务业，在构建人类命运共同体、推动世界和平发展中具有战略性支柱产业的重要意义。只有建设高质量的旅游管理学理体系，才能保障旅游业实现可持续的高质量发展。

一、旅游管理的规划理论

旅游规划是旅游业发展的纲领性指南，属于复杂的技术性工作，需要在系统化的理论指导下才能有效推进。

游憩活动谱 1965年，杜勒斯（Dulles）出版了《美国人游憩史》，归纳了美国人的游憩活动类型。1987年，博尼费斯（Brian G. Boniface）和科普尔（C.P. Cooper）从空间角度出发，提出了游憩活动谱，认为人类游憩活动的地理位置变化是连续的，包括家庭内游憩、居室周边户外游憩、社区游憩、一日游、国内游和国际游等渐变的形式。

游憩活动空间 游憩活动空间（Recreational Activity Space，RAS）是由等游线等多条趋势线形成的活动空间面。等游线（isotourist）是指出游范围内由出游率相同的点组成的连线，等时线（isochronic）是指从客源地到目的地旅行的时间相等的点连接成的同心圆及其变形圈层。等游率越低，等时线值越大。RAS理论有助于旅游规划和旅游项目的决策，是应用广泛的旅游分析技术。

可达性和旅游距离衰减理论 在消费者各种约束条件和旅行距离给定的条件下，某一目的地可达性最终可以归结为旅行费用和旅行速度（旅行时间）两个变量。一般情况下，距离越近，旅游流量分布的概率越大，距离越远，流量分布的可能性越小，这一规律我们称之为旅游距离衰减规律（distance decay）。出游半径是测量距离衰减程度的工具，出游半径越大，距离衰减越缓慢；出游半径越小，距离衰减越迅速。根据不同的情况，旅游距离衰减的曲线呈现不同状态，旅游人数、客源地人口、腹地实际人口等距离累计曲线揭示了游客流行为、旅游地吸引力、客源潜力现状等市场空间结构和特征，对旅游市场营销具有重要意义。

旅游选择行为规律 1973年，普罗格（Stanley C. Plog）从旅游者的心理特性出发，提出了旅游地生命周期的心理图式假说，解释了旅游者心理类型与目的地选择的关系。如图3-2所示，他将旅游者分为五类：自向型（psychocentrics）、异向型（allocentrics）、类自向型（near psychocentrics）、类异向型（near allocentrics）和中间型（mid-centrics）。从自向型到异向型，旅游者心理素质逐渐从内向、保守向开放、冒险变化，对目的地的选择也从近距离的、熟悉的、安全的，向远程的、陌生的和充满刺激的地区变化。

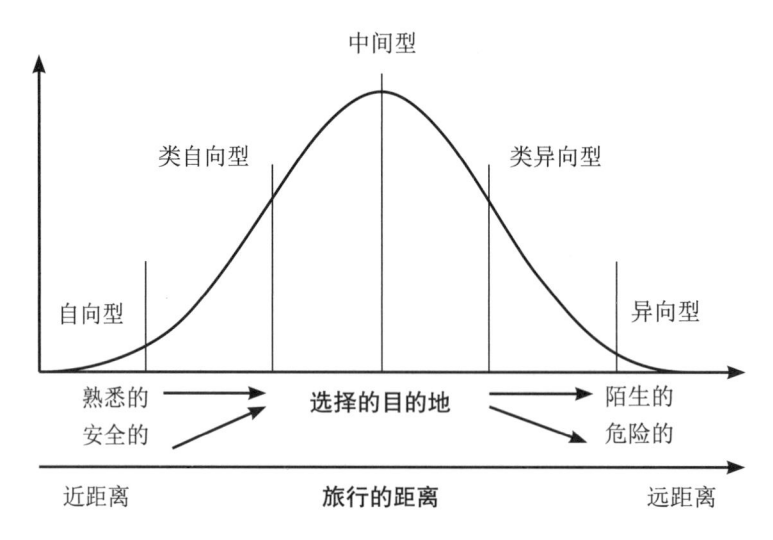

图3-2 旅游选择行为的普罗格模型

旅游评价理论 旅游评价理论是具有综合性的理论，它包括对旅游资源本身的评价和旅游地综合评价两方面。旅游资源本身的评价涉及旅游资源质量评价和旅游资源类型评价，旅游地综合评价涉及综合价值法、层次分析法、模糊数学评价法、价值工程法、综合评分法、指标评价法和观赏型旅游地综合评价等方法。旅游评价理论广泛应用于旅游资源的开发和规划，其评价结果对旅游资源的开发管理决策具有直接意义。

旅游容量理论 世界旅游组织（UNWTO）在1978—1979年度的工作计划报告《WTO六个地区旅游规划和区域发展的报告》中，正式提出了TCC（Tourism Carrying Capacity）的概念[8]。TCC理论给旅游地设置了游客量上限，认为超过该上限就会对资源质量和游客体验质量造成破坏。但是TCC存在两个严重的局限：其一，由于旅游系统是一个动态体系，其承载力不断变化，因而其旅游容量也应随之变化；其二，TCC缺乏客观的评价标准。可见，TCC由于自身的局限性而缺乏可操作性，不能很好地控制影响，只能在稳定而静止的条件下才具有实用性。因此，基于对TCC的改进，学者们纷纷提出新的框架：可接受的改变极限（Limits of Acceptable Change, LAC）、游客影响管理模型（Visitor Impact Management Model, VIMM）、旅游者体验与资源保护（Visitor Experience and Resource Protection, VERP）、旅游最优化管理模型（Tourism Optimization Management Model, TOMM）、游客活动管理规划（Visitor Activity Management Planning, VAMP）。其中最著名的为LAC和VERP，这两个框架都基于新的TCC理论，游客量的上限不再是容量管理的唯一标准，这使得新的TCC理论不仅能解释旅游容量问题，而且具有较强的可操作性，是一个较成熟的管理工具。

旅游地生命周期理论 1963年，德国著名地理学家瓦尔特·克里斯塔勒（Walter Christaller）提出了旅游地生命周期理论。目前，广泛应用的是分为4个阶段的旅游地生命周期理论和巴特勒（R.W. Butler）的六阶段生命周期理论。巴特勒把旅游地生命周期分为探索、参与、发展、稳固、停滞和后停滞6个阶段。在探索阶段,只有很少的探险者进入,目的地没有公共设施;在参与阶段,当地居民开始参与旅游接待服务,游客量开始增加,形成地域性市场;在发展阶段,设施开发增加,促销工作加强,旺季游客数量超过当地居民;在稳固阶段,旅游业成为地方经济的主体,游客增长率下降,形成较好的商业区;在停滞阶段,游客量和旅游地容量都达到高峰;在后停滞阶段,有5种可能的选择,极端的情况是迅速复兴和迅速衰落。旅游地生命周期理论可以用于对旅游地发展过程和历史的解析,预测旅游地的发展走势,指导市场营销和旅游地的规划和对策。

旅游空间结构理论 旅游空间结构理论主要包括旅游空间模型、旅游区位理论、旅游中心地理论、旅游流理论、环城游憩带理论等。旅游空间模型中著名的有核心–边缘理论,该理论解释了旅游边缘地区对旅游核心地区的依存关系;点轴结构模型指出,点(旅游中心地)通过点与点之间相互连接的轴(旅游产业带)带动整个区域发展。旅游区位理论阐述了旅游产业的最佳布局问题,即如何通过科学合理的布局使得旅游产业能以较少的投入获得较大的效益。旅游中心地理论认为,拥有资源、交通和设施优势的城市将成为旅游中心地,高等级旅游中心地周围存在低等级的旅游中心地,旅游中心地存在吸引范围的上限和下限,上限由旅游资源吸引力、旅游社会容量、经济容量和生态容量共同决定,下限就是门槛值。1996年,马勇和笔者在《经济地理》上发表了《武汉大旅游圈的构建与发展模式研究》[9],从地理学和经济学相结合的角度,把旅游圈界定为一定地域内各种旅游经济要素相互联系和相互作用而形成的区域空间组织形式,提出了旅游圈经历离散态、聚集态、扩散态和成熟态4种演变状态的过程发展规律,这是学者首次提出旅游圈的概念。此后,在很多学术领域中,"旅游圈"一词代替了以往经济区或旅游区域的说法[10]。

旅游可持续发展理论 可持续发展就是指既满足当代人的需求,又不对后代人满足其自身需求的能力产生威胁的发展。旅游可持续发展理论就是可持续发展理论在旅游管理中的应用。旅游的发展要遵循公平性、可持续性、共同性和需求性的原则,保护人类共有的旅游资源,由外延型、数量型的开发向内延型、质量型的开发转变,实现旅游开发的生态效益、经济效益和社会效益相统一。

二、旅游管理的经济理论

旅游活动中的生产、交换、分配和消费是最活跃的经济现象与商业过程,因而,旅游管理需要经济学理论的指导和支持。

1. 消费者行为理论

消费者行为理论的基础是旅游消费者行为模型和旅游决策理论,这两个理论解释了消费者行为与市场、消费者的类型、消费者与市场营销等问题[11]。消费者行为模型用于描述旅游消费者行为与内外因素的相互关系。安德森(Andreason)在1965年提出的模型是最早的消费者行为模型之一，此后很多学者提出各自的旅游消费者行为模型，最有代表性的模型是霍华德（Howard）和谢思（Sheth）提出的，强调了消费者购买过程中投入的重要性。

旅游动机理论研究方面，学者们大量地借用马斯洛需求层次理论，认为在适当的条件下，人们将超越的他们所注重的物质层面需求，转而寻求精神层面的满足，这种精神层面的满足很多体现于旅游。关于旅游动机的分类，著名的有罗伯特·麦金托什、查尔斯·戈尔德耐和布伦特·里奇（1995）的四分法（身体健康动机、文化动机、人际动机、地位与声望动机）以及前文介绍的普罗格模型。旅游动机理论的研究包括动机与旅游体验、动机与旅游决策、动机与市场细分、动机与人口文化特征、动机与旅游产品等方面。

旅游决策理论关注决策的影响因素和不同旅游者的决策行为两大方面。在决策的影响因素方面，学者们按照不同的分类法进行划分，约翰·斯沃布鲁克和苏珊·霍纳分为状况、知识、态度与感知、经历4种因素；克里斯·库帕等学者分为生活方式与生命周期两大类因素。总的来说，中国学术界比较认同的影响旅游者进行决策的因素有闲暇时间、可自由支配收入、旅游的欲望和旅游可达性；旅游可达性又包括旅游信息的可达性和旅游交通的可进入性。

2. 旅游供需与市场均衡理论

旅游供需与市场均衡理论包括旅游需求理论、旅游供给理论和旅游市场均衡理论3个部分。对旅游需求的研究不仅可以发现游客的需求特征及需求规律，找出影响旅游者需求的因素，而且可以指导旅游企业对旅游产品的开发与规划，为旅游企业制定经营管理策略提供重要参考，为旅游资源的开发与规划提供科学的依据；同时也有利于旅游企业科学合理地引导旅游者可持续消费，进而实现旅游的可持续发展[12]。旅游需求理论包括影响旅游需求的各种经济变量、旅游需求的决策层次、旅游预测模型、旅游需求的收入和价格效应等。旅游需求的收入和价格效应分别有两个指标，一个是旅游需求的收入弹性，另一个是旅游需求的价格弹性。

> 旅游需求的收入弹性：E_y=旅游需求变化的百分比/可自由支配收入变化的百分比
> 旅游需求的价格弹性：E_p=旅游产品需求量变化的百分比/旅游产品价格变化的百分比

旅游产品作为一种特殊的消费品，有着其自身特有的弹性规律。旅游需求量与人们的收入和闲暇时间呈同向变化，与旅游产品的价格成反向变化。

根据旅游需求变化的规律性，许多学者从不同角度总结了旅游需求经验，提出了沃尔什（Walsh）模型、吴必虎模型、爱德华（Edwards）模型等需求经验模型。沃尔什模型认为随着收入水平的提高，各类户外游憩活动的参与率也以不同的幅度增高，但收入增加到一定程度时，参与率会出现一定程度的下降，这与富有者比较繁忙有关。吴必虎模型展现了不同客源地区由于经济收入的区域差异所决定的旅游者出游能力和购买能力的高低。爱德华模型认为旅游需求的价格弹性既可能很小，也可能很大，目的地长期需求是一条"S"曲线。

旅游供给的研究集中在旅游供给的特点、旅游供给经济分析、旅游供给的衡量、旅游产品的定价、旅游供给弹性和旅游各个行业的研究。旅游产品吸引力的衡量是旅游供给研究的重要领域，齐普夫（G.K. Zipf）和斯图尔特（J.Q. Stewart）（1948）、克朗蓬（Crampon）（1966）、威尔逊（Wilson）（1967）、沃尔夫（Wolfe）（1972）、马耀峰、张凌云（1986）根据牛顿引力模型，提出了各自的旅游吸引力模型。

3. 旅游乘数与漏损理论

测量旅游对国民经济的影响，旅游乘数和旅游漏损是两个重要工具。李天元认为，旅游乘数是用以测量单位旅游消费对旅游接待地区各种经济现象影响程度的系数。旅游乘数分为旅游产出乘数、旅游营业收入乘数、旅游就业乘数、旅游收入乘数和旅游进口乘数等。

计算旅游乘数有两个基本方法：

> 方法一：$K=(1-L)/(1-c+m)$
> 其中，c 为边际消费倾向，m 为边际进口倾向，L 为旅游进口倾向。
>
> 方法二：$K=A/(1-BC)$
> 其中，A 表示旅游消费经第一轮漏损后，余额部分的比率，B 表示当地居民收到的旅游消费的比率，C 表示当地居民在本地经济中的消费倾向。

旅游漏损是旅游目的地国家或地区的旅游部门把旅游收入用于购买进口商品或劳务，到国外进行促向宣传等而导致的旅游外汇向国外流出的现象。

4. 旅游卫星账户

旅游卫星账户（TSA，Tourism Satellite Account）是在不违背联合国1993年修订的国民账户体系（SNA93）的基本原则下，在国民账户之外单独设立一个虚拟账户，通过将所有与旅游消费相关的部门中由于旅游而引致的产出部分分离出来，列入虚拟账户，从而准确地测度旅游业对GDP的贡献。TSA对区域经济影响的分析和解释能力是强大的，但是其在付诸实践的时候也存在一些困难，比如，如何从SNA93中剥离出旅游账户，建立TSA的数据繁多、成本高昂等。除了比较通用的TSA外，各国学者根据本地区的旅游经济发展情况和国家统计体系的特点，也提出了一些方便实施操作的方法体系。

5. 旅游经济结构理论

狭义的旅游经济结构是指旅游产业结构，即旅游产业内部满足消费者不同需求的各个部门在旅游经济体系中的内在联系和数量比例关系。广义的旅游经济结构是指旅游经济系统各个组成部分的内在联系和数量比例关系。旅游资源的地区禀赋情况、旅游市场需求情况、科学技术进步情况、地区经济发展情况以及地区政策法规等因素共同决定和影响地区旅游经济结构形成和发展。一个优化的旅游产业结构应该能够实现资源配置的有效性、旅游产品的类型多层次和多元化、旅游产业各部门的协调性、旅游产业布局的合理性、旅游产业与生态环境的和谐性、旅游产业与科技进步的同步性和旅游经济发展的持续性。

6. 旅游经济发展模式理论

旅游经济发展模式是指旅游经济发展的基本运行方式和管理体制[13]，或者说是一个国家或地区在某一特定时期旅游产业发展的总体方式[14]。根据不同的国家或地区的经济发展水平、旅游禀赋状况以及旅游产业发展阶段，采取不同的旅游经济发展模式，是一个受到广泛认可的观点。从不同角度出发，可以把旅游经济发展模型划分为超前发展型与滞后发展型、市场主导型与政府主导型、延伸发展型与推进发展型、常规发展型与超常规发展型、大国发展型与小国发展型等不同的类型。

7. 旅游经济影响理论

旅游经济影响理论重点在于旅游经济效益评价理论。旅游经济效益是旅游的有效产出与旅游投入的比较，用以衡量旅游经济发展的数量和质量。旅游经济效益的评价是宏观和微观的统一、多层次多方面指标的统一、质量和数量的统一，这"三统一"构建了旅游经济效益评价体系的基本框架。

8. 旅游经济梯度理论

旅游经济梯度理论是中国旅游业在改革开放几十年的发展实践中逐步形成的产业经济理论。旅游经济梯度理论由笔者和刘改芳（2007）提出[15]，王世豪（2015）进一步优化，重点在于研判区域旅游业的发展阶段[16]。特定区域的旅游业可持续发展存在要素经济、载体经济、内容经济、融合经济和集成经济的5个梯度：旅游要素经济注重"吃、住、行、游、购、娱"的要素整合；旅游载体经济注重景点、景区、旅游区、旅游城市等载体构建；旅游内容经济注重文化创意、知识产权、衍生业态等内容创新；旅游融合经济注重旅游业与关联产业融合形成产业链供应链；旅游集成经济注重产业融合发展的边际收益和集群效应。中国不同区域之间的旅游业发展存在梯度差异，相对而言，某一区域的旅游业处在5个梯度中的特定发展阶段，跨越发展梯度需要突破特殊的约束条件。

9. 旅游政府职能理论

旅游政府职能理论探讨政府职能在旅游业中的应用。政府通过征税抽走资金，通过政府购买、政府直接投资和政府补贴来注入资金，运用"一取一予"来实现旅游业的经济控制。旅游业中的政府职能主要包括：政府宏观经济管理、政府旅游税收、政府旅游投资与补贴、政府制定的旅游法律法规、政府作为旅游供给和消费者、政府的再分配政策等。

三、旅游景区管理理论

旅游景区是具有参观游览、休闲度假、研学科考、探险体验、游乐康养等功能设施和接待服务的特定空间，是旅游产业链供应链的关键环节和重要载体，需要在科学理论的指导下推进旅游管理。

1. 游客管理理论

游客管理是指景区管理者以游客为管理对象，运用各种手段和技术，对游客在景区内活动全过程的组织、管理，是景区管理的一部分。斯蒂芬·麦库尔（Steve McCool）认为游客管理是对游客进行管理，使得游客体验品质最大化，同时支持该区域的总体管理目标成果的一种方式[17]。游客管理的概念经过了两次演变，一是以游憩环境容量为基础的游客管理框架，要解决的典型问题为"多少游客才是太多"；一是"可接受改变极限"及其衍生技术开始成为主流的游客管理模式，要回答的典型问题是"什么是一个公园里可以接受的生物物理和社会条件"。

游客管理的方法分为直接管理和间接管理两种，前者直接改变游客的行为，限制游客的活动；后者指通过间接措施，让游客意识到应该遵循某些规则，从而使行为合理化。

游客行为管理的技术研究，可从供给和需求两个方面的技术进行探讨。供给技术包括：

队列管理技术　在游客量高峰期，要求游客排队进入，减少景区压力。排队管理可以使部分游客放弃或延后进入，景区管理者要想办法舒缓游客在排队时的不满情绪，通过各种手段留住游客。

容量管理技术　实施弹性的容量管理，在旅游高峰时期延长开放时间，启用备用游道，增加管理人员等，以增加景区的日供给量；同时也可以通过采取限制进入时间、限制停留时间、限制旅游团对人数等方法来解决因过度拥挤所造成的景区破坏或体验质量下降。

定点管理技术　定点管理就是在游客活动较多的区域或者游客不文明行为频繁地段安排定人管理或设置定点指示牌，以规范游客的行为，保护景区环境。

2. 社区参与理论

所谓社区参与就是社区居民和组织以各种方式或手段直接或间接介入社区治理或社区发展的行为和过程，社区资本理论、理性选择理论、历史-制度理论是研究社区参与理论的基础。保继刚和孙九霞（2006）在对中国不同地区民族村寨进行典型个案调查的基础上，结合西方学者的案例材料，对中国和西方国家在社区参与的社会意义、社区参与旅游的利益诉求点、社区参与各方主动性、社区参与各方力量、社区参与阶段五个方面的差距进行了深入分析，得出西方的社区参与是深度参与，社区参与涉及规划、管理、经营、利益分享和文化保护各个层面；中国的社区参与只涉及经济活动领域，是浅层次参与甚至未参与[18]。社区参与旅游发展所涉及的范畴远远不止旅游研究这一块，必然要跟政治学、社会学、人类学、公共管理、经济学等多个学科发生联系。

3. 环境管理理论

环境管理研究侧重于生态环境和社区环境的管理，密德尔敦（Middleton）（1998）认为，为了加强旅游开发规划过程的环境管理，实现可持续旅游的目标，应该推行实施"10个R"的行动方案。所谓"10R"行动，就是认知（Recognize）环境保护及可持续发展的重要性，拒绝（Refuse）参与任何对环境有损的旅游活动，减少（Reduce）对不可再生资源的使用量，寻找较小环境影响的替代（Replace）产品来达到呵护环境的目的，为了节约资源提倡重复使用（Re-use）和循环使用（Recycle）生活消费品，重新改造（Re-engineer）耗费水和能源的机器设备，对从业人员进行再培训（Retrain）使其在行为方面影响旅游者的环境意识，对参与环境保护的人给予某种形式的回报（Reward），最后，为了改变人们对环境的习惯行为，重新树立良好的环境观和行为准则，需要对人们进行再教育（Re-educate）[19]。环境管理既要满足旅游者游憩的需求，又要满足资源节约与保护的要求。针对这一矛盾，美国国家公园管理局提出了一套工作程序框架，称为VERP，中国学者周世强（1998）也提出了"时空差协调法"。

4. 安全管理理论

安全管理涉及景区内和景区周边的饮食安全、交通安全、游览安全、购物安全和娱乐安全等方面。游客安全事故不仅会给旅游者带来直接的伤害，还会给景区和当地旅游业带来负面影响。景区的安全包括景区犯罪（性犯罪、赌博、毒品、恐怖事件等）、景区自然灾害（如火灾、山体滑坡等）、景区设施安全、景区活动安全（如蹦极、攀岩、徒步等）、景区疾病（如食物或饮水中毒等）。因此，旅游景区应该建立安全管理体系，政府部门应该建立游客安全法律体系和监管体系，保证景区内的游客安全。

5. 旅游体验理论

关于旅游体验（tourism experience）的内涵，波斯汀（Boorstin，1964）把它理解为一种时尚消费行为，一种人为的、预先构想的大众旅游体验。麦克坎奈尔（MacCannell，1973）则把旅游体验看成是对现代生活所遭遇的困难的积极响应，他认为旅游者是在寻求"真实"的体验以战胜困难。而科恩（Cohen，1979）认为，不同的人需要不同的体验，而体验也赋予旅游者和他们的群体以不同的意义。他将旅游体验定义为个体与多种"中心"之间的关联，在阐述这种关联时，体验的意义源自世界观，对个体来说代表着终极的意义。综合众多学者的观点，瑞安（Ryan，1997）将旅游体验概括为："针对个体的、涉及娱乐或学习的多功能休闲活动。"[20]谢彦君（1999）指出，旅游体验是旅游个体通过与外部世界取得联系从而改变其心理水平并调整其心理结构的过程。这个过程是旅游者心理与旅游对象相互作用的结果，是旅游者以追求旅游愉悦为目标的综合性体验。旅游体验理论研究比较集中于体验的真实性和旅游体验模型。在体验真实性方面，主要有"客观性真实"（objective authenticity）的观点、"建设性真实"（constructive authenticity）或"象征性真实"（symbolic authenticity）的观点、"存在性真实"（existential authenticity）的观点；在旅游体验模型方面，主要有6种不同的模型：层级式体验模型（hierarchical models of experience）、类型学模型（typological approaches to experience）（科恩，1979）、"畅爽"（flow）理论模型[奇克森特米哈耶（Csikszentimihalyi），1988]、有目的行为模型（planned behavior）、局中人和局外人理论模型（insider-outsider）、邹统钎的5-2-3模型。

6. 旅游解说系统

国外旅游解说的相关研究起步早，研究与应用已经较为成熟，主要包括解说历史，解说概念、目的与功能，系统构成，解说媒介，理论与方法的研究等。而在中国，相关研究尚处于起步阶段，主要集中于解说内涵与功能、规划设计的研究等[21]。最早的解说理论是提尔顿（Tilden，1957）提出的解说模型。陈晨（2005）提出了环境解说理论：提尔顿（Tilden）模式、"启发内涵"模式和卢卡斯的环境教育模型。社会学方面，有克瑞曼尼（Gramann，1987）的亲社会行为理论、菲什拜因（Fishbein，1975）的理性行为理论、阿耶兹（Ajzen，1991）提出的计划行为理论。默斯卡多（Moscardo，1996）采用环境心理学理论进行游客分类，并提出了遗产地解说思考模型。尤森勒（Uzzell，1996）用社会认证理论分析博物馆在促进旅游者场所感和乡镇遗产意识中的有效性。埃姆·斯蒂沃（Emma J. Stewart，1998）在解说评价中引入了场所感理论。奥森（Olson，1983）利用相关性分析方法证明游客对保护区的理解与自我行为管理之间有很强相关性。卡伯（Cable，1984）利用旅行费用法等分析解说具有一定的经济效益。黄石楠（2005）利用结构方程模型证明了活动参与、场所依附以及解说满意度三者之间的相互关系。

在解说系统的规划方面，吴必虎（1999）根据提供信息服务的方式将旅游解说系统分为自导式和向导式两类，并对北京与香港旅游解说系统进行了对比分析，进而将北京旅游解说系统在空间上分为交通网络导引解说系统、接待设施解说系统、观光度假地解说系统及可携式解说系统4种类型。王辉（2005）将旅游解说系统在空间上分为交通导引解说、接待设施解说、景区解说、游客服务中心、外部旅游协作解说系统5个部分，其中景区解说又包括软件部分（解说员、导游员、咨询服务等）和硬件部分（导游图、导游手册、牌示、语音解说、资料展示柜等）。冯淑华（2005）构建了古村落旅游解说的3个子系统：静态文字解说、动态导游解说和空间游览线路解说。张静（2005）还提出生态旅游解说系统规划的原则，将牌示解说分为全景牌示、指路牌示、景点牌示和忠告牌示，将解说方式分为文字解说、绘图解说、牌示解说、定点牌示以及导游等，同时进行详细节点路径规划。周可华（2007）将旅游解说系统分为目的地诱导型、导览解说、安全解说、说明型解说和管理解说系统5类，并提出"双筛法"的解说规划方法。

7. 旅游景区管理模式

2004年，邹统钎提出旅游景区不可能采用某种通用的管理模式，而应该根据景区的类型采用不同的管理模式[22]。他将旅游景区的管理模式划分为3种：科教基地模式、中间模式和快乐剧场模式。

注释

[1]董观志.山河壮志：从文旅富民到乡村振兴的操作模式与行动策略[M].武汉：华中科技大学出版社,2022.

[2]冯学钢,黄成林.旅游地理学[M].北京：高等教育出版社,2006:9.

[3]中国科学院地理研究所旅游地理组编.旅游地理文集[M].1982.

[4]杨达源.自然地理学[M].北京：科学出版社,2006:1.

[5] 郭来喜. 中西融通互鉴 加快旅游规划体系建设 [J]. 国外城市规划, 2000(3):34.
[6] 吴人韦. 旅游规划的发展历程与发展趋势 [J]. 农村生态环境, 2000(1):39-41.
[7] 曹维源. 当代社会科学概要 [M]. 北京: 中国广播电视出版社, 1991.
[8] 刘扬, 高峻. 国外旅游容量研究进展 [J]. 地理与地理信息科学, 2006(6):103.
[9] 马勇, 董观志. 武汉大旅游圈的构建与发展模式研究 [J]. 经济地理, 1996(2):99-104.
[10] 胡湘兰. 论"大湘南"旅游圈的构建 [D]. 湘潭大学, 2005:8.
[11] (英) 约翰·斯沃布鲁克, (英) 苏珊·霍纳. 旅游消费者行为学 [M]. 俞慧君, 张鸥, 漆小艳, 译. 北京: 电子工业出版社, 2004:32-39.
[12] 欧阳润平, 胡晓琴. 国内外旅游需求研究综述 [J]. 南京财经大学学报, 2007(3):80-83.
[13] 罗明义. 旅游经济学原理 [M]. 上海: 复旦大学出版社, 2004:325.
[14] 田里. 旅游经济学 [M]. 北京: 高等教育出版社, 2002:263.
[15] 刘改芳, 董观志. 基于生态位的区域旅游业稳定度研究 [J]. 旅游学刊, 2007(5):19-23.
[16] 王世豪. 我国现代旅游发展的新理念和新趋势: 评析董观志教授的旅游发展阶段层次理论 [J]. 新经济, 2014(13):16-21.
[17] Paul F.J. Eagles, Stephen F. McCool. Tourism in national parks and protected areas:planning and management[M].Wallingford:CABI Publishing,2002.
[18] 保继刚, 孙九霞. 社区参与旅游发展的中西差异 [J]. 地理学报, 2006(4):401-413.
[19] 吴必虎. 区域旅游规划原理 [M]. 北京: 中国旅游出版社, 2001:499.
[20] 郑聪辉. 旅游景区游客旅游体验影响因素研究 [D]. 浙江大学, 2006:4.
[21] 张明珠, 卢松, 刘彭和, 等. 国内外旅游解说系统研究述评 [J]. 旅游学刊, 2008(1):91-96.
[22] 邹统钎. 旅游景区开发与管理 [M]. 北京: 清华大学出版社, 2004:32.

第四讲
旅游地的规划管理

第一节　旅游地的空间结构

第二节　旅游地的功能布局

第三节　旅游规划的技术体系

第四节　旅游规划的编制方法

旅游地是以体验性的旅游资源为核心，以综合性的旅游设施为条件，为旅游者停留开展旅游活动提供旅游接待服务的地域综合体。旅游地的主要构成要素是6个"A"：旅游吸引物（Attractions）、交通基础设施（Accessibilities）、接待设施和服务（Amenities）、包价服务（Available Package）、活动（Activities）以及辅助性服务（Ancillary Service）。一般情况下，旅游地与旅游目的地基本上是可以通用的概念，翻译成英文都是tourism destination。

第一节 旅游地的空间结构

对旅游地空间组织形态的透视可以从宏观和微观两个层面上展开。在宏观层面上，旅游地是由旅游城市或胜地型旅游目的地、连接旅游地的交通线路及其所依托的区域所组成的空间网络系统；在微观层面上，则是旅游地内部的景区（景点）和旅游设施的空间安排。

一、旅游地的宏观区域划分

20世纪80年代以来，中国地理学家对不同区域范围的旅游资源和旅游地区划进行了研究。作为区域的一个组成部分，旅游地存在地域分异现象，从南向北，从东向西，不论是自然景观旅游地还是人文景观旅游地，都存在着地域差异。这种地域分异的规模有大有小，高一级地域分异是低中级地域分异的背景。正是旅游地的地域差异性，导致某一旅游地的旅游资源对另一地的旅游者产生吸引力，从而引起旅游者的空间移动。根据地域的差异性和共同性、功能上的通用性、发展方向的一致性等原则，可以把中国的旅游地大致划分为10个不同的类型（如表4-1所示）。

表4-1 中国旅游地的空间分布特色

类型	位置	突出特色	旅游地的发展方向
东北冰雪风光（近代名城旅游地）	位于中国东北部，包括辽宁、吉林、黑龙江。	冰雪风光，近代名城。	冬季：冰雪观赏、冰雪运动和狩猎旅游。夏季：森林生态、研学科考、康养度假。全年：近代名城欧陆东洋风情旅游。
中原华夏文明（山海形胜旅游地）	位于黄河中下游地区，包括北京、天津、河北、山西、陕西、河南和山东。	华夏古今文明和山海形胜。	华夏文明怀古，首都观光购物，名山登高览胜，海滨休闲度假旅游。
华东名山秀水（园林都市旅游地）	地处长江下游，包括上海、江苏、浙江和安徽。	名山秀水，古典园林，都市风貌。	名山避暑休憩，古城名镇观光，水乡休闲度假，都市采风购物，会议商务旅游。

（续上表）

类型	位置	突出特色	旅游地的发展方向
华中峡谷名山（文化胜迹旅游地）	位于长江中上游，包括重庆、湖北、湖南和江西。	峡谷名山，文化胜迹。	山水风光，历史文化，宗教朝圣旅游地，三国寻踪，生态、漂流、科考等专项旅游。
华南热带海滨（现代风貌旅游地）	位于中国南部沿海，包括福建、广东和海南。	热带海滨，现代风貌。	热带海滨避寒度假，现代都市游乐购物，侨乡故土寻根祭祖旅游。
西南奇山异水（民族风情旅游地）	位于中国西南边陲，包括四川、云南、贵州和广西。	奇山异水，民族风情。	山水奇景，民族风情，边境采风，宗教朝圣，高山探险，熊猫观赏，生态科考专项旅游。
西北丝路古迹（大漠绿洲旅游地）	位于中国西北部，包括甘肃、宁夏和新疆。	丝路古迹，大漠绿洲。	丝路胜迹，大漠绿洲，民族风情观光旅游和沙漠探险、登山、狩猎、滑翔及跨国汽车拉力赛等专项特种旅游。
塞外草原风光（民族风情旅游地）	位于长城以北的中国北部边疆，内蒙古境内。	草原风光，蒙古族风情。	草原，民俗，边境观光旅游和森林、疗养等专项旅游。
青藏雪山高原（宗教文化旅游地）	位于中国西南部，包括青海和西藏。	雪山高原，宗教文化。	雪山高原，宗教文化，藏族风情观光旅游，登山探险、狩猎、科考及汽车越野拉力赛等专项旅游。
港澳台海岛风光（中西文化旅游地）	香港、澳门、台湾。	中西文化，山水美景，海滨景观。	热带和亚热带海岛观光，商务旅游，美食购物，博彩旅游，都市旅游。

二、旅游地的空间结构模型

旅游目的地、旅游客源地、旅游通道地、旅游节点区域、旅游循环路线、旅游出入通道等基本要素的组合模式构成了微观旅游地的空间结构。

单节点旅游目的地的空间布局模型 单节点旅游目的地区域包含一个中心吸引物或一个吸引物聚集体，旅游者到达此旅游地只能待在这一个地方。相对于多节点旅游地来说，单节点旅游地空间范围一般比较狭小，因此，所有旅游支撑系统和服务设施都要完备，且没有形成旅游地内循环路线。单节点旅游地是旅游地空间成长的最初阶段。

多节点旅游目的地区域空间布局模型 随着旅游地的发展，一些很具吸引力的腹地旅游资源或深层次的历史文化资源被开发，多节点并存的旅游地开始出现。如图4-1所示，多节点旅游目的地区域空间布局模型中有3类节点：首要节点、次级节点与末端节点。首要节点是旅游者所熟知的旅游目的地的核心吸引物聚集体，这是他们选择目的地的最基本的推动力，次级节点及边缘旅游区的节点均要以首要节点为中心来设计和规划线路。次级节点不是推动旅游者来此目的地观光游览的原始推动力，但次级节点的中心吸引物聚集体是增加目的地区域整体旅游吸引力的重要因素。次级节点也有较为完善的旅游服务接待设施，即使没有首要节点，次级节点也有足够的能力把旅游者吸引到该目的地来。

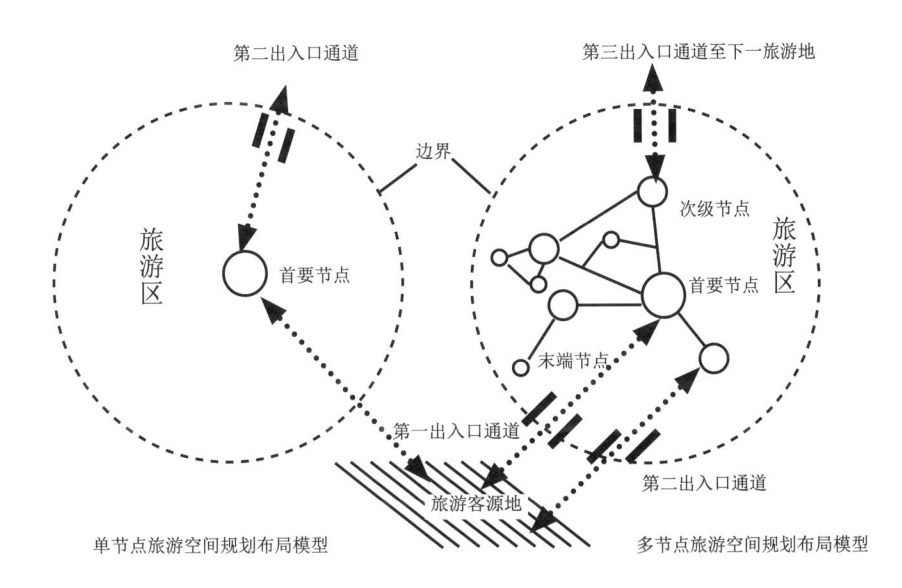

图4-1 单节点与多节点旅游目的地空间结构模型

链状节点旅游目的地区域空间布局模型 随着旅游目的地区域旅游空间的成长，旅游节点越来越多，不同性质的旅游区开始出现，旅游目的地日益呈现出多区的空间增长格局。如图4-2所示，旅游者到此目的地区域旅游可以选择其中多个旅游区旅游，因此旅游区之间的竞争加大，各旅游区的旅游形象对激励旅游者的旅游兴趣显得尤为重要。在旅游目的地区域旅游空间成长的第三阶段中，旅游空间成长趋于成熟和稳定，旅游区之间的空间竞争与合作关系加强，旅游服务质量和管理水平日益提高，旅游目的地迫切需要一体化的区域规划来指导和干预其旅游空间发展格局。

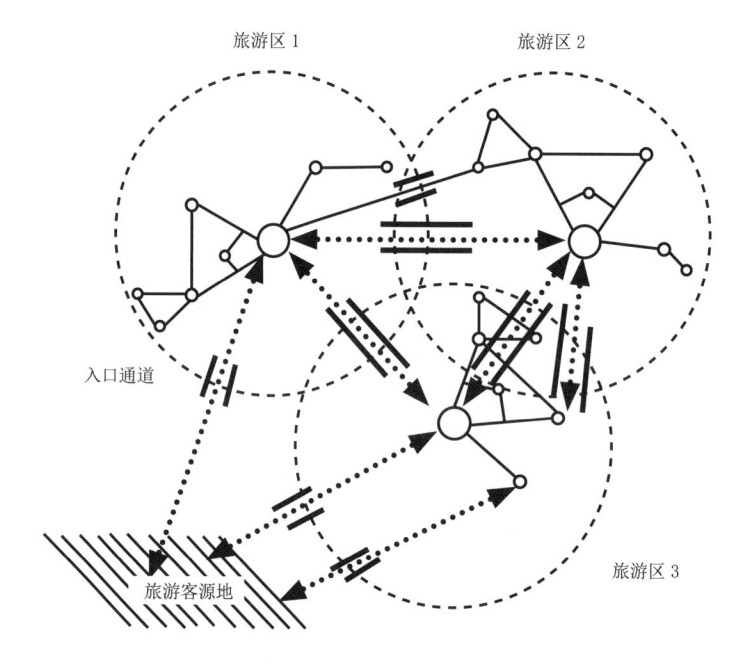

图4-2 链状节点旅游目的地空间布局模型

三、城市旅游圈层的空间结构

1996年，马勇和笔者认为，旅游圈是以大城市为中心，从区域整个的自然、经济、文化、交通和区位条件出发，合理配置中心城市与周边地区的旅游资源和服务设施，从而形成旅游业"城市—区域"与"市场—资源"的共轭型空间结构综合体。随着城市旅游圈的建立和完善，城市旅游空间结构会发生变化，旅游圈构建初期，城市旅游空间结构是离散态，然后是"以点带线"的聚集态到"点线结合、带动全面"的扩散态，城市旅游圈发展的最高层次是"城市旅游中心极化、区域旅游发展平衡"的成熟态空间结构[1]。

1. 城市大旅游圈的空间结构

决定城市大旅游圈空间结构的因素，主要有两个方面：①旅游供给因素，如旅游区域的连贯性、旅游经济联系的紧密性、交通运输的便利性，资源组合的互补性、历史发展的相似性和行政区划的完整性等；②旅游需求因素，如旅游所需时间、交通费用、体力消耗等，随着中心城市范围增大而导致旅游经济活动联系衰减，进而影响大旅游圈的层次性分布。

从旅游供给因素考虑，大旅游圈空间结构可表述为图4-3所示的结构系统。

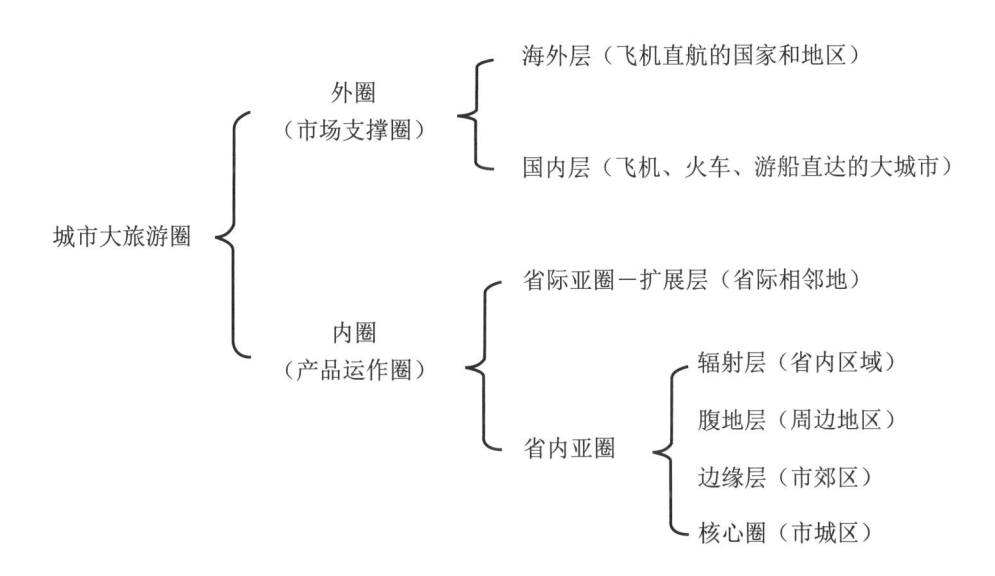

```
                          ┌─ 海外层（飞机直航的国家和地区）
              ┌─ 外圈 ────┤
              │ （市场支撑圈）
              │          └─ 国内层（飞机、火车、游船直达的大城市）
城市大旅游圈 ─┤
              │           ┌─ 省际亚圈－扩展层（省际相邻地）
              │           │
              └─ 内圈 ────┤                ┌─ 辐射层（省内区域）
                （产品运作圈）             │
                          │                ├─ 腹地层（周边地区）
                          └─ 省内亚圈 ────┤
                                           ├─ 边缘层（市郊区）
                                           │
                                           └─ 核心圈（市城区）
```

图4-3 城市大旅游圈空间结构系统（供给因素）

从旅游需求因素考虑，大旅游圈空间结构可表述为表4-2所示的结构系统。

表4-2 城市大旅游圈空间结构系统（需求因素）

关联度类别	紧密型		协作型		联络型	松散型	
圈层	省内亚圈				省际亚圈	外圈	
	核心层	边缘层	腹地层	辐射层	扩展层	国内层	海外层
交通方式	自行车、公交车、摩托车、出租车	摩托车、客运汽车、旅游车、火车普快	客源汽车、旅游车、火车普快、游览船	火车特快、旅游快巴、游轮	火车特快、小型客机、豪华游轮	火车特快、中型客机	直航、飞机
游览天数（天）	1	1~2	2~3	3~5	5~7	5~10	3~5
距离里程（km）	<60	60~120	120~300	300~500	500~650	650~800	>800

2. 城市大旅游圈的功能结构

决定大旅游圈功能结构的因素主要有两个方面：一是旅游经济活动因素，如旅游资源开发、旅游接待服务、旅游市场营销、旅游消费等因素；二是旅游经济管理因素，如政府管理部门、旅游教育系统、旅游科研机构、旅游培训系统结构等因素（如图4-4所示）。

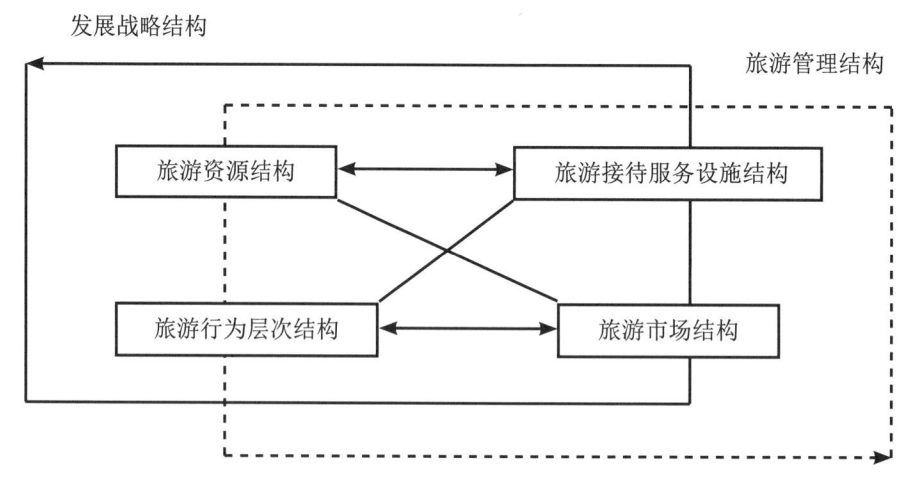

图4-4 城市大旅游圈功能结构系统

3. 城市大旅游圈的基本发展模式

大旅游圈由相对比较完整的旅游区域组成，而每个旅游区域又由若干旅游资源中具有相对一致性的旅游风景区组成，构成了"旅游圈层—旅游区域—旅游风景区"的三级结构体系。表4-3为以武汉为例的城市大旅游圈结构对应关系。

表 4-3 城市大旅游圈结构对应关系（以武汉为例）

圈层	旅游区域	中心城市	旅游风景区
核心层	武汉旅游区	武汉	东湖-磨山风景区、龟山-蛇山-洪山风景区、汉口商业都市风景区、龙阳湖风景区
边缘层			木兰山-盘龙城风景区、道观河风景区、龙泉山风景区
腹地层	荆州旅游区	荆州	江陵历史文化名城风景区、洪湖风景区、涢水风景区、大洪山风景区
	鄂东旅游区	黄石	大别山风景区、蒲圻赤壁风景区、鄂州西山-黄石铜绿山风景区
辐射层	宜昌旅游区	宜昌	清江流域风景区、当阳风景区、三峡-葛洲坝风景区
	襄樊旅游区	襄樊	古隆中风景区、樊城风景区、随州风景区
	鄂西旅游区	十堰、恩施	武当山道教风景区、神农架探险风景区、丹江口水库风景区、鄂西大峡谷风景区
扩展层	江西部分	南昌	庐山风景区、西海风景区、南昌风景区
	湖南部分	长沙	张家界风景区、韶山风景区、岳阳风景区
	河南部分	洛阳	信阳鸡公山风景区、南阳风景区、洛阳-嵩山风景区
	重庆部分	万州	大宁河-小三峡风景区、巫山-奉节三峡风景区

四、旅游地空间相互作用

从作用的主体看，包括目的地之间的作用、目的地与客源地之间的作用；从作用的方式看，可以根据目的地的性质及其相互关系，分为竞争和合作两种方式。

旅游地空间竞争 同一类型或类似的旅游资源在同一地域出现，因受各自区位开发条件和旅游者行为特征的影响，会产生空间竞争。这类竞争可分为替代性竞争和非替代性竞争。所谓替代性竞争是指共性大、个性小，并且相对区位邻近的旅游地之间的竞争。非替代性竞争是指处于竞争状态的旅游地之间既有一定的共性，更有其独特的个性，两个旅游地之间的竞争优势点有所区别。

旅游地空间合作 旅游地之间也可通过资源优势互补，加强区域旅游开发合作，实现互补增强效应。互补性旅游地之间的合作不但不会挤占客源市场，还会相互增强它们在各自同类竞争对手中的竞争力。笔者曾对广深珠旅游合作进行研究，提出在国际化视野下的合作路向：建立多元化的协调机制，形成全流通的合作模式，完善梯度化的产品体系，共享混合化的市场空间，实施主题化的品牌营销。

旅游地竞合关系 在现实中，旅游资源大多数情况下是竞争性与互补性并存的，因此旅游地的空间竞争和合作不是截然分开的，而是伴生的，旅游地开发存在激烈竞争的同时又有着紧密的合作。

第二节　旅游地的功能布局

旅游地既可以是旅游功能比较单一的风景区和度假地，也可以是具有综合性旅游功能的区域中心城市。为了保证旅游地在旅游接待服务设施上具有综合性，在文化遗产和人文环境上具有差异性，在旅游产品消费过程上具有不可分离性，在旅游场景体验上具有不可替代性，在利益相关者的协调上具有共享性，需要进行系统的功能布局。

一、旅游地的功能布局原则

突出主题形象　这是旅游地功能配置的核心原则。在旅游规划开发中，必须通过各种产品和服务来突出旅游区主题形象的独特之处，通过自然景观、建筑风格、园林设计、服务方式、节庆事件等塑造与强化旅游区的形象。当地居民的文化及居民对游客的态度亦对旅游区的主题形象起重要作用。

集中功能单元　应对不同类型的设施如住宿、娱乐、商业设施等功能分区采取相对集中的布局方式。游客光顾次数最多、密度最大的商业娱乐设施区域，宜布局在中心与交通便利的区位，如大饭店、主要风景点附近，并在它们之间布设方便的路径，力求使各类服务综合体在空间上形成集聚效应。集中布局可以防止布局散乱，亦可防止对主要自然景观造成视觉污染；另外，集中布局也有利于主题形象的形成，规模集聚效应在举办各种促销活动时可以带来一定的整体规模优势。

协调功能分区　协调表现在处理好旅游区与周围环境的关系，功能分区与管理中心的关系，功能分区之间的关系，主要景观结构（核心建筑、主体景观）与功能小区的关系。有些功能分区具有特殊生态价值，应划为生态保护区；而旅游娱乐区则可承受较大的外界干扰，应在规划设计中通过适当的合理划分，引入适当的设施使其达到最佳的使用状态。另外，协调功能分区还应对各种旅游活动进行相关分析，以确定各类活动之间的互补、相依或相斥关系，从而有效地划分功能分区，在各功能分区内为各种设施、各类活动安排适当的位置。

合理规划交通线　旅游区内交通线的规划应充分考虑游客旅游过程中的心理特性，以实现符合人体工程学的有效动线规划。旅游区内部交通网络应高效且布局合理，实现路径与园林景观有效配置，并建立公共交通系统，采用步行或无污染的交通方式，限制高速行车，使行走与休息均为一种享受。此外，还应体现出层次性，在区内布置有效的眺望点系统和视线走廊，让游客能在区内最佳视点充分享受到完善展示的自然景观。

保护旅游环境　环境保护的目的是保障旅游区的可持续发展，它包括两个方面：一是保护旅游区内特殊的环境特色，如主要的吸引物景观；二是使旅游区的游客接待量控制在环境承载力之内，以维持生态环境的协调演进，保证旅游区的土地合理利用。另外，在实施环境保护时，还要充分体现以人为本的原则，即旅游区最终是为人类旅游活动而设计，实现人与环境的协调，也就是规划应同时满足旅游功能及美学上的需求，从而实现经济价值观与人类价值观的平衡，创造充满美感的经历与体验，满足低成本开发及营运技术上的要求，为后期的旅游管理提供方便。

二、旅游地的基本功能分区

旅游地功能区一般可以划分为核心区与控制区。核心区规划是对旅游住宿、餐饮、购物、交通、娱乐服务设施的规划，确定旅游设施的数量、规模和档次，确定客源组织安排、游客容量，确定旅游目标市场、吸引客源市场序位，确定旅游服务设施的网点布局。控制区规划是确定适度开发利用和保护自然、人文资源，划定一定的外围保护带，以保障自然特色和人文景观面貌的完整性，从而达到旅游地开发的可持续性发展目标。

核心功能区是旅游地功能分区中的重点内容，一般又可分为游览区、旅游接待区、商业服务区、行政管理区、居民区等。

游览区 旅游地的主要组成部分，景点比较集中，是旅游者的主要活动场所。

旅游接待区 要求有较好的食宿条件，有完善的商业服务以及各项配套的辅助服务。

商业服务区 除了分散的服务点以外，旅游地可以有几个商业服务较为集中的功能区，为旅游者和当地居民提供服务。

行政管理区 为旅游地行政管理机构集中的地段，与旅游者不产生直接联系。

居民区 旅游地内当地居民的居住区域以及旅游地工作人员及其家属居住的场所。

三、旅游地功能分区的布局模式

从国内外旅游地的空间布局实践来看，旅游地的功能布局模式主要有圈层式、核式、组团式和链式4种模式。

圈层布局模式 圈层布局模式也称为同心圆空间布局模式。1973年，景观规划设计师理查德·福斯特（Richard Forster）开始倡导同心圆式的利用模式，将国家公园从里到外分成核心保护区、游憩缓冲区和密集游憩区。这个分区模式得到了世界自然保护联盟（IUCN）的认可。目前，中国参照这种空间布局模式对自然保护区进行规划与管理，习惯上称之为三区结构模式。核心是受到严格保护的自然特色区，其外围依次为娱乐区、服务区。保护区限制甚至禁止旅游者进入；旅游活动主要集中在娱乐区，在该区配置野营、划船、越野、观景台等设施；在服务区，建有饭店、餐厅、商店或高密度的娱乐设施，为旅客提供各种服务。该布局模式可以运用到城市旅游空间布局上，把城市空间由里向外依次分为旅游城市核心区、旅游城市近郊环城旅游（游憩）带、旅游城市远郊旅游（度假）带。

核式布局模式　这种布局模式可以进一步划分为单核式布局模式、双核空间布局模式、核式环空间布局模式。①甘恩（Gunn）在1965年提出来的社区-吸引物空间布局模式。这种模式是在旅游区中心布局一个旅游社区服务中心，外围分散形成一批旅游吸引物，在服务中心与吸引物之间有交通连线连接，但吸引物之间没形成连线。这种单核式布局模式适应于旅游度假地的空间布局。②特拉维斯（Travis）在1974年提出来的双核空间布局模式。双核是旅游接待设施、娱乐设施集中的两个社区——度假城镇和辅助服务社区。通过精心设计，观景台、娱乐设施、体育设施等旅游设施与服务集中在一个辅助社区内，处在保护区的边缘。③核式环空间布局模式。这种模式的核心是一处景区或特色旅馆。前者由酒店、餐馆、商店等服务设施环绕这一核心景区布局，且各种设施之间的连线组成圆环，各种设施与景区之间也有道路相连。若某些旅游地缺乏明显的中心吸引物，则将建筑风格特色明显的旅馆布局在中心位置。

组团式空间布局模式　这种布局模式可以进一步划分为游憩区-保护区空间布局模式、草原旅游布局模式。①甘恩在1988年提出来的游憩区-保护区空间布局模式。这个布局模式实际上就是组团空间模式，一直为旅游规划所借鉴。甘恩把国家公园分为重点资源保护区、低利用荒野区、分散游憩区、密集游憩区和服务区。保护区禁止任何公众进入，同时在保护区外提供适当的节目和展览使游客了解该区特点。荒野区能够代表该自然区域特征并始终被维持，通过提供在生态系统承载力范围内的、适当的户外游憩活动和少量设施，使游客对公园的自然和文化遗产进行亲身体验。分散游憩区作为自然环境来管理，向游客提供户外娱乐活动和简朴自然的设施，控制机动车道的通行，首选有助于遗产保护的公共交通工具。密集游憩区为游客提供相对多样的服务与设施及广泛的机会来欣赏和享受公园的景致，允许使用直达的机动交通工具。服务区是公园中游客服务和支持设施的集中分布区，公园的运行和管理中心亦在此区。②草原旅游布局模式。草原旅游型景区资源分布面广，景区内差异性小，立地条件不允许建大型旅馆。如蒙古包的布局就是长期适应草原环境的结果，符合生态法则。这种布局模式大多呈组团布局，中间是接待包，由中心向外依次是住宿包、厕所、草原活动区域。

链式空间布局模式　海滨旅游地的空间布局模式主要体现在旅游设施布局与海岸线的区位关系。如图4-5所示，海滨旅游设施空间布局一般模式是从海水区、海岸线到内陆，依次布局。①海上活动区：养殖区、垂钓区、海滨浴场、游艇船坞。②海滩活动区：滨海公园、沿海植物带、娱乐区、野营区。③陆上活动区：野餐区、交通线、餐饮设施、旅游中心等。从陆上活动区到海面，旅游设施或建筑物的高度降低。

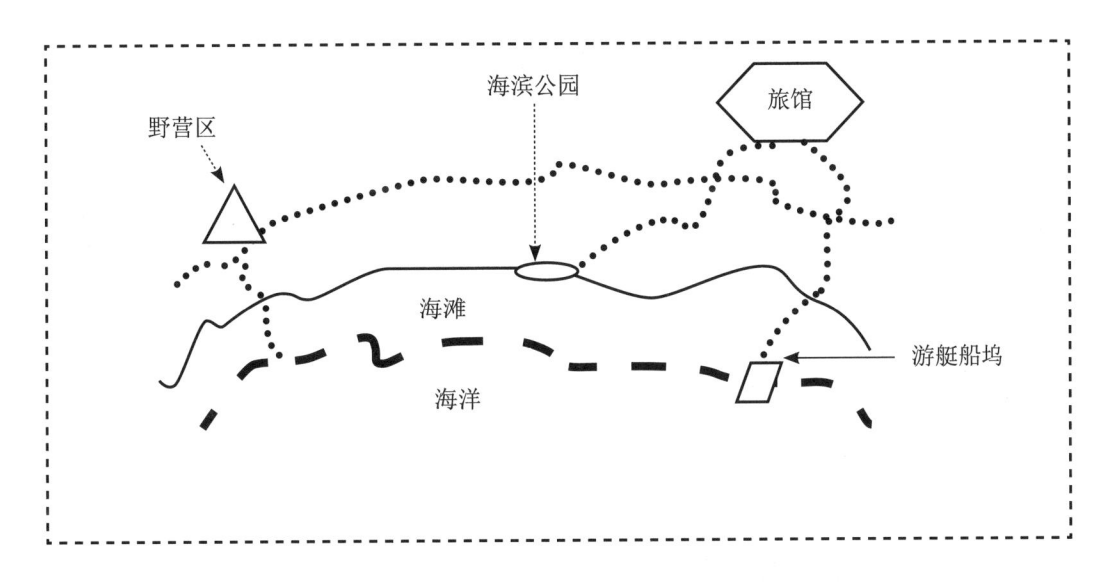

图4-5 海滨旅游地空间布局模式

第三节 旅游规划的技术体系

旅游规划属于国土空间规划体系中的专项规划，是旅游业发展的战略性指南和实施性部署，国家法律法规界定了旅游规划活动应当遵循的规则与逻辑。具体而言，规划法规体系、规划行政体系、规划技术体系和规划运作体系决定了旅游规划的程序和方法。规划法规体系和规划行政体系决定旅游规划的法定依据、法定程序与基本特征，随着国家战略的时代转变而与时俱进。从历史演进来看，规划技术体系和规划运作体系总是与一定的政治社会背景、技术条件等紧密相关的，规划团队和规划师应当紧密掌握规划法规体系和规划行政体系的变革动态，确保旅游规划工作的合法性与合理性，提高旅游规划成果的实施性和实效性。

一、旅游规划的技术路线

1. 旅游规划的任务

旅游规划是旅游资源优化配置与旅游系统合理发展的结构性筹划过程，是促使旅游系统的进化因素占据主导地位，引导和控制旅游系统的发展、规避风险，确保旅游系统向着既定的目标符合规律地、可持续地发展。旅游规划的总任务，是整体改善旅游发展的结构有序性、功能协调性、发展合目的性之间的关系。在现实条件下，旅游规划应集中有限力量，通过技术协作承担起在市场条件下合理配置旅游资源、超常规地提升旅游产品的质量、落实相关部门的协作、切实保障旅游系统的可持续发展等四项重大任务。

2. 旅游规划的类型

（1）按规划空间范围划分

按规划空间范围可分为：跨国旅游规划、国家旅游规划、省级旅游规划、地县级旅游规划、旅游地旅游规划、景区景点规划。

①跨国旅游规划是由两个或两个以上国家共同协作制定的旅游发展规划。②国家旅游规划是国家社会经济发展总体规划的有机组成部分，由国家旅游主管部门组织制定，根据国家不同时期国民经济的发展计划，确定相应的国家旅游业发展规模、增长速度、主要客源市场的选择和促销、旅游商品的生产、基础设施建设、重点旅游区的开发和建设，并协调和促进旅游业相关行业发展。③省级旅游规划是在省级旅游主管部门的组织下编制的，是根据国家旅游规划和本区实际情况，安排旅游资源的开发和保护、重点旅游地的建设、旅游市场开拓和促销、宾馆饭店建设、交通及通信建设、旅游商品开发、旅游人才培育、旅游文化建设、旅游发展的保障与政策等。④地县级旅游规划重点放在旅游地的建设和有关旅游项目的开发和建设上。⑤旅游地旅游规划主要针对旅游地的资源特点，进行旅游发展规划、项目规划和用地规划。⑥景区景点规划是指旅游地内的景区和景点的用地规划,设施布局、建筑和景观设计规划等。

（2）按规划性质不同划分

从规划性质不同可分为旅游发展规划和旅游区规划。

旅游发展规划主要是从全局和宏观上指导旅游发展问题，明确旅游业在国民经济和社会发展中的地位与作用，提出旅游业发展目标，优化旅游业发展的要素结构与空间布局，安排旅游业发展优先项目，促进旅游业持续、健康、稳定发展。旅游发展规划按规划的范围和政府管理层次分为全国旅游业发展规划、区域旅游业发展规划和地方旅游业发展规划。地方旅游业发展规划又可分为省级旅游业发展规划、地市级旅游业发展规划和县级旅游业发展规划等。旅游发展规划包括近期发展规划（3~5年）、中期发展规划（5~10年）和远期发展规划（10~20年）。

旅游区规划按规划层次分为总体规划、控制性详细规划、修建性详细规划。旅游区总体规划的任务是分析旅游区客源市场，确定旅游区的主题形象，划定旅游区的用地范围及空间布局，安排旅游区基础设施建设内容，提出开发措施。旅游区总体规划的期限一般为10~20年，同时可根据需要对旅游区的远景发展做出轮廓性的规划安排。对于旅游区近期的发展布局和主要建设项目，亦应做出近期规划，期限一般为3~5年。旅游区控制性详细规划是以总体规划为依据，详细规定区内建设用地的各项控制指标和其他规划管理要求，为区内一切开发建设活动提供指导。旅游区修建性详细规划是在总体规划或控制性详细规划的基础上，进一步深化和细化，用以指导各项建筑和工程设施的设计和施工。

（3）按规划内容不同划分

按规划内容可分为：旅游项目开发规划、旅游线路规划和旅游地建设规划、旅游营销规划、旅游区保护规划。

①旅游项目开发规划是指对旅游区最合适开展的项目进行主题提炼、区位选址、功能分析、游乐活动安排、形象设计以及建筑方案策划。②旅游线路规划包括区域的旅游线路、连接依托中心和旅游地以及旅游地内部的线路的规划。③旅游地建设规划包括旅游基础设施和专门设施的规划，基础设施包括交通道路系统，水、电、气、热的供应系统，排污处理系统、邮电通信系统，医疗卫生系统、安全保卫系统等；专门设施指直接面对旅游者服务的物质条件，包括住宿、餐饮、交通、游览、娱乐、购物、辅助设施等。④旅游营销规划是指从国家旅游管理部门和旅游开发商的角度，区分、确定旅游产品的第一市场、第二市场和机会市场，建立旅游地与这些市场的联系系统，保持并增加旅游地所占有的市场份额。⑤旅游区保护规划是指旅游资源保护、环境保护和文化保护以及一切需要保护的项目的规划。

3. 旅游规划的技术体系

旅游规划技术的发展有四大来源，即旅游规划理论的具体化、相关学科理论的借鉴与技术开发、相关技术的应用、旅游规划实践经验的归纳总结。如图4-6所示，旅游规划的技术体系一般从旅游发展基础条件调查分析和国际旅游发展的最新趋势研究出发，对旅游业发展的主要问题进行系统、量化分析并建立相关分析模型，从而制定旅游发展战略，并对旅游构成系统进行规划，包括资源开发与保护、旅游产品、旅游产业及其支持系统的规划[2]。由此，形成了资源开发规划技术体系、旅游产品规划技术体系、旅游产业规划技术体系和旅游保障规划技术体系四大互为条件的规划技术体系。

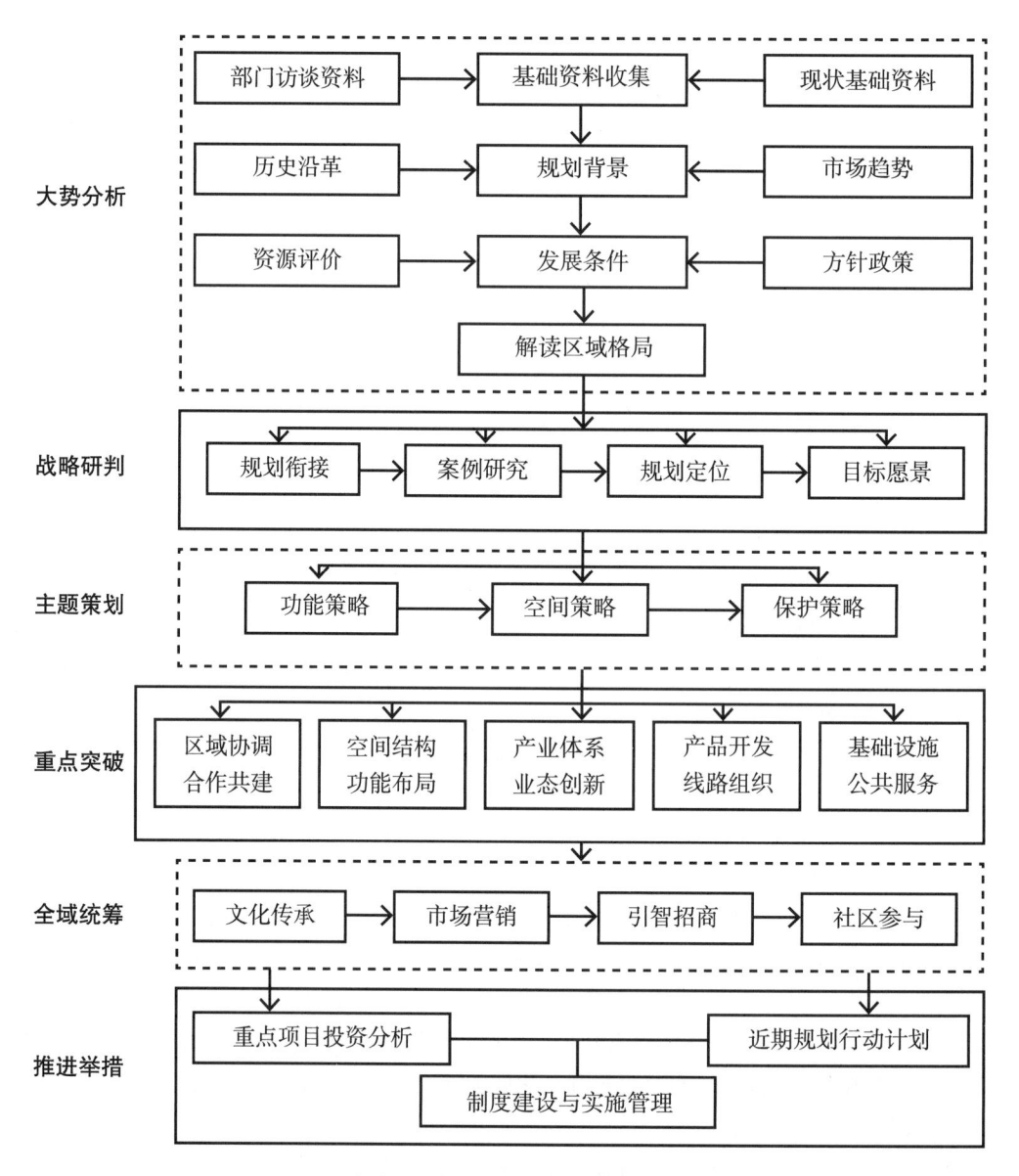

图4-6 旅游规划的技术体系（董观志，2015）

二、旅游资源开发规划技术体系

旅游规划须发展资源、市场相整合的规划技术体系，以全面提高旅游资源调查、旅游资源评价、区域区位分析、市场范围界定、旅游市场需求调查、旅游市场细分和预测、旅游地定性与产品定位的技术可靠性与技术协同性。

1. 旅游发展的区域"地格"分析

陈传康、李蕾蕾等最早提出"文脉"的概念及其应用意义，吴必虎等提出了"地格"的概念。地脉是一个地域（国家、城市、风景区）的地理背景，即自然地理脉络；文脉是指一个地域（国家、城市、风景区）的社会文化氛围和社会文化脉承，即社会人文脉络。地脉与文脉即当地的地域独特性，也称地格。

一个地区地脉和文脉的组成要素往往是多样而又复杂的，而且不同地方的地脉和文脉有各自不同的侧重点。地质地貌类、气候类、生物类、水体类和地理区位等因素组成旅游地的地脉，社会经济状况、社会文化状况和历史遗迹及古建筑等因素组成旅游地的文脉。一个地方的地脉和文脉包括多个方面，而且有主有次，有强有弱，确定旅游项目的主题时应当尽量梳理出最主要的、最强的地脉或文脉。

2. 旅游资源的分析与评价

在进行旅游规划前，首先要进行旅游资源的调查。旅游资源调查是对旅游资源进行考察、勘察、测量、分析、整理的一个综合过程。旅游资源调查分为概查和普查两种形式。目前，国内旅游资源分类与评价一般按照原国家质量监督检验检疫总局（现国家市场监督管理总局）于2003年发布的国家标准《旅游资源分类、调查与评价》（GB/T 18972-2003）执行，之后经过多次优化完善，主要采取定性与定量分析相结合的方法，对现存旅游资源实况进行调查、资源分类评价、旅游资源确认、旅游资源再发现等，并编制旅游资源图。

不同层次的旅游规划，对旅游资源采取不同层次的评价。区域旅游规划需要进行旅游资源整体评价，而旅游地规划和详细规划则需要进行单体旅游资源评价。旅游资源的调查和评价与旅游规划之间有明显的对应关系，评价时只列出重点评价单元（依次为重点省、直辖市、自治区，重点地县、重点旅游地，重点景区，重点景点，重点旅游资源），不全部列出。

3. 旅游市场分析

旅游市场是旅游规划最重要的依据之一。旅游市场分析的因素较多，如旅游市场竞争能力、旅游区形象、旅游点接近性、旅游点的数量和集聚程度等，其中最重要的是区域经济发展水平。一般将旅游市场划分为三种类型。

核心市场 城市与农村两大市场并重；向城市居民重点推荐自然山水休闲度假旅游产品，而向农村居民重点推荐名胜古迹、购物旅游等产品；在营销时，城市以广播电视等媒体为主，农村则以派驻促销人员等直接手段为主。

基本市场 主要以开发城镇旅游者为主，可细分为中程和远程市场。中程市场主要依靠高速公路、铁路运输的发展，而远程市场上则依靠发展航空运输来连接。

机会市场 营销重点主要集中在区域内的大、中、小城市。

4. 旅游发展的SWOT分析

20世纪50年代，SWOT分析技术逐渐成为战略规划研究中一个比较成熟的分析方法。SWOT分析指的是对于企业的优势（Strengths）、劣势（Weaknesses）、机会（Opportunities）、威胁（Threats）进行分析，为企业市场营销战略规划的制定提供一个客观全面的依据。中国在20世纪90年代将SWOT分析技术移植应用于旅游规划。旅游规划之所以要进行SWOT分析，就是为了在旅游开发规划研究过程中，对于自身的优势和劣势、环境的机遇和威胁进行系统的分析，以便扬长避短，选择可行方案，取得最佳效果。

目前在旅游规划中应用SWOT分析主要有三种形式：①定性分析，主要是文字描述；②列成表格，以便对比选择；③画成框图，形象生动，一目了然。

三、旅游产品规划技术体系

旅游产品规划技术体系包括旅游项目策划、游览观光与娱乐体系规划、旅游线路组织规划、接待设施规划、形象与营销策划5种专项规划技术。

1. 旅游项目策划

旅游项目策划是旅游总体规划的核心和灵魂，指的是旅游地的开发规划和设计，一般来说，其构思原则和步骤为：首先要进行深入细致的旅游资源普查，以准确把握旅游地的地脉、文脉；然后在合理分析客源市场的基础上确定旅游开发主题；再根据旅游开发主题筛选相关旅游项目。

（1）旅游项目策划的原则

第一，突出地方旅游特色。充分考虑旅游资源，大力挖掘资源潜力，充分发挥资源优势，开发设计具有地方特色的旅游项目。

第二，注重旅游市场导向。以现实的和潜在的市场需求为导向，以旅游者的需求为出发点。

第三，全面体现人文关怀。以旅游者为核心，为旅游者提供快乐的体验，创造娱乐和享受的价值。

第四，坚持旅游持续发展。以环境容量、环境安全度为指标，体现经济、社会、环境相协调的理念。

（2）旅游项目策划的程序

概念挖掘阶段 环境信息的收集是旅游项目策划的基础，包括旅游客源市场的分析、旅游资源状况、可进入性及周边地区旅游发展状况等。项目策划人进一步分析市场机会，提出假设，形成项目轮廓，进一步挖掘，形成项目策划的产品概念。而产品概念是策划的立足点，也是策划最本质的东西。

主题开发阶段 主题策划是策划的灵魂。只有将产品概念提炼，升华成形象化、情节化、戏剧化的主题，才能对旅游消费者产生吸引力和感染力。

时空运筹阶段 当具体构思完成以后，项目策划人通过筛选和整理，使策划项目在时间和空间上具体分布，形成项目的具体实施战略。

推销说服阶段 策划书完成以后，要成功实施策划方案，需要策划人的通过推销和说服的方式，获得投资者的批准认可、政府的支持，以及相关部门、阶层的配合协助。

（3）旅游项目策划的方法

移植法 把其他事物的特点和功能合理地移植过来创造另一种新事物。主要有创意移植法和项目移植法。创意移植法是将他人的项目构思创意移植到自己的项目中来，结合自己项目主题和实际情况进行新的构思创意；项目移植法是将他人在外地成功运作的项目移植到一个新地区。

创新法 项目策划人运用创造性思维，打破常规惯例而构思出"人无我有，人有我优，人优我转"的项目。

优势组合法 将不同要素重新进行连接组合。

2.游览观光与娱乐体系规划

游览与娱乐对象是旅游地存在的基础，它的属性、数量、质量、时间、空间等因素，决定游览与娱乐系统规划是各类各级旅游地规划中的主要内容。

游览观光与娱乐规划的主要内容包括：

旅游景观特征分析和景象展示构思 遵循景观多样化和突出自然美的原则，对景观和景物的种类、数量、特点、空间关系、意趣展示及观览欣赏方式等进行具体分析和安排；并对欣赏点的选择及视点、视角、视线、视域和层次进行分析和安排。

游赏项目组织 包括项目筛选，游赏方式、时间和空间安排，场地和游人活动安排等内容。

旅游地单元组织 旅游地单元组织指的是把游览欣赏对象组织成景物、景点、景群、景区等不同类型的结构单元。景点组织包括四部分：景点的构成内容、特征、范围、容量；景点的主次、配景和游赏序列组织；景点的设备配备；景点规划一览表。景区组织包括五部分：景区的构成内容、特征、范围、容量；景区的结构布局；主景、景观多样化组织；景区的游赏活动和游线组织；景区的设施和交通组织要点。

游线组织 依据景观特征、游赏方式、游人方式、游人结构、游人体力与游兴规律等因素，精心组织主要游线和多种专线游线。

3.旅游线路组织规划

旅游线路是旅游产品的具体表现，是对外销售的旅游产品的具体形式。它是依据旅游者的需求，通过一定的交通线和交通工具与方式，将若干个旅游城市、旅游点或旅游活动项目合理地贯穿和组织起来，形成一个完整的旅游运行网络和产品组合。

旅游线路开发设计主要分为两个相对独立的阶段：第一阶段是"三位分析"阶段，是指根据供求双方所表现出的三个方面即旅游主体（旅游者）、旅游客体（旅游资源）和旅游中间媒体（旅游交通、旅行社、旅游酒店和公共媒体等），进行全面的调查分析，明确旅游目标市场大小、位置以及旅游中心城镇和旅游地的资源价值，市场与旅游城镇、旅游地的空间关系；第二阶段是"整合一体化"阶段，是将三个调查结果进行一体性整合来设计、评估和选择最优的线路设计方案。

旅游线路设计的主要内容包括下列6个方面：

线路的主题定位 结合旅游资源的区域自然环境和人文地理环境特色，确定旅游线路的主题，为推出主题旅游产品打好基础。

线路的形象定位 在把握好旅游市场类型和偏好的基础上，充分挖掘旅游资源的特色和竞争优势，以确定线路的类型和特点，形成其市场特色，并使这种特色得到传播。

线路的优化组合 旅游线路中，各个区域的旅游点分布要比较均匀，且点与点之间的距离要适中，以避免旅游者将大量的时间和金钱耗费在旅程中；为兼顾企业与旅游者利益的双赢，线路的择点要适量，并注意冷点和热点的合理结合；旅游景点要从不同的侧面来反映旅游主题，一般不宜将特色相同、景色相近的点编排在同一线路中，否则，会减弱线路的吸引力；同时，要根据游客的旅游心理来安排景点顺序，做到渐入佳境、高潮迭起。

线路的环境控制 要全方位保护好旅游资源、生态环境和社会文化环境，以资旅游业的永延性利用。而环境限制的核心表现在旅游环境承载力，控制环境承载力的主要手段有价格控制、时空分流和宣传教育等。

线路的成本最小化 要全面考虑影响旅游线路设计的三个主要成本因子（时间、距离和旅游花费），使旅游成本达到最小化。

线路的利益最大化 要更好地通过旅游通道调查分析，将各个不同的旅游点有机地联系起来，既考虑线路设计的成本，又体现出旅游过程的舒适性、安全性、便利性和便捷性，使旅游线路设计收到很好的旅游效果，使旅游者获得最大的旅游利益。

4. 旅游接待设施规划

住宿设施 旅游地住宿设施可以分为三种：旅馆；临时性住宿设施，如野营帐篷、竹楼、木楼、简易棚房等；辅助住宿设施，如农舍、别墅、寺观厢房等。旅馆的供给能力不具有季节性，而旅游具有季节性，所以要考虑用临时住宿设施和辅助住宿设施来调节。住宿设施规划建设主要考虑三个方面：根据旅游需求的预测，确定床位数；根据规划布局原则，确定住宿设施的选址、风格、等级标准、体量、建筑密度等；未来发展和拓展的空间。

饮食设施 饮食设施分为两种：独立的饮食服务设施和附属于旅馆的饮食设施。独立的饮食服务设施布局在接待区、游览区或游览线路上；而附属旅馆的饮食服务设施的布局应在旅馆布局选址时考虑。饮食服务设施规划还要做到三点：布局和功能服务要考虑旅游行为；与旅游地景观相协调，设计上有特色；有多种功能的作用。

交通设施 旅游交通设施分为两种：旅游地的对外交通和旅游地内的交通。对外交通规划要求方便，能够保证游人进得来，出得去；其次要求安全、经济，保证旅游地内的服务、生活、生产顺畅；最后，选址与建设不得破坏环境和景观。旅游地内的交通即游览路线（步行或车船游览线）与公路。游览路线以游览为主，交通为辅，最常见的是步行道，如步行小道、登山石级等；在大的旅游地内，还有观光火车、观光汽车、游览船、直升机、观光索道等。

5. 旅游形象与营销策划

旅游形象概念 旅游形象已经成为影响旅游者选择旅游目的地的重要影响因素之一。从旅游者层面来讲，旅游地形象是旅游者通过各种传播媒介或实地经历所获得的旅游地各种要素资源所形成的意念要素的集合，是旅游地的客观形象在旅游者心中的反映。从旅游地层面来讲，旅游地形象是旅游地对本身的各种要素资源进行整合提炼，有选择性地对旅游者进行传播的意念要素，是旅游地进行对外宣传的代表形象。在某种程度上，旅游形象是旅游地自身的主观愿望，即旅游地希望旅游者获得并形成的印象。

旅游形象的形成过程 一个游客在决定旅游之前，头脑中有一系列的旅游目的地可选方案，并在心目中有由经历或教育形成的各个目的地的形象，即原生形象；一旦有了旅游的动机，并决定要旅游时，就会有意识地搜寻有关可选目的地的信息，并对这些信息进行加工和比较选择，从中提炼有用的信息，形成形象；接着对可选旅游目的地的旅行成本与效益跟形象进行比较，从而选择合适的目的地；到这个目的地旅游后，通过自己的经历，结合以往的知识形成一个更综合的复合形象。

旅游形象定位 形象定位是通过对区域旅游发展的全面的形象化表述，提出旅游形象的核心内容，即总体形象。它是对区域旅游资源及产品特色的高度概括，既要体现地方性，又要给游客以遐想，诱发出行的欲望，同时要简洁凝练。旅游形象定位的方法有领先定位、比附定位、逆向定位、空隙定位、重新定位（再定位）等方法。

旅游形象传播 旅游地形象传播要求营销市场细分化、多样化、层次化，营销手段网络化、信息化、虚拟化，营销方式个性化、感性化，营销战略阶段化、渐进化，营销内涵文化化、提升化、区域化，营销活动生态化、环保化、可持续化，营销主体集团化、品牌化、深度分销化。旅游形象传播策略主要有通过形象广告、营业推广、公共关系、人员推销、节事营销、网络营销等活动进行旅游形象的宣传与促销。

四、旅游产业支持体系的规划技术体系

1. 旅游商品开发规划

旅游商品要能够以旅游目的地产品特点为背景，并与旅游活动中的游览参观相融合，强调与整个旅游活动过程一体化。旅游商品开发必须遵循发挥优势、突出特色、市场导向、注重效益、与旅游业整体发展相适应、规范经营、公平竞争的原则。旅游商品的开发应重视文化含量，并体现于旅游商品的形态、材料和功能等三方面。根据文化因素在上述三方面的体

现与否，组合成不同的旅游商品开发策略。

2. 旅游服务业规划

旅游服务业应该成为国家管理部门、旅游企业和旅游规划人员共同关注的领域之一。主要包括以下两方面：

休闲娱乐业 休闲娱乐业是指在旅游目的地服务于社区居民与旅游者的产业部门。娱乐活动作为休闲业的主要开发服务方式，表现为多种类型，且其主导形式在不同旅游地、不同时期具有不同变化。对于一般的旅游景区来说，小型常规娱乐是长期性提供给客户的娱乐设施及活动。娱乐业发展需要具备一些条件，从旅游规划角度，娱乐场所要考虑以下因素：选址考虑社会条件限制，不能在有可能干扰学校、医院、机关等正常学习、工作秩序的地点设立娱乐场所；娱乐设施的设备器材和场地符合文化部门有关标准；娱乐场所的边界噪声必须符合国家规定的标准。

旅游购物业 购物与旅游的结合是旅游购物产业化的具体表现。旅游购物业包括旅游商品和旅游购物环境，旅游商品必须以旅游目的地的产品特点为背景，并与旅游活动中的游览参观相融合，强调与整个旅游活动过程一体化。购物环境包括购物地点、商店大小、可进入性、空间布局、是否为步行街等。步行街对于旅游目的地城市而言相当重要，往往是一个城市的"名片"和"会客厅"。

五、旅游保障体系的规划技术体系

旅游保障体系的规划技术体系包括环境保护规划、基础设施规划、社会发展保障体系规划、旅游市场维护与管理四大方面。

1. 旅游环境保护规划

保护环境是中国的基本国策之一，在进行旅游总体规划和景区规划评审中，有无环境保护规划，环境保护规划是否科学、合理、可行，往往可以起到"一票否决"的作用。旅游环境保护规划也是旅游总体规划中必不可少的一个专题规划。

旅游环境保护规划的要求 在开发和利用旅游资源过程中，要根据系统工程原理，从系统观点、整体观点对发展旅游与保护自然生态环境统筹规划、运作，使旅游资源的开发、名胜风景区的建设与现场的生态环境相适应、相协调，尽量减少对当地土地、水流、森林和其他资源的影响与消耗，尽量不影响当地动植物的生活空间和养料系统，使之能继续繁衍生息。要严格控制旅游业的生产结构和消费结构。对因发展旅游业而修建的宾馆饭店道路交通等设施，也应尽量减少用地，对所使用的水、电、气等能源的供应，污水、垃圾的处理均应尽可能少地影响和破坏现场的生态环境；对于具有特殊价值的自然地段、自然遗迹、人文遗迹、文物古迹和珍稀动植物，必须严格保护，只应作科学考察而不宜接待广大游客进行观光。运用系统论和生态学原理与方法，对某一旅游区（或景区景点）的生态系统和社会系统的负载能力、容量极限进行科学测定。弄清楚该旅游区的生态系统（资源、环境等）被人们（包括旅游者、旅游从业人员和当地居民）利用的承受能力与极限。

旅游环境保护规划的基本内容 主要包括：编制旅游环境保护规划的指导思想，旅游环境现状分析评价，应达到的最终目标与阶段性目标，规划阶段或时期的划分，达到目标应采取的若干措施，旅游环境保护规划的实施。

2. 旅游基础设施规划

旅游供水、排水、供电、邮政电信设施规划是重要的专项规划，在旅游规划中是必不可少的。

3. 旅游社会发展保障体系规划

旅游人力资源规划 制定人力资源规划的目标是从旅游规划人力资源的实际出发，为旅游规划实现总体规划目标提供稳定的人才支撑与智力支持，制定必要的人力资源培训、开发和管理措施，从而确保旅游发展对人力资源在数量上和质量上的需求。制定人力资源规划有以下四个相互关联的步骤：①需求预测——估算时要充分分析工种要求的人数、素质、游客数、客房数、游客停留时间、季节性及劳动力的可获得性；②供应评价——主要关注劳动力数量、结构、素质、社会人口学特征与流动性，以及他们对旅游的态度、宗教信仰方面的约束；③确定对人力的需要——在需求预测和供应评价的基础上，确定旅游地未来人力资源剩余和缺额的情况；④人事计划——制定人力资源预算和标准，合理使用人才，开展教育培训人才计划。

旅游投资融资规划 要顺利实施旅游规划，达到规划目标，资金是重要保证。旅游发展所需资金巨大，完全由政府财政投入显然不现实，也不符合市场经济规律，必须在明确资金需求的基础上，采取必要的措施和投资融资运作模式，妥善解决旅游发展的资金问题。旅游投资估算一般包括景点建设、基础设施、旅游设施、有关设备及保护绿化等建设项目。在资金需求结构中，必须明确哪些项目由政府投资，哪些项目由企业自主解决。同时要营造良好的投资融资环境，做好旅游项目招商引资工作，积极申请旅游建设的国债基金以及国际国内的其他有关资金，争取上市融资，多渠道筹措建设资金。

旅游法规保障 旅游的发展涉及众多利益层面的关系，这些关系的确定和协调除了通过市场机制、行政机制和文化机制进行控制外，还依赖于法律规范的制约。作为旅游发展的支持系统，旅游法规的运作主要通过调整旅游法律关系来达到推动旅游事业更快发展的目的。

4. 旅游市场维护与管理

旅游市场的维护与管理主要从旅游市场的运行机制上提出整顿和管理的措施，为当地旅游业的发展提供一个秩序井然的市场竞争环境。

强化和完善行业管理 旅游行业管理的对象是旅游市场，指通过法律、法规、政策、制度引导旅游市场趋势，建立旅游市场规则，去协调、监督、维护旅游市场秩序，从而规范相关企业（旅行社、旅游饭店、旅游交通、旅游商品企业、旅游康乐服务企业以及森林公园、自然保护区）行为，为这些企业发挥活力创造良好的生产经营环境。管理手段主要有行政管理、经济管理、法律管理三类。具体可分为十种具体的手段，包括法规手段、计划手段、审批手段、监理手段、考核手段、检查手段、奖励手段、命令手段、服务手段、新闻手段。

建立社区参与机制 社区居民参与旅游发展，应贯穿旅游发展的全过程，并渗透到各个层面，包括参与旅游发展规划决策、参与旅游发展而带来的利益分配、参与有关旅游知识的教育培训。

六、旅游规划技术方法支撑体系

旅游规划技术方法是规划实践中最为具体的方法及技术，是旅游规划的实用工具，如数学方法、调查方法、社会学方法，都可以被灵活地运用于多种类型的旅游规划中，以及同一旅游规划时间的多个方面和多个阶段。目前实践运用中最新和最常用的方法有旅游卫星账户技术、市场调查与分析技术、制图技术、环境容量测算方法等，同时，不断地有其他学科领域的方法及先进科学技术被引入进来。

1. 旅游市场调查与分析技术

目前，在国内旅游市场调查实践中，将问卷技术与抽样技术结合使用最为普遍，问卷抽样调查是旅游市场调查最常用的方法。旅游问卷调查是指调查者通过统一设计的旅游问卷向被调查者了解情况、征询意见的一种资料收集技术，调查内容根据具体要求具体设计，一般包括：需求调查、客源结构调查、行为调查、跟踪调查。

问卷设计要具备科学性，样本选取要具有代表性。一是要选择合适的调查主题与调查对象；二是重视旅游市场调查问卷的设计工作；三是应采用各种方便调查对象的积极措施；四是问卷技术要与抽样技术结合使用；五是要建立市场数据库，因为对市场的把握不是一次调查就能确定的，需要长期的市场调查资料的累积来分析市场特征。调查问卷的统计分析通常使用SPSS与ArcView软件。

2. 旅游经济指标预测技术

在各项指标预测中，旅游人数预测是最基本的预测，其他指标预测如宾馆及床位数、旅游从业人数、旅游收入等都可在此基础上进行。旅游人数预测存在两种思路：一种是趋势外推法，包括回归分析、历史类推、对数与指数曲线模型；另一种是结构模型预测，根据旅游各要素之间的关系分析预测，包括多元线性结构模型和动态环状结构模型[3]。

3. 旅游卫星账户技术

旅游卫星账户（TSA）也可称为旅游附属账户，它是国民经济核算账户的分账户，是当前联合国和世界旅游组织等国际机构所积极推广的一种测度旅游业经济影响的方法体系。TSA由一组账户和表式构成，同时包含了一系列与旅游相关的概念、定义、分类、总量指标及核算规则。

TSA的核心内容包括10张内容上相互连接的账户和表格，而这些表导自国民账户体系（SNA93）有关货物和服务的供给和使用的各表或与它们相关。TSA有旅游消费核算表，包括按产品和游客类别分列的入境旅游消费（游客现金最终消费支出），按产品和特定常住游客组分列的国内旅游消费（游客现金最终消费支出），按产品和游客类别分列的出境旅游消费（游客现金最终消费支出），按产品和游客种类分列的境内旅游消费；有旅游产业和其他产业的生产账户表；有按产品分列的国内供给和境内旅游消费表；有旅游产业的就业情况表；有旅游产业和其他产业的旅游业固定资本形成总额表；有按政府职能和政府级别分列的旅游业公共消费表；有旅游的非货币指标表。TSA在核算法上要求遵循SNA93中的有关传统和基本原则，与编制的国民经济核算方法相一致。据此可以核算出旅游业对GDP的贡献率、旅游业的总体规模、旅游活动引致的就业数量、与旅游业相关的公共及私人投资额、国际旅游收入对平衡本国国际收支的贡献、旅游业所带来的财政税收等几方面的数据。

4. 旅游环境容量评价技术

在常规的生态环境评价模式中生态因子众多，可以根据旅游地资源特点和评价重点选择适合测算的因子。在理论上总是以旅游地核心区为基点计算其容量，即在核心区达到饱和状态时，旅游地各个景区在该时刻游人数量的总和为其空间环境容量。

5. 旅游规划的制图技术

图纸在旅游规划中的作用一是直观、一目了然；二是具体，落实在图纸上，便于操作。旅游规划图件主要包括：总体规划图、规划区区位图、旅游资源分布图、旅游交通规划图、旅游线路规划图、客源市场分析图、旅游规划分区图、景区概念性规划图等。当前旅游规划制图一般都利用计算机来完成，但利用的方式和程度不尽相同。

GIS辅助制图是应用计算机图形处理技术及地理学空间信息处理方法，对不同来源和不同类型的空间数据如遥感数据、普通地图的资料，通过计算机转化为数字形式，并按地图编制法则进行一定的概括、取舍和综合，再将加工处理后的有关图形的数字信息进行用户定制的符号化，形成符合用户需求的各种形式的地图。实际上，整个流程就是实现地图信息的获取、存贮、处理、变换、显示和传输。近年来，随着遥感图像处理系统和GIS技术的日益完善，遥感数据可直接导入GIS，实现了全数字作业的遥感与地理信息系统一体化，可准确高效地进行旅游资源信息的更新和规划。

MapInfo软件是基于Windows界面的，它具有强大的绘图功能和专题图制作功能，色彩设计也有很大的优势。基于MapInfo制作的地图为数字地图，可以把图形存储到磁带、磁盘、光盘等介质上，转换为电子地图提供给用户，也可以以数据库的方式提供给用户。

在旅游规划专题地图制作工作中，应用Photoshop软件的建立选区、图层、颜色取样器、涂色及滤镜等功能，可以制作出能够满足需要的成果图件。利用Photoshop软件制作旅游规划图的步骤包括底图输入、旅游规划专题内容编制、文字注记、图面整饰、地图输出等。此软件具有易学易用、操作方便、价格较低等特点。

第四节 旅游规划的编制管理

一、旅游规划的编制要求

（1）旅游规划编制要以国家和地区社会经济发展战略为依据，以旅游业发展方针、政策及法规为基础，与城市总体规划、土地利用规划相适应，与其他相关规划相协调；根据国民经济形势，对上述规划提出改进的要求。

（2）旅游规划编制要坚持以旅游市场为导向，以旅游资源为基础，以旅游产品为主体，经济、社会和环境效益可持续发展的指导方针。

（3）旅游规划编制要突出地方特色，注重区域协同，强调空间一体化发展，避免近距离不合理重复建设，加强对旅游资源的保护，减少对旅游资源的浪费。

（4）旅游规划编制鼓励采用先进方法和技术。编制过程中应当进行多方案比较，并征求各有关行政管理部门的意见，尤其是当地居民的意见。

（5）旅游规划编制工作所采用的勘察、测量方法与图件、资料，要符合相关国家标准和技术规范。

（6）旅游规划技术指标，应当适应旅游业发展的长远需要，具有适度超前性。

（7）旅游规划编制人员应有比较广泛的专业构成，如旅游、经济、资源、环境、城市规划、建筑等方面。

二、旅游规划的编制程序

旅游规划的编制程序遵照2021版的《旅游规划通则》执行。

任务确定阶段 ①委托方确定编制单位。委托方应根据国家旅游行政主管部门对旅游规划设计单位资质认定的有关规定，确定旅游规划编制单位。通常有公开招标、邀请招标、直接委托等形式。②制订项目计划书并签订旅游规划编制合同。委托方应制订项目计划书并与规划编制单位签订旅游规划编制合同。

前期准备阶段 ①政策法规研究。对国家和本地区旅游及相关政策、法规进行系统研究，全面评估规划所需要的社会、经济、文化、环境及政府行为等方面的影响。②旅游资源调查。对规划区内旅游资源的类别、品位进行全面调查，编制规划区内旅游资源分类明细表，绘制旅游资源分析图，具备条件时可根据需要建立旅游资源数据库，确定其旅游容量，调查方法可参照《旅游资源分类、调查与评价》（GB/T 18972-2017）。③旅游客源市场分析。在对规划区的旅游者数量和结构、地理和季节性分布、旅游方式、旅游目的、旅游偏好、停留时间、消费水平进行全面调查分析的基础上，研究并提出规划区旅游客源市场未来的总量、结构和水平。④对规划区旅游业发展进行竞争性分析，确立规划区在交通可进入性、基础设施、景点现状、服务设施、广告宣传等各方面的区域比较优势，综合分析和评价各种制约因素及机遇。

规划编制阶段 主要工作包括6方面。①确定规划区主题。在前期准备工作的基础上，确立规划区旅游主题，包括主要功能、主打产品和主题形象。②确立规划分期及各分期目标。③提出旅游产品及设施的开发思路和空间布局。④确立重点旅游开发项目，确定投资规模，进行经济、社会和环境评价。⑤形成规划区的旅游发展战略，并提出规划实施的措施、方案和步骤，包括政策支持、经营管理体制、宣传促销、融资方式、教育培训等。⑥撰写规划文本、说明和附件的草案。

征求意见阶段 规划草案形成后，原则上应广泛征求各方意见，并在此基础上，对规划草案进行修改、充实和完善。

三、旅游规划的评审、报批与修编

1. 旅游规划的评审

评审方式 旅游规划文本、图件及附件的草案完成后，由规划委托方提出申请，上一级旅游行政主管部门组织评审。旅游规划的评审采用会议审查方式。规划成果应在会议召开五日前送达评审人员审阅。旅游规划的评审，需经全体评审人员讨论、表决，并有四分之三以上评审人员同意，方为通过。评审意见应形成文字性结论，并经评审小组全体成员签字，评定意见方为有效。

规划评审人员的组成 旅游发展规划的评审人员由规划委托方与上一级旅游行政主管部门商定；旅游区规划的评审人员由规划委托方与当地旅游行政主管部门商定。旅游规划评审组由7人以上组成。其中行政管理部门代表不超过1/3，本地专家不少于1/3。规划评审小组设组长1人，根据需要可设副组长1~2人。组长、副组长人选由委托方与规划评审小组协商产生。旅游规划评审人员应由经济分析专家、市场开发专家、旅游资源专家、环境保护专家、城市规划专家、工程建筑专家、旅游规划管理官员、相关部门管理官员等组成。

规划评审重点 旅游规划评审应围绕规划的目标、定位、内容、结构和深度等方面进行重点审议，包括：旅游产业定位和形象定位的科学性、准确性和客观性；规划目标体系的科学性、前瞻性和可行性；旅游产业开发、项目策划的可行性和创新性；旅游产业要素结构与空间布局的科学性、可行性；旅游设施、交通线路空间布局的科学合理性；旅游开发项目投资的经济合理性；规划项目对环境影响评价的客观可靠性；各项技术指标的合理性；规划文本、附件和图件的规范性；规划实施的操作性和充分性。

2. 旅游规划的报批

旅游规划文本、图件及附件，经规划评审会议讨论通过并根据评审意见修改后，由委托方按有关规定程序报批实施。

3. 旅游规划的修编

在规划执行过程中，要根据市场环境等各个方面的变化对规划进行进一步的修订和完善。

四、旅游规划编制的管理

1. 建立旅游规划编制全面质量管理体系

全面质量管理（TQM，Total Quality Management；或TQC，Total Quality Control），是20世纪50年代美国质量管理大师费根堡姆《全面质量管理》一书提出的。全面质量管理是企业以质量为中心，以全员参与为基础，以最经济的方式让顾客、社区群众和成员持续满足的一种质量管理模式。全面质量管理的基本理念符合旅游规划编制质量管理要求。

①旅游规划编制的全过程质量管理。全过程质量管理主要是指规划单位招标指南设计、竞标、评审、立项、开题、中期检查、成果鉴定、信息公布、成果推广等环节的质量管理。旅游规划项目的招标、投标、评审、立项评审鉴定、成果评奖、成果推广，都有影响规划编制质量的多种可控因素，需要运用多种方法和多种手段进行全面管理。编制过程有许多环节，每个环节各有重点，随着重点的转移而实现阶段生存与连续性的统一。②旅游规划编制的全员质量管理。全员质量管理主要是指规划单位管理者、标书评审者、规划课题组、开题论证者、中期检查者、成果评审者和信息公布者等人员的管理，应使所有参与人员树立起"质量第一、人人有责"的质量管理观念。每个规划的编制不仅靠编制所在单位和有关部门领导的重视和支持，更靠规划编制组成员充分发挥研究能力，进行主动积极的创新。③旅游规划编制的全要素质量管理。全要素质量管理是对影响规划编工作的全部可控制的要素（如编制质量标准、编制经费、编制进程等）实施直接或间接控制的目标管理。

2. 加强和完善旅游规划编制质量管理的法规建设

把旅游规划纳入国土空间规划体系的法制管理轨道是现代旅游业的必然要求，也是目前发达国家运作旅游业的共有机制。市场经济条件下旅游业发展的有序性和效益性必然要借助一个权威性和科学性的规划来统一思想、统一布置、统一目标，约束全社会旅游的行为。因此，旅游规划体现法制，就是保证规划按科学规律运作。

注释

[1] 马勇,董观志.武汉大旅游圈的构建与发展模式研究[J].经济地理,1996(2):99–112.

[2] 董观志,肖开提·吐尔地.疆山如画[M].北京:中国旅游出版社,2015:29.

[3] 吴承照.现代城市旅游规划技术体系[J].城市规划,1999(10):27–30,64.

第五讲
旅游地的投资管理

第一节　旅游投资的概念界定

第二节　旅游投资的基础知识

第三节　旅游投资可行性研究

第四节　旅游投资的过程管理

第五节　旅游投资的效果评价

第一节 旅游投资的概念界定

投资是企业获得利润的前提，投资是企业生存和发展的必要手段，投资是企业降低风险的重要途径。旅游业作为满足人民日益增长的美好生活需要的战略性支柱产业，需要加强投资管理。

一、旅游投资的概念

1.旅游投资的含义

旅游投资是指在一定时期内，依据旅游业或旅游企业发展的需求，在国家有关法律法规的管理下，以资金、实物、技术和管理等形式投入旅游发展项目，以期在项目正常运作后获取超过旅游投资的利润。

旅游投资，从宏观上应理解为整个旅游业的全部投资，其数额应能直接或间接地满足旅游者的需求，同时还包括维持旅游业的正常职能所必需的长期周转资金；从微观上讲是指具体某一旅游项目资金的筹集、运用及项目效果的评价。

2.旅游投资的作用

经济增长离不开投资增长，旅游业同样也需要依赖旅游投资的不断增加才能得以发展。

首先，旅游投资是旅游经济活动正常运行和发展必不可少的经济条件，是旅游业扩大再生产的物质基础，能对旅游业的自身发展起到极大的促进作用。由于旅游业是资金密集型行业，旅游业扩大再生产必然需要旅游投资作为后盾，因此，旅游投资规模的大小直接决定着旅游业的发展速度和发展前景；只有旅游业发展前景好，才有可能增加社会各方进行旅游投资的积极性，从而形成旅游投资环境的良性循环，更好地促进旅游业的发展。

其次，旅游投资能优化旅游存量经济结构，从而更大程度地满足日益增长的旅游者的旅游需求。一方面，在市场经济条件下，旅游企业投资的方向在很大程度上是根据旅游经济发展的需求由市场自发调节的，投资主体总是希望投资回收期尽可能地缩短而投资收益尽可能地增大，这一目的导致旅游投资主体必然会向着投资收益高的项目进行投资；另一方面，旅游企业的投资活动是在国家有关法律法规和各级政府的宏观调控下，结合各地旅游业的具体发展情况，有计划地进行的旅游项目的投资活动，对于一些收益较低、旅游企业不愿意投资、但是旅游业发展所必需的或者是与旅游生态环境长远利益相关的项目，政府必然会作为投资主体进行投资活动，因此，两方面的共同作用促进了旅游存量经济结构的优化。

3.旅游投资的内容

由于旅游业本身的复杂性和敏感性，不同的旅游投资主体所投资的旅游项目的内容也有很大不同。

政府部门投资的旅游项目 一般来说，政府部门主要出于保护当地旅游资源环境、保持旅游业的可持续发展、扩大旅游地知名度、吸引更多的旅游者等目的进行考虑，因此，政府部门所投资的项目一般集中在当地的旅游整体营销、旅游基础设施建设、公共服务机构和设施的建设等方面，注重投资的社会效益。

企业或个人投资的主要旅游项目 与政府的投资目的不同，企业或个人的投资主要关心的是投资收益，因此所投资的主要是在政策法规允许的范围内、符合市场供需状况、能在较短的时间内带来最大经济效益的项目，比如旅游景点、旅游饭店、旅游餐饮、旅游娱乐项目、旅游商品的开发和建设等等，他们更注重投资的经济效益。

二、旅游投资的类型

对旅游投资类型的划分，参照经济学里对投资类型的划分，并结合旅游业本身的特殊性，分为不同的投资类型：

按投资项目时间的长短划分，分为长期投资和短期投资。一般来说，投资回收期在一年以上的投资都属于长期投资，由于旅游业属于资金密集型行业，因此大多数旅游项目的投资都属于长期投资，比如旅游酒店、旅游景区、旅游主题公园等等。短期投资是指那些投资回收期不满一年的投资项目，比如旅游企业日常经营活动所需要的流动资产方面的投资。

按旅游投资主体划分，可分为国家投资、地方政府投资、企业自筹投资和个人或家庭投资等。国家投资是指由中央政府或政府有关部门筹集资金，投资那些规模大、对全国旅游业发展关系重大的项目；地方政府投资是指由地方政府或有关部门筹集资金，投资为了地方旅游业发展而建设的旅游项目；企业自筹投资是指企业运用其积累的利润或自筹资金所进行的旅游项目的投资；个人或家庭投资是指社会公众利用剩余资金进行旅游项目的投资。

按投资构成的资金性质划分，可分固定资产投资和流动资产投资。固定资产投资指用于新建、改建、扩建或购置房屋建筑及机器设备等方面的投资，包括生产性投资和非生产性投资。流动资金投资主要是指对旅游企业经营规模相适应的周转性资金占用所进行的投资，旅游企业经营活动的顺利进行离不开流动资金的周转。

按旅游建设项目的内容划分，可分为旅游景点投资、旅游饭店投资、旅游购物系统投资、旅游游乐设施项目投资等。需要指出的是，这里的旅游建设项目是指那些专门为发展旅游业或以发展旅游业为主要目的的项目，有许多其他工程，如城市基础建设的兴建，尽管也有利于发展旅游业，但不能归于旅游投资的范围。

按旅游投资规模划分，可分为大中型投资和小型投资。大中型投资一般是指总投资金额在3000万以上（包含3000万）的旅游项目投资，而总投资金额在3000万以下的旅游项目投资属于小型投资。就旅游企业投资项目来说，一般新建项目的投资都属于大中型旅游投资。

三、旅游投资的特点

旅游投资的复杂性 旅游业是集"吃、住、行、游、购、娱"六大要素于一体的综合性经济产业，旅游产业的综合性决定了旅游投资的综合性。旅游投资不仅包含对企业资产（固定资产和流动资产）、金融、证券、风险、教育、人力资源等诸多领域的投资，同时也包含对饮食、住宿、交通、购物、娱乐等诸多要素的投资，各类投资都有其特有的规律性，这就构成了旅游投资的复杂性。同时，旅游活动又是涉及社会、经济、政治、文化等各方面的综合性的活动，因此，旅游投资活动也必然会受到社会、经济、政治、文化等各方面的影响，使旅游投资更具复杂性。

旅游投资周期的长期性 一个完整的旅游投资过程一般包括三个阶段，即投资决策期、投资项目建设期、投资回收期。为保证投资的效益性，每位投资者都希望尽快收回资金，但旅游投资本身的复杂性和旅游业属于资金密集型行业的特点，决定了旅游投资大多属于投资回收期较长的投资，而保证短回收期的基础是科学正确的投资决策以及高效优质的建设，因此，投资周期的三个阶段应是较长的决策期、适中的建设期和尽量短的回收期。随着投资规模的扩大，投资的社会化程度日益提高，必然形成投资的长期性。

旅游投资的"供给时滞性" 投资有两大基本效应：一是需求效应，二是供给效应。需求效应是指与投资活动同时相伴而生的需求活动。任何一个投资活动过程都必然会导致物力、人力各方面新的需求的产生，比如投资建设一个旅游酒店会导致很多种诸如建筑用料等用品需求的增加，同时也有新的劳动力需求的产生。而旅游投资的供给效应指的是因旅游投资而引起的社会总供给能力的上升，这一效应至少要等到总的投资项目完成以后才能实现，因此，供给效应总是要滞后于需求效应而产生，也就是所谓的"供给时滞性"。

旅游投资的程序性 旅游投资本身的复杂性和长期性决定了旅游投资要顺利地实施，必须有一定的程序性，通常来讲，旅游投资活动要经过以下几个基本过程：①旅游项目的规划和设计过程；②旅游项目的可行性分析和决策过程；③投资资金的筹集过程；④投资项目的招标过程；⑤旅游项目的具体实施和管理过程；⑥旅游投资的回收过程。每一个过程都要求投资者予以足够的重视，进行科学的决策，这样才能保证投资过程的顺利进行。

旅游投资的风险性和投资回收的不确定性 旅游业是一个敏感性的行业，各种不可控制的因素如政治的、经济的、社会的、自然的变动都会对旅游业造成不可估量的影响，在给旅游者造成不利影响的同时，也给投资者信心带来不利因素；另外，旅游投资的长期性决定了投资收益的不确定性，同时也加剧了投资的风险性。这就要求旅游投资者在项目投资前必须进行旅游投资的可行性研究，在项目建设过程中要加强科学的管理，以减少和避免投资失误，降低投资风险，加快投资回收。

旅游投资的社会性和政策性 旅游投资虽然是针对旅游业的投资，但它产生的效果却具有社会性。只有将所投资项目的经济效益、社会效益和环境效益三者结合起来，才能得到全社会的认可，因此，旅游投资体现了社会性的特点。同时，旅游投资需要政府的政策支持，如果政府的各项政策持续、稳定，鼓励并积极支持旅游业的发展，那么旅游投资者的积极性就高，外资也比较容易进入；相反，如果政府的政策法规限制甚至禁止旅游业的发展，必然会导致旅游投资者丧失投资信心，进而放弃旅游投资。

旅游投资的敏感性 旅游投资的敏感性是由旅游业的脆弱性所决定的，从旅游业的内部条件来看，它由多个部门构成，每个部门之间存在着一定的比例关系，这一比例关系客观上要求旅游业内部各组成部分之间、旅游业与其他行业之间必须协调发展，要求旅游业投资在各构成部分之间有多种分配，若其中某一部分脱节，就会造成整个旅游供给失调，影响整个旅游业投资经济效益的实现。从旅游业的外部条件来看，由于旅游业涉及社会、政治、经济、自然等诸多领域，各种因素都可能对旅游业产生影响，并直接影响投资者的热情和信心。如地震、恶劣的天气条件、经济危机、政治动乱、恐怖活动等等都会导致旅游活动的停滞，造成旅游投资的中断，因此，旅游投资是一项十分敏感的经济活动。

四、旅游投资的环境

旅游投资环境是指某一国家或地区为接受或吸引旅游投资所创造的基本条件和氛围。投资环境可分为硬环境和软环境：硬环境包括自然资源、地理环境、基础设施等硬件要素；软环境则是指所接受投资地区的经济发展水平、人力资源状况、市场状况、政策法规等软件要素。旅游投资环境与旅游投资息息相关，直接影响着旅游投资的经济效益，因而是旅游投资者关注的焦点。一般来说，以下5种旅游投资环境很大程度上影响了旅游投资的开展：

自然环境 指通过投资开发带来经济、社会、文化效益的天然景观、地理位置及气候条件。丰富的自然资源是投资者考虑投资的先天条件，也是使投资者做出投资决策的重要因素。

经济环境 指一个国家或地区的经济体制、经济政策、经济稳定性、市场的开放性与健全程度、人口因素、收入因素、基础设施和服务实施、货币的可兑换性等，经济环境对旅游业投资的影响是最为直接的。

政治法律环境 指一个国家或地区的政治制度、体制、政治形势、方针政策、法律法规等，稳定、健全、有效的政治法律环境是旅游投资者进行投资的前提保证，决定着旅游业发展的成功。

社会文化环境 指一个国家或地区的民族特征、文化传统、价值观念、宗教信仰、社会结构、风俗习惯等。每一个社会都有其独特的文化传统和风俗习惯，并且一些核心的价值观，它们常常具有高度的持续性，往往在某种程度上决定了旅游投资的取向。

技术环境 指一个国家或地区的技术水平、技术政策、新产品克服能力以及技术发展的动向等。科学技术直接影响着旅游企业的生产和经营，决定着旅游业经济发展速度，因此，它在一定程度上决定投资者的投资方向和投资前景。

五、旅游投资的风险

旅游投资风险是指一项旅游投资所取得的结果和原来预期的结果的差异性。大多数投资活动都存在风险问题，只是风险的程度不同而已。如果一个投资方案只有一个确定性结果，就称这种投资为确定性投资。确定性投资一般没有什么风险。但是，旅游企业投资所涉及的问题都具有长期性，这些问题关系到未来旅游产品的需求、价格、成本等因素，而这些因素都具有不确定性，某一因素的变化往往会引起投资效果的变化，甚至某些投资项目在投资决策时认为是可行的方案，在实施后由于某些因素的变化而导致其结果发生变化。另外，旅游业具有很强的依赖性、关联性、敏感性和脆弱性，社会的、自然的、经济的、政治的因素都可能对旅游产生一定的影响。可以说，任何一项旅游投资决策都会有风险。因此，在旅游项目建设中引入风险管理，全面分析各种风险因素，采取有效措施来预防、降低、化解风险，对促进我国旅游业稳定、健康、持续、快速发展具有重大意义。

旅游投资风险可分为系统风险和非系统风险。系统风险又称市场风险，来自宏观环境因素，如政治、经济、金融、自然风险等，是投资者无法回避的风险，也具有不确定性，但在具体的项目投资中要尽可能地估计可能发生的系统风险，以避免或者防范可能因此而造成的损失；非系统风险又称企业风险，来自对旅游投资项目产生影响的特定因素，比如设计、施工、管理等一系列与企业直接有关的意外事故所引起的风险，是投资者可以预见和控制的风险，因此，需要投资者在投资之前和过程中重点识别、防范和化解。

第二节 旅游投资的基础知识

由于旅游投资所需资金数目较大,且存在着各种投资风险,因此,在投资者投资项目之前,首先要考虑的是投资资金的来源。同时,在项目投资的财务管理中,既要综合考虑各种筹集资本,又要考虑资金的时间成本,以确保使用资金成本最低,进而降低整体投资成本。

一、旅游投资资金筹措

1. 旅游投资项目资本金

根据国务院《关于固定资产投资项目试行资本金制度的通知》,在投资项目的总投资中,除项目法人(依托现有企业的扩建及技术改造项目,现有企业法人即为项目法人)从银行或资金市场筹措的债务性资金外,还必须拥有一定比例的资本金。

旅游投资项目资本金,是指在旅游投资项目总投资中,由投资者认缴的出资额,对投资项目来说是非债务性资金,项目法人不承担这部分资金的任何利息和债务;投资者可按其出资的比例依法享有所有者权益,也可转让其出资,但不得以任何方式抽回投资。

投资项目资本金占总投资的比例,根据不同行业和项目的经济效益等因素确定,其中关于旅游行业投资项目的资本金比例规定为20%及以上。

旅游投资项目资本金可以用货币出资,也可以用实物、产权、非专利技术、土地使用权作价出资。对作为资本金的实物、产权、非专利技术、土地使用权,必须经过有资格的资产评估机构依照法律、法规评估作价,不得高估或低估。以产权、非专利技术作价出资的比例不得超过投资项目资本金总额的20%,国家对采用高新技术成果有特别规定的除外。投资者以货币方式认缴的资本金的来源有:

一是各级人民政府的财政预算内资金、国家批准的各种专项建设基金、"拨改贷"和经营性基本建设基金回收的本息、土地批租收入、国有企业产权转让收入、地方人民政府按国家有关规定收取的各种规费及其他预算外资金;

二是国家授权的投资机构及企业法人的所有者权益(包括资本金、资本公积金、盈余公积金和未分配利润、股票上市收益资金等)、企业折旧资金以及投资者按照国家规定从资金市场上筹措的资金;

三是社会个人合法所有的资金;

四是国家规定的其他可以用作投资项目资本金的资金。

2. 负债筹资

旅游投资项目的负债筹资是指项目承担的能以货币计量的,需要以后以资产或劳务的方式偿还的债务。负债筹资也是旅游项目筹资的主要方式,一般包括银行贷款、发行债券、发行股票、租赁和借入外国资金等渠道。

（1）银行贷款

银行贷款是旅游项目投资资金来源的主要渠道，是旅游投资者根据国家有关政策的规定，向银行申请的附有一定条件的借贷资金，它的特点是偿还期长，利率在债券期限内不变，利息费用作为费用于税前列支，因而，利息可产生节税效应。按照中国人民银行发布的《贷款通则》的规定，借款人对银行贷款的使用要符合国家法律、行政法规和中国人民银行发布的行政规章，遵守效益性、安全性和流动性的原则。

（2）发行债券

发行债券是指旅游投资者为了筹集所需资金而发行的一种信用凭证，购买债券的人有权利按期取得规定的利息，并且在债券到期日收回本金。

一般来说，债券作为一种重要的融资手段和金融工具，具有4个特征。一是偿还性。债券一般都规定有偿还期限，发行人必须按约定条件偿还本金并支付利息。二是流通性。债券一般都可以在流通市场上自由转换。三是安全性。与股票相比，债券通常有固定的利率，与企业绩效没有直接联系，收益比较稳定，风险较小。此外，在企业破产时，债券持有者享有优先于股票持有者对企业剩余财产的索取权。四是收益性。债券的收益性主要表现在两个方面：投资债券可以定期或不定期地给投资者带来利息收益；债权购买者可以利用债券价格的变动，买卖债券赚取差额。

（3）发行股票

股票是股份公司为筹集投资资金而发行给股东作为持股凭证并借以取得股息和红利的一种有价证券。每股股票都代表股东对企业拥有一个基本单位的所有权。股票是股份公司资本的构成部分，可以转让、买卖或作价抵押，是资金市场的主要长期信用工具。股票筹资分为优先股筹资和普通股筹资。

普通股是随着企业利润变动而变动的一种股份，是股份公司资本构成中最普通、最基本的股份，是股份制企业资金的基础部分。普通股的基本特点是投资收益（股息和分红）不是在购买时约定，而是事后根据股票发行公司的经营业绩来确定。公司的经营业绩好，普通股的收益就高；反之，若经营业绩差，普通股的收益就低。

优先股是普通股的对称，是股份公司发行的在分配红利和剩余财产时比普通股具有优先权的股份。优先股的基本特点，一是股息率是固定和稳定的，与债券利率类似，优先股股利于税后支付，因而，优先股股利无节税效应；二是具有对股利、剩余财产的优先分配权。

（4）租赁

租赁是指出租人和承租人之间通过签订租赁合同，由出租人提供出租物，承租人在合同规定的时期内拥有该出租物的使用权，并按照合同的规定定期向出租人交纳租金。出租期满后，承租人和出租人可以协商以下处理方式：将出租物交还出租人、延长租期、承租人购买出租物等。

一般来说，旅游投资过程中的租赁方式包括两种类型。一是经营租赁。出租人仅仅将出租物的使用权交给承租人，出租期满后，出租人或收回出租物，或继续签订出租合同出租该出租物，一直到出租物报废或者被淘汰为止。在此期间，承租人缴纳相对较少的租金就能获得出租物的使用权。二是融资租赁。融资租赁中的出租物一般是价格非常高的物品，投资方没有财力一次性购买该物品，就和出租方签订合同，由出租方出资购买该物品，承租方按期向出租方缴纳数量较大的租金，合同期满后出租物为承租方所有。这种租赁方式一般代价较高，但它有利于减轻投资方短期内的资金周转困境。

（5）借入外国资金

随着改革开放的逐渐深化，中国旅游项目投资的资金来源也越来越趋向于多元化，其中，较明显的就是对外国资金的利用越来越多，加快了中国旅游项目投资运用外资的步伐。根据中华人民共和国国家发展计划委员会、中华人民共和国财政部、中华人民共和国国家外汇管理局共同发布的《外债管理暂行办法》，将借入国外资金类型按照债务类型划分，分为外国政府贷款、国际金融组织贷款和国际商业贷款。这三种类型的资金借入方式在旅游项目的投资中均有出现，但在旅游投资界相对运用较多的是国际商业贷款的方式。

二、资金成本的计算

资金成本是指企业为筹集和使用资金而付出的代价。资金成本包括资金筹集费用和资金占用费用两部分。资金筹集费用指资金筹集过程中支付的各种费用，如发行股票，发行债券支付的印刷费、律师费、公证费、担保费及广告宣传费；资金占用费用是指占用他人资金应支付的费用，或者说是资金所有者凭借其对资金所有权向资金所有者索取的报酬。如股东的股息、红利、债券及银行借款支持的利息。

1. 银行借款的资金成本计算

对于无抵押银行贷款来说，不存在筹资费用或筹资费用较低，可不予考虑；因此，无抵押长期借款的资金成本实际上只是税后资金占用成本，即：

$$年利息额 \times (1 - 所得税税率)$$

对于抵押借款则有筹资费用，因此除了考虑其与无抵押贷款的一样的资金占用费用引起的资金成本以外，还要考虑其筹资费用引起的资金成本。抵押贷款资金成本可以把抵押条件和筹资过程中发生的相关费用作为筹资费用。这些筹资费用包括：公证机构对抵押品及担保的公证费，担保品及抵押品的保险费，律师签证费，银行所要求的手续费，抵押设定的各种费用，其他因抵押而发生的机会成本。

2. 债券筹资资金成本计算

债券是指期限在一年以上，由公司发行的，用来筹集资金的一种长期负债。债券有确定的票面面值、期限、票面利率。它在发行时可以平价、溢价和折价发行。

发行公司债券筹资的资金成本一般只算筹资费用引起的成本，筹资费用一般包括印刷费、信誉评估费、公证费、其他有关附带费用，但支付给代理发行承销商的手续费不构成筹资费用。

债券筹资的优点是资金成本较低、保证控制权、具有财务杠杆作用；缺点是筹资风险高、限制条件多、筹资额有限。

3. 股票资金成本的计算

由于发行股票的筹资费用一般只包括印刷费和公证费，而中国的股票发行采取的都是无纸化发行，因此其筹资费用可以忽略不计。普通股股东对公司的股利分配依公司的经营效益而定，分配股利的不确定性和波动性较大。因此计算普通股资金成本是一个期望的估计数。因而计算普通股资金成本的假设前提应是企业未来的一个比较稳定的、且逐年增长的股利分配。离开这一前提，计算普通股资金成本是没有意义的。优先股资金成本为年股息额。需要注意的是优先股资金成本率并不是年股利率，因为股票一般是溢价发行的，其资金成本率一般小于年股利率。

三、资金时间价值的计算

资金时间价值，就是指在不考虑通货膨胀影响的条件下，一定数量的资金在不同时点上价值的差额。分析资金时间价值必须从两组基本的相对概念入手，即资金现值和资金终值，单利和复利：

资金现值指的是资金折算为某一特定时间序列上起点时的价值，一般用字母P表示。

资金终值指的是资金折算为某一特定时间序列上终点时的价值，一般用字母F表示。

单利是指原始资金在前段时间生成的利息在以后的时间内不会产生利息。

复利是指原始资金在前段时间生成的利息在以后的时间内加入本金也会产生利息。

另外，资金时间价值的计算方法根据资金投入方式的不同类型有所不同，归纳起来，一共包括以下几种。

1. 一次性收付资金的现值和终值的计算

一次性收付就是指在某一特定的时点上一次性收取或者支付，经过一定时间后再相应地一次性收取或者支付的资金。

已知一次性支付资金的现值，求终值：

单利终值的计算公式为：$F = p(1 + r \times n)$
复利终值的计算公式为：$F = p(1+r)n - 1$

已知一次性收取资金的终值，求现值：

> 单利现值的计算公式为：$P=F/(1+r\times n)$
>
> 复利现值的计算公式为：$P=F/(1+r)^n$
>
> 注：r 为年利率(%)；n 为计算时间价值的次数。

2. 年金现值和终值的计算

年金是指每隔一定相等的时间收入或支付固定的金额，即在相等的间隔期，连续的收入或支付数目相等的款项。根据年金的具体支付时间的不同，又将年金分为普通年金、先付年金、递延年金、永续年金等。

普通年金是指在每期期末付款的年金；先付年金是指在每期期初预付款项的年金；永续年金是指无限期连续收付的年金，在此我们只分析最常用的普通年金的现值和终值的计算方法。

> 普通年金终值的计算公式为：$F = A \times \dfrac{(1+r)^n - 1}{r}$
>
> 普通年金现值的计算公式为：$P = A \times \dfrac{1-(1+r)^n}{r}$
>
> 注：A 为普通年金；r 为年利率（%）；n 为计算时间价值的次数。

第三节 旅游投资的可行性研究

为了避免投资风险，任何项目在投资之前，都要进行项目投资的可行性研究。所谓可行性研究是指在项目投资决策前为了保证投资方向和投资方式的正确性，达到投资主体投资目的而对项目进行社会、经济和技术分析论证的一种科学有效的研究方式。对投资风险极大的旅游业投资来说，投资之前的可行性研究就越发显得重要了。具体来讲，旅游投资的可行性研究是指在旅游项目投资之前，由投资商委托专业的规划设计单位对项目在经济、技术、社会等方面是否可行进行科学的分析和预测，从而在更大程度上保证投资商投资目的的实现。

一、旅游投资可行性研究的重要性

在旅游项目投资开发建设中，许多项目取得了成功，但也有部分旅游项目失败，造成严重的投资损失。分析这些旅游项目失败的原因，除了经营管理不善，在投资决策前未能对旅游投资项目进行科学的分析和评价也是关键所在。

旅游投资可行性研究是投资前阶段的主要内容，为投资决策提供依据。任何工程项目的投资建设都包括三个阶段：投资前阶段、投资建设阶段、生产实用阶段。其中投资前阶段主要包括提出项目建议书、进行可行性研究、编制项目初步设计文件、编制年度计划、申请开工等几个步骤。其中可行性研究是必不可少的一步，主要包括了对投资项目的必要性、市场上同类项目的供需状况、建设条件和选址方案、生产经营过程中各种生产要素等方面进行科学的分析和预测，从而为旅游投资决策提供依据。

旅游投资可行性研究是旅游项目投资程序的必要环节。可行性研究是旅游投资决策前必须经历的一个步骤。为了保证旅游项目的投资达到预期的投资收益，投资主体不能仅仅靠个人的主观估计就对项目仓促进行决策、盲目建设，而是必须请专业的咨询公司或者旅游规划设计部门进行比较客观的、科学的项目可行性分析。

旅游投资可行性研究为建设项目筹集资金提供了便利条件。大部分旅游投资项目都属于资金密集型项目，一般在投资初期都需要很大的资金投入，投资建设过程中也要时刻保证资金的充裕和流动性，才能保证项目建设的顺利进行。这就对资金的筹集提出了较高的要求，一般来说，旅游投资的资金来源除了投资主体的少部分自有资金以外，大部分依靠市场融资来满足，比如银行贷款、发行股票或者债券，而这些投资主体投资的最基本的前提条件就是要保证资本金的收回，他们为了减少投资风险，必然对投资项目的可行性分析结果进行审查。

二、旅游投资可行性研究的种类

从旅游投资项目的实际出发，可行性研究分为投资机会研究、初步可行性研究和具体（最终）可行性研究。

投资机会研究是指在某一个确定的地区和部门内，在利用现有的旅游资源的基础上，寻找最有利的投资机会的研究。主要是对旅游投资的项目提出建议，并根据已有历史数据进行投资效益的粗略估计，一般要求估计误差控制在30%以内。

初步可行性研究是在投资机会研究结果的基础上，对投资项目的可行性进行更深一步的分析，研究目的是做出更精确的估计，确定投资项目是否有前途、有无进行具体可行性研究的必要和投资项目中可能存在哪些关键性的问题以及需要怎么解决等，一般要求估计误差控制在20%以内。

具体（最终）可行性研究是对旅游投资的项目进行全面的技术经济论证，包括项目的现状、预测、配套情况、设计、规划、工期、财务分析等方面的细致深入的分析和预测，一般要求估计的误差控制在10%以内。它是旅游投资项目是否可行的最终依据，也是有关管理部门和银行审查的重要内容。

此外，按照旅游投资主体来分，可分为政府投资旅游项目可行性研究、国内企业投资旅游项目可行性研究和三资企业投资旅游项目可行性研究；按照投资项目规模来分，可分为全国性投资项目可行性研究、省级旅游投资项目可行性研究、地市级旅游投资项目可行性研究和县级旅游投资项目可行性研究。

三、旅游投资可行性研究的主要内容

根据有关法规政策，对可行性研究报告要求必须具备以下几个方面的内容：
（1）项目提出的背景和依据。
（2）承办单位基本情况。
（3）建设规模、项目方案、市场预测和确定的依据。
（4）技术工艺、主要设备、建设标准。
（5）资源、原辅料供应、动力运输、供水等协作配合条件。
（6）建设地点、布局方案、占地面积。
（7）项目设计方案、协作配套工程。
（8）环保、节能与资源综合利用、消防、劳动保护等。
（9）劳动定点和人才培训。
（10）建设工程和实施进度。
（11）投资估算和资金筹措方式、经济效益和社会效益。

第四节 旅游投资的过程管理

一般来讲，旅游投资活动要经过以下几个基本过程：①旅游项目的规划和设计过程；②旅游项目的可行性分析和决策过程；③投资资金的筹集过程；④投资项目的招标过程；⑤旅游项目的具体实施过程；⑥旅游投资的回收过程。因此，旅游投资的过程管理也可以详细分为对这六个基本过程的管理。

一、旅游项目的规划和设计过程管理

根据相关法规政策，结合实践体会，旅游项目规划和设计过程管理应该注意以下几点：

（1）旅游发展规划应当坚持可持续发展和市场导向的原则，注重对资源和环境的保护，防止污染和其他公害，因地制宜、突出特点、合理利用，提高旅游业发展的社会、经济和环境效益。

（2）旅游发展规划应当与国土规划、土地利用总体规划、城市总体规划等有关区域规划相协调，应当遵守国家基本建设计划的有关规定，应当与风景名胜区、自然保护区、文化宗教场所、文物保护单位等专业规划相协调。

（3）编制旅游发展规划应当对国民经济与社会发展、市场前景、资源条件、环境因素进行深入调查，取得准确的基础资料，从市场需求出发，注意生态环境和文化历史遗产的保护和延续，积极采用先进的规划方法与技术手段。

二、旅游项目的可行性分析和决策过程管理

旅游投资项目决策过程，就是在项目可行性分析的基础上，为达到投资商的投资目的，在各种备选方案中选出最优方案的过程。这个过程中的主要工作内容为明确投资决策目标和制定科学的投资决策程序。

在明确投资商的投资决策目标时，尤其要注意考虑旅游业自身的特殊性，将某些非经济目标单独考虑，作为决策选择的主要依据。即不仅仅考虑其他行业项目投资目标的单纯经济性目标，还要考虑旅游投资项目的社会和环境目标。

在制定投资决策程序时，首先要注意对投资条件和环境进行详细的调查和分析，进行初步的投资机会分析和研究；其次在对各种方案进行选择时，要注意综合考虑经济效益和非经济效益的大小。

三、投资资金的筹集过程管理

投资项目的资金筹集，是指项目为了满足投资的资金需要，集中使用内部资金和介入外部资金的经济行为。旅游投资的主要资金筹集渠道和方式在本章第二节开头已有详细论述，不再赘述。

在对资金筹集过程的管理中，尤其要需要注意以下几点：

（1）由于资金筹集工作是一个耗时长、范围广、风险大的系统工程，因此必须周密计划、科学安排，要制定详细而周密的资金筹集方案，方案内容应该包括资金的币种和数额、资金来源的结构、资金筹集的风险评价、筹集成本、筹集方式等，明确安排各筹资阶段的具体目标、任务、时间和主要负责人等方面的详细周密的安排。

（2）一般的资金筹集方案包括四个阶段：①制定方案目标和方案总体设定；②调查投资项目资金需要及来源渠道；③设定资金筹集的币种、数量、期限和方式；④形成正确的资金筹集方案。

（3）一般的资金筹集方案有两个或两个以上以供主要的决策层选择，这也就需要对各个筹集方案从安全性、经济性、可行性三方面进行科学的分析比较，最后确定一个最为稳妥和合适的资金筹集方案。

四、投资项目的招标过程管理

招标前的准备工作 投资项目立项后，必须进行项目的招标工作，此过程对项目的质量起至关重要的作用，因此，要尤其重视。这个过程的管理分五个步骤来进行：提出初步设想，进行可行性研究，成本估算，准备招标文件，与可能的承包商接触。

招标工作的进行 在此过程中，项目投资方一定要对各投标方的各种条件进行综合的评价，选出最优秀和最适合此项目的承包商。这个阶段包括四项主要工作。①明确各投标方案的报价与例外情况，进行全面细致的对比分析。②分析后，按照自己的目标，选择最佳投标方。③做此项决策时要注意自己的目标，并不是报价最低的方案就是最佳方案。一般情况下，报价低的方案很难满足高质量或短工期的目标，亦很难体现旅游项目的社会、环境的综合效应，因此最佳方案一定要从工期、质量、投资费用三方面结合项目建设过程中可能的社会和环境效应，综合考虑一个真正符合自己投资目的的目标。④审批后，与投标方签订承包合同。

五、旅游项目的具体实施过程管理

在旅游投资项目确定好建设承包商以后，就正式进入项目的具体实施过程，在此过程中要注意对几个方面的严格管理，以确保项目工程的顺利进行和工程完工时的质量。

1. 投资项目的成本控制

项目成本就是指在该项目上发生的全部费用的总和，一般分为直接成本和间接成本。其中直接成本包括人工费、材料费等，间接成本包括各种制造成本，比如项目施工现场的管理费等。

项目成本控制是指投资商和承包商在保证项目质量的前提下，为降低施工成本，依据成本较低化、控制有效化、科学化的原则，运用计划控制、预算控制、会计控制、制度控制等方法，对项目实施的全过程进行的各种管理工作的总称。其主要环节包括：

项目成本预测 实质是在施工前对项目进行成本估算，为以后的成本控制工作做好准备。

项目成本决策 在成本预测的基础上，认真分析后做出决定，确定最终成本管理目标。

项目成本计划的编制 根据项目成本决策结果，编制实现成本目标的具体安排。

项目成本计划的实施 在项目实施的过程中，对影响成本的各种因素加以管理和控制，使成本费用控制在计划成本以内。

项目成本的核算 利用会计核算的方法，对项目实施过程中的各种费用和成本支出进行核算。

项目成本分析考核 在项目实施过程中，对项目成本进行对比评价和分析，在项目结束后，对项目成本控制过程各责任者的工作完成情况进行具体考察。

编制项目成本控制报告 在上述六个环节的工作完成以后，及时地整理成本资料，并编制项目成本控制的最终报告。

2. 投资项目的质量控制

在投资项目的实施过程中，不仅要尽可能地加快项目实施的进程，更重要的是要注重项目质量的控制。影响项目质量的因素很多，其中最主要的是人、材料、机械、方法和环境的影响，因此要严抓项目建设的质量控制。质量控制的一般程序有：

确定项目质量目标 一般来说，项目质量目标是项目承包人根据投资商的质量要求，结合自身的经营目标和原则来制定的，当然，这个目标必须在遵守国家相关的质量法律法规的前提下制定。

编制项目质量计划 指根据确定的质量目标，关于统一规定由谁及何时使用哪些相关的程序和文件的计划编制。通常情况下，质量计划只是引用质量手册的部分内容和程序文件。

项目质量计划实施过程控制 这也是质量控制的重要部分，计划实施的过程一般分为三个阶段进行，即项目实施准备阶段、项目实施阶段、项目竣工验收阶段。①项目实施准备阶段的质量控制内容：审查承包单位的技术资质；对材料、机械等质量进行检查；审查实施单位提交的方案；协助承包单位完善质量保证体系和现场管理制度；等等。②项目实施阶段的质量控制内容：协助承包单位完善工序控制，对项目的主要部分进行亲自试验和技术复核；对部分已完成的项目按照确定的质量目标进行检查和验收；组织定期或不定期的现场质量会议，直接监督项目实施质量；等等。③项目竣工验收阶段的质量控制内容：按照制定的项目质量目标，对完工项目进行质量检查和验收；审核承包单位提供的质量检验报告、竣工图；对相关项目资料进行验收和交接；等等。

3. 投资项目的进度控制

投资项目的进度控制与质量控制是对立统一的关系，既要加快实施进度，也要保证项目的质量，进度的加快应该以质量保证为前提，在保证质量的前提下也要尽快加快实施进度。

因此，投资项目的进度控制是指在保证项目质量的前提下，根据项目各个实施阶段的工作内容、工作程序、持续时间和衔接关系，编制进度控制计划，并在项目实施过程中，经常检查实际进度的情况，并对不符合进度计划的分析其原因，调整原计划，如此循环直至项目竣工为止。

影响项目实施进度的因素很多，包括人为的因素、资金的因素、材料设备的因素等等，因此，在项目实施的进度控制中要充分考虑各方面因素的影响，全面分析、动态管理，一般来说，项目实施的进度控制包括：

确定项目进度目标、编制项目进度计划 一般来说，项目进度目标是项目承包方根据合同要求、项目实施有关的经济技术资料、主要实施方案等结合自身的实际情况而制定的，在确立了项目进度目标后，就要编制详细的项目进度计划，一般包括项目实施总进度计划和单位项目实施进度计划两部分。总进度计划是对实施的总体项目进行编制的实施进度计划，单位项目实施计划是指对总项目中的单体项目编制具体详细的实施进度计划。

项目进度计划的实施 这实际上就是指进度目标的过程控制。主要工作内容包括：编制并执行时间周期计划；用施工任务书把计划任务落实到基层单位；坚持进度过程管理；加强分包进度建设；等等。

项目实施进度的检查 项目实施进度的检查是进度调整的依据，同时也是进度控制的关键步骤。最常用的进度检查方法是用对比法，即将实际的进度与计划进度进行对比，从而发现偏差、便于以后的进度调整或修改进度计划。

项目实施进度计划的调整 项目实施进度计划的调整是指根据对项目实施进度检查的结果，对项目实施的内容、起止时间、持续时间、工作关系和资源供应等方面采用科学的方法进行调整，并以此作为项目剩余部分的实施进度计划。

项目实施进度控制的分析与总结 项目实施进度控制的分析与总结是指在项目完工后，对项目各项目标的完成情况、进度控制过程中出现的问题和解决经验等方面进行详细的剖析，并根据分析的最后结果，结合实际的进度进行情况，向投资商编写进度控制总结。总结的内容主要应该包括：项目合同进度目标的完成情况，实施进度控制过程中出现的问题、原因分析以及所获得的经验，科学的实施进度计划方法的使用情况，等等。投资商应根据项目承包商提交的总结报告，请专业人士认真分析其中可能存在的问题和不足，并且就不合理的部分代表投资商与承包商进行磋商，提出修改建议和承包商的期望目标，并同步监督和管理控制整个项目的实施过程，以确保项目的实施进度和质量。

六、旅游投资项目的投资回收过程管理

项目的投资回收期是指项目完工投产后用其所得偿还全部投资的这段时间。任何投资项目的主要目标都是保本求利，投资回收期管理的目标也就相应是在尽可能短的时间内为投资商收回全部投资。投资回收期的管理内容包括：

（1）综合评价项目的实际效果。主要是指对投资商为项目投产后的实际经营情况进行细致的考核，科学、正确地评价项目的投资效果。因为项目可能受各种条件的影响和制约，投产后收益会与先前的预期效果不一致，而对项目实际效果进行评价，能够找到项目决策和实施过程中影响投资效果的各种原因，从而做到有的放矢地采取正确的补救措施，以获取最好的投资收益。

（2）加强投产企业成本核算和综合管理。项目完工后，投入使用的企业就成为一个相对独立、自主经营、自负盈亏的独立生产者，因此，必须进行严格的经济核算和成本核算，加强技术管理、生产和质量管理，提高项目投资的经济效益。

第五节　旅游投资的效果评价

为了达到投资方的预期目标，除了要进行投资项目的可行性分析以外，还要对项目进行更详细的经济效益、社会效益、环境效益等方面的综合评价，以减少投资项目可能面对的各种风险。

一、旅游投资的经济效益评价

所谓旅游投资的经济效益，是指对旅游项目的投资所能带来的经济方面的效益，一般从宏观经济效益和微观经济经济效益两个方面进行评价。

1. 宏观经济效益评价

旅游投资项目的宏观经济效益主要表现在对国家外汇收入和项目所在地经济增长两个方面的影响：

旅游投资对国家外汇收入的影响分析　旅游业是中国主要的创汇产业之一，通常情况下，某项旅游工程建成后的外汇收入能力，指的是规定时期内所赚取的外汇净额与同期产生这一净额所需国内资金之间的比值。这个比值越大，就说明该投资项目的创汇能力越强。其中外汇净额是指该项目一定时期内的创汇数额减去这一时期的外汇支出的差额。

旅游投资对项目所在地经济增长的影响分析　如前所述，部分旅游投资项目是属于国家或地方政府为了调整当地的产业结构或者促进当地的经济发展而进行的投资，比如比较典型的"扶贫旅游"项目的投资，其影响的大小一般用旅游项目投资后当地的经济总收入和投资前经济总收入的差额来表示，差额越大，就说明该投资项目对所在地经济增长的贡献越大。

2. 微观经济效益评价

旅游投资的微观经济效益就是指该投资项目能带给投资商的经济利益。任何一个旅游投资项目都是以营利为目标的，即旅游投资商不仅仅考虑收回投资成本，更要获得超额利润。因此我们在进行投资项目的效果分析时，必须要分析并且重点进行分析的也是这一部分。

一般来说，最常见的分析方法包括投资回收期法、净现值法、内部投资回收率法和利润指数法。

（1）投资回收期法

投资回收期法也称"投资返本年限法"，是计算投资项目投产后在正常生产经营条件下的收益额和计提的折旧额、无形资产摊销额用来收回项目总投资所需的时间，然后将结果与本行业基准投资回收期对比来分析项目投资财务效益的一种静态分析法。其计算公式是：

$$投资回收期 = \frac{项目总投资}{年收益额 + 年计提折旧额 + 年无形资产摊销额}$$

公式中项目总投资是包括项目建设期间借款利息的总投资，年收益额、年计提折旧额和年无形资产摊销额分别指项目投产后达到预计年产量后第一个年度所获得的收益额和计提的折旧额、无形资产摊销额。年收益额一般都按年税前利润计算，在计算投资回收期时还要加上计提折旧额和无形资产摊销额，原因是折旧额和摊销额是重新购置固定资产和无形资产的资金来源，它虽不是项目的收益，但是是用以补偿固定资产和无形资产投资的，所以也应将它与收益额一起作为收回的投资。

另外，上市所得的投资回收期是从投产之日开始计算的。如按建设期初算起，还要加上建设期。

投资回收期法的优点是：易于理解，计算简便，只要算得的投资回收期短于行业基准投资回收期，就可考虑接受这个项目。其缺点是：只注意项目回收投资的年限，没有直接说明项目的获利能力；没有考虑项目整个寿命周期的盈利水平；没有考虑资金的时间价值。因此，投资回收期法一般只在项目初选时使用。

（2）净现值法

此处的净现值是指用投资方案未来预期收益的总现值减去投资费用后的净现值。净现值越大，说明此项目的经济效益越好。其计算公式为：

$$净现值 = 投资方案未来预期收益的总现值 - 投资费用$$

该方法的优点是既考虑了资金的时间价值，又考虑了投资风险对资金成本的影响。其缺点是只反映投资方案经济效益的量的方面，而未说明投资方案经济效益的质量。

（3）内部投资回收率法

内部投资回收率法是指令旅游投资方案的未来预期净收益与投资费用总额相等时计算出来的利息率或贴现率。

一般情况下，如果计算出来的投资项目的内部投资回收率大于企业或上级主管部门规定的内部投资回收率时，则此项目值得投资；反之，则不值得投资。

该方法的优点是为控制企业投资的经济效果提供了衡量标准；缺点是其结果为一个相对值，若以此为判断依据，则某些合理方案有可能被否决。

（4）利润指数法

利润指数是单位投资所获得的净现金收益与投资总费用的比值。用这个比值来衡量投资项目的经济效果。其计算公式为：

$$利润指数 = 单位投资所获得的净现金收益 \div 投资总费用$$

若利润指数大于1，则该旅游投资项目是经济效果较好的项目，能给投资商带来收益。反之，则是不值得投资的项目。

二、旅游投资的社会效益评价

旅游业本身是一个相关性很强的行业，因此投资任何一个旅游项目也都会产生一定的社会效应，主要包括三个方面。

1. 旅游投资给项目所在地提供就业机会

旅游业本身就是一个能吸收社会劳动力、就业乘数较大的产业，因此任何一个旅游项目的投资都能提供较多的直接和间接就业机会，它能提供就业机会的大小一般用直接就业指标和间接就业指标来表示。直接就业指标即该项目直接招用的人数的多少，亦可用该项目向职工支付的工资总额占投资总成本的比例来衡量；间接就业指标由直接就业指标值与当地平均的旅游就业乘数相乘所得。这两个指标都是正指标，即指标值越大，说明这一投资所带来的就业机会也就越多。

2. 旅游投资给项目所在地带来社会文化影响

旅游投资项目对社会文化的影响很难像其他指标一样用具体客观的数值进行分析，只能依靠人的主观感受和判断来进行评价，因此，在分析时，为了避免分析结果因过分主观而造成的与事实不符的情况，一般邀请各方面的专家对投资项目所影响的社会文化的各个方面进行分析，最后归纳总结，得出相对客观的分析结果。

旅游投资项目对社会文化的影响主要表现在：对当地文物古迹的保护和合理利用的作用；对当地传统艺术文化的作用；对当地传统风俗的宣传作用；对当地居民生活方式改变的作用；对当地居民思想和道德的影响；等等。

显然，旅游投资项目对社会文化的影响包括正反两个方面，在专家的分析过程中，一般将其正面影响用正数表示，负面影响用负数来表示，最后看结果是正负来确定此项目投资是否具有良好的社会效益。如果结果为正，则该投资的社会效益良好，属于良性投资；如果结果为负，则要引起重视，进行改造，避免进一步造成更严重的不良社会影响。

3. 旅游投资项目对当地基础设施状况的影响

某些旅游投资项目的建成，在一定程度上改善了项目所在地的基础设施，这些旅游投资项目一般是由各级政府作为投资主体，项目投资的目的不仅仅在于吸引外地的旅游者和获取经济效益，还在于更进一步地调整和完善旅游目的地的基础设施结构。

三、旅游投资的环境效益评价

旅游投资项目对环境的影响也体现在正反两个方面。一个项目的落成，对所在地来说一般都能起到改善环境的正面作用；但是由于此项目也会造成对环境的负面作用，比如投资一个非常受欢迎的旅游项目时，如果过多的游客涌入，超过了当地的环境容量，就会对当地的环境造成很大程度的损害。

对旅游投资的环境效益分析方法和对社会文化影响的分析方法一样，一般由专家小组对正反两方面的影响进行综合分析，得出最后结论，从而避免投资商投资对环境负面影响很大的项目，使整个目的地的环境出现不可逆转的退化，造成不可挽回的损害。

四、旅游投资的综合效益评价

旅游投资的综合效益评价是指对旅游项目的经济效益、社会效益、环境效益进行综合分析，主要过程包括：①列出投资项目各个方面的效益；②根据投资目的地的政策对各个方面效益的重视程度，赋予各效益不同的权值；③加权计算该投资项目的综合效益，并据此分析得出结论。

第六讲
旅游企业战略管理

第一节　旅游企业的环境分析

第二节　旅游企业的战略选择

第三节　旅游企业的战略控制

第一节 旅游企业的战略分析

"战略"是军事术语，是指通过搜集战争中敌我双方在军事、政治、经济、地理等各方面的情况，加以分析、研究，对战争全局及其各个局部的关系做出系统、科学的判断，从而对整个战争及其各个阶段军事力量的准备和运用进行部署。

激烈的市场竞争和企业的管理实践，使得企业经营者不得不从战略上思考和把握企业的经营管理活动，以确定企业发展的长期目标和方针，有效地进行资源配置并形成企业的整体竞争优势。

战略管理有广义和狭义的两种含义。广义的战略管理，是指运用战略对整个企业进行管理；狭义的战略管理，是指对企业战略的制定、实施、评价进行的管理，使组织能够达到其目标的、跨功能决策的艺术与科学。一般来说，战略管理包括战略分析、战略选择和战略实施等三个过程。

一、企业战略分析技术

战略分析是指对影响企业现在和未来生存与发展的关键因素进行分析，并依据这种分析来评估和确定企业未来应该达到的目标。战略分析主要包括对企业外部环境因素的分析，对企业内部条件因素的分析，以及二者相互关系的分析（企业战略综合分析）。如表6-1所示，企业的战略分析是一项理性的技术活动，需要应用一系列的技术工具。

表6-1 企业战略分析工具箱

应用领域	分析工具	分析方法
战略综合分析	SPAE 矩阵分析方法	定性分析
	SWOT 分析法	
	通用矩阵	
	波士顿矩阵	
	价值链（VC）分析模型	定量分析
内部条件分析	问题树分析法	定性分析
	产品生命周期（PLC）模型	
	内部因素评价矩阵（IFE）	定量分析
	经验效益分析法	
外部环境分析	环境不确定性分析法	定性分析
	产业生命周期分析法	
	STEP（PEST）分析法	
	波特五力模型	
	外部因素评价矩阵（EFE）	定量分析
	竞争态势分析法	

1. 问题树分析法

问题树分析法是一种以树状图形系统分析企业存在问题及其相互关系的方法。这种树状图形系统直观地显示了存在的问题和问题之间的因果关系。如图6-1所示，问题树是用于战略分析的实用模型。

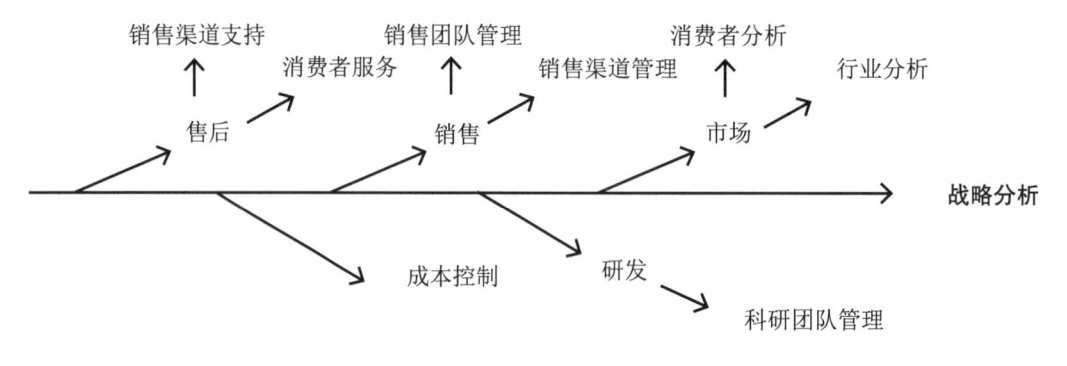

图6-1 问题树实用模型

问题树分析法的实施步骤：寻找战略分析的问题及其范围——确定核心问题和起始问题——寻找导致核心问题和起始问题的原因——确定核心问题或起始问题导致的结果——根据因果关系制作问题树。

应用问题树分析法的注意事项：

第一，问题树的每个分支只能表示一个问题；

第二，所有问题都是现实存在的问题，而非预测或推断出来的问题；

第三，问题所处的位置代表其相互关系，不代表重要程度；

第四，问题要具体可见。

2. 产业生命周期分析法

产业生命周期分析法是将生命周期理论应用于行业分析，判断产业发展阶段和未来趋势的方法。产业生命周期曲线是一种定性的研究行业生命周期的工具，其所反应的是一般情况下的近似假设曲线。企业运用产业生命周期分析法进行战略分析，可以了解企业所处的阶段和未来发展的趋势。

3. SPAE矩阵分析法

罗维等人在1989年提出的战略地位和行动评估矩阵（SPAE）方法是对SWOT方法的改进，它用思维坐标评估资源使用的效率与有效性。SPAE矩阵，每部分都由不同的要素组成，包括环境稳定要素、产业实力要素、竞争优势要素和财务实力要素四个部分。

具体的分析步骤：确定各维坐标的关键要素；分别在这四维坐标上按-6至6进行刻度（产业实力和财务实力坐标上的各个要素按0至6进行刻度，环境稳定和竞争优势坐标按-6至0进行刻度）；根据实际情况对每个要素进行评定；按照各个要素的重要程度加权并求各个坐标的代数和；根据上述结果进行战略组合。图6-2为产业战略地位与企业战略地位组合形成的SPAE矩阵。

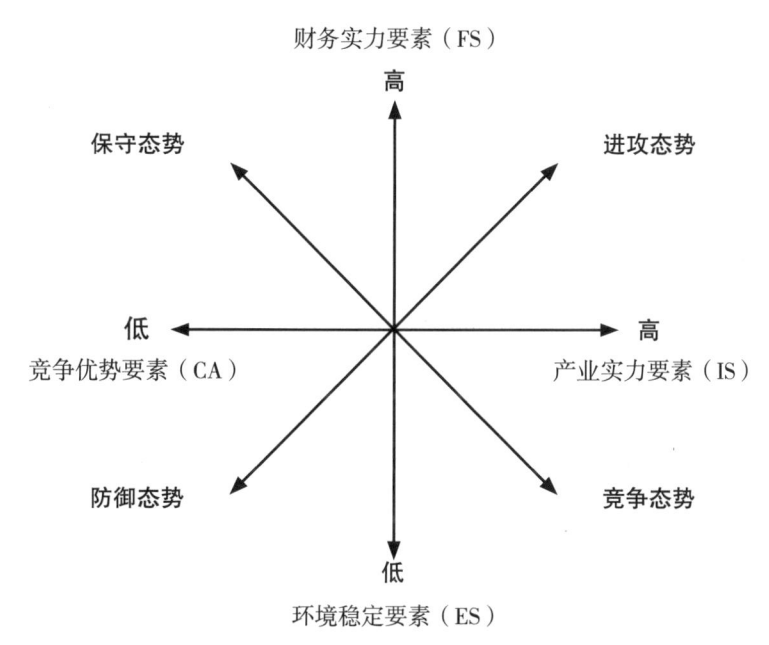

图6-2 战略地位和行动评估矩阵

4.竞争态势分析法

竞争态势矩阵（Competitive Profile Matrix，CPM）用于确认企业的主要竞争对手及相对于对手的战略地位。CPM中的权重和总加权分涉及内外两方面因素。评分表示优势与劣势，4=强，3=次强，2=弱，1=次弱。值得注意的是，CPM中的关键因素较为笼统，不包括具体的数据，可能只集中于内部问题；总得分只反映相对优势，不反映差距大小。此外，由于行业性质不同或者企业性质不同，可以选择其他关键因素进行对比评分，例如，销售增长率、专利数量、生产效率、经验效益和研发能力等。

二、旅游企业外部环境分析

1.企业外部环境因素

企业是社会的经济细胞，是一个开放的系统，它的存在与发展必然与社会的其他系统发生千丝万缕的联系，外部环境对企业的生产经营产生重要的影响。对企业总体外部环境的分析方法可以称为STEP分析法，也称为PEST分析法。

社会、文化、生态环境（Social） 影响企业的社会因素包括人们的信仰、价值观、态度及生活方式；影响企业的生态环境因素包括土地、森林、河流、动植物保护等。随着社会态度的改变，人们对旅游体验的形式和要求也在发生变化；生态环境的变化不仅影响旅游企业的生存与发展，也影响消费者的消费选择。

技术环境（Technological） 为了避免过时和促进创新，企业必须关注对其产生影响的技术变化。与其他环境因素不同，技术环境因素的变化对企业的生产和销售活动有着直接而重大的影响，技术水平的高低决定企业能否在激烈的市场竞争中取得胜利。技术的进步不仅调高了旅游企业的生产和服务水平，也改变着旅游活动的形式和内容。

经济环境（Economic） 对企业来说，经济因素最终表现为社会和个人的消费能力以及地区供给能力。经济因素关心的是企业所处的整体经济的性质和方向。国内生产总值、就业水平、物价水平、消费支出分配规模等经济指标反映的是一个地区社会和个人的消费能力与消费倾向；而产业发展水平、投资水平、基础设施建设等经济指标反映的是地区供给能力。对于企业来说，其战略要考虑的经济因素就是市场和供给。

政治法律环境（Political） 政治法律因素的方向和稳定性都是管理者在进行战略决策时考虑的主要因素。政治法律因素界定了企业运作范围内的法律法规和政策尺度，其目的在于保护劳动者、消费者、公众和生态环境。一些法律法规通常都具有一定的约束性，会减少企业潜在的利润；而另一些政治因素可以使企业获益，这包括保护企业专利的专利法、政府补贴，对于旅游来说，还有政府为整个地区所进行的目的地营销。

2. 企业外部因素评价

外部因素评价（External Factor Evaluation，EFE）矩阵可以帮助管理者评价经济、社会、环境和技术等方面的信息，为企业管理者制定战略提供依据。建立EFE矩阵的五个步骤为：

第一，列举外部因素，包括影响企业的各种机会与威胁，要具体和量化；

第二，为每个因素设置权重，数值范围由0.0（不重要）到1.0（非常重要）；

第三，按照企业现行战略对各关键因素的有效反应程度给各个关键因素进行评分，范围为1.0（反应差）到5.0（反应极好）；

第四，用每个因素的权重乘以评分，得到每个因素的加权分数；

第五，将所有因素的加权分数相加，以得到企业的总加权分数。总加权分数为5.0说明企业在整个产业对现有机会和威胁做出了最出色的反应，而总加权分数为1.0说明公司的战略不能利用外部机会或回避外部威胁。

三、旅游企业内部条件分析

企业战略的制定除了要考虑外部环境因素外，还要考虑企业的内部条件，也就是企业的资源。现在，管理者们经常采用一种方法来理解企业的战略成功，这种成功基于公司对其内部资源的应用程度，即资源基础论。如表6-2所示，资源基础论认为企业有三种基本资源：有形资产、无形资产和组织能力。

表 6-2 企业的三种基本资源

种类	资源	特征	主要指标
有形资产	财务资源	公司信贷和内部资金储备所决定的公司的适应能力和投资能力。	资产负债率、营业性现金流、信用评级
	实物资源	体现公司的生产和服务能力，决定生产或服务的成本。	固定资产市值、工厂规模、固定设备年限
无形资产	技术资源	包括知识产权、专利、版权、商业秘密、研究机构、研究合作、科技队伍。	专利数量和重要程度、专利收入、研发人员和研究设备
	品牌声誉	反映企业在社会中的形象地位，决定企业无形资产的价值。	品牌价值、公司声誉价值、产品或服务的社会评价
组织能力	人力资源	反映企业创造价值的能力和组织能力。	员工素质和适用度、组织结构与人员配置、员工满意程度、营销人员素质
	营销能力	反映企业市场开发能力和产品销售能力。	销售有效性、市场开拓能力

企业内部因素分析的方法大致可以分为两大类：一类是纵向分析，即分析企业的各个方面（职能）的历史沿革，从而发现企业在哪些方面得到了发展和加强，在哪些方面有所退步；另一类是将企业的情况与行业平均水平横向比较分析，发现企业相对于同行的优势和劣势。

四、旅游企业战略综合分析

企业的外部环境分析和内部条件分析都是从某一个侧面反映企业现状的分析，在制定战略时，决策者们需要一个全面、清楚的分析。企业战略综合分析就是统筹企业内外优劣势，综合企业各个因素的一种分析方式。战略综合分析的方法主要有SWOT分析法、波士顿矩阵和通用矩阵。

1. 波士顿矩阵

波士顿矩阵是美国波士顿咨询公司（BCG）在1960年提出来的一种投资组合分析方法。如图6-3所示，这种方法把企业的全部资源和业务组合作为一个整体进行分析，寻找企业资源的最佳分配和产品业务的最佳组合。

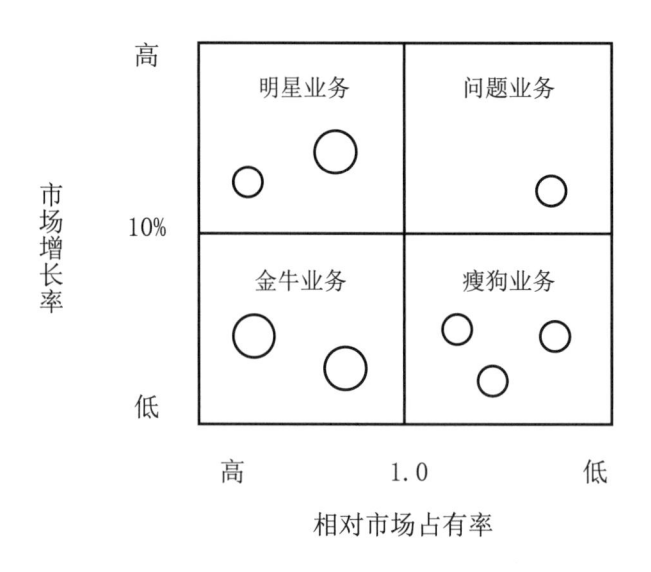

图6-3 波士顿矩阵图

波士顿矩阵利用企业在行业中的相对市场占有率和市场增长率两个维度，将企业业务划分为四个象限，企业的业务和产品按照各个维度的得分标示在矩阵内。

第一象限，高增长率-高占有率的明星业务。明星业务的增长和获利有着极好的长期机会，一般处于业务的发展阶段，是企业未来的业务重点。

第二象限，高增长率-低占有率的问题业务。问题业务的快速增长无疑会给企业带来利润，但过低的市场占有率使得企业缺乏市场控制力。解决问题业务在增长中出现的问题，是该业务获得持续盈利的关键。

第三象限，低增长率-高占有率的金牛业务。这种业务处于成熟的低速增长的市场中，是企业现实盈利的支柱。

第四象限，低增长率-低占有率的瘦狗业务。这种业务处于饱和的市场中，竞争激烈，利润很低，企业应该缩小或退出该业务。

2. 通用矩阵

通用矩阵又称行业吸引力矩阵，是美国通用电气公司设计的一种投资组合分析方法。如图6-4所示，通用矩阵不仅适用于波士顿矩阵所适用的范围，而且九个区域部分的划分，更好地说明了企业中处于不同竞争环境和不同地位的各类业务的状态。

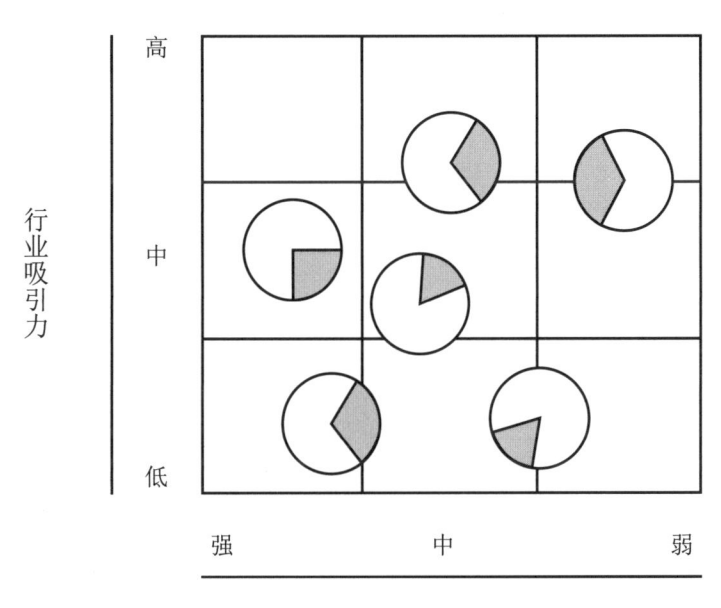

图6-4 通用矩阵图

产业吸引力和竞争地位的值决定着企业某项业务在矩阵中的位置。矩阵中圆圈面积与产业规模成正比,圆圈中扇形(涂黑部分)代表某项业务所占有的市场份额。与波士顿矩阵相比,通用矩阵除了增加了中间等级以外,其行业吸引力和竞争地位两个维度都使用了多个指标的综合分析。影响行业吸引力的有产业增长率、市场价格、市场规模、获利能力、竞争结构和技术及社会政治等因素;影响竞争地位的有相对市场份额、市场增长率、买方增长率、产品差异化、生产能力和管理能力等因素,各种因素进行综合评价得出维度值,并在矩阵中标注业务位置。

从矩阵图九个方格的分布来看,企业中处于左上方三个方格的业务适合采取增长与发展战略,企业应优先分配其资源;处于右下方的业务,一般应采取停止、转移、撤退战略;处于其他三个方格的业务,应采取维持或有选择地发展战略,维持原有的发展战略规模,同时调整其发展方向。

通用矩阵虽然改进了波士顿矩阵过于简单化的不足,但是也存在自身的不足。一是用综合指标来测算产业吸引力和企业的竞争地位,这些指标在一个产业或一个企业的表现可能会不一致,评价结果就会由于指标权数分配的不准确而产生偏差。二是划分较细,这对于业务类型较多的多元化企业来说必要性不大,因为需要的数据太多,方法比较繁杂,不易操作。

第二节 旅游企业的战略选择

战略管理是战略分析、战略选择和战略实施三个部分相互联系而构成的一个循环。在进行了战略内外部环境分析之后，就进入了战略选择阶段。

一、企业总体战略选择

企业的总体战略（grand strategies）为企业战略行动引领基本方向，主要解决企业的经营范围、方向和道路问题，是一种全局性、长远性的谋划，由企业最高层负责制定和组织实施。旅游企业的总体经营战略有：扩张战略、维持战略、紧缩战略及混合战略。

1. 扩张战略

扩张战略是旅游企业积极扩大经营规模，充分发掘和运用企业内部的资源，投资新的事业领域，或通过竞争推动企业之间的联合与兼并，以促进企业不断发展的一种战略。这是一种从战略起点向更高水平、更大规模发动进攻的战略态势。扩张战略要求企业根据所处的外部环境和所拥有的内部资源条件，做出不同的选择。扩张战略通过密集型发展战略、一体化发展战略、多角化发展战略三种战略途径来实现。

密集型发展战略是指企业现有产品与市场尚有发展潜力，于是充分挖掘自身潜力，实现自我发展的战略。一体化发展战略是指企业充分利用自己在产品、技术、市场上的优势，根据物资流动的方向，使企业不断地向深度和广度发展的一种战略。多角化发展战略是指企业增加不同的产品或事业部的战略。

在实施扩张型战略的过程中，旅游企业往往通过内部发展和外部并购，在较短的时间内迅速实现企业的战略目标。从理论上讲，内部发展和外部并购这两种方式适合每一种扩张战略[1]。目前，企业战略联盟是实施扩张战略的新选择。

2. 维持战略

维持战略亦称稳定战略，是企业在一定时期内对产品、技术、市场等方面采取维持现状措施的一种战略。企业既不准备进入新的领域，也不准备扩大经营规模。这一战略的核心是在维持现状的基础上，提高企业现有条件下的经济效益。企业采用这一战略，当然不是维持现状，不思进取，而是在一段维持现状的时期内，积极培育资源优势、积蓄力量、创造发展条件，一旦条件成熟，则可迅速把握，登上新台阶。选择维持战略时必须确保组织稳定、人员稳定、产品稳定、技术稳定。

3. 紧缩战略

紧缩战略是企业经营严重滑坡，或经营状况不佳，在当前一定时期内缩小经营规模、压缩经营事业、取消某些产品的一种战略。企业在经营环境中处于严重不利地位的时候，就会采取这种战略。严重不利的情形包括：宏观经济不景气，通货膨胀，消费者购买力弱；企业经营的产品已从成熟期迈进衰退期，市场需求大幅下降；企业竞争对手强劲，难以抵挡；企业采取大幅度降价这种进攻型战略，虽然获得了很高的市场占有率，但利润很低，固定成本负担过重；寄希望于研究开发来提高地位和获得能力，但企业创新失败；对企业新市场开拓、渗透能力估计过于乐观，企业战略决策上有重大失误，财务上遇到严重赤字。

紧缩战略有三种类型：①转变战略，实施对象是陷入危机境地而又值得挽救的经营事业；②撤退战略，当企业现金流量日趋紧张时，企业从整体战略出发，选择撤退战略；③清理战略，亦称清算战略，企业由于无力清偿债务，出售或转让企业的全部资产，以偿还债务或停止全部经营业务，结束企业的生命。

4. 混合战略

混合战略是指企业交互使用扩张、维持、紧缩三种战略，用不同的战略配合不同环境，或者在不同的时期使用不同的战略。目前，国际和国内的大多旅游企业都采用混合战略。混合战略分为两类：一类是各种战略同时进行，另一类是按战略的先后顺序进行，如先稳定再成长，先成长再稳定，先紧缩再稳定，先成长再紧缩。

一般而言，当企业面对的环境中各组成要素出现了不同的变化，或者企业各事业部的业绩及发展不平衡时，采用混合战略对企业最有利。

二、企业竞争战略选择

当今时代，旅游企业已进入全新的"战略制胜"时代，这意味着旅游企业所面临外部竞争越来越激烈。面对竞争者的挑战，企业已难以用临时的、应急的方法来应付，而必须立足长远发展，站在战略的高度上来谋划抗衡与制胜的途径。特别是当竞争对手以一整套的战略方案与战略行动来谋求竞争优势时，企业就更应该用战略来抗衡战略。竞争战略就是一种直接抗衡竞争者挑战，并获得持久竞争优势的手段和策略。

1. 旅游企业竞争环境分析

美国哈佛大学商学院教授迈克尔·波特在《竞争战略》中从产业组织理论的角度提出了产业结构分析的基本框架——五种竞争力分析。波特认为，在每一个产业中都存在潜在进入者、替代品竞争者、购买者、供应者与现有竞争者的抗衡。如图6-5所示，在一个产业中，这五种力量共同决定产业竞争的强度以及产业利润率，最强的一种或几种力量占据着统治地位，并且从战略形成角度来看，起着关键作用。

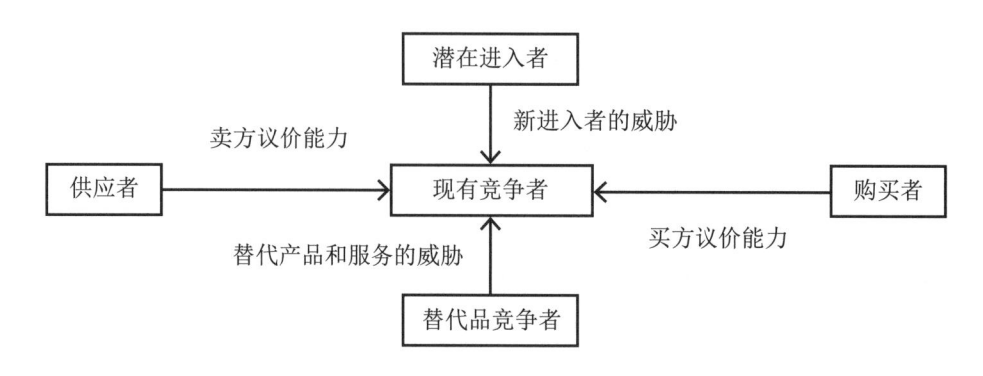

```
                    ┌─────────┐
                    │潜在进入者│
                    └────┬────┘
          卖方议价能力    │ 新进入者的威胁
┌─────┐              ┌───▼────┐              ┌─────┐
│供应者├─────────────►│现有竞争者│◄─────────────┤购买者│
└─────┘              └───▲────┘              └─────┘
          替代产品和服务的威胁│  买方议价能力
                    ┌────┴────┐
                    │替代品竞争者│
                    └─────────┘
```

图6-5 五种竞争力分析图

2. 旅游企业基本竞争战略

旅游企业竞争战略的核心问题就是企业在其产业中的相对定位，定位决定了企业的盈利是高于还是低于产业的平均水平。一个定位得当的企业，即使在产业结构不利、产业的盈利水平不高的情况下，也可以获得较高的收益率。

旅游企业的竞争能力，就是企业通过有效组合可支配的有形资源、无形资源和人力资源等资源，构成能够超越竞争者的能力。要长期维持高于平均水平的经济效益，就必须保持持久的竞争优势，一个企业与其竞争对手相比可能有许多长处和弱点，但它仍可拥有两个最基本的竞争优势，即低成本和别具一格。两种基本的战略优势与企业谋求获得优势的战略目标范围相结合，就可以引导其在产业中创造高水平。

低成本战略是指企业在提供相同的产品或服务时，其成本或费用明显低于主要竞争对手或产业平均水平的竞争战略。在这种战略指导下，旅游企业的目标是要成为其产业中低成本的生产者。一个旅游企业如果能够取得并保持全面的成本领先地位，那么，它只要能使价格等于或接近行业的平均价格水平，就会成为行业中高于平均水平的获利者。当其价格相当于或低于行业水平或竞争对手时，其低成本地位就会转化为高效率。

差异化战略更直接地强调企业与顾客的关系。旅游企业在品种、功能、质量、价格、预订方便程度以及营销手段等方面创造独特的、与竞争者不同的特点，从而形成旅游企业在一定时期内让竞争对手难以取代的竞争优势。

集聚化战略着眼于产业内一个狭小空间，选择产业内一个或一组细分市场，并量体裁衣使其为选定的市场服务而不是为其他细分市场服务。集聚战略使企业把经营重点目标放在某一特定购买集团、某种特殊用途的产品或某一特定地区上，从而很好地为某一特定目标服务。能够比竞争对手提供更为有效的服务是集聚化战略的关键所在。集聚战略有两种不同形式：一种是企业着眼于在其特定目标市场上取得成本优势的成本集聚，另一种是着眼于在其特定目标市场上取得别具一格形象的别具一格集聚。

三种竞争战略的持久性都需要企业的竞争优势能经得起竞争对手的行为或产业发展的考

验，各种竞争战略都包含着不同的风险。

低成本战略的风险主要是由竞争企业的模仿、技术的进步和变化、低成本地位基础的削弱、别具一格地位的丧失、游客兴趣和偏好的转移等因素引起的，导致企业不能紧跟市场变化形势，不利于技术进步和新产品开发。

差异化战略的风险主要是由新产品开发成本大、竞争者模仿迅速、差异化特色限制因素多、旅游者支持程度变化等因素造成的，导致企业难以长久保持排他性和高市场占有率。

集聚化战略的风险主要是由特定细分市场的业务丧失优势、特定细分市场的需求偏好转移、竞争者进入特定细分市场等因素引起的，进而导致实行集聚化战略的旅游企业盈利水平下降，被迫改变竞争战略。

三、企业职能战略选择

职能战略主要涉及企业内部各职能部门，如营销、财务、生产、研发（R&D）、人力资源、信息技术等等，确保更好地配置企业内部资源，为各级战略服务，提高旅游企业的组织效率。

1. 旅游企业目标市场战略

由于潜在消费者人数众多，分布广泛，购买需求差异大，旅游企业不可能满足旅游者的整体需求，必须确认市场中最具吸引力且最能有效提供服务的市场划分，满足一部分人的某种需求。现代企业管理中，把这种企业选定的销售活动的对象称为"目标市场"。现在，已有越来越多的旅游企业把有效的选择目标市场，作为企业制定战略的首要内容。目标市场战略的实施，需要经过三个主要步骤。第一步，市场细分化。按照购买者对产品或营销组合的不同要求，将市场区分为几个明显区别的子市场，企业可运用不同的方法来区划市场。一般而言，能导致和反映旅游市场需求差异的任何因素都可作为旅游市场细分的标准。第二步，选择目标市场。评估及选择所要进入的一个或多个目标市场。第三步，旅游企业目标市场的定位。

2. 旅游企业营销组合战略

市场营销组合中所包含的变量很多，主要是产品、价格、销售渠道和促销等四个因素。旅游企业营销组合策略就是产品策略、定价策略、分销策略和促销策略的整体化和实效化组合，是企业市场营销工作顺利进行的重要保证。社会经济的转型升级与市场竞争的日益激烈使得旅游企业在经营的过程管理中紧紧围绕着旅游者这个中心，积极探索更为有效的市场营销战略理念与策略设计。改善经营方式，针对旅游者需求个性化、情感化的发展趋势，提升旅游企业产品及服务的市场营销效度，已经成为越来越多的旅游企业自身发展的成功轨迹。如图6-6所示，反映了市场营销领域4P—4C—4S的演变趋势[2]。

```
4P  →  4C  →  4S
```

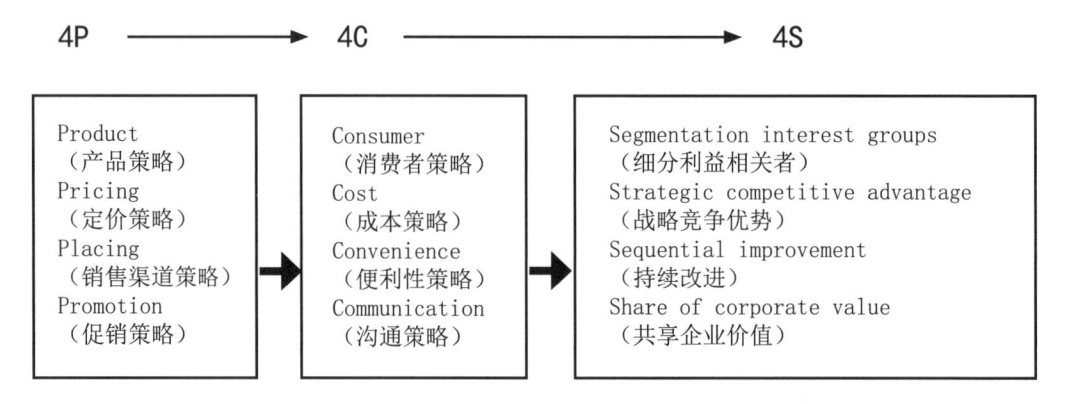

4P	4C	4S
Product（产品策略） Pricing（定价策略） Placing（销售渠道策略） Promotion（促销策略）	Consumer（消费者策略） Cost（成本策略） Convenience（便利性策略） Communication（沟通策略）	Segmentation interest groups（细分利益相关者） Strategic competitive advantage（战略竞争优势） Sequential improvement（持续改进） Share of corporate value（共享企业价值）

图6-6 市场营销焦点的演变趋势

3. 旅游企业形象战略

旅游企业形象是指旅游企业及其行为在社会公众心目中的评价、感受和地位，是旅游企业的表现与特征在公众心目中的综合反映，旅游企业形象往往具有综合性、稳定性和可传递性的特点。旅游企业形象战略是旅游企业经营战略管理一个不可缺少的部分。一般认为，旅游企业形象包括旅游企业的品牌形象、内外环境形象、员工群体形象、技术形象、未来性形象、综合形象等方面。此外，也可以将旅游企业形象归纳为旅游企业内部形象和旅游企业外部形象。

树立和传播企业形象，需要进行企业形象策划，构建企业形象识别系统（Corporate Identify System，CIS）。它是运用视觉设计，将企业的理念与企业文化视觉化、规范化及系统化，运用整体性全传播行销，特别是运用视觉沟通技术，透过传播媒体来增加社会认同的符号系统。CIS战略具有对内提高服务品质和对外传播企业形象的功能。CIS包括企业经营理念（Mind Identity，MI）、企业行为规范（Behavior Identity，BI）、企业形象设计（Visual Identity，VI）三个连续操作的系统和过程。

4. 旅游企业财务战略

财务战略是主要涉及财务性质的战略，属于财务管理的范畴。财务战略主要考虑资金的使用和管理的战略问题，在市场经济条件下，企业财务功能日益重要，企业资金的来源渠道、分配使用、投资方向等方面决定着企业的竞争地位。企业财务战略管理的主要任务就是在充分认识现有资本市场的基础上，根据企业实际状况，选择投资方向，确定融资渠道和方法，调整内部财务结构，保障经营活动对资金的需要，以最佳的资本运作效果来帮助企业实现战略目标。旅游企业财务的中心环节是保持企业价值和创造新的企业价值，即保证国家、企业、个人利益不受损害，实现企业投资者权益的保值增值。企业财务的目标，是企业一切活动的出发点和归宿。旅游企业财务活动的主要内容是筹资、投资和利润分配。

5. 旅游企业人力资源战略

人是企业各种资源中最活跃、最重要、最具能动性的资源。21世纪是数字化生存和信息化革命的知识经济时代,"有教育的人"将成为企业的"第一资源"。只有把人管理好,才能把企业的各种"事"和"物"管理好;只有把"第一资源"经营好了,才能把企业的核心竞争力经营好。任何战略的关键成功因素是确保在适当的时间、适当的地点有可利用的、适当的人力资源。为了发挥人力资源战略的有效作用,人力资源管理应该具有清晰一致的政策并鼓励所有员工为实现企业目标而努力。人力资源策略必须具有灵活性,能够对内外变化做出回应,在约束条件与机遇的框架内发挥作用,为实现企业的整体目标做出贡献。旅游人力资源战略的主要内容是选人(招聘和选拔人才)、育人(培训和培养人才)、用人(人尽其才和职业生涯管理)、留人(绩效评估和激励机制)。

四、不同行业的企业战略选择

旅游业是一个关联性的综合产业,不同的旅游企业应该选择不同的战略。行业性质、发展阶段和国际化水平对旅游企业制定战略非常重要。企业在选择了基本战略之后,还要根据所在行业的特点,考虑如何应对行业对手的竞争,扩大自己的竞争优势。

1. 分散行业中的旅游企业战略

分散行业是指由大量中小型企业组成的行业,如中国的旅行社业、旅游餐饮业、旅游饭店业都属于分散行业。不同的行业有不同的分散原因,总的来说有行业的进入壁垒低或退出壁垒高、导入期行业缺乏规模经济、市场需求的多样化和分散化、企业产品的差异化程度较高等四种原因。处于行业分散中的旅游企业,主要有三种战略选择:

业务集中战略 业务集中战略就是企业结合自身情况,选择行业中适合的业务进行集中和强化,将企业的主要资源投向这些业务,力求在该业务领域实现规模化和集中化,从而获得竞争优势。比如,旅行社可以只选择经营老年团队业务,把老年团队业务专业化特色化,树立企业在老年团队业务中的领导地位。

一体化战略 企业前向一体化或后向一体化可能有助于降低产品的某些成本,增加产品的价值含量,从而有利于在顾客心目中建立良好的信誉。但是由于分散性行业的企业规模较小,实力有限,这种一体化战略必须量力而行。

品牌化战略 品牌化战略有利于增加企业产品或服务的可识别性和竞争优势,同时,也为企业走上连锁扩张的道路建立了价值基础。

2. 集中行业中的旅游企业战略

集中行业中的大多数业务集中在少数几家企业手中,行业处于成长期或者成熟期,如中国的旅游航空业就是典型的集中行业。在集中行业里,处于不同地位的旅游企业有着不同的企业战略:

领导者企业战略 行业的领导实力较强,在行业中占有较大的市场份额,为了延续和扩大领导地位,领导者企业往往采用巩固竞争优势、保护现有市场的维持战略和开拓新市场、研发新产品的进攻战略。

挑战者企业战略　市场挑战者是那些拥有一定实力，有能力向市场领导者发起挑战的企业。市场挑战者往往采用全面业务或局部业务的进攻性战略，当然，有时候这些挑战者也会选择跟随领导者，等待适当的时机再发起进攻的跟随战略。

追随者企业战略　市场追随者是那些不具备创新能力，只能通过模仿、改进别人的产品或服务而取得竞争地位的企业。这些企业会选择市场某些标杆企业实行适当距离的跟随战略。

弱小者企业战略　市场弱小者企业是那些数量较多、市场占有率很低、实力弱小的企业。这些企业由于规模比较小而具有较强的灵活性，可以选择多种可能的战略。比如可以选择市场利基战略、退出战略、联合战略和进攻战略。

3. 新兴行业中的旅游企业战略

新兴行业是指由于人们需求的变化或者科技的进步而刚刚形成、正处于导入发展阶段的行业。在新兴行业中，行业竞争规则还未形成。因此，企业的一个重要的战略取向就是：通过其战略选择，尽力在产品政策、销售方法以及定价等方面确定有利于企业的竞争规则。此外，正确处理行业发展与企业利益之间的矛盾也是一个重要的战略取向。新兴行业的企业在做战略选择的时候，要关注选择进入行业的时机、选择合适的目标市场、选择行业竞争的策略，促使行业结构向有利于企业发展的方向演进。

4. 成熟行业中的旅游企业战略

当行业从快速增加转入稳定增长的时候，行业就进入了成熟期。当行业进入成熟期，就开始进入买方市场，行业盈利能力下降，各个企业开始对职能策略和竞争策略进行重大调整。在成熟行业里，企业通过对各种不同产品或服务的生产规模进行成本分析以确定企业竞争战略的方法是十分有效的。如果企业是小批量生产，则采用产品差异化或集中战略是有利的；如果企业是大批量生产，则企业选择成本领先的战略是有利的。

5. 衰退行业中的旅游企业战略

衰退行业是指那些在产品销售量方面已经经历了一段时间的持续衰减，并预期到这种下降将是一种必然趋势的行业。行业衰退有时是一种客观的、无法挽回的趋势，它是由于技术进步或者需求变化而产生的。当行业进入了衰退阶段，企业可以选择的战略就只有退出该行业了。即使是退出行业，也有不同的退出战略。可以选择的退出战略，主要有以进为退、掩护撤退、收割撤退和迅速撤退。

第三节 旅游企业的战略实施

战略实施就是将制定的战略付诸行动，战略实施要比战略制定工作更具有挑战性。战略实施是一个系统工程，主要包括分析战略实施的影响因素、制定战略实施计划、建立战略实施组织结构、配置战略实施的硬件资源、构建战略实施的软件保障、细化战略实施任务等6个步骤。

一、组织结构的分工与整合

组织结构是组织为实现共同目标而进行的各种分工和协调的系统。它可以平衡企业组织内专业化与整合两个方面的要求，运用集权和分权的手段对企业经营活动进行组织和控制。不同产业、不同生产规模的企业结构是不同的。因此，组织结构的基本构成要素是分工与整合。分工是将企业转化成不同职能及事业部的手段，而整合是将不同的部门结合起来。

1. 分工

将组织中的任务切割成较小的部分以完成组织工作，这个过程就是专业化分工。组织工作经过专业化分工以后，工作的完成是经过片段的组合，每位员工不需要完成整个工作的全部步骤，只需要从事专精的小部分，不必每样工作都精通，这样每位员工都从事最专业的部分，有助于提升工作效率和生产力。一般来讲，专业化程度越高，企业的分工程度就越高。

一般情况下，主要有纵向分工和横向分工。纵向分工是企业的经营分工，涉及管理层次的构成和管理者所管理的人数，在这条线上决定绩效的分配、权力的分配，所以被称之为职权线。横向分工是企业资源的分工，企业所有的资源都在这条线上进行专业分配，保障业务部门能够获得支持，所以被称之为职能线。横向分工最重要的是专业化分工以及专业化水平，同时为了能够确保资源的有效使用，横向分工一定要尽可能简单，能够减少就不增加，能够合并一定合并。

2. 整合

整合是指企业为实现预期的目标而用来协调人员与职能的手段。将工作专业化分工，切割成许多小部分以后，再将之整合，即实行部门化管理。这种职能分组法的主要优点在于把同类专家集中在一起，能够提高工作效率，实现规模经济。

二、战略实施的模式

不同的旅游企业有不同的内部条件和外部环境，所以，不同的企业实施战略的行为、过程和方式也不同，并具有各自的特征，一般说来，企业战略的实施模式主要有指挥型、变革型、合作型、文化型、增长型。如表6-3所示，这五种模式中的任何一种都无法适用于所有的企业。使用哪种模式取决于企业多种经营的程度、发展变化的速度以及当前的文化状况。

表6-3 战略实施的五种模式

模式		适应性特征
指挥型	操作	高度集权，强调领导层的权威，由高层管理者制定战略，下层管理者执行战略。
	核心	高层领导者全面考虑如何达到最佳战略效果。
	优点	统一指挥，严格控制，分工明确。
	缺点	刚性太强，压抑了员工的创新精神，不利于企业的创新。
变革型	操作	企业高层领导通过建立新的组织机构、新的信息系统、变更人事安排以及调整经营范围等措施，并运用有效的激励和控制手段，推进战略实施。
	核心	高层领导考虑如何推动战略的实施。
	优点	有利于调动员工积极性，便于创新，增强企业的应变能力。
	缺点	变革也会带来企业内部系统的不稳定或冲突。
合作型	操作	企业一把手发挥集体智慧，把企业的战略任务分摊到企业高层中的各位领导身上，大家通力合作，积极配合实现战略目标。
	核心	企业一把手考虑如何最大程度利用高层领导人员的能力。
	优点	属于分权模式，任务分摊又汇集了集体智慧，上下配合共同作战。
	缺点	由于业务不同、出发点不同、观点不同等，容易产生冲突和矛盾。
文化型	操作	企业高层领导运用企业文化的手段，不断向全体员工传达、灌输企业的战略思想，以形成共同的价值观和行为准则，保证员工产生最大合力。
	核心	由众多技术和管理人员组成的企业，如高新技术企业。
	优点	打破了战略制定者和实施者的界限，集员工能力和智慧一体。
	缺点	一线操作员工与管理层缺乏沟通；容易形成不务实的工作作风；执行起来耗时长。
增长型	操作	高层领导者通过激励基层管理人员，保证基层单位战略方案的实施，以确保企业总体战略实施及目标实现。
	核心	高层领导者能灵活施展激励方法，充分调用基层的积极性。
	优点	基层的积极性较高，形成上下奋战之势。
	缺点	因为要适当分权，难以把握分权的程度；另外，基层员工意见多样，难以统一。

三、战略实施的保障

企业战略的实施需要一系列保障，包括组织保障、硬件保障和软件保障。

1. 战略实施的组织保障

系统论认为，结构决定功能，所以不同的组织结构实施同一战略会有不同的效果。过去的组织注重企业内部，缺乏交流互动，战略实施由上而下；现在的组织更多地关注外部，灵活互动，战略实施由下而上。组织结构要与战略相符，这是战略实施的组织保证。组织结构有4种选择方法：

一是根据战略环境选择。企业所处的环境可以细分为很稳定、稳定、不太稳定、不稳定、很不稳定五种类型，与环境相对应，组织结构模式选择采用直线型、直线职能型、事业部制、超事业部制、柔性组织和矩阵组织。

二是根据企业战略选择。如果企业采用单一经营战略，可以考虑选择直线职能结构；如果企业采用市场开发战略，可以考虑选择地域性组织结构；如果企业采用一体化战略，可以考虑选择事业部组织结构；如果企业采用多元化战略，可以考虑选择矩阵结构。

三是根据技术特征选择。单件和小批量生产的企业选择直线型组织结构；大批量生产的企业选择直线职能组织结构。

四是根据规模和成长阶段选择。一般而言，创业期采用非正式的组织结构；导入期采用职能型组织结构；成长期和成熟期可以采用比较复杂的事业部组织结构和矩阵式组织结构。

2. 战略实施的硬件保障

硬件保障指的是合理配置和使用物质资源。资源的配置和使用与企业战略之间有着十分密切的关系：一方面，战略决定了资源配置的方向和重点；另一方面，资源配置对战略的实施起保障作用，两者相互联系，相互制约。为了实现战略资源的合理配置与利用，必须对资源的使用进行预算。现代预算方法主要有4种：

规划预算法 规划预算法以业务项目为配置对象，而不是职能部门或业务单位。根据项目所需要的资源总量和使用领域对资源进行配置，目的是有效地完成项目。

零基预算法 零基预算法采用成本-效益分析法对所有项目进行重新排序，优选效益好的项目，优先保证这些项目所需要的资源。

灵活预算法 灵活预算法就是根据市场反应情况，对所需要的原材料、人工和费用制定不同限额，允许费用随产出指标灵活变动。

生命周期预算法 企业的产品或服务在其生命周期的不同阶段对资源的需求量和需要结构是不同的，生命周期预算法根据生命周期的不同阶段配置资源。

3. 战略实施的软件保障

软件保障指的是构建适合企业战略的组织文化。企业战略的实施必然会改变企业内部的利益格局，受到各个利益相关者的阻挠，因此，营造一种适合企业战略实施的软环境是必要的。企业文化能够凝聚团队力量和智慧、激励员工积极性和创造性、规范员工行为和服务工作、引导员工价值取向和集体观念、沟通企业和员工的联系、整合企业内外资源。

四、战略控制的方法

1. 战略控制的概念

战略控制主要是指在企业经营战略的实施过程中,检查企业为达到目标所进行的各项活动的进展情况,评价实施企业战略后的企业绩效,把它与既定的战略目标与绩效标准相比较,发现战略差距,分析产生偏差的原因,纠正偏差,使企业战略的实施更好地与企业当前所处的内外环境、企业目标协调一致,使企业战略得以实现。

2. 战略控制的目的

战略控制主要是为了检验战略的可行性、可靠性和实施性。

3. 战略控制的原则

(1) 适度控制,战略控制要刚柔并用,切忌过度频繁;

(2) 适时控制,战略控制要选择适当的时机进行;

(3) 差别控制,优先控制那些重要活动,特别控制那些例外事件;

(4) 激励机制,将控制的标准与员工的行为考核标准相结合;

(5) 信息反馈,注重对战略实施信息的收集、分析和反馈。

4. 战略控制的过程

战略控制保证企业的实际绩效尽量符合战略计划,为了达到这个重要目标,就要加强战略控制的过程管理。

首先,制定效益标准。战略控制过程的第一个步骤就是评价计划,制定出效益的标准。企业可以根据预期的目标或计划制定出应当实现的战略效益。在这之前,企业需要评价已定的计划,找出企业需要努力的方向,明确实现目标所需要完成的工作任务。

第二,衡量实际效益。主要是判断和衡量实现企业效益的实际条件。管理人员需要收集和处理数据,进行具体的职能控制,并且监测环境变化时所产生的信号。此外,为了更好地衡量实际效益,企业还要制定出具体的衡量方法以及衡量的范围,保证衡量的有效性。

第三,评价实际效益。将实际的效益与计划的效益相比较,确定两者之间的差距,并尽量分析出形成差距的原因。

最后,考虑采取纠正措施或实施权变计划。在生产经营活动中,一旦企业判断出外部环境的机会或威胁可能造成的结果,就要采取相应的纠正或补救措施。当然,如果企业的实际效益与标准效益出现了很大的差距,也应及时采取纠正措施。

5. 战略控制的方法

战略控制系统控制的对象是行为控制和产出控制。行为控制是指直接对人们进行的具体生产经营活动的控制,它基于直接的个人观察。当工作成绩的要求或标准已众所周知而需要用个人观察来提高效率时,通常运用行为控制。产出控制是检查活动成果是否符合战略计划或评价标准的要求而进行的控制。它基于对定量数据,如销售额、财务或生产记录等的测定。在评定大型复杂的企业及这些企业内部主要的下属单位的工作成绩时,常使用产出控制。产出控制可以是一个企业将其工作成绩与其他企业的工作成绩相比较,也可以是比较其内部各下属单位的工作成绩。常用的战略控制方法有:

预算 预算是一种以财务指标或数量指标表示的有关预期成果或要求的文件。一方面预算关系到如何在企业内各单位之间分配资源;另一方面,预算也是企业战略控制的一种方法。预算准备完了以后,企业内部的会计部门就要保有各项开支记录,定期做出报表,表明预算、实际支出以及二者之间的差额。做好报表之后,通常要送到该项预算所涉及的不同层次的负责人手中,由他们分析偏差产生的原因,并采取必要的纠正措施。

审计 审计是客观地获取有关经济活动和事项的论断的论据,通过评价弄清所得论断与标准之间的符合程度,并将结果报知有关方面的过程。审计过程基本上着重于注意一个企业做出的财务论断,以及这些论断是否符合实际。中国执行审计的人员可有两类。一类是独立的审计人员或注册会计师,他们的主要职责是检查委托人的财务报表。不过,他们还执行经济工作,如会计服务、税务会计、管理咨询以及为委托人编制财务报表等。另一类是企业内部审计人员,他们的主要职责是确定企业的方针和程序是否被正确地执行,并保护企业的资产。此外,他们还经常评估企业各单位的效率以及控制系统的效率。

个人现场观察 个人现场观察是指企业的各层管理人员(尤其是高层管理人员)深入到各种生产经营现场,进行直接观察,从中发现问题,并采取相应的解决措施。

平衡计分卡的业绩衡量方法 平衡计分卡表明了企业员工需要什么样的知识技能和系统,分配创新和建立适当的战略优势和效率,使企业能够把特定的价值带给市场,从而最终实现更高的股东价值。平衡计分卡反映了财务与非财务衡量方法之间的平衡,长期目标与短期目标之间的平衡,外部和内部的平衡,结果和过程的平衡,管理业绩和经营业绩的平衡等多个方面。如表6-4所示,平衡计分卡的核心思想就是通过财务、顾客、内部流程、创新与学习四个方面的指标之间相互驱动的因果关系展现组织的战略轨迹,实现绩效考核—绩效改进—战略实施—战略修正的战略目标过程。

表6-4 平衡计分卡的应用

应用角度	不同角度进行衡量的应用实例
财务角度	财务角度中包含了股东的价值。财务角度主要关注股东对企业的看法,以及企业的财务目标。常用的财务业绩指标主要有利润、销售增长率、投资回报率、现金流量和经济增加值等。
顾客角度	客户角度通常包括定义目标市场和扩大关键细分市场的市场份额。常用的顾客指标主要有客户满意度、客户忠诚度、客户获得率和在目标市场上的份额等。
内部流程角度	内部流程角度包括一些驱动目标,它们能够使企业更加专注于客户的满意度,并通过开发新产品和改善客户服务来提高生产力、效率、产品周期与创新。常用的内部流程指标主要有处理过程中的缺陷率、投入产出比率、安排产品批量、原材料整理时间或批量生产准备时间、订单发送准确率、售后保证、保修和退还、账款回收管理。

（续上表）

应用角度	不同角度进行衡量的应用实例
创新与学习角度	平衡计分卡最大的优点就是它能够把创新与学习列为四个角度中的一个。创新与学习角度对任何企业能否成功执行战略都起到举足轻重的作用。常用的内部流程指标主要有职工的满意程度、职工的稳定性、职工的培训和技能、职工的创新性和信息系统的开发能力。

统计分析与专题报告　统计分析报告，就是指运用统计资料和统计分析方法，以独特的表达方法和结构特点，表现所研究事物本质和规律性的一种应用文章。统计分析报告以统计数字为主体，用简洁的文字来分析叙述事物量的方面及其关系，通过一整套科学的统计指标体系和统计方法进行定量分析，进而说明事物的本质。统计分析报告属于应用文体，基本表达方式是叙述事实，让数字说话，在阐述中议论，在议论中分析，在结构上的突出特点是脉络清晰、层次分明。专题报告是根据企业管理人员的要求，指定专人对特定问题进行深入、细致的调查研究，形成包括现状与问题、对策与建议等有关内容的研究报告，以供决策者参考。专题报告有助于企业对具体问题进行控制，有助于企业管理人员开阔战略视野，有助于企业内外的信息沟通，对战略目标的实现、战略时空的选择、战略措施的实施都有很大益处。

注释

[1] 芮明杰, 余光胜. 产业致胜: 产业视角的企业战略 [M]. 杭州: 浙江人民出版社, 1999:68–69.
[2] 董观志, 苏影. 主题公园营运力管理: "六员一体"解决方案 [M]. 北京: 中国旅游出版社, 2005:145.

第七讲
旅游管理的标准化

第一节　标准与旅游业标准化管理
第二节　旅游业的标准化管理体系
第三节　旅游企业的标准化管理体系

第一节 标准与旅游业标准化管理

一、标准与标准化

1. 标准与标准化的含义

标准是对重复性事物和概念所作的统一规定，它以科学技术实践经验的综合成果为基础，经过有关方面协商一致，由主管部门批准，以特定的形式发布，作为共同遵守的准则和依据。为在一定的范围内获得最佳秩序，对实际的或潜在的问题制定共同的和重复使用的规则的活动，称为标准化。它包括制定、发布及实施标准的过程。标准化的重要意义是改进产品、过程和服务的适用性，防止贸易壁垒，促进技术合作。"通过制定、发布和实施标准，达到统一"是标准化的实质；"获得最佳秩序和社会效益"则是标准化的目的[1]。

2. 标准化的基本原理

标准化的基本原理主要包括统一原理、简化原理、协调原理和最优化原理。统一原理就是为了保证事物发展所必需的秩序和效率，对事物的形成、功能或其他特性，确定适合于一定时期和一定条件的一致规范，并使这种一致规范与被取代的对象在功能上达到等效。简化原理就是为了经济有效地满足需要，对标准化对象的结构、形式、规格或其他性能进行筛选提炼，剔除其中多余的、低效能的、可替换的环节，精炼并确定出满足全面需要所必要的高效能的环节，保持整体构成精简合理，使之功能效率最高。协调原理就是为了使标准的整体功能达到最佳，并产生实际效果，必须通过有效的方式协调好系统内外相关因素之间的关系，确定为建立和保持相互一致，适应或平衡关系所必须具备的条件。按照特定的目标，在一定的限制条件下，对标准系统的构成因素及其关系进行选择、设计或调整，使之达到最理想的效果，这样的标准化原理称为最优化原理。

3. 标准的基本分类体系

根据标准化法律法规的要求，按照约束力的不同，标准分为强制性标准、推荐性标准和标准化指导性技术文件三类。在国家标准和行业标准当中，保障人体健康和人身、财产安全的技术要求，其他法律法规规定的通用术语、符号、方法，国家需要控制的重要产品和工程建设标准等，都是强制性标准。此外，按照国际关贸总协定的规定，保护国家安全、防止欺诈行为、保护动植物的健康或安全等方面的标准也应纳入强制性标准的范畴。在强制性标准以外的其他国家标准和行业标准，都是推荐性标准。强制性标准和推荐性标准代号上以后者在首两位标准代码字母后加"/T"区别。强制性标准必须不打折扣地遵照执行，推荐性标准不具备强制性标准的硬性约束力，只是政府鼓励企业采用，但推荐性标准也是先进的科学技术和管理经验的综合成果，代表着社会需求和发展趋势，对有关方面起着引导和指导作用，企业采用最新的推荐性标准将有利于加强内部管理，取得更好的经济社会效益。要注意在一定条件下，推荐性标准也会具有强制性标准的等同约束力。例如，行业主管部门对推荐性标准用行业规章的形式发布通知要求执行，这时该推荐性标准就成为强制性约束的标准。当企业把推荐性标准作为组织生产经营的依据，对外宣传承诺或者注明，该标准对该企业来说也是强制执行的，因为这个推荐性标准已成为检验产品是否合格的直接依据。目前的旅游业国家标准和行业标准都属于推荐性标准，但如果企业决定采纳，也就形成了强制性，不光企业内部管理要按照标准严格执行，政府部门和社会各界也会按照标准去检查监督。

标准化指导性技术文件是为仍处于技术发展过程中（或为变化快的技术领域）的标准化工作提供指南或信息，供科研、设计、生产、使用和管理等有关人员参考使用而制定的标准文件。符合下列情况即可判定为指导性技术文件：一是技术尚在发展中，需要有相应的标准文件引导其发展或具有标准价值，尚不能制定为标准的。二是采用国际标准化组织、国际电工委员会及其他国际组织的技术报告。国务院标准化行政主管部门统一负责指导性技术文件的管理工作，并负责编制计划、组织草拟、统一审批、编号、发布。如图7-1所示，指导性技术文件编号由指导性技术文件代号、顺序号和年号构成。

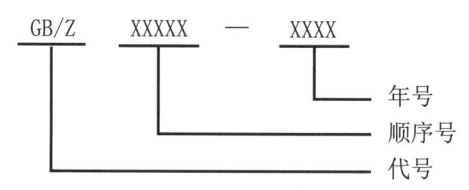

```
GB/Z  XXXXX — XXXX
                │
                ├─ 年号
                ├─ 顺序号
                └─ 代号
```

图7-1 标准化指导性技术文件的编号规则

根据标准的对象和作用，又可以将标准区别为基础标准和一般标准两大类，其中，一般标准又可分为产品标准、基础标准、方法标准、安全标准、卫生标准和环境保护标准等。基础标准是指在一定范围内普遍使用的、有指导意义的标准，在标准体系中起基础的作用。在基础标准以外的其他标准都是一般标准，按照它们的性质，又可以细分为技术标准、管理标准和工作标准三类。标准的基本分类体系如图7-2所示。

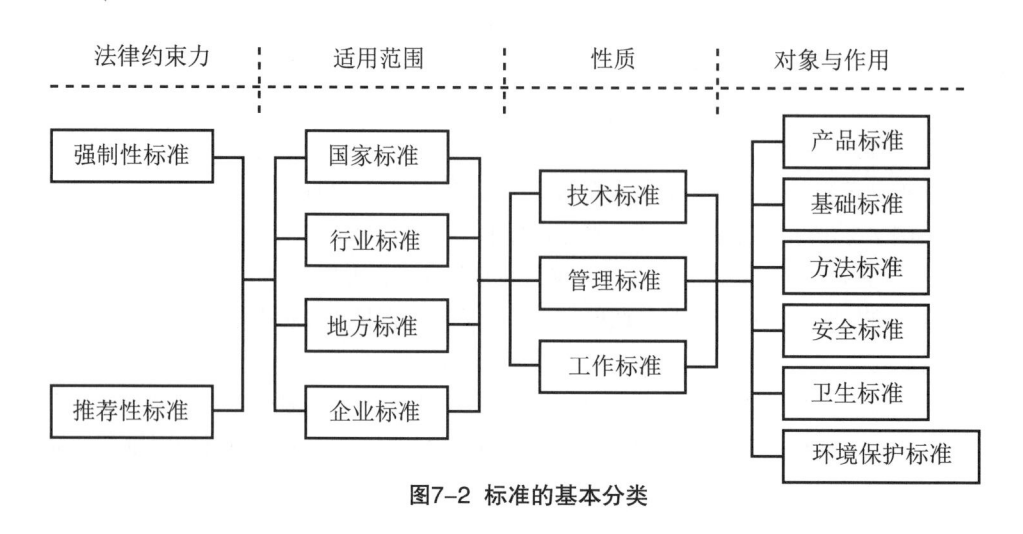

法律约束力	适用范围	性质	对象与作用
强制性标准	国家标准	技术标准	产品标准
	行业标准	管理标准	基础标准
	地方标准	工作标准	方法标准
推荐性标准	企业标准		安全标准
			卫生标准
			环境保护标准

图7-2 标准的基本分类

二、旅游业标准化管理

1. 旅游业标准化管理的内容

旅游业标准化管理是指在标准意识的指导下，在遵循标准化发展规律的基础上，针对旅游产业生产经营的全过程和主导要素，通过规范化的管理制度、统一的岗位服务项目、程序、技术标准以及预期目标的设计与培训，来向旅游产品及服务的消费者提供可追溯和可检验的重复服务的管理活动与过程。旅游业标准化管理植根于旅游业的生产实践，并以改进和提高旅游产品和服务质量，更好地满足旅游者需要为目标。

与国际水平相比，中国旅游服务的标准化任重道远。为顺应世界服务经济发展趋势，国际标准化组织专门颁发了ISO 9004-2质量管理和质量体系要素（Quality Management and Quality System Element），其中第二部分为服务指南（Guidelines for Service），中国国家技术监督局于1995年6月1日正式实施与该标准完全等同的中华人民共和国国家标准GB/T 19004.2《质量管理和质量体系要素　第二部分：服务指南》[2]。

旅游业标准化管理依据的有关标准和规范既来源于实践，又指导和服务于实践。与行政管理、经济管理等其他方面制定的法律和规章不同，标准化管理所依据的这些标准、规范是以相应领域和范围的生产实践和顾客需求为基础，以科学理论和先进思想为指导，确定一定范围的重复性事物和现象的技术准则和技术设计，是一种技术性的要求。这种技术要求由旅游业有关方面的生产和服务遵照执行，可以形成一定的技术效果和产品质量，减少无效劳动和资源浪费，提高劳动生产率和资金效益。从这样的意义上来看，旅游标准化管理既是一种行政管理手段，也是技术管理手段。

随着社会主义市场经济的深入发展，市场经济的规则将促使法规逐步健全，而旅游业行政管理手段会趋于弱化。作为法规和标准化两种主要的管理方式之一，旅游业标准化管理将是旅游行业管理的主导。多年的旅游行业管理工作实践证明，政府主导的旅游行业管理的本质，就是使法规和标准化双轨制管理有效运行，即一方面要加强法规的建设，一方面要推进旅游业的标准化工作[3]。

根据国际公认的准则和标准化法律法规的阐述，严格意义上的"标准"是由标准化组织或者政府部门制定颁布的具有技术法规性质的文件，根据制定发布的组织机构以及适用性的不同，可分为国际标准、国家标准、行业标准、地方标准和企业标准等五类。作为技术法规的这些标准，其文件格式、审查修订、印行发布都有严格的要求，要按照标准化法律法规和专门制定的《标准化工作导则》执行。按照政府部门的职责分工，国家市场监督管理总局是国务院标准化工作行政主管部门，该局标准技术管理司负责有关工作；各行业行政主管部门是行业标准化工作的主管部门，文化和旅游部负责主管旅游业标准化的有关工作并领导旅游行业的标准化管理。地方标准由省级标准化行政主管部门负责制定，报国务院标准化行政主管部门和国务院有关行业主管部门备案，在本省级范围执行。

政府部门制定颁布的关于旅游业的标准可以是国家标准，也可以是行业标准，其区别在于两者的等级。如《旅游涉外饭店星级的划分与评定》《旅游区（点）质量等级的划分与评定》和《导游服务规范》都是国家标准，而《旅游饭店用公共信息图形符号》和《旅行社国内旅游服务质量要求》则是行业标准，分别由原国家质量技术监督局和原国家旅游局批准发布，并分别以汉语拼音字母"GB"和"LB"为标准的代号。根据《中华人民共和国标准化法》的规定，地方标准不光适用范围较小，其范畴也限于国家标准和行业标准还没有规范的某种工业产品的安全和卫生要求方面，所以不存在旅游业的地方标准。

不在标准化法律法规的"标准"范畴，不属于严格意义上的技术法规，但同样是旅游业标准化管理的内容的，还有旅游行政管理部门颁布的一些管理标准、服务规范和旅游企业自己制定的管理手册、操作要求等等。前者如原国家旅游局制定的《中国优秀旅游城市检查标准》和1991年颁布的《旅游行业对客人服务的基本标准（试行）》，分别是全国旅游城市和整个旅游行业的标准化管理的重要依据；后者在不少旅游企业普遍存在，特别是在较多学习和引进国际先进管理方式的旅游宾馆当中，各部门岗位的工作规程都制定得比较详细。虽然这些工作规程并没有被称作企业标准，但在一定意义上具有"标准"的性质：员工必须学习自己岗位的工作规程并遵照执行，同一岗位的服务具有同样的规范，企业对员工的服务按照工作规范实施标准化管理。所以，作为企业生产运作的技术规范和管理规程，有关的管理手册和岗位规范等也可以看作是旅游企业内部的技术法规，是旅游企业开展标准化管理、规范生产秩序和服务质量的依据。

2. 旅游业标准化管理的功能

标准化管理可以规范旅游产品质量，指导旅游供给与消费。服务行业的质量问题经常由于缺乏合适的评价尺度而引起纷争。旅游业制定的有关标准和规范对相关领域明确了质量的要求，提供了衡量和评价旅游服务产品的相应依据。旅游企业可以根据国家和行业标准以及本企业的管理规范实施管理，衡量员工的工作质量；也可以根据有关标准的要求，组织旅游经营，提供相应的服务。另一方面，由于有相关的旅游设施和旅游服务标准作为依据，旅游者在选择旅游产品购买对象和享受旅游服务时有了指南，可以根据自身的需要和能力购买相应类型和级别的产品，在得不到符合规定的服务时也有标准作为投诉依据，通过司法救济，争取保障自己的合法权益。也正是从这一角度，旅游业标准化管理可最大限度地使旅游产品和服务的信息在旅游行为主体之间对称分布。

标准化管理规范旅游经营，是建立正常旅游市场秩序的保障。旅游市场的运行如果没有一定规范，任由经营者随意吆喝，乱打招牌，必然造成经营秩序的混乱，对诚实经营和优质服务的企业和广大消费者造成损害。而标准化管理可以有效地规范旅游企业的经营行为，维护和改善市场经济秩序。例如，文化和旅游部在交通运输部和原国家技术监督局的支持配合下，立足于中国国情并参考有关国际标准，组织制定了内河旅游船星级标准加以实施，迅速规范了长江旅游市场，使不同类型的游船在市场上明确了自身的定位，形成鲜明的质量形象和服务形象，促进了旅游经济的发展。与之类似，由于一段时间里旅游景区、景点没有全面的评价标准，质量等级评判无据可依，各景区景点所做市场宣传不少夸大其词，旅游者有时免不了受骗上当。2000年国家标准《旅游区（点）质量等级的划分与评定》发布实施，明确了旅游区（点）质量等级的详细评判规定，使真正高级别的旅游区（点）树立市场形象获得了依据，也为旅游者的消费选择提供了参考。

标准化管理促进旅游产业与国际的接轨，从而提高产业整体水平。标准化管理是国际经济交流的技术接口。随着经济全球化的发展，各国产品和服务标准的统一是国际贸易得以进一步发展的关键。作为一个涉外产业，旅游业国家标准和行业标准往往都要参照国际通行做法制定，与国际惯例相适应，而旅游企业本身的管理规范和操作要求，也需要借鉴国际先进经验，对有关的科学管理理论、现代科技知识和优秀实践经验加以系统总结。所以，标准化管理对于在旅游业采用国际服务语言、遵循国际惯例、引用国际先进管理方式起到重要作用，得到世界各国游客的欢迎，促进了国际旅游业的发展。相应地，与国际接轨的标准化管理又在相当程度上对规范国内旅游接待和提倡文明旅游行为产生了较大影响，引导了国内旅游整体水平的不断提高。旅游企业通过贯彻和实施标准，改进服务和管理，提高劳动生产率，降低经营运作成本，增加经济效益，进一步确立了企业的市场形象，增强了市场竞争能力。而推广和贯彻实施代表先进科技和管理经验的各项标准，对于推动旅游行业由粗放经营向现代化经营的不断进步，树立行业形象，也起到重要作用，并在不少方面影响了相关的服务行业，带动了服务行业整体水平的提高。

3. 旅游业标准化管理的任务

旅游标准化工作的主要任务是在旅游全行业范围内组织制定有关旅游国家标准和行业标准；贯彻实施标准，并进行监督检查；指导和推动旅游企业开展标准化工作；推动旅游行业标准化各项工作的制度化和规范化建设，提高旅游行业的安全保障能力、质量水平和管理水平。具体分为五大任务：一是贯彻国家关于标准化工作的方针政策；二是适应中国旅游业的发展和旅游市场的需求，积极稳妥地制定标准，建立健全旅游标准化管理体系；三是多层次、全方位地开展标准的宣传贯彻与培训，标准的宣传与贯彻是标准化工作的根本目的所在；四是加强法制建设，促进旅游业标准化管理的实施与监督；五是运用市场机制，多渠道增加旅游业标准化投入，进一步提高旅游业标准的质量。

第二节　旅游业标准化管理体系

一、中国旅游业标准化管理实施体系初步形成

中国旅游行业的管理体系有一个逐步建立的过程。从旅游业管理与标准化的关系来看，可明显分为三个阶段。第一阶段是改革开放后到20世纪80年代末，旅游行业管理主要借助行政法规和措施，其优势是实施进程快、贯彻力度大，但也明显存在"头痛医头，脚痛医脚"的非系统性局限，而且不能够很好地实现与国际接轨，从而特别影响到入境旅游的健康发展。第二阶段是1990年至2013年，旅游行业管理转向依靠行政法规和标准化工作的共同支持阶段，而且旅游业在很大程度上是外向型服务产业，特别需要标准化工作的支持。1989年4月1日起施行的《中华人民共和国标准化法》，促进了旅游标准化工作的全面发展。第三阶段是2013年10月1日实施《中华人民共和国旅游法》以来，旅游业管理提升到有法可依和依法兴旅的阶段，旅游标准化工作进入全面执行法律法规的新阶段。

二、中国旅游业标准化管理实施体系的构成与职责

根据《中华人民共和国标准化法》《中华人民共和国旅游法》《中华人民共和国标准化法实施条例》《全国专业标准化技术委员会管理办法》和《文化和旅游标准化工作管理办法》等有关规定，国家文化和旅游部是全国旅游行业标准化工作的行政主管部门，接受国务院标准化行政主管部门的业务指导，全面负责旅游标准的组织实施和监督检查。各级旅游行政管理部门应当在本行政区域内积极开展旅游标准的宣传和推广，加强对标准实施的监督检查。

1. 国家旅游主管部门的主要职责

（1）组织编制和实施文化和旅游标准化工作相关规划，拟定文化和旅游标准化工作规章制度，推动文化和旅游标准体系建设。

（2）对文化和旅游部管理的全国专业标准化技术委员会业务进行指导、协调和管理。

（3）依据职责指导技术委员会开展推荐性国家标准申请立项、报批等工作，组织强制性国家标准的项目提出、起草、征求意见、技术审查和国家标准复审。

（4）组织开展文化和旅游行业标准的立项、审查、报批、编号、发布、备案、出版、公开和复审等工作。

（5）组织开展文化和旅游标准的宣传和实施情况的监督检查。

（6）参与、协调文化和旅游标准国际化工作。

（7）统筹协调本行业标准化试点示范和跨区域标准化工作。

（8）依据职责推进文化和旅游团体标准工作。

（9）组织开展文化和旅游标准研究、培训等。

（10）归口管理其他文化和旅游标准相关工作。

2. 全国旅游标准化技术委员会的主要职责

按照国家标准化法律法规的要求，根据需要在各行业成立全国性标准化技术委员会，负责本行业标准的有关技术工作。全国旅游业标准化技术委员会作为旅游行业标准化技术归口和解释机构，在旅游标准化管理当中的主要职责是：

（1）研究分析本专业领域标准需求，对文化和旅游标准化工作提出建议。

（2）研究和编制本专业领域标准体系，提出标准计划项目建议。

（3）组织开展国家标准、行业标准的起草、征求意见、技术审查、复审及标准外文版的翻译、审查等工作。

（4）受标准发布部门委托，承担归口标准的协调沟通及咨询答复。

（5）开展本专业领域的标准宣传、培训和标准研究、学术交流活动。

（6）根据工作需要参与本专业领域国际标准工作。

（7）履行技术委员会业务相关重要事项报告程序。

（8）承担国务院标准化行政主管部门、文化和旅游部交办的其他标准工作。

3. 省级旅游主管部门的主要职责

省、自治区、直辖市旅游行政管理部门负责本行政区域内的旅游标准化工作，应当成立相应的旅游标准化组织机构，日常工作由专人负责。其主要职责是：

（1）贯彻国家标准化法律、法规和旅游标准化有关规定，制定本行政区域旅游标准化工作的具体实施办法。

（2）根据国家文化和旅游部部署，制定本行政区域旅游标准化工作规划、计划。

（3）指导旅游地方标准的制修订工作。

（4）指导旅游企业和相关经营单位建立旅游标准化工作机构，开展标准化工作。

（5）组织开展旅游标准的宣贯、培训和实施。

（6）对旅游标准实施情况进行监督检查。

（7）承担国家文化和旅游部委托的其他旅游标准化工作。

4. 旅游企业的标准化管理

旅游企业是旅游业标准化管理的基层单位，在国家标准化管理体系当中的主要职责是：

（1）贯彻执行国家和旅游行业关于标准化的法律、法规及方针、政策。

（2）组织实施有关的旅游业国家标准和行业标准。

（3）制定和实施企业标准，并报送当地政府旅游行政主管部门备案。

（4）开展标准化宣传培训活动，表彰奖励优秀企业标准成果和标准化管理先进个人。

第三节 旅游企业标准化管理体系

旅游行业的标准化管理体系为中国旅游企业管理的标准化提供外部标准化环境和理论参考。旅游企业在旅游业标准化管理体系的指导下，适应市场发展的需求，根据企业自身的情况也制定和实施了旅游企业标准化管理体系。

当前，中国旅游业发展已经进入了新的历史时期，旅游企业正处于一种变化迅速（Change）、竞争激烈（Competition）、个性多样化（Consumer）的营商环境中，简称为3C环境。旅游企业要发展壮大，企业内部的标准化管理必不可少。一方面，标准化管理使企业连锁扩张具备基本的模式；另一方面，标准化管理使旅游企业的服务质量得到保证。企业进行标准化管理大致经历建立—培训—试运行—改进与评价—正式运行等五个阶段。

一、标准化管理体系的建立

建立标准化管理体系是旅游企业管理的一项战略性决策，决策的正确与否决定了企业未来的发展成败。旅游企业在建立标准化管理体系时，要考虑三个维度的要素。①企业自身状况。企业自身状况是指企业自身运营的情况和所具有的资源。要进行标准化管理，旅游企业应该能够稳定地提供符合法律法规要求和满足顾客需要的产品和服务。如果旅游企业自身提供的服务无法实现程序化和标准化，产品和服务的生产时有时无，那么企业进行标准化管理就可能起不到应有的作用。②企业环境状况。企业的环境状况主要关注行业的发展趋势和同业竞争的态势。如果行业发展呈现连锁扩张、合作经营的态势，标准化管理可以使旅游企业具备连锁扩张的管理基础。③企业市场状况。企业市场状况就是旅游企业标准化所带来的顾客反应。旅游产品的消费者在要求产品标准化的同时，也追求产品的个性化，因此，旅游企业标准化管理体系的建立必须要考虑消费者的这种心理，在标准化和个性化之间取得平衡点。旅游企业必须能够通过标准化管理体系的实施，达到提高顾客满意度的目的。通过对以上三个要素状况的评价与分析，旅游企业的管理者可以对是否建立标准化管理体系进行决策。

当完成决策之后，旅游企业就进入了标准化管理体系的设计和编制阶段。

如图7-3所示，旅游企业标准化体系的设计可以通过多方参与来进行。在旅游企业标准化管理体系设计的过程中尤其要注重员工的参与，因为员工是企业标准化管理体系的直接执行者。强调员工参与，一方面可以提高标准化管理的可操作性，另一方面可以提高标准化管理体系的员工认同感。

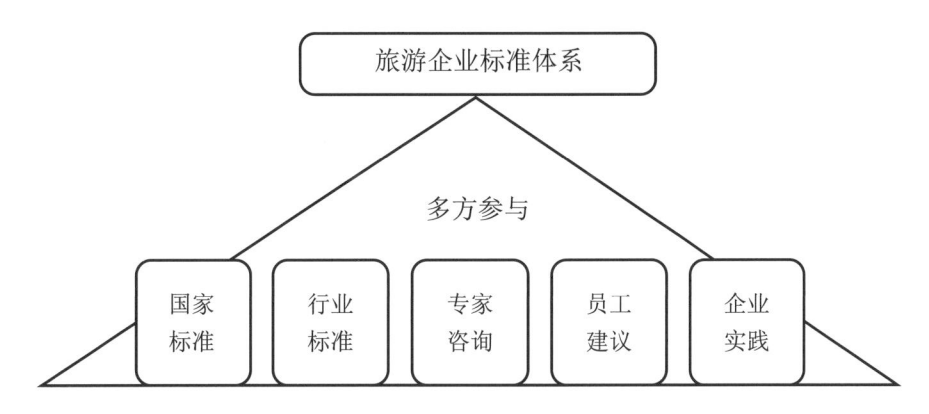

图7-3 多方参与设计旅游企业标准化体系

旅游企业标准化管理体系是一种微观应用性的标准化体系，与旅游业标准化管理体系提供宏观指导控制和法规要求的功能不同，它要求标准化管理体系要具有操作性。旅游企业标准化管理体系除了要规定具体流程的执行团队或个体、标准执行的责任和权限外，还要规定流程完成的细节、所要达到的效果、完成的时间等。比如，酒店标准化管理体系就包含品牌标准化管理、前厅部标准化管理、客房部标准化管理、餐饮部标准化管理、保卫部标准化管理、人事部标准化管理、市场营销标准化管理、客户关系标准化管理、酒店信息标准化管理、财务部标准化管理、商场部标准化管理、康乐部标准化管理等子系统。

二、标准化管理体系的培训

1. 策划和建立阶段的培训

在这一阶段的培训要注重对管理层的培训，让管理层了解标准化的程序和原则等基础性的知识，同时提高全体员工对于企业所要进行的标准化建设的认识。

接受培训的人员包括最高层管理者及其助手，部门管理者代表及标准执行班子成员，基层管理人员，参与标准化管理体系编制和审核的人员，外聘的相关专家和人员。

培训的基本内容为国际标准化管理体系，国家相关标准和法律法规，行业标准和规定，同行业竞争者的标准化管理体系，企业对标准化管理体系建设的要求。

2. 运行和改进阶段的培训

由于建立起来的标准化管理体系是一个复杂而庞大的体系，要求每一位员工学习全部内容是不现实的，也是事倍功半的。此阶段的培训应注重专业化和细致化，针对不同层级的管理者和员工要有相应的培训内容。

三、标准化管理体系的试运行

任何体系的建立和完善都要经过"运行—改进—运行—再改进"这一持续改进的循环过程。试运行的目的在于识别和改进体系中存在的问题，确保按标准和质量管理体系文件的要求运作，并对标准化管理体系文件自身的适宜性进行识别和改进。旅游企业标准化管理体系的试运行一般经历以下步骤：

管理者审查 标准化管理体系建立完成之后，应该由旅游企业的管理者对体系文件进行全面审查，做到4个确认：①确认体系的标准化是否具有科学性和操作性；②确认体系的标准化是否包含全部内容；③确认标准化体系是否符合企业自身情况；④确认标准化体系是否建立了相应的审查程序。

体系实验 标准化管理体系的运行对于企业来说是一次巨大的变革，所以管理者要格外地慎重。在标准化管理体系全面运行之前，企业可以选择合适的部门或者岗位对标准化管理体系的相关内容进行实验，对实验的结果进行分析和研究，发现问题及时改进，同时对其他部门或岗位的类似问题也进行研究改进。

体系培训 体系实验的完成，标志着企业标准化管理体系初步建立。为了使标准化管理体系能够在企业全面实施，企业要对全体员工进行宣传和培训，让员工了解自己在体系中的职责和权利。

试运行与改进 以上工作完成之后即可进行标准化管理体系的试运行，在全面的实践中对体系的可行性和有效性进行检验和评估。评估的结果要能够满足顾客的要求，符合企业的实际情况，达到预期的效果。与此同时，将试运行中出现的问题进行收集、分析，查找原因并提出改进意见，进而整改，完善体系。

四、标准化管理体系的评价与改进

试运行是一种全面的实验，其结果是企业高层管理者决定是否全面运行标准化管理体系的依据。标准化管理体系的评价包括三个方面：部门审核、管理评审、体系审核。

部门审核 旅游企业在运行一段时间（一般为一个月）之后，各个部门对部门的标准化管理体系进行审核，重点关注试运行以来系统的改进内容和整体效果，对试运行的结果做一个部门内的系统评价，提出部门意见和建议。

管理评审 管理评审是企业高层管理和部门管理者共同研究各部门提交的意见和建议，评价试运行以来整个企业的绩效。需要指出的是，管理评审应该周期性（一年或者半年）进行，对企业标准化管理体系进行修正。

体系审核 企业标准化管理体系自身就具有审核程序，它用于评价具体岗位和部门的绩效，这些绩效数据的综合就是整个试运行的成绩单。

五、标准化管理体系的正式运行

试运行的成功说明了系统的有效性,旅游企业可以对标准化管理体系进行正式运行了。但是标准化管理体系的正式运行并不代表体系改进活动的结束。旅游企业的标准化管理体系是一个持续改进的动态体系,要随着企业环境、管理技术、市场需求的变化做相应改进。

注释

[1] 中国标准化信息网:http://www.sac.gov.cn/
[2] 吴必虎.区域旅游规划原理[M].北京:中国旅游出版社,2001:412.
[3] 何力,郑旭,李泽华.大力推进旅游标准化工作,迎接入世挑战——旅游标准化工现状、面临挑战及对策[J].中国标准化,2002(2):6-7.

第八讲
旅游管理的信息化

第一节　信息技术与旅游信息化管理

第二节　旅游业信息化的实现技术

第三节　旅游业信息化的系统管理

第一节　信息技术与旅游信息化管理

当今世界已经进入信息化时代，旅游业如何跟上信息时代的步伐，加快智慧化管理进程，实现效益最大化，是一个十分紧迫的课题。

一、信息与信息技术

1. 信息

"信息"这一术语在信息化不断发展的今天已经成为一个经常使用的名词，但在哲学、信息论、系统论、控制论、通信技术、计算机科学及信息系统等不同的学科分支里，信息的描述和定义并不尽相同。

"信息"一词在英文中拼写为"information"，日文中为"情报"，中国台湾称之为"资讯"，中国古代用的是"消息"。最早，"信息"作为科学术语出现在哈特莱（R.V.L. Hartley）于1928年撰写的《信息传输》一文中。1948年，数学家香农（Claude E. Shannon）在题为《通信的数学理论》的论文中指出"信息是用来消除随机不定性的东西"，这一定义被看作是经典性定义，被人们广泛引用。控制论创始人诺伯特·维纳（Norbert Wiener）指出"信息是人们在适应外部世界，并使这种适应反作用于外部世界的过程中，同外部世界进行互相交换的内容和名称"，这一定义也被作为经典性定义，并被广泛传播。经济管理学提出"信息是提供决策的有效数据"。之后，许多研究者结合自己的研究领域给出了不同的定义。

信息是指音讯、消息、通信系统传输和处理的对象，泛指人类社会传播的一切内容。人通过获得、识别自然界和社会的不同信息来区别不同事物，得以认识和改造世界。在一切通信和控制系统中，信息是一种普遍联系的形式。创建一切宇宙万物的最基本单位是信息。

一般来说，信息是事物的再现，是人们所感知的客观事物的运动形式及变化方式。从信息技术处理的角度来看，信息则是客观事物属性的数据集合。

世界万物都在不断运动，运动状态和运动方式多种多样，但事物的各种变化要被人类所感知，必须具备一定的图像、声音、气味。为了解决对事物实时运动感知的传递和储存问题，人们创造了文字符号，将感知到的信息有效地保存下来，成为社会生产和科学研究的资料。对这些资料去伪存真、去粗取精以后，就获得一定的知识。虽然信息的含义包括客观事物直接发出的信息以及人类对事物的直接感知，但在许多场合下所讲的信息往往只涉及已被感知的记录，这和事物变化新近记录的消息与资料、知识一起，被称为信息的三种类型。

在管理工作中，信息是客观事物属性的反应，具有一定的含义，经过加工处理后能够获得对决策有价值的数据集合。

2. 信息技术

图像、声音实际上是视频和音频的不同表现，是信息的动态形式，而文字、符号和图形是信息的静态形式。这些可被人类感知的信息存在形式统称为信息的媒体（medium），而用来承载信息媒体的物质称为载体。计算机科学技术按照一定的编码规则，将动态和静态的信息转换为数码让计算机进行各种处理，再输出成文字、图形、图像和声音等多种媒体使人们得以感知，承载这些多媒体信息的载体也就从原来只能用笔记录信息时最常用的纸张发展为磁盘、光盘等多种形式。由于通信技术的发展，计算机处理的信息可以通过信息网络互相交换，甚至全球传递。有关信息获取的技术也有很大进步。综合各个方面的描述，现代信息技术（Information Technology，IT）是计算机和通信技术结合，对文字、数值、图形、图像、声音和各种传感信号的信息获取、加工、存储、变换、显示和传输的技术的总称。

"技术"这一概念的含义就是人们用来扩展人类各种器官功能的具体方法和手段。由于现代信息技术的飞速进步，人们获取和处理信息的能力显著地增强。将信息技术运用到管理领域，扩展人们的器官功能来处理有关的信息，取代大量手工操作，显然顺理成章。

二、信息化

20世纪末期以来，信息化是中文中使用频率非常高的概念之一，信息化以现代通信、网络、数据库技术为基础，把研究对象各要素汇总至数据库，供特定人群生活、工作、学习、辅助决策等等，是和人类息息相关的各种行为相结合的一种技术，这种技术的使用极大地提高了各种行为的效率，从而推动人类社会的快速进步。"信息化"用作名词，通常指现代信息技术应用，特别是促成应用对象或企业或社会等领域发生转变的过程。"信息化"用作形容词时，常指对象或领域因信息技术的深入应用所达成的新形态或新状态。

2006年5月，中共中央办公厅、国务院办公厅印发了《2006—2020年国家信息化发展战略》，该文提出信息化是当今世界发展的大趋势，是推动经济社会变革的重要力量。大力推进信息化，是覆盖中国现代化建设全局的战略举措，是贯彻落实科学发展观、全面建设小康社会、构建社会主义和谐社会和建设创新型国家的迫切需要和必然选择。明确界定了"信息化"的中文概念，信息化是充分利用信息技术，开发利用信息资源，促进信息交流和知识共享，提高经济增长质量，推动经济社会发展转型的历史进程。把中国到2020年信息化发展的战略目标确定为综合信息基础设施基本普及，信息技术自主创新能力显著增强，信息产业结构全面优化，国家信息安全保障水平大幅提高，国民经济和社会信息化取得明显成效，新型工业化发展模式初步确立，国家信息化发展的制度环境和政策体系基本完善，国民信息技术应用能力显著提高，为迈向信息社会奠定坚实基础。中国部署了信息化发展的九个战略重点：一是推进国民经济信息化，二是推行电子政务，三是建设先进网络文化，四是推进社会信息化，五是完善综合信息基础设施，六是加强信息资源的开发利用，七是提高信息产业竞争力，八是建设国家信息安全保障体系，九是提高国民信息技术应用能力，造就信息化人才队伍。

近年来，广泛应用、高度渗透的信息技术正孕育着新的重大突破。信息资源日益成为重要的生产要素、无形资产和社会财富。信息网络更加普及并日趋融合。信息化与经济全球化相互交织，推动着全球产业分工深化和经济结构调整，重塑着全球经济竞争格局。加快信息化发展，已经成为世界各国的共同选择。

三、旅游信息化

1. 旅游信息源

旅游信息源是旅游信息的发送源和传播的载体。它是旅游者获取信息的途径。旅游信息源可以是任何含有旅游信息的负载体。

恩格尔（James F. Engel）、布莱克威尔（Roger D. Blackwell）与米纳德（Paul W. Miniard）（1995）将旅游信息源分为商业或非商业信息源以及个人或非个人形式的信息源。结合现阶段中国旅游产业发展的实际情况，可以做出如图8-1所示的矩阵匹配关系。

	信息源种类	
	非个人的	个人的旅游
商业的	报纸、杂志旅游信息源 电视、广播旅游信息源 网络旅游信息源 各种形式的实物旅游信息源	旅游俱乐部 汽车俱乐部 旅行社 专业旅游信息咨询
非商业的	地方旅游信息中心 国家旅游信息中心	亲属与朋友 个人经验

（信息源种类）

图8-1 旅游信息源种类的矩阵匹配关系

2. 旅游信息化

旅游信息化是旅游业利用信息技术、数字技术和网络技术转变运行方式、优化产业结构与提升竞争力的行动举措和系统过程。旅游企业信息化、旅游服务信息化、旅游网络营销、旅游电子商务、旅游电子政务等五个方面构成了旅游信息化的整体框架。旅游企业信息化主要是旅游相关企业通过建设信息网络和信息系统，调整和重组企业组织结构与运营模式，提高企业的核心竞争力。旅游服务信息化主要是旅游业利用现代信息传播工具将旅游供给信息传达到终端旅游消费者，满足旅游者在旅游活动各个环节中的信息需要，促进旅游业的有效供给和旅游者的有序消费。旅游网络营销主要是旅游业顺应信息化改变旅游消费的时代大趋势，通过互联网营销旅游产品和旅游服务，叠加在线旅游与线下旅游的竞争优势。旅游电子商务主要是利用现代信息技术手段宣传旅游目的地和旅游企业，促销旅游产品和旅游服务，加强旅游市场主体之间的信息交流和沟通，提高旅游市场运行效率和服务质量。旅游电子政务主要是旅游目的地政府部门构建上传下达内部信息与对外发布公共信息的业务数据库和网络平台，实现"突出政务特点、体现政府主导、丰富旅游资讯、强化便民服务"的业务处理和信息服务。

旅游业作为国民经济的重要产业部门，其信息化建设与管理是中国信息化体系中不可或缺的组成部分。旅游业信息化是信息技术向旅游业深层次渗透，推动旅游产业发展的过程[1]。旅游信息化管理包含旅游信息资源管理、旅游管理信息系统、旅游业信息化的实现技术、信息化人力资源管理和信息化政策法规建设五大要素。

四、旅游数字化管理

1. 数字技术

数字技术是一项与电子计算机相伴相生的科学技术，是指借助一定的设备将各种信息（包括图、文、声、像等）转化为电子计算机能识别的二进制数字0和1后进行运算、加工、存储、传送、传播、还原的技术。由于在运算、存储等环节中要借助计算机对信息进行编码、压缩、解码等，因此也称为数码技术、计算、数字控制技术等。

数字技术可以追溯到17世纪的数字计算器。1642年，法国数学家帕斯卡（Blaise Pascal）设计的一台能自动进位的加减法计算装置，被称为世界上第一台数字计算器，为以后的计算机设计提供了基本原理。1671年，德国数学家莱布尼茨（Gottfried Wilhelm Leibniz）发明了可以进行乘法和除法计算的机器。19世纪，英国数学家巴贝奇（Charles Babbages）制造了一台用于计算航行时间表的自动计算机器，这台机器被公认为现代计算机的先驱。1847年，英国数学家布尔（Gorge Boole）发明了一个处理数字的二进制符号的逻辑数学计算法，它是现代数字逻辑设计的核心。在图形处理操作中引用这种逻辑运算方法，可以把基本图形组合产生新的图形。1930年代，美国贝尔实验室的香农继承布尔的早期工作，提出了用于数字逻辑设计的现代交换代数，实现了电话交换的自动化。1946年，世界第一台电子计算机ENIAC诞生于美国的宾夕法尼亚大学，约翰·冯·诺伊曼（John von Neumann）首次提出存储程序概念，将数据和程序一起放在存储器，使编程更加方便。这标志着人类创造了可增强和部分替代脑力劳动的工具。它与人类在农业、工业社会创造的只增强体力劳动的工具相比，已经发生了质的飞跃，让人类进入了信息社会。

2. 数字时代

随着电子学的发展，数字系统以惊人的速度发生着迭代创新。第一代（1946—1957年）是电子计算机，它的基本电子元件是电子管，内存储器采用水银延迟线，外存储器主要采用磁鼓、纸带、卡片、磁带等。第二代（1958—1970年）是晶体管计算机。1948年，美国贝尔实验室发明了晶体管，10年后晶体管取代了计算机中的电子管，诞生了晶体管计算机。第三代（1963—1970年）是集成电路计算机。随着半导体技术的发展，1958年夏，美国德克萨斯公司制成了第一个半导体集成电路，推动了数字逻辑和计算机的发展。第四代（1971—2016年）是大规模集成电路计算机。1970年代初，英特尔设计出第一个微处理器，电子计算机发展进入了第四代。2000年，奔腾4（Pentium 4）拥有大约4000万个晶体管，随后出现英特尔（INTEL）的酷睿i7四核处理器已经达到7.31亿个晶体管。接入技术、芯片技术、嵌入式操作系统、中间件技术、应用软件、工具软件、信息资源建设以及服务不断创新，新一代电子系统设计师可以制造一系列的数控产品，帮助人们进行生产过程控制、远程通信、远程诊断、文化娱乐、太空奥秘探索和天气预测。第五代（2017年至今）是量子计算机。量子计算机是一种全新的基于量子理论的计算机，是遵循量子力学规律进行高速数学和逻辑运算、存储及处理量子信息的物理装置。量子计算机的概念源于对可逆计算机的研究。量子计算机应用的是量子比特，可以同时处在多个状态，而不像传统计算机那样只能处于0或1的二进制状态。2017年5月3日，中国科学技术大学潘建伟教授宣布，在光学体系，其研究团队在2016年首次实现十光子纠缠操纵的基础上，利用高品质量子点单光子源构建了世界首台超越早期经典计算机的单光子量子计算机。2017年12月，德国康斯坦茨大学与美国普林斯顿大学及马里兰大学的物理学家合作，开发出了一种基于硅双量子位系统的稳定的量子门。仿真的广泛应用正在成为数字化设计技术发展的主要趋势。

3. 数字旅游

数字旅游的概念来自数字地球，数字旅游也是数字地球的重要组成部分。数字旅游是整个旅游活动过程中的数字化和网络化，属于旅游信息化的一个重要领域。数字旅游以3S技术（RS、GIS、GPS）、分布式计算技术、三维可视化技术、虚拟现实技术、数据库技术、数据挖掘和数据融合技术、宽带网络技术、通信技术、云计算技术、SOA（服务导向框架）等技术作为支撑。数字旅游体系是一项系统工程，信息处理是对数字旅游体系中各种应用功能的实现。其输入的是各种旅游信息，包括空间信息和非空间信息，输出的是数字旅游体系提供的所有服务。

数字旅游体系的建设核心主要是旅游应用信息系统工程，包括旅游非空间信息管理系统与旅游空间信息管理系统的建设，具体由系统管理模块、旅游信息管理系统、旅游信息网络发布系统、旅游目的地信息咨询系统、三维虚拟旅游系统、旅游管理与规划信息系统、旅游灾难预警系统等若干子系统组成。数字旅游运用音视频资料、电子地图、手机彩信等技术，让游客不出门就可以了解景点资源信息，进行行程价格比较、线路比较。游客想逛景区时，只要通过手机"移动电子旅游平台"购买电子门票,在景区门口的"电子眼"上一扫描,便可轻松进入景区。数字旅游以手机短信、彩信、说客、手机电视、手机视频、手机充值卡、手机报等信息化手段全面整合旅游资源亮点的同时,通过推广"电子门票""电子导游系统"等信息化业务。让景区预订更便捷、管理更高效低碳,极大推动旅游产业跨越式发展。

4. 旅游数字化

旅游是一种自发自愿的、具有消费性质的活动,具有天然的市场经济的个性。于是,在国际服务贸易壁垒逐渐削减的形势下,旅游市场的"国内竞争国际化,国际竞争国内化"特点已经越来越明显。这就要求旅游业切实开展旅游市场调研,努力把握旅游者不断变化的旅游需求,并且针对市场需求开发旅游资源和设计旅游产品。而通畅的旅游信息网络和旅游信息服务体系,可以起到沟通旅游者与旅游企业,消弭两者之间的信息不对称,以及帮助科学决策的功能;从宏观上讲,旅游业的信息化建设与管理,将增强旅游市场运转的灵活性,有力支持宏观规制的基础性调节。旅游产业具有多种鲜明的特点:跨行业(异质性)、跨地区(异地性)、时间连续和空间离散(网络性)、想象推销(无形性)、动态不稳定(实时性)、敏感性、产地消费性以及高关联协作性等[2]。这在本质上便导出了旅游业的信息密集型与信息依托型的产业特性。互联网的交互性、实时性、丰富性和便捷性优势促使旅游消费和旅游供给迅速融入数字化的网络时代。

数字旅游归根到底就是提供旅游信息服务。数字旅游体系的服务对象主要包括政府主管部门、旅游企业、旅游者以及旅游专业的学生。一是为政府主管部门提供决策依据,提高政府的工作效率;二是为旅游企业提供及时的旅游信息,为企业的市场营销、线路设计提供技术上的支持;三是为旅游者个人提供旅游地的与旅游有关的各种旅游信息和预订服务,利用虚拟现实技术让旅游者提前体验,根据旅游者的喜好为旅游者量身定制的旅游产品和旅游服务;四是为旅游专业的学生提供虚拟的实习环境,为旅游教学服务。数据库技术、计算机网络技术和信息共享技术的发展,使旅游数字化管理获得了更大的突破。

第二节 旅游业信息化的实现技术

随着以信息技术为核心的高新技术被广泛应用，现代旅游业在旅游开发、旅游管理、旅游营销、旅游交通、旅游服务以及旅游教育等方面获得了快速发展的战略机遇。互联网、物联网、网际销售、网络预定、在线旅游、多媒体旅游、无票旅游、虚拟旅游、虚拟现实、电子地图、卫星导游、旅游信息系统、高科技主题公园等旅游新业态从概念走向了现实，丰富了旅游者的旅游体验，提高了旅游业的服务质量、工作效率和经济效益。如图8-2所示，以信息技术为核心的高新技术已经成为旅游产业优胜劣汰的关键，成为强化国际旅游市场竞争力的重要手段。

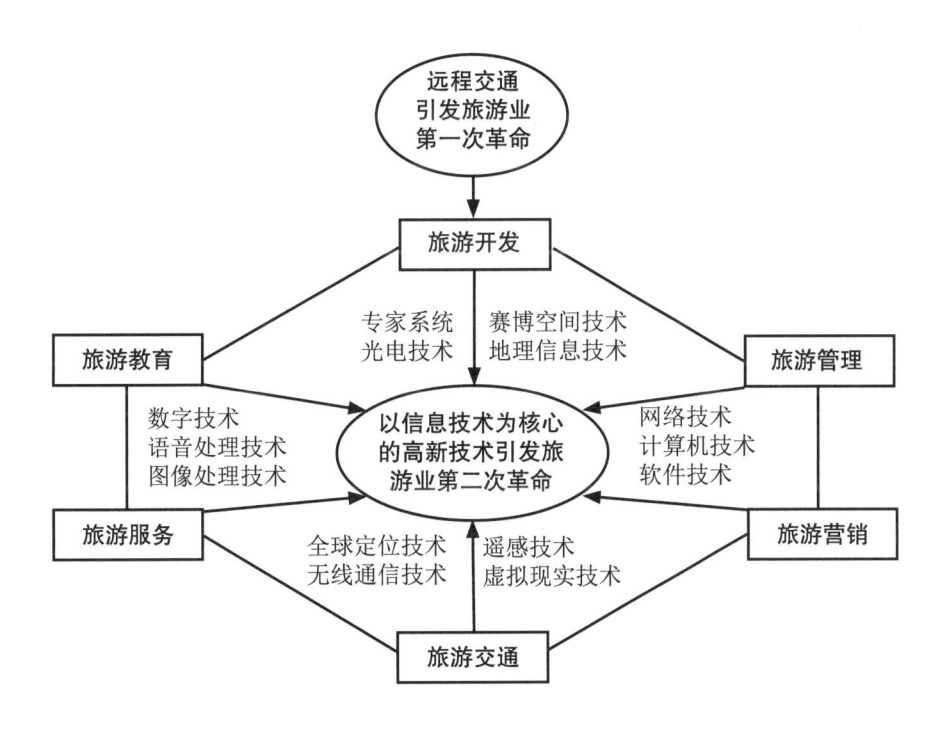

图8-2 旅游业的信息化实现技术

旅游业信息化管理要依托各种现代信息技术。由于信息技术的集成创新，各种新技术层出不穷，这里只择要介绍几种应用技术，以便直观了解旅游业信息化管理的实现技术路径。

一、赛博空间技术

1. 赛博空间技术简介[3]

赛博空间，对应英文单词为cyberspace，目前尚未有一个明确的定义；据本尼迪克特（Michael Benedikt）（1992）的定义："赛博空间是一个全球网络化的，由计算机创造并支撑的，通过计算机存储数据的多维的人工智能虚拟空间。"赛博空间的实现需多学科的支持，其关键支撑技术主要包括信息高速公路和计算机网络、遥感技术、虚拟现实技术和GIS等。这里只简要介绍信息高速公路、遥感技术与GIS技术。

信息高速公路（Information Super-highway，ISH）是由全球的计算机及数据库和通信网络组成，并通过因特网（Internet）相连接的计算机通信网络系统。因特网由层次不同、功能各异的计算机网络互联技术构成。目前主要包括三个层次的网络：骨干网、区域网和用户网。万维网是一个信息发布系统，用来浏览和搜索世界范围的互联网网页上的数字信息，它的出现促使互联网飞速发展，使网络用户可以访问到各种各样的数据。为了满足赛博空间的需要，使远程用户能共享网络资源，各用户通过本地服务器连接到因特网上；同时为了保证数据传输的实时性，也必须运行在ISH上。

在旅游景观虚拟重建过程中，景观三维模拟的构建需要依托遥感技术。航空摄影测量技术特别是数字摄影测量技术可以提供一系列重要数据：旅游景观的三维重建模型、数字高程模型和数字正射影像。利用多光谱影像可区分地物中的植被和人造景观等。直接使用激光扫描仪来测量表面几何关系，易于获取高精度数字表面模型。此外，为了获取更详细的地物信息以供重建，还可以采用摄影测量和地形测量中的控制点定位相结合的方法。

地理信息系统（GIS）是一个对空间数据进行组织、管理、分析与显示的系统。其往往由计算机、地理信息系统软件、空间数据库、分析应用模型和图形用户界面及系统管理人员组成。在旅游信息的管理中，应用GIS技术对旅游地理信息进行采集、管理、分析、应用，能很好地解决旅游地理信息管理、评价与预测等方面的问题。

2. 赛博空间技术在旅游业中的应用

（1）为旅游规划提供虚拟技术平台。赛博空间技术让旅游规划过程得以基于旅游信息数据库，并以栩栩如生的虚拟景观展示于旅游者面前，从而使公民和规划者可以同时参与旅游规划。并且因为数据可以永远保存，以及容易更新和维护，便于规划者对不同阶段方案进行比较，使规划变得更为灵活；旅游规划人员可以及时调整规划方案，方便地对各种空间信息进行分析，短时间内获得旅游资源条件、旅游市场的供给与需求分析，由此来探明旅游发展的内在机制和规律。虚拟旅游作为数码城市的组成部分之一，利用赛博空间的相关技术在因特网上生成数码景观，使旅游规划适应信息时代的要求，转变规划思路，由感性到理性，静态到动态，将实际规划与虚拟规划相结合，使旅游规划成为现实规划与虚拟规划的结合。

（2）设计全新的虚拟旅游吸引物和旅游产品。在虚拟技术平台上，完全可以利用赛博空间的相关技术重塑旅游景观。这里的旅游吸引物是不同于现实中的，它集真实的旅游景观特征于一体，又被赋予了虚拟感受，而且景点间的时空距离由于赛博空间的特性而消失，游客可以在瞬间由信息高速公路登陆到新的景点，同时虚拟现实技术设备（键盘、鼠标、数据头盔、手套、眼镜等）会给游客沉浸式的感官体验。此时旅游吸引物的外延已包括了能满足游客心理的虚拟物。旅游产品的开发则要在虚拟旅游资源管理和电子商务发展的基础上，建立便捷的虚拟旅游网络资源的查询和搜索系统，并通过Java与VRML的结合逐步实现对三维场景的控制，达到人机交互，满足游客的需要。

赛博空间技术的发展已经而且必将继续给旅游业的发展带来机遇和挑战，旅游业将从地理空间扩展到网络空间，从真实规划发展为虚拟规划。虽然目前虚拟旅游仅处于起步阶段，但其潜力巨大。随着以数字城市为重点的国家信息基础设施建设和网络通信技术发展，在线旅游和虚拟旅游将实现跨越式发展。

二、旅游电子商务技术

1. 基于互联网的电子商务技术

"它正在深刻地改变着经济、市场和产业结构：改变着产品、服务及其流量，改变着消费者细分化、消费者价值和消费者行为，岗位和劳动市场。""（而对）社会和政治，尤其是对我们看世界以及我们自己在世界上的行为方式的影响，甚至会更大。"以上描述出自当今美国最著名的管理思想家彼得·德鲁克（Peter F. Drucker）对于电子商务影响及前景的论断。电子商务作为经济信息化的必然发展趋势，现已在经济管理的各个领域得到普遍应用。

根据《中国电子商务年鉴2002》，电子商务（Electronic Commerce，EC）是指现代信息技术手段以通信网络和计算机装置替代传统交易过程中纸介质信息载体的存储、传递、统计、发布等环节，通过将买方、卖方、合作方和中介方等联系起来并进行各种各样商务活动的方式，实现商品和服务交易管理等活动全过程的无纸化和在线交易。简而言之，电子商务是"在开放的网络环境中进行的整个商务过程中发生的电子数字化信息交换"。

电子商务的本质是利用信息技术，有效地将资源的管理和人们的商业行为相互结合，从而改善企业内部、企业之间及企业与顾客间的信息交换和商业处理过程。换个角度说，将商务交易的信息交换通过计算机网络来实现，将进行交易的整个过程都用电子方式来提高运作效率，是电子商务的核心。

基于互联网的现代电子商务技术主要是网络信息的发布、接收与管理技术和数据通信的安全保密技术。互联网上的信息发布主要是基于万维网（WWW）的信息处理技术。在万维网上的信息表示是一种用超文本标识语言（HTML）标识的代码集合，所有通过网络发布的信息要事先用HTML编码以后放在一定地址的服务器中。运行在客户端计算机的客户机程序（通常是浏览器软件）根据使用者的要求产生信息服务请求发送给某个地址的服务器，并在对服务器发来的数据解码以后展示出来。服务器是储存信息、运行数据处理程序的计算机，它根据客户机的请求提供数据,将所查询的信息传送、提交给对方。客户机与服务器之间的数据通信遵循HTTP协议的约定。在网络环境当中,为了减少信息查询的麻烦,有专门的服务器负责搜索网上各类信息的地址,方便大家的使用,这种专门搜寻信息服务器的网站被形象地称门户网站。

传统的商务交易活动以口头和书面的形式讨价还价,双方确定交易价格,签订合同,交付产品和服务并支付货款,而基于互联网的现代电子商务完全通过电子数据交换的方式进行,没有传统商务交易的书面记录;并且,网络环境是向社会开放的,网上传输的数据可能经过许多电子环节,在任何一个环节上均可能发生数据被截获的事件;再者,计算机系统当中的电子数据容易被改写或删除,有可能为某些蓄意破坏或者抵赖否认提供方便。因此,网络环境数据通信安全问题十分重要。通常对于要交换的数据,要采用各种加密技术对数据加密,接收方接收后再予解密。类似于在书面文件上签名的数字签名(digital signature)技术也被使用到网络环境中,接收方要将处理出来的文件与解密的数字签名比较,以判定文件是否在传输过程中被破坏或者被篡改。此外还可以通过从事专门网上公证业务的认证中心用数字时间戳(digital time-stamp)、数字证书(digital certificate)等为文件和用户提供第三方认证服务。有关企业和组织还制定了若干安全交易协议标准,比一般的HTTP协议更安全可靠。而在网络环境下使用防火墙技术(firewall)防止外来入侵者的恶意破坏,更是每个联入国际互联网的计算机系统的安全必须。

2. 旅游电子商务技术的应用

旅游电子商务在实践中的内容十分丰富,它是指通过先进的网络信息技术手段实现旅游商务活动各环节的电子化,包括通过网络发布、交流旅游基本信息,以电子手段进行旅游宣传促销、开展旅游售前售后服务,通过网络查询、预订旅游产品并进行支付,也包括旅游企业内部流程的电子化及管理信息系统的应用等(巫宁,杨路明,2003)。

仅就"以电子手段进行旅游宣传促销"来说,旅游地和旅游企业借助国际互联网信息传播范围广阔、费用低廉、信息展示形式丰富多样的特点,可以在全球范围内更广泛地吸引游客,寻求合作伙伴,并且可以根据变化将信息随时更新;以往每年都要印制大量宣传品、到处参加旅游展销会的做法将退居幕后,互联网的产生和发展已经在网上形成了超越国界、永不闭幕的展示宣传场所,可供旅游业永续利用。另一方面,旅游者通过网络也更容易寻找到适合自己的旅游产品,根据自己的兴趣、时间有选择地出游,这就借助网络为旅游者提供了更好的服务。

3. 旅游电子商务的类型

旅游业利用互联网开展电子商务,最主要的有三种类型。首先是旅游企业与消费者之间的旅游电子商务(B2C)。这是旅游者最熟悉的一种旅游电子商务。在旅游向个性化与定制化发展的新形势下,这种模式大大降低了旅游者与企业的交易成本,无疑具有传统旅游组织无可比拟的优势。第二种类型是旅游企业间的电子商务(B2B),即企业与企业之间,通过互联网或者专用网方式进行旅游电子商务活动。第三种类型是旅游企业内部的电子商务,即企业内部之间通过企业内部网交换与处理旅游商务信息。该模式对于增强旅游企业对市场变化的反应能力，更好地为旅游者服务具有很大作用，并且该功能在信息化的背景下将会不断彰显。

旅游电子商务的应用在技术上必须解决的问题之一是申请域名设立服务器建设自己的网站或者在其他网站服务器上租用空间放置自己的宣传网页。要让用户在网上的信息海洋中看到自己的宣传信息，除了所展示的网页应该形象生动、独具特色、有吸引力以外，还应该与若干重要的门户网站链接，借助于门户网站的搜索引擎让访问者容易发现自己的网站。在企业的管理信息系统中安排与互联网的接口，使对本企业的商务需求及时得到了解和处理，是做好旅游电子商务的关键。如果没有这种接口或者还没有自己的信息系统，就必须安排专人经常注意网络的访问信息，进行手工操作。

三、网络多媒体及虚拟现实技术

1. 网络多媒体与虚拟现实技术

文字、声音、图形、图像都是信息的表现形式，在信息技术学中的专门术语称为信息的媒体。多媒体技术基于计算机系统可以同时获取、处理、存储和传输两种以上不同类型信息媒体的技术，其原理仍然是把自然形式存在的各种媒体信息数字化，再利用计算机将数字表示的文、图、声、像和计算机程序集于一体。而多媒体要实现信息的异地传输，就不可避免地要朝网络化发展，于是网络多媒体技术的各种应用方兴未艾。

虚拟现实（Virtual Reality，VR）技术是一个由图像技术、传感技术、计算机技术、网络技术以及人机对话技术相结合的产物，它以计算机技术为基础，通过创建一个三维视觉、听觉和触觉的环境，使用户利用系统提供的人机对话工具，同虚拟环境中的物体交互操作，能为用户提供现场感和多感觉通道，并依据不同的应用目的，探寻一种最佳的人机交互界面形式。利用虚拟现实技术，可以使参与者在赛博空间中体验各种身临其境的感觉。它的三个最基本的特征是：沉浸、交互和构想。人在虚拟现实技术中处于主导地位。用户不仅沉浸于虚拟环境中，还可以查询、浏览以及分析赛博空间中的物体，并进行决策。基于VR的三维全景技术可以得到优美的360°全景照片，显示景区内的优美景点，游客可触摸屏幕设计个性化的旅游线路，与在线游客交流信息和感受。

总之，这样的人机界面技术逼真地模拟人在自然环境中的视、听、动等行为，是多媒体技术的高新发展。目前的主要问题是整套设备系统的造价还较高，在一般民用领域的较普遍应用还有待时日。

2. 网络多媒体技术及虚拟现实在旅游业中的应用

网络多媒体技术的应用有两个关键。其一，是尽量减少多媒体文件的尺寸。在网络环境下实现多媒体技术，最重要的前提是在旅游者可接受的品质下，最大程度地压缩庞大的多媒体信息量。其二，是支持"流"传输方式。使用这种方式，信息的接收者在没有接到完整的信息前即可处理已收到的信息，这种边接收边处理的方式，很好地解决了多媒体信息在网络上的传输问题。

除去网络传输问题的解决以外，多媒体技术还在向旅游者生动地宣传旅游目的地形象，形象地介绍旅游信息方面可以起到很好作用。它将文字、声音、图形和图像集成在一起，并可以交互性展示，使用者可以根据需求，通过人机对话主动控制计算机系统执行不同的工作，需要几种信息展示就给出几种。近些年来，利用多媒体技术制作旅游地的宣传光盘，在旅游信息咨询系统和旅游网页中应用多媒体技术介绍旅游信息，已经成为普遍的做法，今后的方向是注意紧密跟踪多媒体技术的新发展，在应用多媒体技术开展旅游宣传促销方面继续努力，并要与逐渐普及的虚拟现实技术注意结合。

以上用多媒体技术整合旅游宣传促销是目前最主要的应用领域，而将多媒体信息管理技术用于旅游教育培训则是旅游业的另一个应用方向。在旅游教育培训中现多借助录像带与光盘，虽然也属于多媒体技术，但缺乏信息管理控制的交互性，最多只能重放而不能通过人机对话比较方便地控制。因此，发挥计算机系统信息管理的作用，在旅游教育培训中普遍应用多媒体技术还需要不懈努力。至于未来虚拟现实技术有所普及以后能在旅游职业培训中加以应用，无疑将会以逼真的环境和模拟操作对旅游服务岗位员工培训起到很好的作用，值得加以探索。

四、卡技术及其应用

社会上已经普遍使用的电话卡、信用卡是卡技术应用的常见例子，弄清卡技术的原理，可以使卡技术在旅游信息化管理各个方面实现更多的应用。

1. 磁卡和IC卡简介

磁卡和IC卡都是记录信息的载体，两者区别在于塑料卡基上镶嵌的信息载体前者是磁条，后者是集成电路（IC）芯片，读写设备将信息写入卡中或者感应读出，从而实现信息的记录和识别。二者相比较，磁卡的发明较早，技术较成熟，价格便宜，但安全保密性较差，容易被复制和修改，外界强磁场可能会扰乱卡中数据。由于磁条记录的信息有限，要用于较复杂的用途，必须建立强大的中央数据库和可靠的网络系统支持应用的实时授权控制。

IC卡依靠嵌入的集成电路存储和处理信息，各种IC卡中存储信息的集成电路都是EEPROM（可用电擦除的可编程只读存储器），卡片断电以后存储在其中的信息不会丢失，但不同的卡所嵌入集成电路的有所不同，功能上也有差别。只含有EEPROM的卡称存储器卡，卡本身没有计算功能，成本低，但对存入的信息卡片不提供保护。在存储器卡的基础上增加逻辑加密功能的称为逻辑加密卡，其芯片内的集成电路对EEPROM的读、擦和写的动作提供密码保护，有一定的安全保障，但仍没有计算功能。嵌入微处理器（MPU）、只读存储器（ROM）、随机存储器（RAM）并有通信接口的IC卡叫CPU卡，也有人称为智能卡（smart card），其RAM内固化有片内操作系统COS（Chip Operating System），通过编程可以完成较复杂的工作。此外，IC卡与读写设备的通信方式有接触型和非接触型两种，接触型通过IC芯片上的8个触点与读写设备连接进行数据通信，目前广泛应用的IC电话卡就是接触型IC卡。而非接触型卡通过电磁感应进行通信，IC芯片表面没有专用触点，根据芯片和相应读写设备制作的标准不同，非接触型卡与读写器的最大距离可以有0.5 cm、10 cm和70 cm三种。

2. 磁卡和IC卡在旅游业中的应用

利用磁卡和IC卡可以记录和储存信息的性质，在旅游业信息管理当中可以有广泛的应用。一些旅游景点使用磁卡门票，游客进门时人数、收入等信息就由读写设备实时传输到与之相连的计算机系统，并与售票处数据对照，有效地解决了纸质门票不好统计，仅由售票处的记录得到相关数据的问题。一些旅游企业用磁卡记录考勤，也可以实时得知员工的出勤记录，而不是事后才有所了解，也避免了纸质卡片用笔做记号有时会出现的人为因素。通过这些实例可见，在一些需要实时采集数据的场合，可以使用廉价的磁卡及相应的读写设备与计算机系统实现信息化管理。

卡技术还可以用于制作电子门锁，应用这种信息化管理技术不仅提高客房门禁的安全性能，更重要的是加强了旅游饭店的信息管理程度。比如：电子门锁系统可以按照客人的住店时间设定门锁可以开启的时段，有效地保障饭店应得的收入；多种级别开锁钥匙卡的提供全面适应饭店管理的各种需要；通过集成为一体的饭店信息系统，不光可以控制住店客人的住宿开支，还可以实现店内消费"一卡通"等等。利用卡技术可以设定信息、记录信息的特点，在旅游度假区等一定范围使用信息卡作代金券，可以方便消费，保障服务质量，同时又能有效地实施管理控制。类似的利用卡技术加强和改进信息管理的应用，还可以在旅游业管理的实践当中不断开拓。

五、数字地图技术及其应用

1. 数字地图技术简介

旅游业的旅游开发规划、旅游景区管理和旅游交通都要了解地理信息，将一定范围的地理信息按照一定数学法则和相应符号表示在平面所得到的图形称为地图。地图来源于人们对一定范围地理信息的测绘，根据实际经过适当综合取舍测绘所得，使用地图学习惯的线条和符号按一定比例缩小后描绘在图纸上就编绘成了地图。将地理信息进行数字化，使计算机系统可以处理、维护地理信息并绘制出地图的技术称为数字地图技术。

数字地图技术的基础是地理信息数字化。现代测绘设备可以将实地观测资料直接转化为计算机可以处理的数据，从而避免数据采集、转换过程中的失真，对现有的地图则一般可以通过数字化仪将地图信息转换成相应的数字化信息，或者用扫描仪将地图扫描下来，用相应软件将所得栅格地图信息转换为计算机方便处理的矢量信息并加以保存。各种途径采集和转换的地理信息都可以按照一定格式和方式保存在数据库中，国际地学界提出来的"数字地球"计划就是要将地球表面所有区域的地理信息数字化，保存在公用数据库系统供社会各界使用。

另一方面是使用专用制图软件将所得到的有关地理信息绘制成电子地图。工程技术界常用的计算机辅助制图软件如AutoCAD等除可以用于机械零件设计、建筑设计等方面以外，也可以进行二次开发来用于地图绘制或其他相关专题图的绘制工作，但Map Inform、Map GIS等专门的地理信息系统软件编制一些专题地图更为方便，数据处理维护功能更加强大。

2. 数字地图技术在旅游业中的应用

应用数字地图技术，旅游业可以从国土资源部门建成的数字化地理信息数据库当中获得需要的信息，应用于旅游规划和管理。如果车载移动式计算机系统与中央数据库的通信可以保持畅通，旅游车辆在任何地方、任何时候都可以获得前往地区的详细地理信息，从而提供更好的旅游交通服务。所以，与兄弟管理部门合作，将局部或者区域范围建成的地理信息数据库应用于旅游管理和旅游咨询服务，是旅游业信息化管理发展的方向。如果由于各方面原因一时还无法实现公用地理信息数据库的信息共享，旅游行业根据需要设法建立自己的旅游地图数据库也是值得努力的。

旅游行业数字地图技术应用有待深入的另一方向，是在旅游管理和旅游规划当中使用计算机辅助制图和管理旅游地图。目前不少专门的旅游规划设计单位已经使用计算机辅助制图，但在各地方旅游管理部门还普遍缺乏计算机辅助制图的力量，在旅游高等教育当中有关的训练也很不够，有待在今后加强和补充。至于在旅游信息服务和旅游营销宣传当中利用数字地图技术，在信息系统内提供电子地图对旅游区和旅游景点进行形象生动介绍，也是应该提倡的应用，目前的一些旅游信息系统内容中虽然也有地图信息，但基本上还是现成地图扫描进来的图像文件，还不是真正的电子地图，这有待今后旅游信息化工作的继续努力。

六、Web1.0与Web2.0技术

互联网的发展经过了几个阶段，最初的互联网是静态的，只起到一个展示的作用，跟用户是没有任何交互的。经过一段时间的发展，随着新技术的出现，为了便于信息的发布组织与用户的交互，互联网开始向动态转变。利用ASP（Active Server Pages，动态服务器页面）、VBScript和CGI（Common Gateway Interface，公共网关接口）等动态网页技术制作的网页已经据有了很好的交互功能。随着Web2.0的概念被提出，网站发生了巨大的变化[4]。

Web2.0是2003年之后互联网的热门概念之一，不过目前对什么是Web2.0并没有很严格的定义。一般来说Web2.0（也有人称之为互联网2.0）是相对Web1.0而言的新的一类互联网应用的统称。Web1.0的主要特点在于用户通过浏览器获取信息，Web2.0则更注重用户的交互作用，用户既是网站内容的消费者（浏览者），也是网站内容的制造者。

博格（Blogger Don）在他的《WEB2.0概念诠释》一文中提到："Web2.0是以Flickr、Craigslist、Linkedin、Tribes、Ryze、Friendster、Del.icio.us、43Things.com等网站为代表，以Blog、TAG、SNS、RSS、wiki等社会软件的应用为核心，依据六度分隔、xml、ajax等新理论和技术实现的互联网新一代模式。"

目前，国内的大部分旅游网站还是基于Web1.0模式的，通过少数的编辑将大量的信息编辑、整理、分类然后上传到网上，用户和网站之间的沟通是一个单向的过程，是典型的一对多的广播式传播。这种模式在网络发展的开始阶段起到很大的作用，但是随着因特网的发展，信息化进程的推进，信息越来越庞大，已经处于"爆炸"边缘，显然，Web1.0模式的网站已经不能满足这个时代的信息需求了。

Web2.0技术主要包括：博客（blog）、RSS、百科全书（wiki）、网摘、社会网络（SNS）、P2P、即时信息（IM）等。2006年被视为中国互联网Web2.0的真正爆发期，各种各样的Web2.0新应用模式正慢慢改变着中国网民的生活。如博客和播客的大行其道、BT下载方式的流行、网络电视流媒体的普及、视频网站的兴起、SNS社区myspace在美国的如日中天和"校内"、SNS网站在国内的方兴未艾等等[5]。根据中国互联网络信息中心（China Internet Network Information Center，CNNIC）于2007年7月发表的数据，在中国网民的网络行为中，写博客的比例为19.1%，也就是说，到2007年上半年，中国网民写博客的人数约为3094万。

Web2.0技术给旅游信息化带来的变化是革命性的，它在旅游业的信息化发展中有以下应用：

多方信息提供方式 Web2.0不再采用由几个网站编辑提供网站信息的模式，而是让用户变成网站信息的使用者和提供者。当用户越来越多的时候，网络信息量会呈现几何式增长，Web2.0的优势就会明显地表现出来。

个性化的信息供给 旅游消费者已经从以前单纯地接受旅游市场营销宣传，转变为在Web2.0时代为旅游目的地及其他产品和服务"主动"进行市场营销了。让用户参与网站功能的建设和内容的编辑，直接获取用户的需求和习惯，确保策划出来的网站，设计出来的功能和内容能让用户满意。

互动化的信息交流 Web2.0突破了Web1.0互动不足的瓶颈，加强了旅游信息供给方和需求方的交流。用户在网站上的时间越久，参与的程度越高，就会有越多的朋友，对网站的黏性也就越强，这样网站的用户就不易流失。

公正化的信息评估 由于信息的多方提供，原来由于信息单方提供所带来的信息偏向性大大减小，公众在Web2.0网站上获得的信息是全面的、客观的、公正的。这对旅游消费者评价某个旅游产品具有极大的帮助。

第三节 旅游业信息化的系统管理

一、信息系统与旅游管理信息系统

1. 信息系统的概念

信息系统是指能够对数据进行采集、处理、存储、管理、检索、传递和反馈,能向相关人员提供有用信息的系统。任何一个组织机构不论其形式如何,都要进行信息管理,都有自己对信息进行输入、存储、处理和输出的信息系统作为系统整体的一部分。由于信息处理加工用手工也可以进行,计算机并不是信息系统的必要条件,但信息科学和信息技术的飞速发展使得计算机及通信设备在现代信息系统当中广泛应用,并陆续形成了具有一定含义和适用范围的计算机信息系统类型,例如数据处理系统DPS(Data Processing System)、管理信息系统MIS(Management Information System)、办公自动化系统OAS(Office Automation System)、决策支持系统DSS(Decision Support System)、专家系统ES(Expert System)、电子商贸系统EBPS(Electronic Business Processing System),等等。

利用计算机及有关设备进行信息管理的信息系统不管所应用的信息科学理论方法如何变化,其基本功能都是把有关信息使用某种输入设备转换成计算机可以处理的数据(data),输入计算机系统,进行加工处理、存储维护、传输和输出。DPS是信息系统发展的早期阶段,主要是对单项事务的有关数据进行处理,例如早期的一些工资处理系统、库存处理系统、会计记账系统、数据统计系统等。DPS利用计算机提高工作效率,减轻人的劳动强度,降低人工费用,但各系统之间一般不交流和共享数据。随着计算机硬件和软件技术的发展,信息科学技术在解决不同方面问题的过程中发展出多种分支,因而在DPS的基础上产生了针对一个单位中各种事务信息的分析处理进行有效管理控制的MIS;分析和描述问题,形成备选的决策方案并进行比较、优化,提供决策支持的DSS;利用计算机储存专家的知识和经验进行仿真推理做出智能决策的ES;利用微机和局域网及有关办公自动化设备帮助办公室人员进行文字数据处理、图形图像处理、录放音、电子日程安排、召开电子会议、收发电子邮件以及操作轻印刷系统等的OAS;利用计算机及环球网络处理国际贸易有关订货发货、运送管理、报关、保险、商检和银行结算等综合事务的EBPS等。

2. 旅游管理信息系统

目前,旅游管理信息系统还没有严格的定义,可以简单地理解为:旅游管理信息系统是一个以人为主导,利用计算机硬件、软件、网络通信设备以及其他办公设备,进行信息收集、传输、模拟、处理、检索、分析和表达,以提高效益和效率为目的,并能进行决策、控制和运作的人机系统。这种人机系统基于信息技术,并对外部环境和决策组织者的管理水平提出了要求。旅游管理信息系统是随着对生产、对社会的不断认识，随着生产、生活及旅游产业管理的需要而逐步产生和发展起来的，它是管理信息系统的一个分支[6]。

旅游管理信息系统如同所有的信息系统一样，都需要处理数据的收集和输入、数据的存储、数据的加工处理、数据的传输、数据的维护、信息的输出等问题。数据的收集和输入是要把分散在各处的数据收集并记录下来，整理成信息系统要求的格式和形式，通过一定的输入设备输入信息系统。输入的数据要在系统中存储起来，供不同的数据处理过程共享，有的要多次使用，在处理过程中又产生新的数据，需要大容量的存储能力。数据经过加工处理才能产生有用的信息，从简单的查询、核对、分类、排序、检索到利用数学工具分析、预测、优化、仿真，现代科学的发展不断提高了信息系统的数据加工处理能力。信息系统中的数据传输包括计算机系统内部和系统外部的传输，以保证系统不同部分对数据处理的请求和存储需要。信息系统要根据用户的需要以不同的形式将系统处理和保存的信息从系统中输出，提供信息服务，而为了保证信息的准确、及时，要注意系统中数据的补充、更新和安全保密。

3. 旅游企业的信息管理

旅游企业的信息管理可以区别为基层的业务作业、中层的管理控制和高层的辅助决策三个不同层次。基层的业务作业不需要用复杂的数学方法处理数据，只进行普通的分类、排序和简单的计算，例如饭店前台的房态管理、收银管理以及会计信息的处理等等。管理信息系统发展初级阶段的DPS就主要只是对数据进行简单的事务处理。中层的管理控制需要对数据进行分析、比较，可以应用各种适用的数理统计方法、运筹学方法对特定问题进行评价，例如使用线形规划方法安排工作计划，利用回归分析方法剔除日常经营的数据波动等。高层的辅助决策要根据企业所在具体领域的业务运作特点和相应的专家知识构建数学模型，根据企业内部信息和外部信息加以分析综合，提供预测意见，提交决策参考。评价管理信息系统的辅助管理能力，不仅要看基层作业的信息处理是否方便、完善，更要看中高层的管理控制和辅助决策功能的强弱。只有能够对所涉及的各方面进行全面管理控制，特别是具有较强辅助决策功能的旅游管理信息系统，才算较好地发挥了计算机系统信息化管理的作用。

4. 旅游管理信息系统的层次结构

旅游管理信息系统的结构是指旅游管理信息系统各个组成部分的框架结构。由于存在对各个组成部分的不同理解，于是就形成了不同的结构方式，如概念结构、层次结构、功能结构、软件结构和物理结构等。从层次的角度来分析，，旅游管理可分为基层（作业处理）、中层（管理控制）、高层（战略与决策）三个管理层次，相应地，旅游管理信息系统也可以分为三层子系统。若考虑系统内部的职能划分，则在每个层次上又可横向分为信息管理子系统、市场营销子系统、财务管理子系统、人力资源管理子系统等。每个子系统都支持从基层到高层不同层次的管理要求。

二、旅游管理信息系统的实现

旅游管理信息系统的实现工作主要包括业务分析、需求分析、系统设计等三个部分。

1. 业务分析

组织结构分析 组织结构基本决定了旅游管理信息系统的结构布局，旅游饭店组织、旅行社组织、旅游交通组织以及旅游行政组织都具有各自不同的组织结构，这种天然的组织结构差异决定了它们的旅游管理信息系统的结构差异。一般说来，旅游组织具有五种不同的结构形式，即职能结构、地区结构、产品结构、过程结构、顾客结构。

组织业务分析 作用在于利用流程的模块来设计旅游管理信息系统数据节点。

2. 需求分析

旅游管理信息系统是在充分把握手工信息处理流程的基础上，进行信息采集、归类、整理，从而达到统一管理信息及其流向的目的。需求分析是旅游信息系统设计的关键工作，分析的结果直接影响信息系统功能的完善性、可靠性和整体性。

数据需求分析 数据流是按照业务流程进行运动的，根据业务流程各个模块、节点的不同要求，当数据流动到相应模块或节点时产生不同的数据信息。数据需求分析就是要调查研究各个模块和节点所需要的数据内容、数据提供的时间、地点和所要达到的要求。

功能需求分析 业务流程的各个模块和节点除了需要获得相关数据，还需要对数据进行相应的处理分析。功能需求分析就是要调查研究各个模块和节点所需要设置的系统操作程序和功能，为系统的各个子集提供高效的信息服务。

3. 系统设计

系统结构设计 旅游管理信息系统的结构反映系统整体与各个部分之间的关系，也反映整个旅游管理信息系统的数据处理方式和传输方式。旅游管理信息系统由硬件和软件两部分组成。从硬件结构上分，可以设置为单机系统、局域网系统和广域网系统，其中单机系统和局域网系统目前比较成熟，应用也比较广泛；广域网系统适合于大型的旅游管理信息系统。软件结构是旅游管理信息系统的功能结构，这种结构是根据管理的层次和要求的功能导出并划分的。系统可以由许多软件模块组成，把各个功能模块和文件数据组合起来，构成一个功能矩阵图，就形成了系统的软件结构。

数据库设计 旅游管理信息系统需要处理大量的数据，因而对其中的数据库和数据结构要专门进行设计，以提高旅游组织的信息处理能力和反应速度。设计者在掌握需求分析和业务分析的基础上，设计数据库和数据结构。

系统功能设计 旅游管理信息系统功能具体体现在系统设计阶段所规划的系统功能结构。系统的各个功能是由相应的软件模块实现的。模块是一组程序命令的集合，是在子系统下的又一次功能划分，模块的功能是相对独立的，是设计和构造系统的最基本单位。因此，对系统功能的描述也是对软件模块功能的描述。

三、旅游管理信息系统的应用

旅游产业的组织主要包括旅游行政管理部门、行业协会和各类旅游企业。除了旅游管理部门的旅游行政管理信息系统以外，旅游饭店和旅行社的生产运行因为与其他一般企业有所不同，它们的管理信息系统也就具有一定的独特性，而其他旅游企业因为生产运行与一般企业相同或者类似，其管理信息系统在这里不另做介绍。此外，旅游地管理信息系统也是旅游业重要的信息系统类型之一。

1. 旅游行政管理信息系统

旅游行政部门的管理信息系统属于政府系统信息化工程的一部分，要处理机构内部的办公信息和旅游行政管理信息，其主要的子系统除了办公自动化、档案管理、人事管理、财务管理等内部信息管理子系统以外，还包括旅游统计、导游管理、饭店管理、旅行社管理、旅游车船管理、旅游区（点）管理等行业管理子系统以及市场促销信息子系统、旅游规划信息子系统等。其中，机构内部信息管理子系统主要是在内部办公网上运行，各行业管理子系统则需要收集下一级旅游管理部门和旅游企业的信息，以及向上一级旅游管理部门和同级政府部门报告信息，都要与外界进行信息交流。而市场促销子系统则主要用于本区域旅游信息的对外宣传展示，更进一步则可以开发成本地旅游电子商务平台，接纳旅游企业上网或者开辟与企业管理信息系统的接口，扩展政府部门信息管理系统的功能。

旅游行政管理信息系统的开发建设还很不平衡。根据国家信息化工作的总体要求和旅游业发展的需要，旅游行业决定在全行业实施"金旅工程"，提出了建设和完善政府系统办公自动化网络的任务，并对各级旅游行政部门信息系统的建设提出了指导意见，明确了技术规范。在文化和旅游部的统一部署之下，未来各级旅游行政部门管理信息系统的开发建设将更加普及和完善。

2. 旅游饭店管理信息系统

旅游饭店的管理信息通常分为前台接待服务信息和后台管理信息，其管理信息系统一般也分前台系统和后台系统两大部分。按照旅游饭店的一般情况，饭店前台信息管理系统主要包括预订处理、入住接待、离店结账、夜间稽核、客房管理、收银管理、电话计费、公关销售、总经理查询等功能模块，后台信息管理系统则主要包括财务管理、库存采购、人力资源管理、工程设备管理、固定资产管理等模块。如前所述，由于信息技术的不断发展，近年来电子门锁系统、VOD视频点播系统等已经加入饭店信息系统之中，并与电视监控系统、综合通信系统等信息系统集成，已经开发建设成如图8-3所示的旅游饭店信息管理系统，而且优化提升速度越来越快。

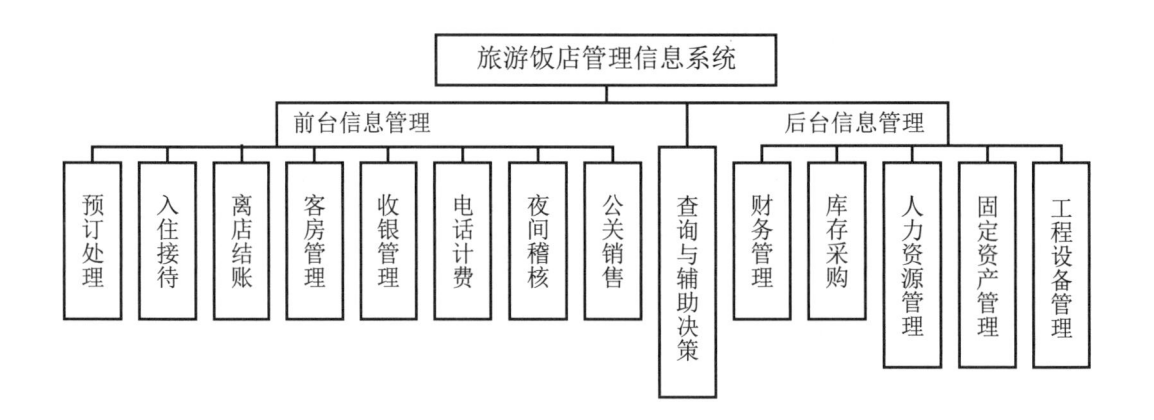

```
                        旅游饭店管理信息系统
                    ┌───────────┴───────────┐
                 前台信息管理              后台信息管理
   ┌────┬────┬────┬────┬────┬────┬────┐  ┌────┬────┬────┬────┬────┐
  预订  入住  离店  客房  收银  电话  夜间  公关  查询  财务  库存  人力  固定  工程
  处理  接待  结账  管理  管理  计费  稽核  销售  与辅  管理  采购  资源  资产  设备
                                            助决              管理  管理  管理
                                            策
```

图8-3 旅游饭店管理信息系统主要功能结构

旅游饭店管理信息系统是旅游各行业当中技术发展较为成熟的一类，模式已基本定型，功能也较齐全，国内外都有商品化的通用软件，旅游饭店也可以根据需要自己开发或者委托软件公司专门开发。适应信息技术和网络环境的发展，不断改善旅游饭店管理信息系统，改进信息化管理，是旅游饭店管理的长期任务。

3. 旅行社管理信息系统

旅行社的生产运作与其他行业相比有其独特性，因而旅行社管理信息系统也与其他行业有所不同，但与旅游饭店相似，旅行社的管理信息系统也可以分为旅游接待服务和内部管理事务两大部分。根据旅行社的一般运作，旅行社接待服务主要是外联销售和导游陪同工作，相应的管理信息子系统可以根据旅行社的规模大小和业务复杂程度来决定。

简单的旅行社管理信息系统接待服务部分可以只有旅游产品销售管理子系统、旅游服务采购管理子系统和旅游接待服务管理子系统，其中的旅游产品销售管理子系统处理外联销售信息，旅游服务采购子系统处理旅行社向交通运输部门、旅游饭店、餐厅饭馆、景区景点、娱乐场所等分别购买单项旅游产品的信息，旅游接待服务子系统处理导游员、车队的计划调度和工作量统计信息。较为复杂的则可以根据旅行社的需要将外联报价、接团管理、散客管理、组团出游、接待核算、票务管理、接待管理等分别构成管理信息子系统。在内部事务管理部分，旅行社管理信息系统通常也有一般企业管理信息系统的人力资源管理、财务管理和档案资料管理子系统，其中的资料管理子系统主要是管理旅行社积累的各种业务信息，为旅行社运作提供基本保障。如图8-4所示，根据需要，旅行社管理信息系统可以设置单独的总经理查询子系统，为高层管理者提供信息服务。

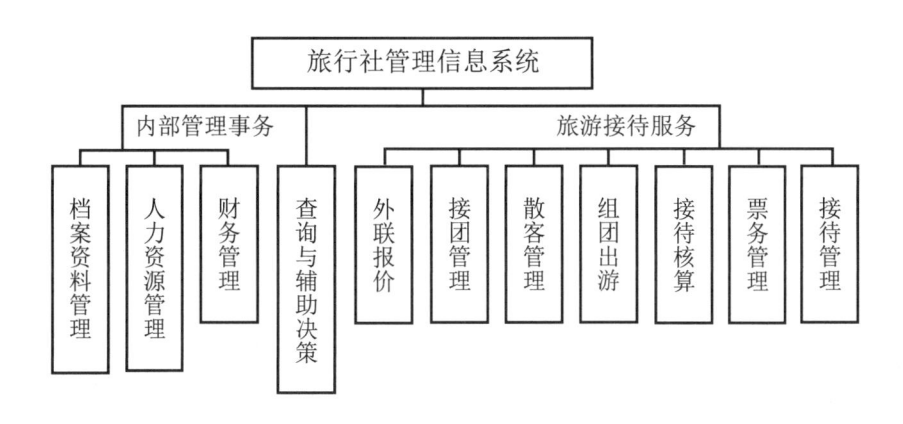

```
                    旅行社管理信息系统
            ┌────────────┴────────────┐
        内部管理事务              旅游接待服务
    ┌────┬────┬────┐      ┌────┬────┬────┬────┬────┬────┐
   档案  人力  财务  查询   外联  接团  散客  组团  接待  票务  接待
   资料  资源  管理  与辅   报价  管理  管理  出游  核算  管理  管理
   管理  管理        助决策
```

图8-4 旅行社管理信息系统的主要功能结构

总之，旅行社管理信息系统必须围绕旅行社的经营特点进行设计，其职能是对旅行社生产服务过程的管理实现信息化，从而提高旅行社的生产率和管理效率，同时提高旅行社的市场竞争能力，满足现代人旅游的个性化服务要求。从整体上来说，旅行社管理信息系统还处于发展阶段，商品化的系统软件虽然已经在市场出现，但还不够成熟。各旅行社业务管理的习惯不同，以及许多小规模旅行社手工作坊式的运作都使得旅行社信息化管理的进程比较缓慢。随着我国加入世界贸易组织（WTO）以后旅行社行业的逐渐对外开放以及整个社会信息化的发展，旅行社管理信息系统也将不断普及和更加完善。

4. 旅游地管理信息系统

通常，一定地理空间的旅游资源同旅游专用设施、旅游基础设施以及相关的其他条件有机结合起来，就称为旅游者停留和活动的目的地，即旅游地。因此，旅游地是以旅游业为主体的社会经济结构，凭借旅游资源、旅游服务设施及相关条件，满足旅游者旅游需求的地域综合体。旅游地管理信息系统主要提供旅游地的信息咨询服务、经营管理决策服务，用于协调、开发目的地旅游产品的生产和交易并为此提供便捷的途径，可以提高管理工作的效率。目前，旅游地管理信息系统主要用于辅助经营管理、信息服务、旅游地的设施与设备管理、旅游地的内务管理等方面，从而构成旅游地管理信息系统的经营管理子系统、信息服务子系统、设施管理子系统和内务管理子系统。

旅游地经营管理子系统 核心就是辅助旅游地企业的经营管理，即参与旅游地所有与经营有关的管理工作，如旅游主题公园、旅游风景区、博物馆等旅游地企业的收费管理、领料管理、成本管理、报表管理及查询管理等。

旅游地信息服务子系统 是为旅游者提供信息服务的一种管理应用系统，其操作对象不是旅游地的经营管理人员，而是广大的游客。因此，在设计该系统时，一要考虑旅游者可能不懂得熟练操作计算机，二要考虑由于旅游者在旅游地的停留时间往往短暂，且人数众多，因此不适合用不方便的键盘来进行操作。由于旅游者所需要的信息服务主要是查询，输入内容比较简单，都是按菜单功能点击操作，所以，可以用触摸屏代替键盘的输入。这种系统也叫多媒体触摸屏式信息服务系统，一般安装在旅游地的公共场所，可以单机使用，也可以连接到计算机网络上使用，联网以后数据的维护和更新比较方便，并且可以动态刷新数据。

旅游地的设施管理子系统　主要是对旅游地固定资产的管理，主要功能有设施管理、查询管理、报废管理、统计报表管理与固定资产的折旧核算。

旅游地内务管理子系统　针对的是旅游地企业中与旅游者无直接关联的企业内部管理。其功能主要有：人力资源管理、库存管理、财务管理、客户管理、采购管理等。

5. 旅游空间数据管理信息系统

空间数据是单个或群体地以空间为位置为参照的数据。旅游信息中相当多的数据具有空间数据的特征，对该类型数据的管理是旅游与旅游业信息管理的重要内容之一。地理信息系统是空间数据管理的主要技术工具，其在旅游管理中的应用很早就已经开始了，并取得了一定的成果[7]。

在空间信息系统（地理信息系统）中，地理空间数据常用的数据结构有两种：栅格（raster）数据结构和矢量（vector）数据结构。栅格数据结构由像元陈列构成，每个像元用网格单元的行和列来确定它的位置，常用于表示面状要素。矢量结构是另一种常见的图像数据结构，它通过记录坐标的方式，尽可能地将点、线、面等空间实体表现得精确无误。该数据结构常用于描述线状、点状分布的地理要素，如旅游线路、景点位置等。

多媒体电子地图和因特网地图是旅游空间数据管理信息系统的另外两个重要的内容。多媒体电子地图是一种模拟地图，它运用地理信息系统和多媒体技术，集地图、影像、文字和声音等多种信息于一体，具有地图的符号化数据特征，能实现计算机屏幕快速显示，供人们阅读和查询。因特网地图是指在互联网上能够查询阅读或者下载的地图，具有实时更新和人机交互功能。

谷歌地球（Google Earth）卫星模拟地图是空间数据的突破性发展，旅游管理中对卫星模拟地图的应用是近几年的一种趋势。

旅游空间数据管理信息系统在旅游管理中主要应用于空间位置咨询、空间位置选址、旅游地空间结构和形态演变研究以及空间型客户关系管理。

四、国家信息化发展战略纲要

1. 国家信息化发展战略纲要

2016年7月，中共中央办公厅和国务院办公厅印发了《国家信息化发展战略纲要》。这个纲要是规范和指导国家信息化发展的纲领性文件，是国家战略体系的重要组成部分，是信息化领域规划、政策制定的重要依据。

《国家信息化发展战略纲要》提出的战略目标是：

到2020年，固定宽带家庭普及率达到中等发达国家水平，第三代移动通信（3G）、第四代移动通信（4G）网络覆盖城乡，第五代移动通信（5G）技术研发和标准取得突破性进展。信息消费总额达到6万亿元，电子商务交易规模达到38万亿元。核心关键技术部分领域达到国际先进水平，信息产业国际竞争力大幅提升，重点行业数字化、网络化、智能化取得明显进展，网络化协同创新体系全面形成，电子政务支撑国家治理体系和治理能力现代化坚实有力，信息化成为驱动现代化建设的先导力量。互联网国际出口带宽达到20太比特/秒（Tbps），支撑"一带一路"建设实施，与周边国家实现网络互联、信息互通，建成中国–东盟信息港，初步建成网上丝绸之路，信息通信技术、产品和互联网服务的国际竞争力明显增强。

到2025年，新一代信息通信技术得到及时应用，固定宽带家庭普及率接近国际先进水平，建成国际领先的移动通信网络，实现宽带网络无缝覆盖。信息消费总额达到12万亿元，电子商务交易规模达到67万亿元。根本改变核心关键技术受制于人的局面，形成安全可控的信息技术产业体系，电子政务应用和信息惠民水平大幅提高。实现技术先进、产业发达、应用领先、网络安全坚不可摧的战略目标。互联网国际出口带宽达到48太比特/秒，建成四大国际信息通道，连接太平洋、中东欧、西非北非、东南亚、中亚、印巴缅俄等国家和地区，涌现一批具有强大国际竞争力的大型跨国网信企业。

到21世纪中叶，信息化全面支撑富强民主文明和谐的社会主义现代化国家建设，网络强国地位日益巩固，在引领全球信息化发展方面有更大作为。

2. 数字乡村发展战略纲要

2019年5月16日，为了贯彻落实《中共中央 国务院关于实施乡村振兴战略的意见》《乡村振兴战略规划（2018—2022年）》《国家信息化发展战略纲要》，中共中央办公厅和国务院办公厅印发了《数字乡村发展战略纲要》。

《数字乡村发展战略纲要》提出的战略目标是：

到2020年，数字乡村建设取得初步进展。全国行政村4G覆盖率超过98%，农村互联网普及率明显提升。农村数字经济快速发展，建成一批特色乡村文化数字资源库，"互联网+政务服务"加快向乡村延伸。网络扶贫行动向纵深发展，信息化在美丽宜居乡村建设中的作用更加显著。

到2025年，数字乡村建设取得重要进展。乡村4G深化普及、5G创新应用，城乡"数字鸿沟"明显缩小。初步建成一批兼具创业孵化、技术创新、技能培训等功能于一体的新农民新技术创业创新中心，培育形成一批叫得响、质量优、特色显的农村电商产品品牌，基本形成乡村智慧物流配送体系。乡村网络文化繁荣发展，乡村数字治理体系日趋完善。

到2035年，数字乡村建设取得长足进展。城乡"数字鸿沟"大幅缩小，农民数字化素养显著提升。农业农村现代化基本实现，城乡基本公共服务均等化基本实现，乡村治理体系和治理能力现代化基本实现，生态宜居的美丽乡村基本实现。

到21世纪中叶，全面建成数字乡村，助力乡村全面振兴，全面实现农业强、农村美、农民富。

3. 数字经济及其核心产业统计分类

2021年5月14日，为贯彻落实党中央、国务院关于数字经济和信息化发展战略的重大决策部署，科学界定数字经济及其核心产业统计范围，全面统计数字经济发展规模、速度、结构，满足各级党委、政府和社会各界对数字经济的统计需求，国家统计局第10次常务会议通过了《数字经济及其核心产业统计分类（2021）》，并于2021年5月27日以国家统计局令第33号发布实施。

该分类遵循四个编制原则：①以党中央、国务院有关文件为依据，本分类贯彻落实党中央、国务院关于数字经济发展战略的重大决策部署，依据G20杭州峰会提出的《二十国集团数字经济发展与合作倡议》，以及《中华人民共和国国民经济和社会发展第十四个五年规划和2035年远景目标纲要》《数字经济发展战略纲要》《国家信息化发展战略纲要》《关于促进互联网金融健康发展的指导意见》等政策文件，确定数字经济的基本范围；②以国内外相关统计分类标准为参考，该分类充分借鉴国内外相关机构关于数字经济分类的方法，参照《新产业新业态新商业模式统计分类（2018）》《战略性新兴产业分类（2018）》《统计上划分信息相关产业暂行规定》等相关统计分类标准，最大程度反映与数字技术紧密相关的各种基本活动；③以《国民经济行业分类》为基础，该分类基于《国民经济行业分类》（GB/T 4754-2017）同质性原则，对国民经济行业分类中符合数字经济产业特征的和以提供数字产品（货物或服务）为目的的相关行业类别活动进行再分类；④以满足数字经济统计监测为目的，该分类立足现行统计工作实际，聚焦数字经济统计核算需求，充分考虑分类的可操作性和数据的可获得性，力求全面、准确反映数字经济及其核心产业发展状况。

该分类把数字经济界定为以数据资源作为关键生产要素、以现代信息网络作为重要载体、以信息通信技术的有效使用作为效率提升和经济结构优化的重要推动力的一系列经济活动。该分类将数字经济产业范围确定为：01数字产品制造业、02数字产品服务业、03数字技术应用业、04数字要素驱动业、05数字化效率提升业等5个大类。数字经济核心产业是指为产业数字化发展提供数字技术、产品、服务、基础设施和解决方案，以及完全依赖于数字技术、数据要素的各类经济活动。本分类中01—04大类为数字经济核心产业。

该分类采用线分类法和分层次编码方法，将数字经济活动划分为3层，分别用阿拉伯数字编码表示。第一层为大类，用2位数字表示，共有5个大类；第二层为中类，用4位数字表示，共有32个中类；第三层为小类，用6位数字表示，共有156个小类。

4. 加强数字政府建设

加强数字政府建设是适应新一轮科技革命和产业变革趋势、引领驱动数字经济发展和数字社会建设、营造良好数字生态、加快数字化发展的必然要求，是建设网络强国、数字中国的基础性和先导性工程，是创新政府治理理念和方式、形成数字治理新格局、推进国家治理体系和治理能力现代化的重要举措，对加快转变政府职能，建设法治政府、廉洁政府和服务型政府意义重大。2022年6月23日，中国政府网发布了《国务院关于加强数字政府建设的指导意见》（国发〔2022〕14号）。数字政府建设的主要目标是：

到2025年，与政府治理能力现代化相适应的数字政府顶层设计更加完善、统筹协调机制更加健全，政府数字化履职能力、安全保障、制度规则、数据资源、平台支撑等数字政府体系框架基本形成，政府履职数字化、智能化水平显著提升，政府决策科学化、社会治理精准化、公共服务高效化取得重要进展，数字政府建设在服务党和国家重大战略、促进经济社会高质量发展、建设人民满意的服务型政府等方面发挥重要作用。

到2035年，与国家治理体系和治理能力现代化相适应的数字政府体系框架更加成熟完备，整体协同、敏捷高效、智能精准、开放透明、公平普惠的数字政府基本建成，为基本实现社会主义现代化提供有力支撑。

注释

[1]巫宁,杨路明.旅游电子商务理论与实务[M].北京:中国旅游出版社,2003:71.

[2]巫宁,杨路明.旅游电子商务理论与实务[M].北京:中国旅游出版社,2003:57.

[3]王璐.赛博空间技术及其在虚拟旅游规划中的应用前景初探[J].湖北大学学报(自然科学版),2003(3):277-353.

[4]王东伟.WEB2.0时代旅游网站的发展[J].福建电脑,2007(9):49.

[5]薛强,黎明洁.浅析WEB2.0带来的传播变革[J].广西大学学报（哲学社会科学版）,2007(A1):297.

[6]查良松.旅游管理信息系统[M].北京:高等教育出版社,2002:1-2.

[7]肖江南,马惠萍.旅游业信息系统管理[M].福州:福建人民出版社,2004:53.

第九讲
旅游管理的智慧化

第一节　网链技术与智慧旅游

第二节　智慧旅游的移动通信技术

第三节　智慧旅游的物联网技术

第四节　智慧旅游的云计算技术

第五节　智慧旅游的人工智能技术

第一节 网链技术与智慧旅游

随着科学技术的不断创新与快速发展，以大数据、云计算、互联网、物联网、人工智能等应用技术为代表的新一轮技术革命推动人类社会从信息时代步入了智能时代，旅游业已经开启了更具规范性、融合性、系统性和突破性的智慧旅游发展模式。

一、移动互联网

移动终端是移动通信终端的简称，主要是指可以在移动中使用的计算机设备。广义地讲，移动终端包括手机、笔记本电脑、平板电脑、POS机和车载电脑等消费类电子产品。但是，大部分情况下是指具有多种应用功能的手机和平板电脑。随着网络信息技术的发展，移动终端已经拥有强大的处理能力，具有内存、固化存储介质以及像计算机一样的操作系统，正在从简单的通话工具升级为一个综合信息处理平台，可以完成复杂的处理任务。目前，移动终端不仅可以通话、拍照、听音乐、玩游戏，还可以实现地理定位、信息处理、指纹扫描、身份证扫描、条码扫描、IC卡扫描、人脸识别以及酒精测试等丰富功能，成为快递、保险、移动银行、移动办公、移动商务和移动执法的重要工具。

随着宽带移动通信技术和Web应用技术的不断进步，移动互联网进入快速发展阶段。互联网和移动通信网是当今世界上发展最快、创新最活跃的两大业务。移动运营商和业务提供商合作推出了基于移动互联网的无线数据增值服务，用户通过手机接入移动互联网，随时随地享受互联网的综合服务，极大地延伸了传统互联网的内涵和功能，移动互联网的用户规模越来越庞大，已经成为现代社会生活不可或缺的组成部分，移动互联网的发展势不可挡。

二、云服务平台

随着信息技术应用的深化，结构化和非结构化数据的数量日益增长。如今，不管是个人还是企业，在使用计算机的过程中都会产生文档、邮件、报表、网页、声音、影像、扫描文件、工程图、记录资料、演示文稿等大量的烦冗文件；作为信息发布系统的传统网站由于信息资源被绑定在各个栏目上，不易拓展，无法控制具体栏目下的每一个信息资源，因而导致了信息资源加载和发布的速度急剧下降，难以支持网站海量数据的峰值访问。传统的计算机和网站迫切需要一种具有完备的信息资源管理能力、全面的网络安全管理手段、支持海量数据峰值访问的新型信息服务技术，在这样的时代背景下，就产生了云服务。

云服务是基于互联网相关服务的增加、使用和交互模式，主要通过互联网提供动态化、易拓展、虚拟性的资源。云是对互联网的一种比喻说法，主要抽象指代相对于传统互联网而言的现代互联网，意味着其计算能力可以作为一种商品通过互联网进行流通。云服务主要涉及内容管理和云计算。

在个人和企业存储的大量数据中，传统关系型数据库管理系统（Relational Database Management System，RDBMS）处理的结构化数据仅占数据信息总量的20%左右，超过80%的信息是纸上的文件、报告、视频和音频文件、照片、传真件、信件等非结构化数据。科学管理和合理开发这些内部和外部信息资源已经成为企业正确决策和增强竞争力的关键。为了促进个人和企业对混乱的信息内容进行管理，以便提高信息内容的实时性、正确性、重用性、安全性和高弹性，就出现了内容管理。内容管理就是对各种非结构化或半结构化的数字资源进行采集、利用、传递和增值，并且集成到ERP（Enterprise Resource Planning，企业资源计划）、CRM（Customer Relationship Management，客户关系管理）等结构化数据的系统中，为应用系统提供更加广泛的数据来源。对于单个组织来说，一般具有内容条目、内容类型、内容分区、内容分类、生存周期、工作流、元素、模板、版本信息、内容创作工具等10个方面的内容管理要素。在内容管理领域，国内外软件厂商开发了安全内容管理、电子文件管理、电子表单管理、全文检索等系列产品，创新了面向电子政务和电子商务的应用解决方案。

在个人计算机时代，随着计算机越来越普及，用户期待计算机之间能够实现互联互通，由此，出现了互联网的概念。在计算机实现互联互通之后，计算机网络上存有的信息越来越多，用户却无法用便利和统一的方式来发布、交换信息和获取其他计算机上的信息，因此，出现了实现计算机信息无缝交换的万维网概念。万维网形成之后，信息越来越多，人类进入信息爆炸时代，从而产生了在互联网和万维网的基础上直接面向用户需要提供服务的云计算概念。云计算技术在分布式计算、并行计算、网格计算的基础上形成一种新型计算模型，提供了安全可靠的数据储存、强大的计算能力和方便快捷的互联网服务。

三、区块链技术

2008年11月1日，一个自称中本聪的人发表了《比特币：一种点对点的电子现金系统》一文，阐述了基于P2P网络技术、加密技术、时间戳技术、区块链技术等电子现金系统的构架理念，这标志着比特币的诞生。两个月后理论步入实践，2009年1月3日第一个序号为0的创世区块诞生。几天后的2009年1月9日出现序号为1的区块，并与序号为0的创世区块相连接形成了链，标志着区块链的诞生。

区块链是分布式数据存储、点对点传输、共识机制、加密算法等计算机技术的新型应用模式。一般说来，区块链系统由数据层、网络层、共识层、激励层、合约层和应用层组成。基于时间戳的链式区块结构、分布式节点的共识机制、基于共识算力的经济激励和灵活可编程的智能合约是区块链技术最具代表性的创新点。区块链是一种新型去中心化协议，能安全地存储比特币交易或其他数据，信息不可伪造和篡改，可以自动执行智能合约，无须任何中心化机构的审核。交易的既可以是比特币这样的数字货币，也可以是债权、股权、版权等数字资产，区块链技术解决了拜占庭将军问题，大大降低了现实经济的信任成本与会计成本，重新定义了互联网时代的产权制度。

区块链体系的核心优势主要包括：①任何节点都可以创建交易，在经过一段时间的确认之后，就可以合理地确认该交易是否为有效，区块链可有效地防止双花问题的发生；②试图重写或者修改交易记录的成本是非常高的；③区块链实现了两种记录——交易（transactions）以及区块（blocks）。交易是被存储在区块链上的实际数据，而区块则是记录确认某些交易是在何时，以及以何种顺序成为区块链数据库的一部分。交易是由参与者在正常过程中使用系统所创建的（在加密数字货币的例子中，一笔交易是由A将代币发送给B所创建的），而区块则是由我们称之为矿工（miners）的单位负责创建。

区块链技术具有去中心化、开放性、自治性、信息不可篡改和匿名性的基本特质。这5个基本特质构成了区块链改造传统应用场景的基石。区块链能够解决的一个关键问题是信用建立的高成本问题。通过去中心化的架构使得系统参与方共同维护一套以技术标准为约束制度的信用体系，这套信用体系无须人为参与，全部依靠技术手段，同时技术手段也能够保障信用体系不被篡改和破坏。因此传统行业中凡是与信用和认证相关的场景，都能够通过区块链技术解决其经营过程中产生的经济、时间、人力、风险等成本问题。在传统系统的应用场景中，通常有一个中心化的数据库，管理方负责系统管理，信息封闭且加密，管理方能够通过技术手段修改数据库内容，所有交易数据全部实名。可以看出两者在关键性质上呈现出截然相反的表现，这也是区块链能够颠覆性地解决问题的原因。

区块链技术作为数字货币的底层技术，已引起了金融世界的高度重视，包括高盛、摩根大通、汇丰银行、花旗银行、纽约梅隆银行、巴克莱银行、瑞士银行、苏格兰皇家银行、摩根士丹利在内的众多金融机构，都与区块链公司进行了合作，研究区块链技术在金融市场的应用。世界经济论坛更是大胆预测，到2027年世界GDP的10%将被存储在区块链网络上。

中国国家互联网信息办公室2019年1月10日发布了《区块链信息服务管理规定》，2019年2月15日开始施行。区块链的分布式架构、信任机制和不可篡改的优势能够解决当前旅游业的跨境支付清算的众多痛点，对促进国际旅游的可持续高质量发展具有重要意义。

四、"星链"技术

"星链"（Starlink），是埃隆·马斯克2002年6月建立的美国太空探索技术公司（SpaceX）的一个项目。SpaceX计划在2019年至2024年在太空搭建由约1.2万颗卫星组成的"星链"网络以提供互联网服务，其中1584颗将部署在地球上空550千米处的近地轨道，并从2020年开始工作。

据有关文件显示，该公司还准备再增加3万颗卫星，使卫星总量达到约4.2万颗，2021年3月11日，SpaceX的猎鹰9号运载火箭携带一组60颗"星链"互联网卫星在美国佛罗里达州发射升空。2021年5月5日，SpaceX发射了60颗"星链"卫星。2021年5月15日，SpaceX使用八手火箭发射52颗"星链"卫星。2021年9月13日晚，SpaceX宣布，成功发射猎鹰9号运载火箭，将新一批51颗"星链"卫星送入轨道。2021年11月13日，SpaceX在美国佛罗里达州卡纳维拉尔角航天发射场发射了一枚猎鹰9火箭，该火箭搭载有53颗"星链"互联网通信卫星。2022年5月22日，SpaceX的"星链"卫星互联网服务又取得了阶段性成果，测速显示，该服务下载速度达到了301 Mbps。截至2022年3月，SpaceX已累计发射2000多颗"星链"卫星，为美国、英国、加拿大、澳大利亚、新西兰和墨西哥等国的25万名用户提供互联网接入服务。2022年7月，负责管理全美广播、电视、通信业的美国联邦通信委员会（FCC）批准SpaceX公司的"星链"卫星通信网络连接汽车、船舶、飞机等交通工具。

尽管"星链"被定义为商业卫星网络，但其军事用途也不可忽视。"星链"卫星的应用范围包括通信传输、卫星成像、遥感探测等。这些应用同样适用于军事领域，并能进一步增强美军作战能力，包括通信水平、全地域、全天时侦察能力，空间态势感知能力和天基防御打击能力等。另外，"星链"计划的卫星网络还可以解决美国本土与海外军事基地的无缝连接问题，以及困扰美国防部许久的5G网络建设中的既有频谱占用和腾退问题等。目前，美陆、空军已分别与太空探索技术公司展开合作，探索利用"星链"卫星开展军事服务的方式。近年来，"星链"计划的在轨卫星不断增加，给他国太空活动带来诸多影响，诸如给其他国家和平利用太空带来威胁，引发各国对近地轨道频谱资源的竞争，对世界天文探索和天文观测造成极大影响。"星链"技术面向全球商业用户开放，将深度影响旅游业尤其是智慧旅游业的发展进程。

五、ChatGPT

2022年11月30日，美国人工智能研究实验室OpenAI推出了一种人工智能技术驱动的自然语言处理工具ChatGPT。这种工具使用了Transformer神经网络架构，也就是GPT-3.5架构，这是一种用于处理序列数据的模型。通过对超过1万亿个人类词汇和1700亿个模型参数进行高效迭代训练，ChatGPT具备强大的自我学习、推理和归纳总结能力，拥有语言理解和文本生成能力，尤其是它会通过连接大量的语料库来训练模型，通过学习和理解人类的语言来进行对话，这使得ChatGPT具备上知天文下知地理，还能根据聊天的上下文进行互动的能力，做到与真正人类一样进行聊天场景的连续对话交流。ChatGPT不单是聊天机器人模型，甚至还能通过"学习"和"理解"人类语言，完成撰写报告、邮件、视频脚本、文案、翻译、代码、创作诗歌等复杂任务，预示着人工智能技术应用将进入快车道。截至2023年1月，美国89%的大学生都在用ChatGPT做作业。

ChatGPT作为优化对话的语言模型，具有同类产品具备的一些特性，例如对话能力，能够在同一个会话期间内回答上下文相关的后续问题。ChatGPT之所以在短时间内引爆全球，是因为ChatGPT的应用场景可以用来开发聊天机器人，也可以编写和调试计算机程序，还可以进行文学、媒体相关领域的创作，包括创作音乐、电视剧、童话故事、诗歌和歌词等等。在某些测试情境下，ChatGPT在教育、考试、回答测试问题方面的表现甚至优于普通人类测试者。2023年2月，媒体报道，欧盟负责内部市场的委员蒂埃里·布雷东日前就"聊天生成预训练转换器"发表评论说，这类人工智能技术可能为商业和民生带来巨大的机遇，但同时也伴随着风险，因此欧盟正在考虑设立规章制度，以规范人工智能技术的使用，确保向用户提供高质量、有价值的信息和数据。

ChatGPT可以理解为一个高情商、理性且学识渊博的聊天机器人，归纳学习能力强，但在宏观经济预测、大类资产价格走势等专业领域尚不具备预测能力。在可预见的未来，ChatGPT将在养老、教育、医疗、内容创作等领域实现广泛的应用，在很多传统领域会产生劳动力替代，但也会产生很多新的就业机会。ChatGPT技术的普及，将全面颠覆现有的在线社交场景应用方式，改变人们获得信息、在线交流、决策行为和消费体验的逻辑和路径，直接影响旅游业的运行机制和管理模式。

六、智慧旅游

随着移动终端、云服务平台、区块链、"星链"、ChatGPT等技术的普及，旅游业迎来了通过互联网、物联网、通信平台、运营商构建综合性旅游信息服务体系的机会，产生了如图9-1所示的智慧旅游应用体系。智慧旅游与旅游信息化既有联系又有区别。信息化是旅游信息化的基础，旅游信息化是智慧旅游的过程。数字旅游和智能旅游是技术范畴，代表着旅游信息化的发展阶段。智慧主要强调技术对人们产生的效果，所以，数字旅游和智能旅游是智慧旅游的重要组成部分。

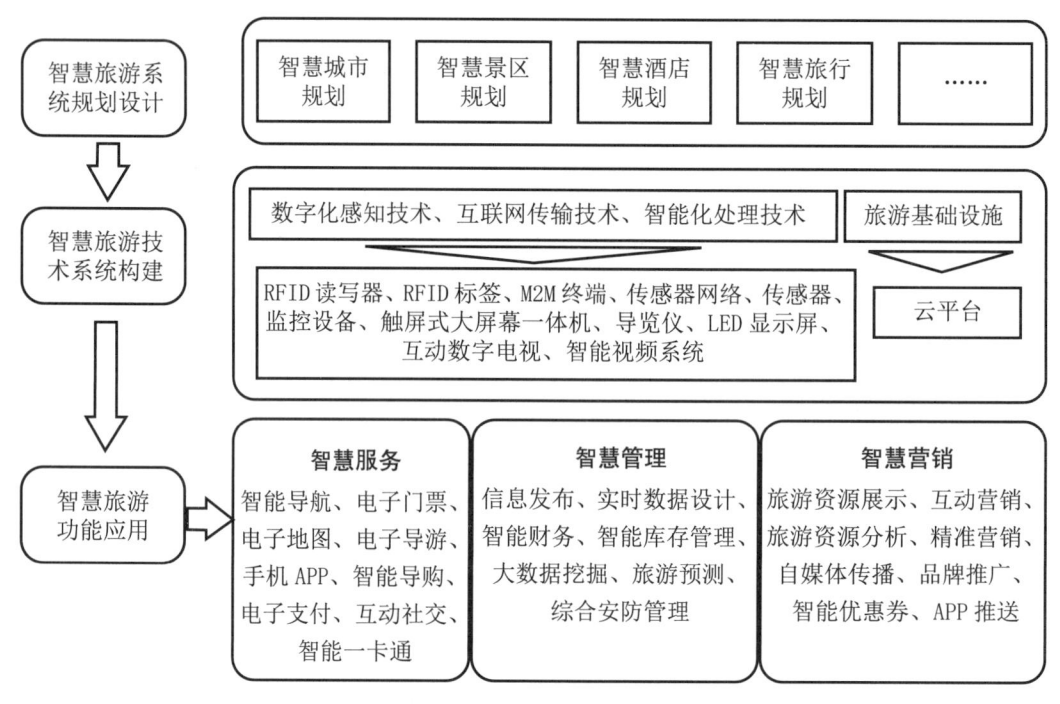

```
┌──────────────┐    ┌──────────────────────────────────────────────────────────┐
│ 智慧旅游系   │    │ 智慧城市   智慧景区   智慧酒店   智慧旅行              │
│ 统规划设计   │    │ 规划        规划        规划        规划        ……      │
└──────┬───────┘    └──────────────────────────────────────────────────────────┘
       ↓
┌──────────────┐    ┌──────────────────────────────────────────┐  ┌──────────┐
│ 智慧旅游技   │    │ 数字化感知技术、互联网传输技术、智能化处理技术 │  │旅游基础设施│
│ 术系统构建   │    ├──────────────────────────────────────────┤  └────┬─────┘
│              │    │ RFID 读写器、RFID 标签、M2M 终端、       │       ↓
│              │    │ 传感器网络、传感器、                      │  ┌──────────┐
│              │    │ 监控设备、触屏式大屏幕一体机、导览仪、LED 显示屏、│  │  云平台  │
│              │    │ 互动数字电视、智能视频系统                │  └──────────┘
└──────┬───────┘    └──────────────────────────────────────────┘
       ↓
┌──────────────┐    ┌─────────────────┬─────────────────┬─────────────────┐
│ 智慧旅游     │    │ 智慧服务        │ 智慧管理        │ 智慧营销        │
│ 功能应用     │ →  │ 智能导航、电子门票、│信息发布、实时数据设计、│旅游资源展示、互动营销、│
│              │    │ 电子地图、电子导游、│智能财务、智能库存管理、│旅游资源分析、精准营销、│
│              │    │ 手机 APP、智能导购、│大数据挖掘、旅游预测、│自媒体传播、品牌推广、│
│              │    │ 电子支付、互动社交、│综合安防管理         │智能优惠券、APP 推送 │
│              │    │ 智能一卡通         │                   │                   │
└──────────────┘    └─────────────────┴─────────────────┴─────────────────┘
```

图 9-1 智慧旅游应用构建流程框图

智慧旅游是解决旅游者对个性化旅游信息精准需求与信息海量增长之间矛盾的旅游信息服务。智慧旅游建设具有横向能贯穿、纵向能融合、外围能扩展、整体能对接的特点，核心是以游客为本的高效旅游信息化服务。"横向能贯穿"就是能充分挖掘旅游信息资源，全面覆盖旅游者、旅游经营者、旅游管理者和旅游地居民的主体需要，提供系统的旅游信息应用服务；"纵向能融合"就是为旅游利益相关者提供技术上同步、功能上协同、执行上互动、数据上共享的有效旅游需求和有序旅游供给；"外围能扩展"就是综合性旅游业在扩展和融合的过程中可以与关联性产业的智慧系统实现协同共享；"整体能对接"就是作为战略性支柱产业的旅游业在智慧旅游建设中可以与智慧城市等社会智慧系统实现无缝对接。智慧旅游以云计算为基础，以人工智能和移动终端应用为核心，以物联感知层、网络通信层、数据和服务支撑层、智慧应用层为内容，通过采用新一代信息技术整合旅游产业链，构建智慧旅游标准规范体系、智慧旅游安全保障体系、智慧旅游建设管理体系和智慧旅游产业运行体系，实现旅游服务、旅游管理和旅游营销三大功能的最优化，提升旅游业的有序供给，满足旅游者日益增长的有效需求，推动国民经济实现高质量的可持续发展。

第二节　智慧旅游的移动通信技术

一、从移动网络到智能终端

1. 移动网络

随着蜂窝技术的快速发展，世界范围内的电信环境发生了巨大的变化，用户彻底摆脱了终端设备的束缚，实现了个人移动性、可靠传输手段和接续方式的完整融合。不断完善的移动接入网络，不断提高的移动通信速率，不断增强的移动终端性能，促进手机开始承担语音通话、文字短信之外的更多功能，演变成为人们工作生活中必不可少的工具。在这种移动网络条件下，智慧旅游对于提升旅游者的旅游体验和满意度具有决定性意义。

移动网络是mobile web的中文译名，指基于浏览器的Web服务，一般不把它等同于移动互联网。移动网络主要使用手机、掌上电脑和其他便携式工具等移动设备连接到公共网络，这种连接不需要台式电脑，没有固定连接。

智能手机不仅能够满足最基本的语音通信功能，还可以提供MMS、LBS、资料下载与网上冲浪、网上游戏、数据多媒体等各种速率的移动数据业务功能，还能够提供蓝牙、WLAN等多种无线接入方式的移动应用解决方案功能。随着芯片运算速度的提高和存储容量的增大，手机具备了更强大的计算能力，更加优化的移动网络、终端和编码技术应用解决方案，让视音频实现了实时多媒体压缩传输的技术目标。

随着通信技术的代际更迭，不需要电缆的超高速无线网络将使手机用户以无线和三维空间虚拟实境连线，随时随地享受速度更快、频谱更宽、通信方式更灵活、智能性更高、兼容性更强、增值服务更多、费用更加便宜的高质量电信服务。从雅虎（Yahoo）到谷歌（Google），再到脸书（Facebook）所代表的网络技术可以看到，智慧旅游将在更加优越的移动网络条件下获得更加快速、更加方便、更加系统、更加协同的运作效能和实施效果。

2. 社交网络

随着以Facebook和Twitter（推特）为代表的网站应用脱颖而出，越来越多"以人为本"的网络互动模式和商业模式被创新出来，一个属于社交网络的时代来临了。

数学领域里有一个人际关系的小世界猜想：一个人最多通过六个人就能够认识任何一个陌生人。这个猜想就是六度分割理论（Six Degrees of Separation）。六度分割理论包含着两个含义：一是地球上任意两人（用户）都可以通过社交网络建立联系，从而保证了这样的网络具有覆盖的广泛性；二是信息到达任意一个节点（用户）的过程不超过六次传递。从信息传递效率角度讲，这充分说明了社交网络区别于机器网络的巨大价值。

一个典型的社交网络就是其全部用户的个人主页的集合。个人主页是用户在社交网络上的具象化展现，其内容包括用户的基本信息与资料、职业、兴趣爱好、个人状态、微博、日志、相册、用户在该网络上全部行为的动态记录以及好友用户的动态行为记录，网站还会在个人页面的显著位置展示出最近来访的好友消息。这些元素导致用户只需要停留在自己的个人主页面上就可以完成与网站几乎一切交互——发布内容和浏览他人内容。

在社交网络中，最基本的用户关系是"好友"，双向认证的好友决定了用户的圈子大小，实名制注册使"好友"具备了真实社会化属性和更强的信任关系，从而为社交网络建立起更加强大的用户黏性，并利用六度分割理论迅速扩张用户数量。与真实社会类似，社交网络中作为平等节点的用户其实具有不对等的信息传递关系，也就是意见领袖与聆听者的关系。由此产生了无须获得对方认可即可关注对方所有动态的单向机制，由于六度分割理论的作用，单向机制可以快速地建立弱关系的单向关系。在新型社交网络上，单向机制被发展为"关注"（follow）机制，每个用户都可以自由地关注别人，也可以拥有关注自己的"粉丝"。关注机制更大程度上激发了用户对于"被关注"的渴望，进一步转化成为"分享"原创内容的强大动力。分享功能真正意义上发掘出社交网络的超强实力，基于用户自主分享行为的信息传播意味着极低的营销成本和良好的口碑营销效果，社交网络营销成为拟人化品牌形象的精准营销平台。依靠用户关系网络传播信息只是社交网络成功的部分原因，通过社会群体智慧帮助人们发现价值从而传递价值才是社交网络的核心所在。

3. 移动定位

1996年，美国联邦通信委员会下达了要求移动运营商为移动电话用户提供紧急求援服务（E-911）的指示。这个指示实际上就要求对所有移动电话用户实现定位功能。1999年，美国联邦通信委员会对定位精度提出了新的要求。这些举措客观上促进了紧急求救电话服务、物流管理、商业求助电话服务、个人问询服务、车辆导航服务、特定跟踪服务等定位技术及其服务业务的快速发展。2004年，在国际上的各种移动通信业务用户数量排名中，定位业务已经超过移动电子商务、移动银行等增值业务，仅低于语音业务而位居第二，代表着移动技术发展进入一个新阶段。

当移动终端接入一个无线通信网络的时候，终端需要和网络中的接入节点（基站）建立通信连接，通过对点对点之间无线电波的一些参数（信号强度、信号到达角度、信号到达时间等）进行测量，就可以计算出移动终端与这些基站之间的相对位置关系。由于网络中基站的地理位置一般是固定且可以获知的，通过一定的算法就可以对移动终端的位置进行求解或估算。这就是移动定位技术的基本原理。在实际应用中，根据应用环境和定位精度要求，可以选择使用不同的移动定位技术，而与之对应的则是不同的接入网络和终端通信能力。

按照提供服务的方式，移动定位技术可以划分为基于移动终端的定位系统、基于移动网络的定位系统以及把两者结合起来的混合定位系统。基于移动终端的定位系统一般是某个企业和政府部门自己使用的定位系统，基于移动网络的定位系统一般由移动服务商提供的。

目前，卫星定位技术、蜂窝定位技术、基站定位技术、Wi-Fi（无线通信技术）定位技术就是常用的基于移动网络的定位系统。一般情况下，主要由5个定位技术支持着基于移动网络的定位系统：

基于Cell-ID的定位技术 该技术又称起源蜂窝小区定位技术。每个小区都有自己特定的小区标识号（Cell-ID），当进入某一小区时，移动终端要在当前小区进行注册，系统的数据中就会有相应的小区ID标识。系统根据采集到的移动终端所处小区的标识号来确定移动终端用户的位置。这种定位技术在小区密集的地区精度相对较高，容易实现，无需对现有网络和手机做较大的改动，所以得到了广泛的应用。

到达时间（Time of Arrival，TOA）定位技术 移动终端发射测量信号到达3个以上基站，通过测量到达所用的时间（须保证时间同步），并施以特定算法的计算，实现对移动终端的定位。在该算法中，移动终端位于以基站为圆心，移动终端和基站之间的电波传输距离为半径的圆上，三个圆的交点即为移动终端所在的位置。

到达时间差（Time Difference of Arrival，TDOA）定位技术 移动终端对基站进行监听并测量出信号到达两个基站的时间差，每两个基站得到一个测量值，形成一个双曲线定位区，这样，3个基站得到2个双曲线定位区，求解出它们的交结点并施以附加条件就可以得到移动终端的确切位置。由于所测量为时间差而非绝对时间，不必满足时间同步的要求，所以TDOA备受关注。

增强型观测时间差（Enhanced-Observed Time Difference，E-OTD）定位技术 在无线网络中放置若干位置接收器或参考点作为位置测量单元（Inertial Measurement Unit，LMU），参考点都有一个精确的定时源，当具有E-OTD功能的手机和LMU接收到3个以上的基站信号时，每个基站信号到达两者的时间差将被算出来，从而估算出手机所处的位置。这项技术定位精度较高，但硬件实现比较复杂。

角度达到（Angle of Arrival，AOA）定位技术 这种定位技术的首要条件是基站需装设阵列智能天线。通过这种天线测出基站与发送信号的移动终端之间的角度，进一步确定两者之间的连线，这样移动终端与两个基站可得到两条连线，交点即为待测移动终端的位置。这项技术的缺点是对智能天线的要求比较高，且有定位盲点。

实际上，基于各类短距离无线通信技术的定位技术应用更加广泛。从应用角度出发，这些技术被称之为室内定位技术。目前，主要有5种应用比较广泛的室内定位技术：

光跟踪定位系统 这个系统种类繁多，但要求所跟踪的目标和探测器之间都是线性可视的的，这就把它的应用局限到了室内范围，而且必须保证所监测的目标是不透明的。在视频监视系统中，往往在被监控的环境中安装多台摄像设备，这些摄像设备可连接到一台或几台视频监控器上，通过视频监控器，对观察对象进行实时动态监控，有的甚至可以进行必要的数据存储。光定位技术也被应用于机器人系统，通过固定的红外线摄像机和很多红外线发光二极管的一系列协同配合，达到定位目的。

室内GPS定位技术 当GPS接收机在室内工作时，由于信号受建筑物的影响而大大衰减到十分微弱的地步，要想像室外一样直接从卫星广播中提取导航数据和时间信息是不可能的。为了得到较高的信号灵敏度，就需要延长在每个码延迟上的停留时间，A-GPS技术为这个问题的解决提供了可能性。室内GPS技术采用大量的相关器并行地搜索可能的延迟码，同时，也有助于实现快速定位。这种室内GPS定位技术由于需要在手机内集成GPS接收器，因此具有应用受限性，为此，把具有该功能的手机价格降到人们可以承受的范围内成了室内GPS技术追求的目标之一。普通GPS接收机正朝着单片机的方向发展，并努力实现把GPS的RF电路和多相关器电路集成入手机现存的RF芯片和综合数字芯片中。

超声波定位技术　目前，市场上的超声波收发器技术成熟且价格低廉，因而应用较为广泛。超声波测距大都采用反射式测距法，即发射超声波并接收由被测物产生回波，根据回波与发射波的时间差计算出待测距离，有的则采用单向测距法。超声波定位系统可由若干个应答器和一个主测距器组成，主测距器放置在被测物体上，在微机指令信号的作用下向位置固定的应答器发射同频率的无线电信号，应答器在收到无线电信号后同时向主测距器发射超声波信号，得到主测距器与各个应答器之间的距离。当同时有三个或三个以上不在同一直线上的应答器做出回应时，可以根据相关计算确定出被测物体所在的二维坐标系下的位置。

蓝牙技术　这是一种短距离低功耗的无线传输技术，支持点到点、点到多点的话音和数据业务，实现不同设备之间的短距离无线互联。在室内安装适当的蓝牙局域网接入点，把网络配置成基于多用户的基础网络连接模式，并保证蓝牙局域网接入点始终是这个微微网（piconet）的主设备（master），就可以获得用户的位置信息，实现利用蓝牙技术定位的目的。采用蓝牙定位技术的优点是容易发现设备且信号传输不受视距的影响，缺点是稳定性容易受到噪音信号的干扰。

射频识别技术（Radio Frequency Identification，RFID）　射频识别是一种无线通信技术，俗称电子标签。射频一般是1~100 GHz的微波，适用于短距离的自动识别通信。射频标签是物品电子代码（Electronic Product Code，EPC）的物理载体，附着于可跟踪的物品上，可全球流通，通过无线电讯号识别特定目标并读写相关数据，而无须识别系统与特定目标之间建立机械或者光学接触。一套完整的射频识别技术系统是由阅读器与电子标签也就是所谓的应答器及应用软件系统三个部分所组成，其工作原理是阅读器发射一特定频率的无线电波能量，用以驱动电路将内部的数据送出，此时阅读器便依序接收解读数据，送给应用程序做相应的处理。射频标签包含了电子存储的信息，数米之内都可以识别。与条形码不同的是，射频标签不需要处在识别器视线之内，也可以嵌入被追踪物体之内。交互关联的性能特点和动态实时通信的技术优势，促进了射频识别技术的大幅度发展和广泛应用。

4. 智能终端

智能手机和平板电脑的超强便携性，为基于移动互联网的APP智能终端等提供了坚实的技术支撑。移动通信技术在旅游活动中应用越来越广泛，主要体现在6个方面：

基于电子地图的路径导航与位置服务　移动终端上的电子地图让旅游者了解所处的环境，内置的移动定位传感器让旅游者随时随地自由选择最优旅游线路，搜索周边"吃住行游购娱"的旅游供给信息，为旅游消费提供行动指南。

基于语音语义识别技术的即时翻译　旅游者离开常住地前往异地旅游，语言是自助出游的主要障碍。目前，语音处理技术就像"机器的听觉系统"，可以识别与理解几十个国家和地区的民族语言，对识别出的语言进行翻译判断，用旅游者熟悉的语言显示出来，真正实现语言沟通无障碍。语音处理技术涉及四类信息技术。第一类是信息时代的译员的基础知识，包括文字编码、文字录入、语音输入、光学字符识别、文件管理、印刷排版、电子信息出版和信息建构等方面的计算机基础知识和网络技术工具。第二类是翻译过程和翻译研究的信息辅助技术，包括语料库技术、互联网搜索引擎、特定互联网信息服务、电子词典和电子工具书，以及其他类型的电子辅助工具。第三类是计算机辅助翻译技术，包括翻译记忆、术语管理、机器翻译、质量保证等方面的工具书。第四类是团队翻译管理的辅助工具。

基于社交网络的新奇发现和体验分享　在旅游过程中，随时随地登录社交网络，建立围绕主题旅游线路和旅游目的地的圈子群组，可以查看别人的新奇发现、旅游感悟、消费点评和攻略建议，也可以在自助出游过程中拼车出行和拼团消费，还可以把旅途中拍摄的照片和记录的心情实时发布到自己喜欢的社交网络上去，将旅游体验和情境状态即时分享给远方的家人和朋友。

基于移动支付技术的消费体验　目前，可以把常用银行卡、会员积分卡、交通旅游卡和预订支付凭证等个人信息自动接入移动智能手机，实行分类管理，既方便又安全地完成"吃住行游购娱"的旅游消费，还可以关注旅游服务商的活动信息或者在其合作商家进行位置签到获得额外的价格优惠。只要手机在手，乘坐交通工具、入园景区、入住酒店、用餐、购物、娱乐都可以电子支付，全方位地提高旅游活动的体验质量。

基于定位服务的客流监控和救援服务　通过基于位置的移动定位技术，就可以实时测算景区内旅游者的数量，根据景区承载量管理标准，旅游部门可以向旅游者发布预警信息或者采取限流措施，旅游者可以重新安排旅游线路或者错峰旅游。旅游部门还可以利用历史数据实施旅游旺季的信息预报、出游提示和事项指引。由于移动定位技术的普及，旅游者遇到险情或者特殊情况，就可以通过手机的定位报警功能寻求警务中心和急救中心的旅游救援，极大地提高了救援的成功率。

基于移动定位的客源分析和消费研究　利用移动定位技术，结合图像分析和人脸识别技术，可以对旅客数量、旅游行为、来源地、性别、年龄等信息进行数据挖掘和统计分析，并通过多终端实时展现。针对旅游者不同的旅游消费特征，制定相关的接待服务策略，为旅游者提供定制化的旅游攻略，实现有效旅游消费与有序旅游供给的精准对接，从而促进旅游部门提高决策水平和管理能力。

二、从智能技术到旅游智能化

1. 智能技术

随着现代通信技术、计算机网络技术以及现场控制技术的飞速发展，数字化、网络化和信息化日益融入现实生活之中。随着时代变迁，人们对生活质量提出了更高的要求，智能技术就是在这一背景下产生的，而且需求日益增长，智能化水平不断提高。

智能技术是为了有效地达到某种预期的目的，利用知识所采用的各种方法和手段，主要体现在计算机技术、精密传感技术、GPS定位技术、智能控制技术等方面的综合应用。智能化是指事物在网络、大数据、物联网和人工智能等技术的支持下，所具有的能动地满足人的各种需求的属性。比如无人驾驶汽车，就是一种智能化的事物，它将传感器物联网、移动互联网、大数据分析等技术融为一体，从而能动地满足人的出行需求。

2. 智能管理

智能，中国历史上早有实践和论述，如《周易》的八卦，其卦象方位是人类空间智能的体现，而卦爻的演变，又是人类数理逻辑智能的演绎。春秋战国时期，老子《道德经》中的"知人者智，自知者明。胜人者力，自胜者强"，其中就包含人对智能运用的哲理。"存心养性，明心见性，修心炼性"，儒释道三家对贯通人心性的论述，其实就是指开发人的智能。"内圣外王之道"，这儒道法三家思想结合的产物也是立足于对智能的修养。智能不同角度的论述，在中国古代经史子集中可谓比比皆是。

智能管理是人工智能与管理科学、知识工程与系统工程、计算技术与通信技术、软件工程与信息工程等多学科、多技术相互结合、相互渗透而产生的一门新技术和新学科。它研究如何提高计算机管理系统的智能水平，以及智能管理系统的设计理论、方法与实现技术。智能管理是现代管理科学技术发展的新动向。智能管理系统是在管理信息系统、办公自动化系统、决策支持系统的功能集成、技术集成的基础上，应用人工智能专家系统、知识工程、模式识别、人工神经网络等方法和技术进行智能化、集成化、协调化设计并实现的新一代计算机管理系统。智能管理在旅游业管理中发挥着越来越重要的作用。

3. 智能旅游

智能旅游主要是将智能化、信息化技术运用到旅游管理和服务的过程中，注重细节上的创新应用，以提升旅游管理效率和旅游服务质量。旅游智能化是智能化系统应用于旅游业产生的作用和效果，是旅游信息化发展的高级阶段。旅游智能化主要解决旅游资源的有效配置和旅游产业的有序运行问题，也就是通过解决旅游产业中各个要素之间的结构和关系问题，全面提升旅游产业的核心竞争力。

一个旅游目的地的旅游网站内容充实程度、网速、可信度和链接等要素体现了这个地区的旅游业发展水平。具体实践中，旅游业通过旅游网站、移动终端和新技术实现旅游智能化。中国旅游网站分为政府门户网站和商业网站。政府门户网站由政府主导建设，一般由旅游政务网和旅游资讯网组成，主要用于政府旅游部门发布信息、网上办公、数据统计、旅游咨询和发布旅游产品订购链接。旅游商业网站是由市场主导发展的，一般分为旅游企业自建网站和平台式旅游商业网站，主要是实现线上线下互动营销。旅游移动终端主要是指利用无线通信技术、语言合成技术、图像传输技术、地理定位系统等信息技术实现为旅游者随时随地提供旅游信息服务的媒介，随着智能手机的普及，旅游移动终端的发展更加迅速，为旅游者和旅游业提供了更全面、更快捷、更生动的旅游信息服务。

第三节 智慧旅游的物联网技术

一、什么是物联网

1990年代，美国施乐公司开发出网络可乐贩售机，拉开了人类使用物联网的帷幕。

1999年，美国麻省理工学院研究员凯文·阿什顿（Kevin Ashton）提出了物联网的概念。物联网的英文名是Internet of Things（IOT），也称为Web of Things。凯文·阿什顿认为，计算机无须人工干预，最终能够自主产生和收集数据，让所有能够独立寻址的普通物理对象互联互通，从而推动物联网的诞生。

2005年，在突尼斯举行的信息社会世界峰会上，国际电信联盟发布了《ITU互联网报告2005：物联网》，正式提出了"物联网"的概念。主要是指依托射频识别（RFID）等信息传感技术和设备，将任何物品按照约定协议与网络进行连接和通信，从而构成"物物相连的网络"，实现物品信息的智能识别和管理。

2008年，美国国际商业机器公司（IBM）提出把新一代信息技术充分运用在各行各业之中，形成物联网的"智慧地球"被上升为美国国家战略。

2009年6月，欧盟委员会提出了《欧盟物流网行动计划》，以保障欧洲在组建物联网过程中发挥主导性的关键作用。

2009年8月，时任国务院总理的温家宝在考察无锡传感产业时提出要尽快建立"感知中国"中心，把新一代信息技术充分运用到各行各业之中去，把各种传感器装备到电网、铁路、桥梁、隧道、公路、建筑、供水系统、油气管道等领域中去，形成物联网，通过超级计算机和云计算机，将物联网整合起来。

与时俱进，"中国式标签"的物联网把当下涉及信息技术的应用都纳入到了物联网的范畴，具有网络化、物联化、感知化、自动化、智能化的基本特征。时至今日，在《中国制造2025》中，物联网已经是一个"中国制造"的概念。

二、物联网的体系架构

物联网是集成应用信息传感设备和技术，按照约定的协议，实时进行物与物、物与人、人与人之间的信息交换和通信，实现对物体和过程的智能化识别、定位、跟踪、监控和管理的综合服务网络体系。一般情况下，物联网就是利用传感器、射频识别技术、全球定位系统、红外线感应器、气体感应器、现代网络技术、人工智能和自动化技术等设备和技术，采集任何需要监控、连接、互动的物体或过程的声、光、电、热、力学、化学、生物、位置等信息，实现智能化的全程跟踪监管。从本质上讲，物联网是现代信息技术发展到一定阶段之后出现的一种集成应用和技术提升。如图9-2所示，物联网具有全面感知、可靠传输、智能处理三大特征，大致划分为感知层、网络层、应用层三个层次。

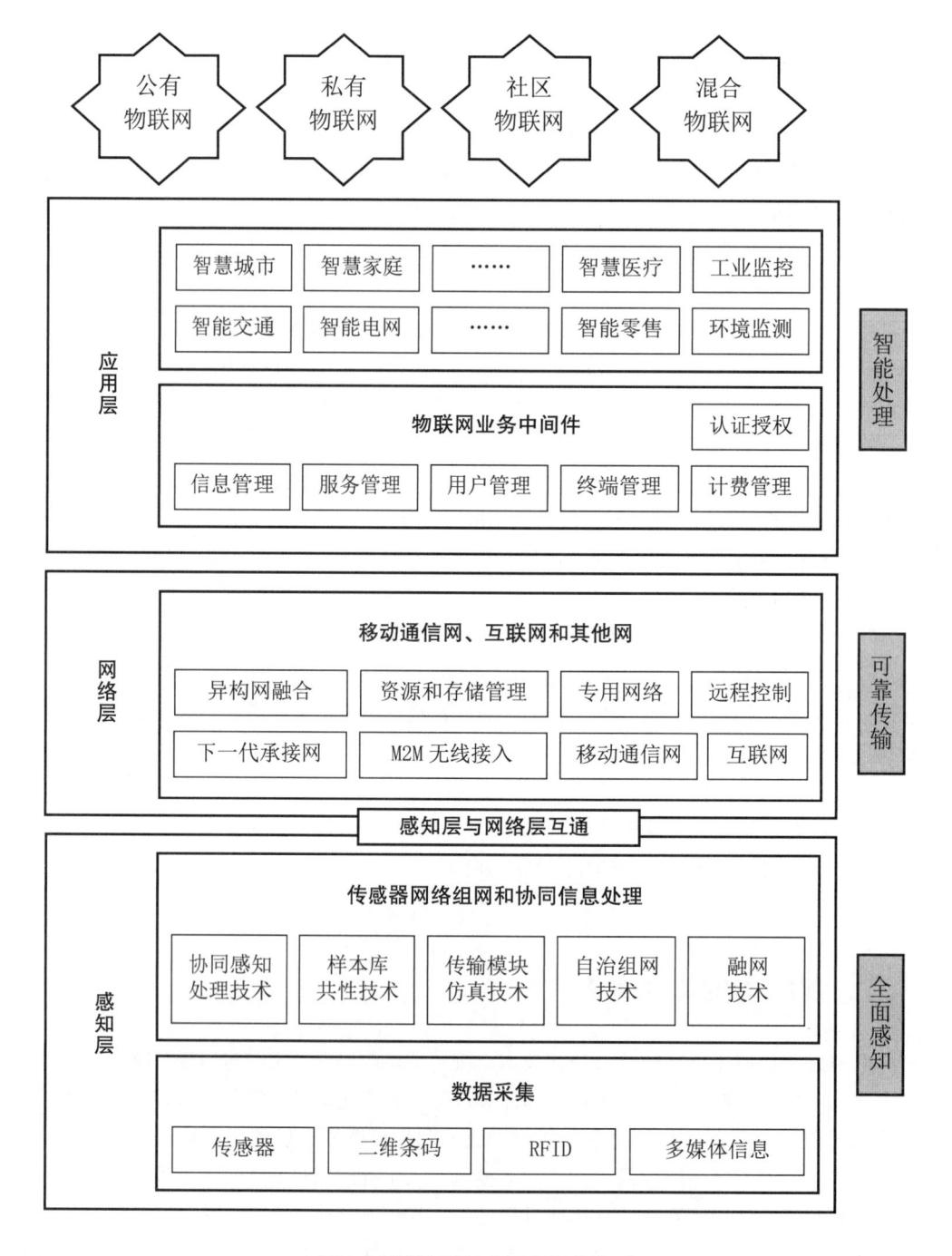

图9-2 物联网的综合服务网络体系

三、物联网的旅游应用

随着"互联网+"时代的到来,科技的研发成本正在降低,旅游的创新力量正在不断壮大。许多旅游目的地政府和旅游企业在其后端部署了物联网功能,不断强化智能设备、处理器、智能系统和人之间的连接互通,在飞机、高铁、观光车、出租车、景区、服务区、酒店、购物点之间形成串流,使旅游运作、旅游管理、旅游消费和支付方式等快速向精细化和个性化转变,深度改变着几乎每个层面的旅游体验。物联网作为智慧旅游的关键技术,自助导览、电子导航、一键导购、实时导流、快速分享、智能终端、网上支付等应用功能,让游客可以随时随地制定或改变旅游计划和行程,加强了游客、旅游企业、旅游服务区和旅游监管部门之间的互动联系,大幅度地提升旅游企业经济效益和旅游城市品牌形象,促进智慧旅游实现高质量的可持续发展。

第四节 智慧旅游的云计算技术

一、什么是云计算

云计算（cloud computing）是虚拟化（virtualization）、公用计算（utility computing）、IaaS（Infrastructure as a Service，基础设施即服务）、PaaS（Platform as a Service，平台即服务）、SaaS（Software as a Service，软件即服务）等概念混合演进并跃升的结果，或者说是并行计算（parallel computing）、分布式计算（distributed computing）、网格计算（grid computing）和效用计算（effect computing）等传统计算机和网络技术融合发展的产物。

云计算将所有的计算资源集中起来，使计算分布在大量的分布式计算机上，而非本地计算机或远程服务器中，并由软件将资源切换到需要的应用上，实现自我管理，根据需要访问计算机和存储系统。这使得应用提供者无须为烦琐的细节而烦恼，能够更专注于自己的核心业务，有利于降低成本和创新发展。

云计算可以说是网格计算的一个商业演化版，是一种通过网络将弹性可拓展的共享物理和虚拟资源池以按需自服务的方式提供和管理的模式。资源池具备自我管理能力，用户只需少量参与就可以方便、快捷地按需获取资源。这种资源池称为"云"，云是一种比喻说法，指提供资源的网络，通常包括计算服务器、存储服务器、宽带资源等的大型服务器集群。

云存储 云存储是指通过集群应用、网络技术或分布式文件系统等功能，将网络中大量各种不同类型的存储设备通过应用软件集合起来协同工作，共同对外提供数据存储和业务访问功能的一个系统。当云计算系统运算和处理的核心是大量数据的存储和管理的时候，云计算系统中就需要配置大量的存储设备，这样，云计算系统就转变成为一个云存储系统，所以，云存储是一个以数据存储和管理为核心的云计算系统。

云开发 云开发是规模经济的直接表现。对于开发者而言，升级一个云应用比传统的桌面软件更容易，只需要升级集中的应用程序，应用特征就能够快速顺利地得到更新，而不必逐一升级组织内每台台式机上的单独应用。有了云服务，一个改变就能够影响运行应用的每一个用户，从而大大地降低了开发者的工作量。对于应用者而言，利用云计算供应商提供的基础设施，与单一企业的开发相比，开发者能够提供更好、更便宜和更可靠的应用。如果需要，应用者能够利用云的全部资源而不需要投资类似的物理资源。云中的资源（硬件、平台、软件）不仅可以无限拓展，而且可以随时获取、按需使用、随时扩展、按使用付费，从而适配用户和业务量的快速变化。

云安全 云安全是云计算的基本前提条件。现实中，基于Web的云应用具有3个潜在的安全风险：一是云托管的应用和存储在少数情况下会产生的数据丢失问题；二是云计算宿主离线导致的事件；三是提供云服务的服务器被攻击导致的数据泄露。因此，为避免云服务的安全风险，就需要提供系统的云安全技术。

云计算 云计算是一种按使用量付费的模式，具有资源虚拟化、灵活定制、可拓展性、按需自服务、泛网络接入、快速弹性、按量计费等7个关键特征，IaaS、PaaS、SaaS等3层服务模式，公有云、私有云、社区云、混合云等4类"云"部署模式。归纳起来，云计算具有海量运算能力、资源对用户"透明"、高可靠性、高资源利用率、可伸缩性、快速自助服务、价格相对低廉等7个主要优势。

二、云计算的技术架构

技术架构不仅定义了系统内部各个模块之间是如何整合与协调的，而且方便大家更深入理解大型软件系统平台的复杂性和整体性。对于云计算而言，技术架构是非常重要的。目前，云计算的技术架构在整体上分为云服务和云管理两个部分。

在云服务方面，云计算主要是基于云为用户提供各种服务。如图9-3所示，现阶段，业界主要有IaaS、PaaS、SaaS等3层服务模式。一是基础设施即服务模式（IaaS），对应硬件层和虚拟层，主要作用是将各种底层的计算和存储等资源作为服务提供给用户，包括虚拟机资源服务、存储资源服务、Web存储服务、监控服务、IaaS服务管理等模块。二是平台即服务模式（PaaS），对应软件操作层、能力层和应用层，主要作用是将一个应用的开发和部署平台作为服务提供给用户，包括软件过程管理服务、开发测试平台服务、系统运行平台服务、PaaS服务管理等模块。三是软件即服务模式（SaaS），对应软件服务层，主要作用是将应用以基于Web的方式提供给用户，包括SaaS门户、SaaS平台与云管理平台的整合功能、基础SaaS软件服务、SaaS服务管理等模块。

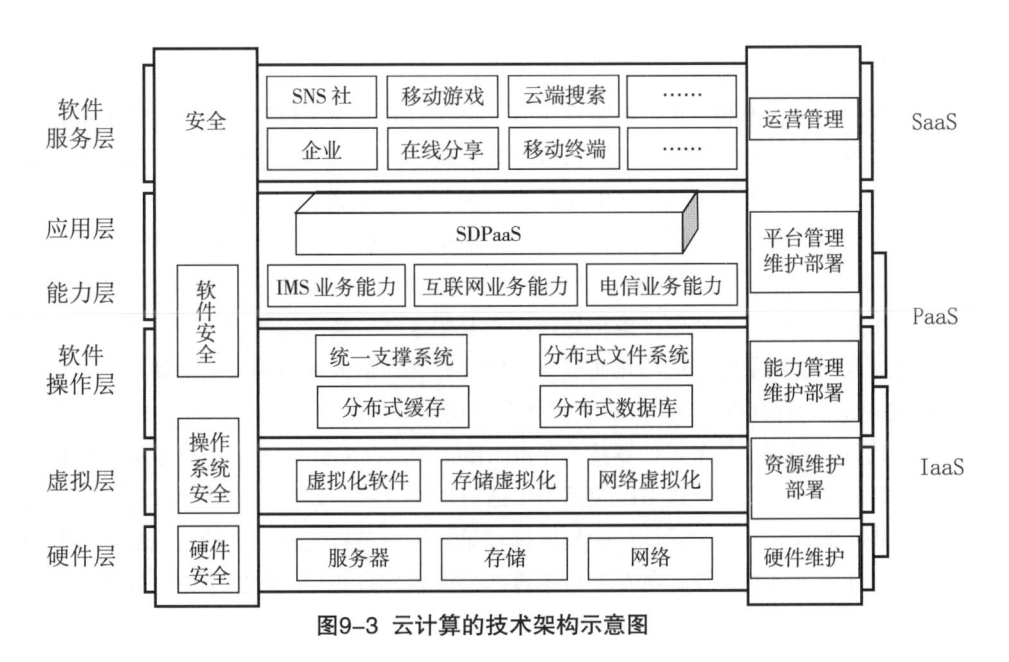

图9-3 云计算的技术架构示意图

云增加了管理的复杂性。社交网络、移动互联网、云计算等新兴技术催生了创新性的管理模式——云管理。对于云计算而言，云管理是云最核心的部分。云管理是云计算IT和应用平台的管理，是IaaS、PaaS、SaaS等3层服务的基础，也可以理解为是以云计算技术和其他相关技术为依托，为了实现经营管理的目的，通过集中式管理系统建立完善的数据体系和信息共享机制，其中集中式管理系统统一安装在云计算平台上，通过严密的权限管理和安全机制来实现数据和信息管理系统和过程。SOA面向服务架构和BPM业务流程管理是云管理的核心技术。

云管理层由用户层、机制层和检测层等构成。其中，用户层是由用户管理、客户支持、服务管理和计费管理等4个模块构成的，机制层是由运维管理、资源管理、安全管理和容灾管理等4个模块构成的，检测层是监控系统。检测层主要负责监控整个云计算平台运行的方方面面，并采集相关数据，以供用户层和机制层使用。全面监控云计算的运行主要涉及3个层面：①物理资源层面，主要监控CPU使用率、内存利用率和网络带宽利用率等物理资源的运行状况；②虚拟资源层面，主要是监控虚拟机的CPU使用率、内存利用率等虚拟资源的运行状况；③应用层面，主要记录应用每次请求的响应时间和吞吐量，以判断它们是否满足预先设定的SLA（Service Level Agreement，服务级别协议）。

三、云计算的关键技术

在云计算的发展过程中，有几项技术深刻地影响着云计算的研究和应用。其中，有两项技术最重要：一是支持动态扩展和配置应用的虚拟化技术；二是支持计算密集型应用的分布式计算技术。

虚拟化技术　虚拟化是一种资源管理技术，它将计算机的服务器、网络、内存、存储等各种实体资源予以抽象和转化之后呈现出来，从而打破实体结构之间不可切割的障碍，使用户充分整合与高效利用这些资源。可以理解为：虚拟化是资源的一种逻辑表达，并不会受限于物理资源；运行的环境不在真实的硬件上，而是在硬件之上的虚拟内存中的一段，或者说虚拟的环境中；虚拟化为数据、计算能力、存储资源等提供了一个逻辑视图，而不是物理视图；虚拟化的发展，大幅度地降低了IT硬件成本，减少了资源的浪费，提高了系统的稳定性和安全性。在实际的生产环境中，虚拟化技术主要用来解决高性能的物理硬件产能过剩和老旧硬件产能过低的重组重用，透明化底层物理硬件，从而最大化地利用物理硬件。目前，主要有服务器虚拟化、存储虚拟化、平台虚拟化和应用虚拟化。

分布式计算技术　分布式计算技术（distributed computation）是相对于集中式计算而言的一种计算方法，一个分布式系统包括若干通过网络互联的计算机，这些计算机互相配合以完成一个共同的目标。分布式计算的具体过程是将需要进行大量计算的目标数据分割成小模块，由多台计算机分别计算，再在上传运算结果后统一合并得出数据结论。这样可以节约整体计算时间，大大提高计算效率。在分布式系统上运行的计算机程序称为分布式计算程序，分布式编程就是编写这些程序的过程。分布式计算与集中式计算相比较，具有3个优点：一是共享稀有资源；二是在多台计算机上平衡负载；三是可以把程序放在最适合运行它的计算机上。分布式计算技术是实现云计算能力的核心支撑技术，通过分布式的服务器部署架构和基于多台计算机的并行计算机制，云计算平台就可以实现海量数据存储和数据分析，既节约了硬件资源，又提供了高性能服务。

四、云计算的旅游应用

云计算对旅游业具有变革性的深刻影响，主要体现在4个维度：

（1）旅游消费维度。随着智能手机的快速普及，旅游者基于互联网自主获取旅游消费信息越来越方便快捷，打破时空限制和量身定制的个性化需求快速增长。

（2）旅游供给维度。随着互联网技术的快速发展，从基础的订餐、订房、订票到GPS全程导航、实时在线导览、移动支付导购等，各种创新性的旅游产品和定制服务加速涌现出来。

（3）旅游支持维度。随着物联网技术的快速发展，多元化交通、互联网银行、垂直搜索引擎、在线旅游代理商、在线旅游社群等面向旅游者、旅游业和旅游公益组织的共享云服务平台加速发展起来。

（4）政府监管维度。随着电子政务向构建服务型政府方向发展，旅游行业政务信息化的高级阶段必将是海量数据信息的充分利用、分析挖掘和辅助决策，根据预测趋势和模拟预案，以"旅游公共服务"为核心的服务规范和管理流程的无缝整合，实现旅游服务与管理的决策科学化。

这4个维度的加速迭代变革，为云计算提升旅游业的服务能力和产品创新提供了战略机会，其意义在于全方位提高旅游业的资源利用率、服务效率和服务可用性。在此基础上构建旅游业云服务门户、旅游业云服务管理平台、旅游业云服务运维平台，以游客为中心，在5个方面再造旅游业的业务流程：

（1）将上游业务中的信息网络和商业信息源归入行业信息管理模块中。加强旅游业与外部合作机构的联系，获得准确及时的市场、游客、政策以及监管信息。

（2）将上游业务中移动端、网络、呼叫中心和中游业务中的渠道管理、市场以及理财顾问归入游客信息交流模块。加强与游客的沟通、提升旅游业的游客服务能力。

（3）将中游业务中的人力资源数据管理和绩效考核管理归入人力资源管理模块，帮助旅游业进行员工信息的管理和更新以及绩效考核管理。

（4）将下游业务中的日记账簿管理和监管报告以及产品开发和产品风险管理分别归入监管管理和产品管理模块。定期向监管部门报告其运营状况，并对新开发的旅游产品进行风险评估。

（5）将下游业务中的计算机管控和安全管理职能归入计算机管理和安全管控模块。进行计算机架构建设及维护，对旅游业敏感数据进行保护和监控。总之，云计算不论是对旅游者的消费体验，或者是对旅游供给的商业模式和旅游业支持系统的业务融合，还是对政府监管的运作模式，都将带来高强度的系统影响。

第五节　智慧旅游的人工智能技术

科技革命爆发的标志就是新一代科技成果开始广泛应用于生产生活，解放生产力、发展生产力，提高全要素生产率。人工智能的发展将极大地替代人类重复的脑力劳动，人工智能将成为人类历史上第四次里程碑式的科技革命。

一、什么是人工智能

人工智能（Artificial Intellegence，AI）就是让计算机完成人类心智（mind）能做的各种事情。一般情况下，人工智能被理解为是"人工"制造出来的"智能"。"人工"是通常意义中的人工系统，就是人力所能及实现目标的心理技能，比如知觉、联想、预测、规划和运动控制。"智能"是特定意义上的"智能系统"，就是计算机模拟人的某些思维过程和智能行为，比如智能感知、机器学习、数据挖掘、智能推理、智能行为和智能控制。人工智能主要包括计算机实现智能的原理、制造类似于人脑智能的计算机、使计算机能够实现更高层次的应用。如图9-4所示，人工智能的研究范式经历了漫长的历史演变过程。

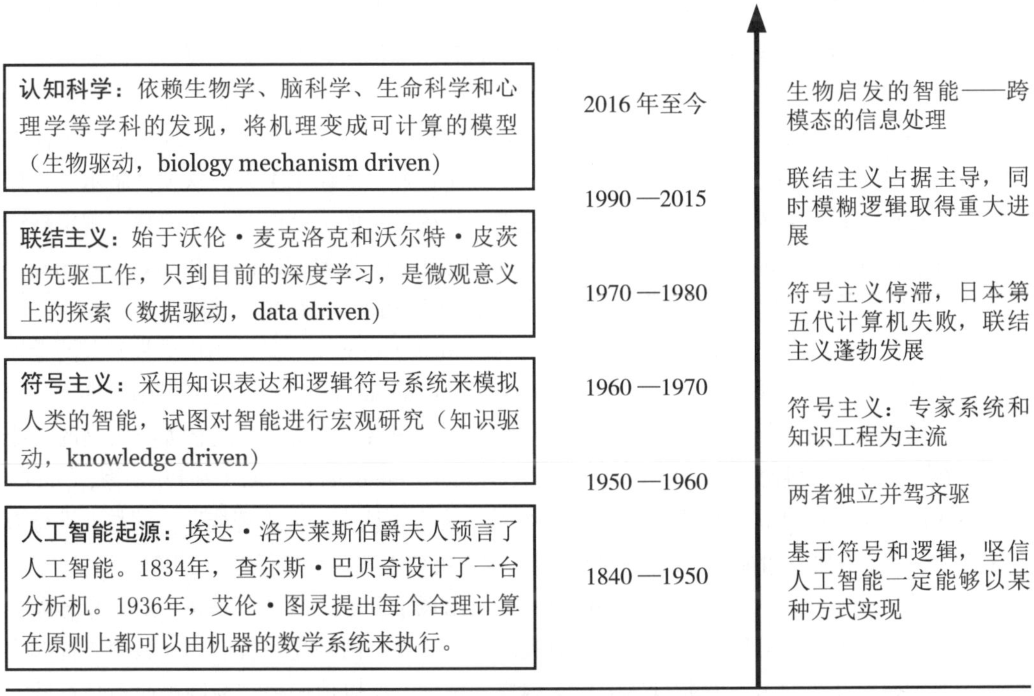

研究范式	时间	特点
认知科学：依赖生物学、脑科学、生命科学和心理学等学科的发现，将机理变成可计算的模型（生物驱动，biology mechanism driven）	2016年至今	生物启发的智能——跨模态的信息处理
联结主义：始于沃伦·麦克洛克和沃尔特·皮茨的先驱工作，只到目前的深度学习，是微观意义上的探索（数据驱动，data driven）	1990—2015	联结主义占据主导，同时模糊逻辑取得重大进展
	1970—1980	符号主义停滞，日本第五代计算机失败，联结主义蓬勃发展
符号主义：采用知识表达和逻辑符号系统来模拟人类的智能，试图对智能进行宏观研究（知识驱动，knowledge driven）	1960—1970	符号主义：专家系统和知识工程为主流
	1950—1960	两者独立并驾齐驱
人工智能起源：埃达·洛夫莱斯伯爵夫人预言了人工智能。1834年，查尔斯·巴贝奇设计了一台分析机。1936年，艾伦·图灵提出每个合理计算在原则上都可以由机器的数学系统来执行。	1840—1950	基于符号和逻辑，坚信人工智能一定能够以某种方式实现

图9-4　人工智能的研究范式和演变历程

二、人工智能的发展进程

19世纪40年代，埃达·洛夫莱斯（Ada Lovelace）伯爵夫人预言了人工智能。更准确地说，她预言了部分人工智能。她专注于符号和逻辑，从未考虑过神经网络、进化编程和动力系统。她也没有考虑过人工智能的心理目标，而纯粹对技术目标感兴趣。她认识到了分析机的潜在通用性和处理符号的能力，描述了存储程序、分层嵌套的子程序、寻址、微程序设计、循环、条件、注释以及程序错误等现代编程的各种基础知识。1834年，她的密友查尔斯·巴贝奇设计了一台用于求解代数和处理数字的分析机，其本质相当于一台通用数字计算机。这表明，人工智能可以实现，但是实现的方法当时仍然是一个谜团。

一个世纪以后，艾伦·图灵解开了这个谜团。1936年，图灵提出，每个合理计算在原则上都可以由现在被称为"通用图灵机"（Turing Machine）的数学系统来执行。图灵机是一个虚构系统，建立和修改用0和1表示的二进制符号组合。图灵坚信，人工智能一定能够以某种方式实现。20世纪40年代初，他的这一信念得到了神经病学家、精神病学家沃伦·麦卡洛克（Warren McCulloch）和数学家沃尔特·皮茨（Walter Pitts）的支持。20世纪40年代，在神经学和逻辑学的指引下，处于萌芽期的控制论运动得到了蓬勃发展。1948年，图灵帮助设计的第一台现代计算机在曼彻斯特完成。

20世纪50年代初，罗斯·艾什比（Ross Ashby）制作了被称为世界上第一个机械大脑的同态调节器（homeostat），这是一个生理性自体调解的电化学模型。格雷·沃尔特（William Grey Walter）在研究自适应行为过程中研发了一款类似乌龟的微型电子机器人。这些情境机器人能够寻找光线、避开障碍以及利用有条件的反射进行联想学习。20世纪50年代中期，出现了功能更强大且更容易使用的机器，就是编程语言更加容易的虚拟机。20世纪50年代末期，阿瑟·塞缪尔（Arthur Samuel）的国际跳棋程序打败了塞缪尔本人。这无疑暗示着计算机有一天可能会具有超人的智力和超过设计它们的程序员的能力。同时，还出现了逻辑理论机（Logic Theory Machine）和超越逻辑理论机的一般问题解决器（General Problem Solution，GPS）。这两者率先应用了"启发法"和"规划"，对今天的人工智能至关重要。

1956年，在达特茅斯学院（Dartmouth College，成立于1769年，是美国历史最悠久的世界著名学院之一）的夏季研讨会上，约翰·麦肯锡（John McCarthy）关于"达特茅斯暑期人工智能项目"的提案中首次提出了"人工智能"一词。这个词暗示了用机器代替人类大脑的可能性，这在后来导致了科研人员分成了人工智能（Artificial Intelligence，AI）和智能增强（Intelligence Augmentation，IA）两大阵营。但是，约翰·麦肯锡认为"人工智能"一词与人类行为几乎毫无关系，它唯一可能暗示的是机器可以去执行类似人类执行的任务。

大约从1960年开始，科研工作者的研究方向就出现了分歧。广义上来说，对生命感兴趣的人只关注控制论，对心智感兴趣的人则只关注符号计算。网络爱好者们对大脑和心智都感兴趣，通常研究联想学习，而非具体的语义内容和推理，所以他们关注控制论而不是符号人工智能。实际上，就是微分方程与逻辑之间的较量。

20世纪60到70年代，经典人工智能研究占绝对的主导地位，符号型人工智能在媒体上如日中天。

1986年，具有分布式并行处理（Parallel Distributed Processing，PDP）能力的人工神经网络作为计算机科学的人工智能名声大振，引发了神经科学家、心理学家和哲学家们的兴趣，至今仍然受到媒体的追捧，与人工神经网络相关的深度学习被广泛宣传。

进入21世纪，随着人类科学水平的迅猛发展，计算机技术、信息技术、机器人技术和人工生命等技术的重大突破，众多研究者们不断发展、完善人工智能理论、技术和应用，人工智能领域也随之不断演进和扩展，人工智能无处不在。

三、人工智能的研究方向

经过几十年的发展，特别是在移动互联网、大数据、超级计算、传感网、脑科学、元宇宙、ChatGPT等新理论新技术以及经济社会发展强烈需求的驱动下，人工智能加速发展，呈现出深度学习、跨界融合、人机协同、群智开放、自主操控等新特征。如图9-5所示，大数据驱动知识学习、跨媒体协同处理、人机协同增强智能、群体集成智能、自主智能系统成为人工智能的发展重点，受脑科学研究成果启发的类脑智能蓄势待发，芯片化硬件化平台化趋势更加明显，人工智能发展进入新阶段。当前，新一代人工智能相关学科发展、理论建模、技术创新、软硬件升级等整体推进，正在引发链式突破，推动经济社会各领域从数字化、网络化向智能化加速跃升。

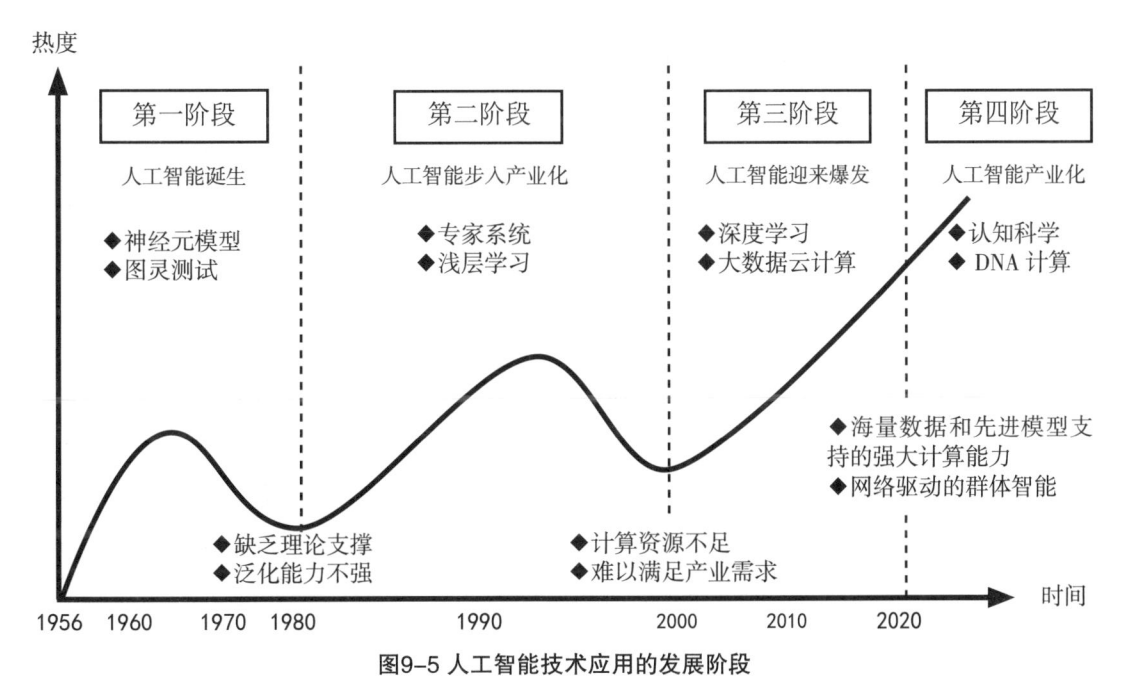

图9-5 人工智能技术应用的发展阶段

人工智能有两大主要目标：技术层面的和科学层面的。前者利用计算机完成有益的事情；后者利用人工智能概念和模型，帮助回答有关人类和其他生物体的问题。目前，人工智能处于思维科学的技术应用层次，计算机是研究人工智能的主要物资手段和机器载体，应用计算机软硬件模拟人类思维过程和智能能力是人工智能的主要方向。如图9-6所示，除了计算机科学技术之外，人工智能研究还涉及自动化、信息论、控制论、数理逻辑、仿生学、心理学、哲学和语言学等学科，可以说人工智能研究几乎涵盖自然科学和社会科学的所有学科，远远超出了计算机科学技术的范畴。

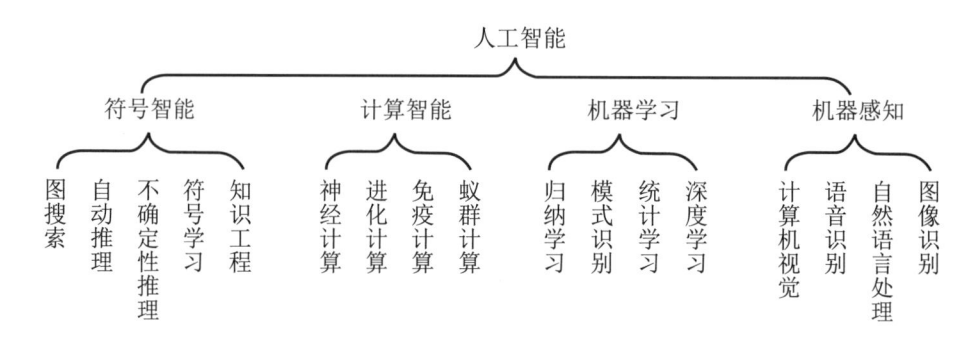

```
                        人工智能
        ┌──────────┬──────────┬──────────┐
      符号智能    计算智能    机器学习   机器感知
      ┌─┬─┬─┐   ┌─┬─┬─┐   ┌─┬─┬─┐  ┌─┬─┬─┐
      图 自 不 符 神 进 免 蚁 归 模 统 深 计 语 自 图
      搜 动 确 号 经 化 疫 群 纳 式 计 度 算 音 然 像
      索 推 定 学 计 计 计 计 学 识 学 学 机 识 语 识
         理 性 习 算 算 算 算 习 别 习 习 视 别 言 别
            推              觉   处
            理                   理
```

图9-6 人工智能的研究领域

人工智能从诞生以来，理论和技术日益成熟，应用领域不断扩大，比如自动汽车驾驶、情报检索系统、棋类游戏、人脸识别、疾病诊断、集成电路自动设计分析、人类自然语言合成、水下机器人、航天航空控制系统等。可以设想，未来人工智能带来的科技产品，将广泛地应用于家居、办公室、银行、医院、交通、户外运动、军事、天空、外太空等领域。

在人工智能的发展过程中，主要有3个研究方向。①符号主义，又称为计算机学派，认为人工智能起源于数理逻辑。研究方向注重在问题求解中启发式搜索和推理过程，在逻辑思维的模拟方面取得成功，是逻辑电路设计、智能机系统结构、知识工程、程序设计的研究基础，自动定理证明和专家系统是比较成功的研究成果。②联结主义，又称为仿生学派，认为人工智能起源于仿生学，特别是人脑模型研究。注重结构模拟，研究重点是神经元特征、人工神经网络、学习规则、网络的非线性动力学性质和自适应的协同行为，研究原理主要是神经网络和神经网络之间的联结机制和学习算法。③行为主义，又称为控制论学派，认为人工智能起源于控制论。控制论把神经系统的工作原理和信息理论、控制理论、逻辑以及计算机联系起来，通过模拟人在控制过程中的自寻优、自适应、自校正、自镇定、自组织和自学习等智能行为和作用，实现智能控制和智能机器人系统。现在，3个研究方向不断融合与集成，共同为发展人工智能贡献力量。

四、人工智能的基础理论

大数据智能、跨媒体感知计算、混合增强智能、群体智能、自主协同控制与优化决策等5个基础理论研究引领人工智能技术升级，高级机器学习、类脑智能计算、量子智能计算等3个跨领域基础理论研究引领人工智能范式变革的方向（如表9-1所示），人工智能算法、模型发展的数学基础理论研究成为人工智能的前沿科学。

表9-1 人工智能的基础理论

序号	理论	主要内容
1	大数据智能理论	研究数据驱动与知识引导相结合的人工智能新方法、以自然语言理解和图像图形为核心的认知计算理论和方法、综合深度推理与创意人工智能理论与方法、非完全信息下智能决策基础理论与框架、数据驱动的通用人工智能数学模型与理论等。
2	跨媒体感知计算理论	研究超越人类视觉能力的感知获取、面向真实世界的主动视觉感知及计算、自然声学场景的听知觉感知及计算、自然交互环境的言语感知及计算、面向异步序列的类人感知及计算、面向媒体智能感知的自主学习、城市全维度智能感知推理引擎。
3	混合增强智能理论	研究"人在回路"的混合增强智能、人机智能共生的行为增强与脑机协同、机器直觉推理与因果模型、联想记忆模型与知识演化方法、复杂数据和任务的混合增强智能学习方法、云机器人协同计算方法、真实世界环境下的情境理解及人机群组协同。
4	群体智能理论	研究群体智能结构理论与组织方法、群体智能激励机制与涌现机理、群体智能学习理论与方法、群体智能通用计算范式与模型。
5	自主协同控制与优化决策理论	研究面向自主无人系统的协同感知与交互，面向自主无人系统的协同控制与优化决策，知识驱动的人机物三元协同与互操作等理论。
6	高级机器学习理论	研究统计学习基础理论、不确定性推理与决策、分布式学习与交互、隐私保护学习、小样本学习、深度强化学习、无监督学习、半监督学习、主动学习等学习理论和高效模型。
7	类脑智能计算理论	研究类脑感知、类脑学习、类脑记忆机制与计算融合、类脑复杂系统、类脑控制等理论与方法。
8	量子智能计算理论	探索脑认知的量子模式与内在机制，研究高效的量子智能模型和算法、突破量子加速的机器学习方法，建立高性能计算与量子算法混合模型，形成高效精确自主的量子人工智能系统架构。

五、人工智能的核心技术

在人工智能的发展过程中，智能感知、机器学习、智能推理和智能行动等4个方面影响着人工智能的研究和应用（图9-7）。

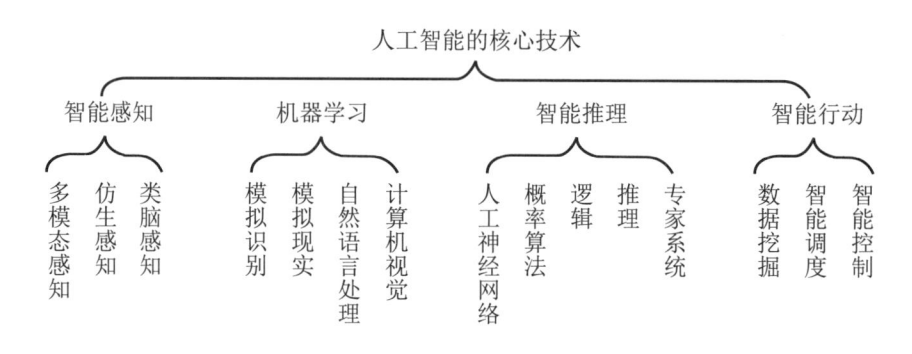

```
                        人工智能的核心技术
          ┌─────────────┬─────────────┬─────────────┐
        智能感知      机器学习      智能推理      智能行动
        ┌┬┬┐        ┌┬┬┐          ┌┬┬┬┐         ┌┬┬┐
        多仿类        模模自计       人概逻推专       数智智
        模生类        拟拟然算       工率辑理家       据能能
        态脑脑        识现语机       神算        系       挖调控
        感感感        别实言视       经法        统       掘度制
        知知知              处觉       网
                            理         络
```

图9-7 人工智能的核心技术

1. 智能感知

智能感知是一种无须或者仅需极少的人为干预，就能够独立地感知环境并完成对目标自动控制的系统技术，重点研究基于生物特征、以自然语言和动态图像的理解为基础的"以人为中心"的智能信息处理和控制技术。目前，智能感知有两种研究路径：

（1）结合现有的传感器完成对不同模态感知数据的融合，克服作用距离、感知特性等方面的差异，融合多种感知手段，可以显著地提升主体对外界的感知能力。近年来，由于元器件和传感器的发展，光场成像、深度成像、可见光与红外线成像、雷达成像等多种信息获取技术被设计应用，为智能感知提供了强有力的原始信息获取手段，使得计算机的感知能力在很多方面甚至超过了人类的感知能力。

（2）建立在仿生和类脑机制下的感知系统成为近年来的研究热点。以往图像/视频的采集和记录是以服务人类视觉系统的再观察为首要目标的，因此使用了均匀采样和线性量化的处理方法。但对感知目的而言，就必须兼顾分辨率、视野、传输和处理能力，因此需要探索动态视觉感知、角度感知、光流和焦点流感知、触觉感知等新型的感知和处理方法。

2. 机器学习

机器学习是机器获得知识的基本手段和机器具备智能的根本途径，因此是人工智能的核心技术。近年来，基于深度学习的模式识别方法在语音识别、图像分类和行为识别等领域获得了巨大成功，识别精度比其他方法所取得的最高性能都有明显提高。机器学习主要体现在四个方面。

模式识别 它是对表征事物或现象的数值、文字和逻辑关系等各种形式的信息进行处理和分析，以及对事物或现象进行描述、辨认、分类和解释的过程，主要有统计模式识别、句法模式识别、模糊模式识别、人工神经网络法和逻辑推理法等模式识别方法，已经在天气预报、卫星航空图片分析、工业产品检测、字符识别、语音识别、指纹识别、遥感、医学诊断等领域得到成功应用。

虚拟现实 它是一个在计算机图形学、人机接口技术、计算机仿真技术、实时分布处理技术、图像处理与识别、多媒体技术、数据库技术、多传感器技术和人的行为学等现代科学技术的基础上发展起来的交叉科学技术，具有沉浸性、交互性和构想性等三个突出特征：沉浸性是指计算机建立的三维虚拟环境给用户带来身临其境的感觉，交互性是指用户能够通过使用交互输入设备操作虚拟物体和改变虚拟世界，构想性是指用户从虚拟环境的激发中获取新知识和产生新构想。虚拟现实的动态环境建模技术、三维动画技术、三维跟踪技术、立体显示和传感技术、系统集成技术已经得到了广泛应用。

自然语言处理　它是用计算机对人类的书面和口头形式的自然语言信息进行处理加工的技术，涉及语言学、数学和计算机科学等多学科领域，主要任务在于建立各种自然语言处理系统，表现为面向机器翻译的自然语言处理和面向人机接口的自然语言处理两大研究主流。目前，可以将任意输入的源语言的句子作为处理对象的机器翻译系统有直接方式、转换方式和中间语言方式等3类基于规则的实现方式。随着语料库语言学的发展，人助机译和机助人译的基于实例的机器翻译系统在性能和质量方面显示出了明显的优势。近年来，ChatGPT的诞生和广泛使用，标志着人工智能深度融入人们的日常生活和生产活动。

计算机视觉　它使用计算机以及相关设备对生物视觉进行模拟，以实现类似于人的视觉感知功能。计算机视觉系统的主要功能包括图像获取、预处理、特征提取、检测分割和高级处理，前沿研究领域包括实时并行处理、主动式定性视觉、动态和时变视觉、三维景物的建模与识别、实时图像压缩传输与复原、多光谱和彩色图像的处理与解释。计算机视觉广泛应用于医疗图像分析、电子警察监控、数字图书馆、工业装配、商标管理、探矿采矿、体育、交通、金融、军事、深海、太空等领域，可在危险环境中代替人工作。

3. 智能推理

智能推理是用能在计算机上实现的方法来模拟人的思维规律和过程。推理是按照某种策略从已有事实和知识推出结论的过程，是人类解决问题的主要思维方法。人类的智能活动有多种思维方式，人工智能作为对人类智能的模拟，相应地也有多种推理方式。

逻辑　人工智能用到的逻辑主要包括经典逻辑和非标准逻辑。经典逻辑中的谓词逻辑是一种表达能力很强的形式语言，这种语言不仅可以让人用符号演算的方法进行"自然演绎"推理，而且可以让计算机用符号推演的方法实现不同于人的"归结反演"推理。人工智能程序设计语言Prolog就是一种完全机械化的推理方法。非标准逻辑泛指多值逻辑、多类逻辑、模糊逻辑、模态逻辑、时态逻辑、动态逻辑、非单调逻辑等为弥补经典逻辑的不足而发展起来的逻辑，在承认经典逻辑定理的基础上，这些逻辑有的扩充了经典逻辑的语言，有的补充了经典逻辑的定理。

搜索　它是为了达到某一"目标"而连续地进行推理的过程。搜索技术是对推理进行引导和控制的技术，"启发式"搜索算法是基于符号推演方式的传统搜索技术，近年来将神经网络技术用于"问题求解"过程，开辟了搜索技术研究的新路径。

专家系统　人类专家能够高效率地求解复杂问题，因为他们不仅拥有大量的专门知识，而且具有选择知识和运用知识的能力。知识的运用方式称为推理方法，知识的选择过程称为控制策略。专家系统是一个基于专门的领域知识来求解特定问题的计算机程序系统，主要用来模仿人类专家的思维活动,通过推理和判断求解问题。专家系统通常由人机交互界面、知识库、推理机、解释器、综合数据库、知识获取等六个部分构成,随着专家系统类型、功能、规模的不同而具有不同的体系结构。按照知识表示技术,可以划分为基于逻辑的专家系统、基于规则的专家系统、基于语义网络的专家系统和基于框架的专家系统。按照任务类型,可以划分为解释型、预测型、诊断型、调试型、维修型、规划型、设计型、监护型、控制型、教育型等专家系统。近年来,在广泛应用于工程、科学、医药、军事、商业等领域的基础上,诞生了分布式专家系统和与其他信息系统相结合的综合型智能信息系统。

4. 智能行动

智能行动是机器按照某种策略求解问题的方法和过程。人工智能不是人的智能,但是通过模拟人的意识、思维等信息处理过程,能够像人那样思考,也有可能超过人的智能。数据挖掘、智能调度和智能控制等3个方面体现了人工智能信息处理能力。

(1) 数据挖掘

如图9-8所示,数据挖掘是数据库知识发现的核心环节,是统计分析方法学的延伸和扩展,是一种通过分析数据自动从大量数据中寻找其规律并抽取知识的技术。通过数据准备、规律寻找和规律表示等3个步骤,利用统计、在线分析处理、情报检索、机器学习、专家系统和模式识别等方法,发现和探测数据中隐含的趋势和模式,实现数据挖掘的目标。数据挖掘是一种决策支持过程,主要任务是关联分析、聚类分析、分类分析、异常分析、特异群组分析和演变分析。数据挖掘常用技术包括人工神经网络、决策树、遗传算法、近邻算法和规则推导。

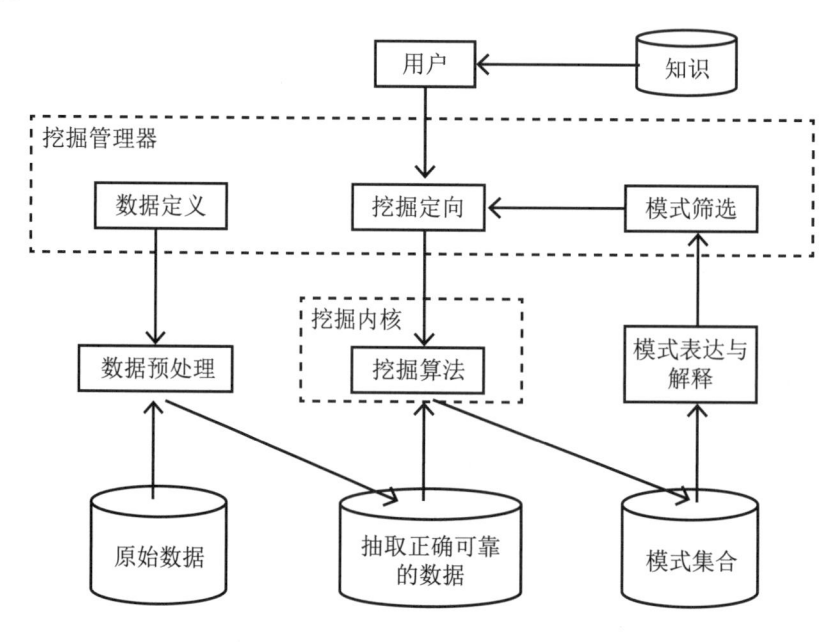

图9-8 数据挖掘系统模型框图

结构化数据是人工智能算法模型开发和迭代的基础，从设计、训练、评测、仿真到整个算法更新迭代的全生命周期都需要持续不断的结构化数据的输入作为支撑。如表9-2所示，结构化数据是人工智能快速发展的基石。人工智能基础数据服务应用于众多下游场景，但不同下游场景对数据采集类型以及数据标注对象有着各自的差异化需求，自动驾驶当前是人工智能基础数据服务最重要的应用领域，自动驾驶AI算法的升级迭代及模型训练数据量的指数级增长，将持续拉动人工智能基础数据服务需求。

表9-2 人工智能算法模型开发流程

开发流程	数据价值	数据需求量	结构化数据
设计	明确选择算法的核心目标，从数据中提取有效信息，选择和设计算法模型。	分析小批量数据特性，设计算法模型。	从数据源采集包括图像、语音、文本、点云等形式在内的算法所需数据，通过标注，将非结构化数据转化为计算机语言下的结构化数据，结构化数据是人工智能算法开发的基石。
训练	通过海量结构化数据训练人工智能算法模型，保证人工智能算法落地实践。	需要大量结构化数据进行模型训练。	
评测	通过人工数据标注结果与模型标注结果比对评测算法模型，判别算法模型识别的准确性。	需要经过标注的测试数据集进行对照验证。	
仿真	通过数据建模建立接近真实世界的测试场景并进行算法可行性测试验证，例如自动驾驶场景或智能制造场景。	需要根据场景挖掘构建场景库，进行仿真测试。	
迭代	通过感知训练评测平台，根据实际场景和技术趋势对算法进行可持续性的、针对性的更新迭代和算法故障（bug）修复。	需要持续的一定量数据输入进行算法模型的迭代。	

（2）智能调度

现实中有许多比较复杂的组合问题，要从可能的组合或序列中寻找出一种最佳调度方案，不仅需要很大的搜索空间，而且可能产生组合爆炸问题。智能调度又称为基于知识的调度，就是充分应用有关问题域的知识，尽可能地减少组合爆炸，使得最佳调度或组合问题获得有效解决的调度方法，实际上就是一种运用智能技术代替人工调度的现代化调度方式。在软件工程中，问题域是指被开发系统的应用领域，即在客观世界中由开发系统处理的业务范围，比如电网、电信、交通、物流等实时性强的即时调度领域。智能调度涉及计算机及通信技术、数据及模型技术、智能调度高级应用技术和智能可视技术。智能调度的核心技术是算法，不同应用领域的智能调度具有不同的算法，有二维的、三维的，也有多维的，有的基于模型关系，有的基于数据，有的基于规则，有的基于学习。蚁群算法和遗传算法是商业领域比较常用的动态规划算法，这类算法并不是某一种具体的规则或计算方式，而是一种解决问题的方式方法。

例如，高铁调度就是一个比较复杂的智能调度问题。第一，在高铁开行方案方面，主要是基于客流预测对高铁列车的开行总类、开行数量、停站方案三个方面进行优化，以旅客出行总时间最小和铁路部门效益最大为目标来建立规划模型并采用智能算法进行求解。第二，在列车运行图编制方面，属于所有列车处于安排状态、不考虑突发事件来编制它的开行计划的静态调度，主要是以能源消耗最低、列车运行时间最少、列车运行成本最小为目标，采用最优化算法、启发式算法和智能算法进行求解。第三，突发事件下高铁列车运行图调整方法属于动态调度，主要是以总晚点列车数量少、总晚点时间最小为优化目标，采用离散事件模型和仿真方法，根据突发事件对列车运行计划的影响程度进行预测控制、滚动优化、实施反馈的列车运行调度。

（3）智能控制

智能控制是在无人干预的情况下驱动智能机器自主地实现控制目标的过程。智能控制是以系统论、信息论、控制论、运筹学、计算机科学、人工智能为基础，扩展了模糊逻辑、神经网络、专家系统、认知科学和遗传算法等学科，建立起来的一种适用于复杂系统的自适应控制、自组织控制和自学习控制的理论和技术。智能控制的研究对象通常具有任务复杂性、系统非线性、结构不完全性、模型不确定性以及不存在已知算法的非数学过程的特点，因此，在研究和设计智能系统的时候，主要注意力不是放在数学公式的表达、计算和处理方面，而是放在对任务和现实模型的描述、符号和环境的识别以及知识库和推理机的开发上，即智能控制的关键问题不是设计常规控制器，而是研制智能机器的模型。智能控制的核心是对实际环境或过程进行组织、决策和规划来求解广义问题的高层控制，涉及分级递阶控制理论、分级控制器设计的熵方法、智能逐级增高而精度逐级降低原理、专家控制系统、学习控制系统和神经控制系统等用以构建智能控制系统的理论和技术。智能控制的研究领域非常广泛，研究课题既具有独立性，又相互关联，目前研究较多的是智能机器人规划与控制、智能过程规划、智能过程控制、专家控制系统、语音控制以及智能仪器等6个方面。近年来，智能控制技术已经进入工程化和实用化的发展阶段，随着计算机技术和人工智能技术的迅速发展，将不断拓展智能控制的应用领域。

五、人工智能的新一代技术

近年来，人工智能发展速度越来越快，以算法为核心，以数据和硬件为基础，以提升感知识别、知识计算、认知推理、运动执行、人机交互能力为重点，形成了新一代人工智能关键共性技术的研究体系。标注复杂化、自动化、全栈式服务需求以及愈加严格的数据合规需求是AI基础数据服务市场的四大趋势。

知识计算引擎与知识服务技术 重点突破知识加工、深度搜索和可视交互核心技术，实现对知识持续增量的自动获取，具备概念识别、实体发现、属性预测、知识演化建模和关系挖掘能力，形成涵盖数十亿实体规模的多源、多学科和多数据类型的跨媒体知识图谱。

跨媒体分析推理技术 重点突破跨媒体统一表征、关联理解与知识挖掘、知识图谱构建与学习、知识演化与推理、智能描述与生成等技术，实现跨媒体知识表征、分析、挖掘、推理、演化和利用，构建分析推理引擎。

群体智能关键技术 重点突破基于互联网的大众化协同、大规模协作的知识资源管理与开放式共享等技术，建立群智知识表示框架，实现基于群智感知的知识获取和开放动态环境下的群智融合与增强，支撑覆盖全国的千万级规模群体感知、协同与演化。

混合增强智能新架构与新技术 重点突破人机协同的感知与执行一体化模型、智能计算前移的新型传感器件、通用混合计算架构等核心技术，构建自主适应环境的混合增强智能系统、人机群组混合增强智能系统及支撑环境。

自主无人系统的智能技术 重点突破自主无人系统计算架构、复杂动态场景感知与理解、实时精准定位、面向复杂环境的适应性智能导航等共性技术，无人机自主控制以及汽车、船舶和轨道交通自动驾驶等智能技术，服务机器人、特种机器人等核心技术，支撑无人系统应用和产业发展。

虚拟现实智能建模技术 重点突破虚拟对象智能行为建模技术，提升虚拟现实中智能对象行为的社会性、多样性和交互逼真性，实现虚拟现实、增强现实等技术与人工智能的有机结合和高效互动。

智能计算芯片与系统 重点突破高能效、可重构类脑计算芯片和具有计算成像功能的类脑视觉传感器技术，研发具有自主学习能力的高效能类脑神经网络架构和硬件系统，实现具有多媒体感知信息理解和智能增长、常识推理能力的类脑智能系统。

自然语言处理技术 重点突破自然语言的语法逻辑、字符概念表征和深度语义分析的核心技术，推进人类与机器的有效沟通和自由交互，实现多风格多语言多领域的自然语言智能理解和自动生成。

六、人工智能的旅游应用

当前，新一轮科技革命和产业变革正在萌发，大数据、理论算法、计算能力和网络设施的快速提升和迭代演进，驱动着人工智能进入发展新阶段，智能化成为技术和产业发展的重要方向。中国人工智能产业处于高速增长期，正在加速向各行各业渗透，包括互联网娱乐、智能制造、智慧医疗、智能安防及自动驾驶等，而自动驾驶等应用场景的复杂性又反向推动了人工智能的迭代演进。中国人工智能产业按照"系统布局、重点突破、协同创新、开放有序"的原则，着力围绕以下五个方面的主要任务，推动战略性新兴产业的总体突破：

（1）兼顾当前需求与长远发展，聚焦人工智能重大科学前沿问题，以突破人工智能应用基础理论瓶颈为重点，超前布局可能引发人工智能范式变革的基础研究，促进学科交叉融合，为人工智能持续发展与深度应用提供强大科学储备。

（2）重点培育和发展智能网联汽车、智能服务机器人、智能无人机、医疗影像辅助诊断系统、视频图像身份识别系统、智能语言交互系统、智能翻译系统、智能家居等智能化产品，推动智能产品在经济社会的集成应用。

（3）重点发展智能传感器、神经网络芯片、开源开放平台等关键环节，夯实人工智能产业发展的软硬件基础。

（4）深化发展智能制造，鼓励新一代人工智能技术在工业领域各环节的探索应用，提升智能制造关键技术装备创新能力，培育推广智能制造新模式。

（5）构建行业训练资源库、标准测试及知识产权服务平台、智能化网络基础设施、网络安全保障等产业公共支撑体系，完善人工智能发展环境。

旅游是一种文化空间的跨越行为，是人们在旅途中和目的地探索与体验的过程。在山川湖海等自然地理条件的约束下，不同的文化空间存在着孤岛效应和碎片现象，给人们的文化空间跨越行为带来了不确定性甚至潜在风险，影响着人们在旅途中和目的地的探索过程与体验质量。现代社会中，游客数量规模大幅增长，旅游消费模式千差万别，给旅游供给和旅游服务提出了个性化、定制化和品质化的要求，给旅游决策和旅游监管提出了更高效、更精准和更科学的要求。只有智慧旅游，才能满足网络化和散客化条件下现代旅游业发展的新需求。人工智能技术是智慧旅游的关键技术，在现代旅游业中有着广泛的应用前景。

1. 基于人工智能技术的旅游消费市场预测

旅游消费市场预测是旅游研究、旅游规划、旅游决策、旅游运营和旅游监管的重要内容，是旅游业实现可持续发展的前提条件。20世纪90年代以前，一般采用市场问卷调查分析方法和回归预测的定量分析方法，对旅游消费市场进行预测分析。进入21世纪以来，旅游消费预测开始采用灰色模型、遗传算法、模糊时间序列、人工神经网络等趋向于人工智能技术的定量预测方法。相对于传统的预测方法，这些方法数据的概率分布等额外信息没有严格要求，因而具有更好的包容性和适用性。目前，以百度为代表的门户网站，以携程为代表的在线旅游服务商，以高德地图为代表的在线出行信息服务商，以大众点评为代表的在线消费信息服务商，以腾讯为代表的在线社群服务商，以网银为代表的电子金融服务商等等机构都在利用机器学习的预测模型对旅游大数据进行挖掘，精准分析旅游消费市场的分布态势和变化趋势，积极推动旅游供给和旅游服务的智能配置，有效促进旅游决策和旅游监管的协同创新，从而引领着旅游消费市场的新动向和新模式。

2. 基于人工智能技术的旅游信息服务平台

随着时代的进步和社会的变迁，智能感知、机器学习、智能推理、智能行动等人工智能技术的发展突飞猛进，推动文本、音频、视频、图像等大数据的处理、分析、提取和呈现实现了自动化和集成化，促进社会力量构建了基于人工智能技术的旅游信息服务平台，为旅游用户更精准地获取旅游知识和消费信息提供强有力的技术保障。

信息推送功能 可以让旅游者获得关于目的地的综合介绍、基于游客评论的旅游消费指南、个性化行程定制、旅途中基于位置的信息服务。

自助导游功能 可以为旅游者提供基于位置、季节、天气、具体时间和出行预算等多维数据查询，有利于旅游者提高消费决策、线路搜索、交通换乘、互动导航、电子票证办理和探索体验的效率和质量。

标识翻译功能 可以为旅游者提供路标、问答、预订、广告语等标识的多语言服务，自然语言处理和光学字符识别技术让出国旅游更加方便，实现个性化定制的自由行。

市场细分功能 通过人工智能的分类技术，采用决策树和聚类等典型的数据挖掘工具，定义游客细分群，描述细分游客消费特征，有利于旅游企业在资源约束条件下提高目标市场营销的有效性和协同性。

公共管理功能 在旅游消费快速增长和旅游供给日益活跃的情况下，导航、导游、导览、导购对旅游资源深度开发和旅游信息资源共享提出了多元化和协同化的更具体要求，对旅游决策和旅游监管的公共管理事务提出了实效性和准确性的更高要求。基于人工智能技术的旅游信息服务平台具有电子商务、电子政务、行业监管、智能服务、云计算存储、跨平台感知相应、分布式物联网、旅游集散中心等综合性能，构建旅游数据库系统、旅游信息化公共服务系统、旅游信息化应用支撑系统和旅游信息化管理标准系统，为旅游业实现智慧化管理提供技术保障体系。

3. 基于人工智能技术的旅游安全防范系统

随着计算机技术、网络技术、人工智能技术等高科技的迅猛发展和快速普及，指纹识别、文字识别、虹膜识别、人脸识别、车牌识别等图像识别技术和对具有动态连续特征进行识别的视频分析技术已经广泛应用于旅游业，为旅游安全防范提供了有效的技术保障。旅游景区、旅游饭店、旅游购物、旅游演艺、旅游节事活动等都会造成人群集聚，基于模式识别的智慧旅游安全防范系统可以在以下5个方面发挥重要作用：

特定旅游场所的人数统计 从入口门禁系统获取进入人数，用视频分析统计出口人数，从而推算特定旅游场所内的滞留总人数，为制定安全防范预案和实施安全防范处置措施提供了基础数据和现场情景。

人群控制和周边安全防范 在拥堵和高危时段设定管制边界，识别人群的整体运动特征，现场即时引导人群的动向和速度，避免和处置客流异常情况。

重点通道监控 旅游消费具有游客流时段集中、地段集中甚至时空双集中的特点，预留应急通道和安排重点通道是最主要的应对措施，为了保证随时能用而且发挥作用，必须进行划界监控。

智慧交通系统 结合全球定位系统（GPS）系统、北斗定位系统（BDS）、智能通信技术和智能汽车驾驶技术，监控旅游特定旅游场所的路况、车况、停车场泊车位等动态交通情况，实现精准定位和即时导航，确保旅游交通的顺畅、有序和安全。

防灾减灾救援系统 旅游区多数分布在地质地貌条件复杂、森林覆盖率高的地区，旅游属于强流动性的户外活动，具有导致地质灾害、森林火灾以及次生灾害的潜在风险。比如，森林火灾具有突发性、随机性和短时间造成巨大损失的特点，因此，必须要坚持"预防为主"和"积极扑救"相结合的原则，采用森林防火视频监控系统，最大限度地降低旅游区森林火灾的风险尤其重要。森林防火视频监控系统就是一个以计算机技术和网络技术为基础，将视频监控和地理信息系统、北斗定位系统、林火自动识别报警系统、多媒体技术结合起来，能够实现森林火灾火情实时监控、自动识别、自动报警的人工智能技术系统。人工智能技术还可以用于地质灾害、气象灾害、生物灾害等多发地的防灾减灾和保护救援等工作。

4. 基于人工智能技术的旅游通用服务平台

在人工智能时代，国家算力网络提供了基础大模型，应用层将爆发出现一个超级应用的战略窗口。旅游业只有紧紧围绕"数据、算法、算力"三大智能技术发展要素，快速跟进生成型的大模型、辨识型的小模型与社会交互性的Agent技术（智能体）的结合应用，立足于云原生的统一技术底座，应用微服务架构实现一体化的AI能力，构建如图9-9所示的基于人工智能技术的旅游通用服务平台，才能为旅游供应商和旅游消费者提供多节点管理、数据管理、模型训练、推理预测、运营管理、能力开放的全流程管理和服务，从而推动数字化转型，促进业务拓展创新，优化游客体验质量，实现重构旅游业的价值变现体系，提升旅游业的数字经济竞争力。

图9-9 基于人工智能技术的旅游通用服务平台（董观志，2023）

第十讲
旅游管理的虚拟化

第一节　虚拟企业与虚拟化经营

第二节　旅游产业的虚拟化管理

第三节　旅游企业的虚拟化管理

第一节 虚拟企业与虚拟化经营

旅游业虚拟化发展是时代发展的新要求。21世纪以来，人类已经进入以创新和全球化为主要特征的知识经济时代，工业经济时代的思维方式、生产方式、生活方式与教育方式正经历前所未有的冲击和变化。旅游业的虚拟化发展主要包括虚拟旅游和旅游虚拟企业两个方向。

一、虚拟化的相关概念

1. 虚拟旅游（Virtual Tourism，VT）

随着旅游信息网络化的不断进步，旅游网站的内容和形式在广度和深度上不断发展，于是，侧重于景点的"虚拟旅游"也就应运而生。2006年中国虚拟型旅游网站的数量占中国旅游网站数量的三成之多[1]。由于信息技术的日新月异和虚拟旅游发展的时间较短，学术界对虚拟旅游的定义存在一定分歧。

虚拟旅游是虚拟现实技术在旅游业中的应用，同时又结合了地理信息系统、三维可视化和网络等技术。它运用三维实景展示，将现实中的旅游场景制作成可以在互联网、多媒体、触摸屏等多种载体进行展示的电子文件，人们可以按固定路线或自选路线从不同角度观赏，获得身临其境般的体验[2]。

通过互联网或其他载体，将旅游景观动态地呈现在人们面前，让旅游爱好者根据自己的意愿，来选择游览路线、速度及视点，足不出户就可以遍览遥在万里之外的风光美景，这便是虚拟旅游[3]。

可见，虚拟旅游包含三大要素：展示平台——互联网或其他载体；支撑技术——信息技术；展示内容——旅游信息。因此，虚拟旅游是指依靠多种信息技术，通过互联网等载体进行旅游信息展示的旅游体验形态。

2. 虚拟企业（Virtual Enterprises，VE）

1991年，由美国机械工程学会名誉理事、《灵捷企业学报》（*Agile Enterprise Journal*）主编肯尼思·普瑞斯（Kenneth Preiss）与史蒂文·L. 戈德曼（Steven L. Goldman）、罗杰·内格尔（Roger N. Nagel）合作完成了一份《21世纪制造企业研究：一个工业主导的观点》的研究报告，首次提出了虚拟企业的概念。如表10-1所示，虚拟企业的概念不断发展，有许多学者从不同角度描述了虚拟企业。

表10-1 虚拟企业的定义

研究者	定义要点
威廉姆·戴维德（William H. Davidow）、迈克尔·马隆（Michael S. Malone）（1992）	虚拟企业是由一些独立的厂商、顾客、甚至同行的竞争对手，通过信息技术联系的临时网络组织，以达到共享技术、分摊费用以及满足市场需求的目的。
约翰·伯恩（John A. Byrne）（1993）	企业伙伴的联盟关系，且虚拟企业并没有明确的组织架构，而是由各独立公司所构成的暂时性网络，通过信息技术连接起来，共享技术、成本以及对方的市场。
史蒂文·L. 戈德曼、罗杰·内格尔、肯尼思·普瑞斯（1994）	计算网络和远程通信技术的结合，使许多企业有可能将地理位置上和组织上分散的能力结合在一个"虚拟企业"中，并在此过程中获得强有力的竞争优势。
霍奇（Hodge）、安东尼（Anthony）、盖尔斯（Gales）（1996）	虚拟企业是由一核心组织为中心，执行关键的功能，其余功能则由暂时或签约的员工以及由核心组织与其他组织所组成的联盟来完成。
阿普尔盖特（Applegate）、麦克法兰（McFarlan）、麦肯尼（McKenney）（1996）	指企业保留了协调、控制以及资源管理的活动，而将所有或大部分的其他活动外包。
杰辉恩（Jehuen）（1997）	是无固定工作地点，使用电子通信方式（例如网络、电子邮件、电话等）进行成员间的联系的企业。

参考资料：廖成林主编《虚拟企业管理》，重庆大学出版社，2004年。

综上所述，虚拟企业是由一群独立组织或个人，围绕项目、产品或服务，充分利用各自的核心能力，凭借信息技术，以合作协议、外包、联盟、特许经营等方式所组成的临时的、动态的经济组织。

3. 虚拟社区（Virtual Community，VC）

虚拟社区是管理学、经济学、社会学的研究前沿，同时也是旅游管理学研究的新领域。在中国，虚拟社区又被称为"网络社区""网上社区""虚拟社群"等，而其定义更是存在较大差异。总的来说，虚拟社区包含四大要素，即网络虚拟空间、网络虚拟技术、社区内容和话题、社区人际关系。当虚拟社区进入旅游领域，其社区内容和话题也就变为旅游信息。因此，旅游虚拟社区是一个基于信息技术支持的网络空间，参与者通过旅游信息的交流和互动，在一定时期内形成的一种社会关系。

4. 虚拟经营（Virtual Management）

虚拟经营是企业为了实现其规模扩张的目的，以协作的方式，将企业外部资源与内部资源整合利用的经营方式。虚拟经营所有实现的扩张是经营功能与经营业绩的扩张，具体来说，其扩张包含以下几个要点：

（1）虚拟经营是生产功能的扩张，而不是生产设施的扩张。企业利用其他企业的生产体系，按照自己的意图进行生产加工，这便是虚拟生产。

（2）虚拟经营是销售功能的扩张，而不是销售组织的扩张。企业在并未增设销售机构，也未增加自己的雇佣销售人员的情况下，销售的市场扩大了，这便是虚拟销售。

（3）虚拟经营是新产品开发功能的扩张，而不是企业科研机构的扩张。企业在并未扩大自己的科研机构，也未招聘新的科研人员的情况下，与其他企业联盟进行新产品的研发，这便是虚拟产品开发。

（4）虚拟经营是管理功能的扩张，而不是管理队伍的扩张。企业利用外聘经营顾问、管理专家等智囊人才，扩大了管理幅度，提高了决策水平和管理效率，但企业并未因此而扩大企业领导班子和增加管理层次，这就是虚拟管理。

虚拟经营通过产权虚拟化、管理职能虚拟化、组织架构虚拟化、技术人才虚拟化，以实现经营外包、企业战略联盟、虚拟销售和敏捷制造等虚拟经营形式。

二、虚拟企业的基本理论

从20世纪90年代开始，虚拟企业的理念开始风靡全球，其高效率低成本的优势以及迅速发展的态势使整个旅游产业组织结构发生根本性的转变。随着时代的发展和人们观念的变化，虚拟企业将负有新的内涵，而与此同时，旅游产业组织也随着市场需求的变化，更加强调协作与共赢。因此，可以预见，在未来，旅游虚拟企业将获得更大的发展。

1. 虚拟企业的理论基础

一般情况下，有5个基础理论影响虚拟企业的构建、运营和发展。

（1）组织理论

组织是两人或两人以上为实现共同的目标而形成的有机整体。组织理论伴随着组织活动的实践不断发展。过去组织为了提高环境的适应能力，优化组织结构，以实现组织的目标，从而发展组织的形式。当进入知识经济时代和信息社会后，组织利用虚拟资源的力度明显增强，组织结构突破了原有的界限，减少了对中间层次管理的需要，使得组织结构逐渐由过去的多层次职能分工模式向扁平型网络化模式转变。

（2）交易费用理论

交易费用是指拥有不同资源的各方在交换其资源过程中所产生的成本。1937年，罗纳德·科斯在《企业的性质》一文中首次提出了交易活动是要消耗稀缺资源的，因而存在有交易费用。此后，交易费用理论逐渐发展成为两派：一派认为企业的功能在于节省市场中的直接定价成本（或市场交易费用），因而通常称为"间接定价"理论；另一派将企业看成是连续生产过程中不完全合约所导致的纵向一体化实体，认为企业之所以会出现，是因为当合约不可能完全时，纵向一体化能够消除或至少减少资产专用性所产生的机会主义问题。

根据交易费用理论，市场交易和企业内部组织交易（管理交易）都存在交易费用。企业规模被确定在企业内部组织交易的边际费用等于市场上或另一企业组织同样交易的边际费用的点上。如果某种交易在市场上完成的费用大于在企业内部完成的费用，那么交易就在企业内部完成；反之，交易就在市场完成。

虚拟企业内部进行的有组织的市场交易的交易费用较自由市场的交易费用低，原因有三点。第一，交易事前的成本降低。如虚拟组织内部建立信息渠道，从而降低了发现市场交易信息的成本；第二，交易过程的成本降低。虚拟企业内部的协作机制和缔约关系使交易双方更容易地完成交易；第三，控制和执行的费用降低。虚拟企业内部由于缔约关系的制约，交易双方都将能通过组织约束执行并达成契约所规定的供货时间和产品的质量。

（3）企业核心能力理论

1990年，从普拉哈拉德（C.K. Prahalad）和哈默（Gary Hame）在《哈佛商业评论》上发表的《企业核心能力》一文开始，学术界围绕"企业核心能力"展开了理论探讨，一系列具有划时代意义的论文相继发表。

与交易费用理论将企业看作"黑箱"的假设不同，企业核心能力理论从企业内部及其生产领域分析企业的本质，认为企业内部的核心能力是企业获得和保持竞争优势的关键。企业的竞争优势主要来源于核心能力，企业应该将自身的人力和资源集中在与核心能力有关的核心功能方面。企业核心竞争力具有价值性、异质性、难模仿性和难替代性等特点。

（4）企业竞争战略理论

1980年，美国著名管理学家波特提出了企业竞争战略理论，他认为任何行业中都存在五种竞争力量：新加入者的威胁、供应商的讨价还价能力、顾客的讨价还价能力、替代品的威胁和同行业中其他厂商的竞争。由此，波特总结了三种一般战略，即成本领先战略、差异化战略和集中战略。

虚拟企业可以提供波特所说的三种竞争优势：一是虚拟企业规模和范围的经济性可以形成相对的成本优势；二是虚拟企业内部成员的多元化技术和能力有利于企业生产差异化产品；三是多元化专业化的企业内部成员共同合作，更能满足特定区域和特定顾客群的需要，实现集中化战略目标。

（5）价值链理论

根据价值链理论，由于价值链上的各个环节所要求的生产要素各不相同，因此，任何企业都只能在价值链上的某个环节上拥有优势，而不可能拥有全部的优势。只有整个价值链完整连接，才能实现产品的价值。

市场的竞争是价值链之间的竞争而不是单个企业之间的竞争。由于虚拟企业的价值链上的各个环节都由各成员企业的核心能力构成，这样的价值链具有较大的竞争优势：一方面可以为顾客创造最大的价值；另一方面也能实现价值链上整体效益的最大化，达到企业之间"双赢"的协调效应。

2. 虚拟企业的基本特征

随着旅游产品生命周期越来越短，市场需求对产品和服务的期望越来越高，旅游市场竞争日趋激烈，传统企业的管理模式面临巨大挑战。传统企业模式缺乏市场主动性和积极性，在合作中普遍存在短期行为，企业间信息交流方式落后，协调不足，可见，传统企业没有建立高效的市场响应、售后服务和供应链管理机制。而虚拟企业的出现，将改变这一切。虚拟企业具有8个基本特征：

生产上的并行化　虚拟企业把成批的活动作为项目，由团队平行地反复工作形成团队组合，项目的分解不是以串行工程为基础的开放子系统，而是把项目分解成工作模块；产品以并行而不是以线性的顺序进行生产。

功能上的协调化　借助信息技术将分布在不同企业内的资源组织协调起来，完成特定的任务，实现企业某种功能。

技术上的共享化　虚拟企业以联盟的方式，为了共同利益，以技术为核心贯穿全过程，最终以分享高新技术产业化利益为目的，实现技术上的共享。

组织上的虚拟化　在虚拟企业中，有形的组织结构被打破，形成网络化的组织。它允许每个参与者参加其他项目，不同组织间没有界限。

经营上的灵活化　虚拟企业是一种动态联盟，企业成员可以同时参加数家"虚拟企业"，企业只关心与联盟项目有关的经营问题，而对其他成员的其他经营活动无权干涉。因此，虚拟企业在经营上具有极大的灵活性。

风险上的分散化　虚拟企业由众多企业组成，在技术开发风险和技术应用风险上共同承担，实现了风险的分散化。

资源上的互补化　各个成员企业以提供优势资源为代价加入虚拟企业，共同构成实现市场竞争优势所需的资源，形成优势资源互补的统一体。

地域上的无界化　在现代网络信息技术的条件下，空间距离已不再是企业资源整合的障碍。虚拟企业通过信息技术将空间上独立分布的资源进行整合利用，实现地域上的无界化。

3. 虚拟企业的基本形式

虚拟企业主要6种基本形式：

功能虚拟化　在虚拟企业的组织形态下，企业间通过虚拟合作拥有完成业务所需要的一系列功能，这些功能可以由不同的企业执行，每个企业只需要具有各自实现市场目标的关键功能即可。通过将这些功能虚拟化、整合化，实现虚拟企业的竞争优势。

地域虚拟化　通过信息高速公路和遍布全球的信息网络，把分布在全球的各种资源结合起来，创建地域上相距万里的虚拟企业联盟。企业价值链上的各个环节可以分布在不同的地点，发达的网络信息技术可以使合作近在咫尺。

组织虚拟化　虚拟企业根据任务和环境的变化对组织进行调整，组织结构从传统的递阶层次向扁平的多元化"神经网络"形式转变。组织的虚拟化使企业生产经营具有较强的灵活性，市场响应更快。

产权虚拟化　虚拟企业里，管理者和技术人员对企业的控制能力提高，与企业所有者一起参与剩余权利的分配，产权变得虚拟和模糊。

管理职能虚拟化　虚拟企业内部的管理职能可以分离，由其他企业或社会组织分担部分管理职能，成员企业只需承担影响核心能力发挥的职能管理工作。

技术人才虚拟化　在虚拟企业里，技术人员已不再是来自一个企业内部研究机构，而是来自多家企业研究机构,甚至于来自虚拟企业外聘研究机构、顾客群体等,技术人才的虚拟化极大地实现了知识和技术的整合。

4. 虚拟企业的生命周期[4]

作为一种组织形式,虚拟企业的生命周期由识别(identification)、组建(formation)、运行(operation)、终止(termination)4个阶段构成。

三、虚拟企业的运行模式和体系结构

1. 虚拟企业的运行模式

虚拟企业是各个成员为实现某一共同目标组织起来的动态联盟,这些成员可以是独立的企业,也可以是企业部门,甚至可以是某些个人群体。虚拟企业的组织运作模式可以分为6种类型:

供应链模式 企业间以原材料、零配件和初级产品供应为线索的合作方式。企业在产品、价格、质量、交货及时性的基础上,通过基于网络信息数据的虚拟供应链和双向供应链等方式加强合作的紧密性,是一种通过价值链整合的模式。

合资经营模式 多个企业共同对一种产品进行投资开发、生产、销售,利用各自优势,组成联合经营实体,是一种通过资本整合的模式。

转包加工模式 企业将拟生产产品的工作进行模块分解,将部分工作模块转包给另外的企业或者企业部门进行设计生产或加工,最后将各个模块整合成产品,是一种通过产品整合的模式。

插入兼容模式 企业的人员具有一定的可置换性,它有一支相对稳定的核心雇员队伍,但大量工作人员是根据经营需要临时雇佣的流动人员,是一种通过人力资源整合的模式。

策略联盟模式 几家企业拥有不同的关键技术和资源,彼此的市场上有一定程度的区别和间隔,为了彼此的利益相互交换资源,制定共同策略,以创造集群竞争优势,是一种通过策略整合的模式。

虚拟合作模式 成员企业根据特定市场机遇,集成伙伴企业的核心资源,通过计算机网络将分布在不同地方的人员和设备连接,共同完成经营活动,是虚拟企业的最高合作形式。

2. 虚拟企业的体系结构[5]

虚拟企业的体系结构如图10-1所示,下层表示参与动态联盟的伙伴企业的内部结构,上层表示虚拟企业的组织实体,相对于单个企业,它是一种外部的组织结构。虚拟企业的外部结构跨越多个敏捷企业的范围,是一种由属于盟主和相关伙伴企业并参与一定虚拟企业系统项目组功能过程的企业元所组成的企业间交互的组织结构形式。

图10-1 虚拟企业体系结构

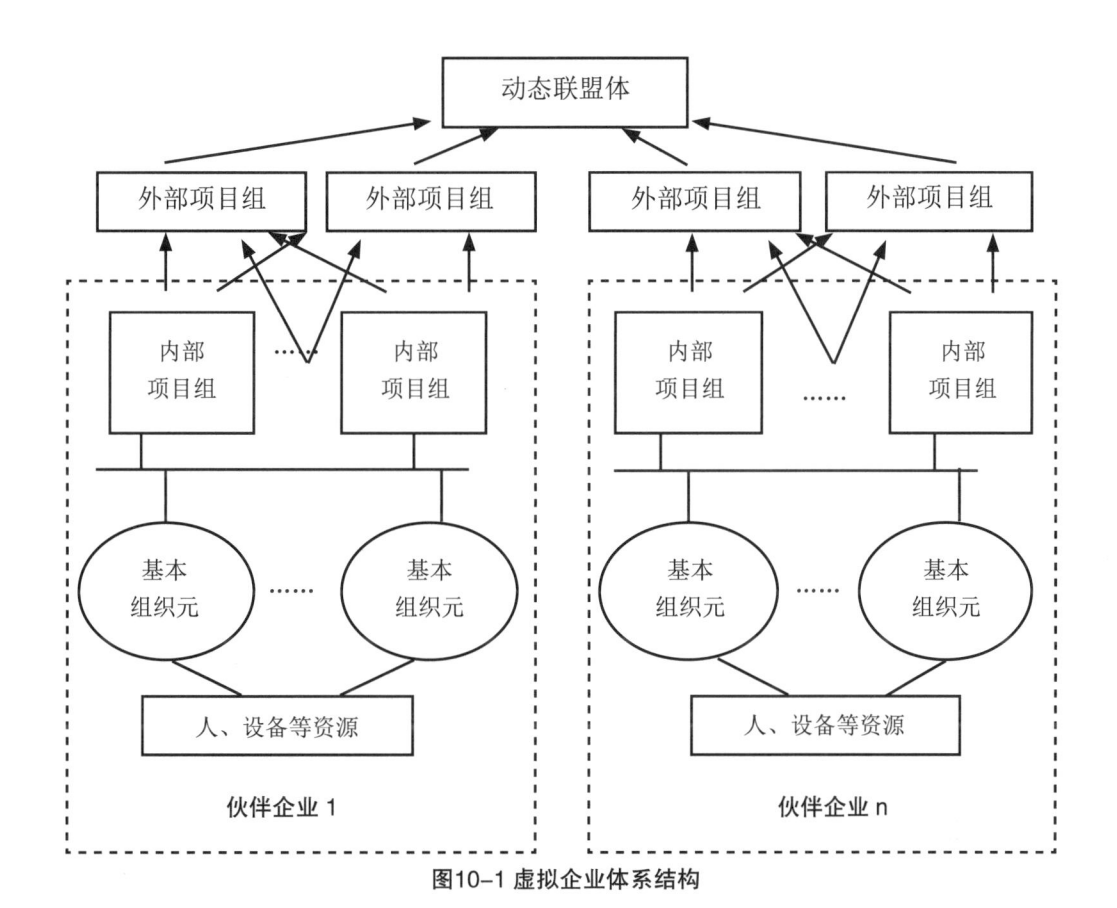

动态联盟体（Virtual Organization，VO）是虚拟企业的最上层，是由多个外部项目组（External Team，ET）联合构成的一种有时间性的组织，是虚拟企业的决策与协调中心。

外部项目组即虚拟项目组（Virtual Team，VT），是实现虚拟企业机遇产品过程的直接组织单位，是一种跨企业功能的虚拟工作团队。由盟主企业与联盟伙伴企业派出的多个内部项目组（Internal Team，IT）根据机遇的需求，通过多种合作形式构成，共同协作完成机遇产品。

内部项目组是联盟伙伴企业根据机遇的要求建立的多功能项目小组，它与企业的原有组织结构并不割裂，是根据机遇的需求对原有企业结构中的基本组织元（Basic Organization Unit，BOU）的一种优化重组。它们具有很强的自组织能力，能较好地适应环境变化。组织内部项目组的企业基本组织元相互之间进行频繁交流，以维护其核心优势，在动态过程中寻找最优组合。

基本组织元是企业内部实现工作的最基本的工作单元，由人、设备等资源构成，在企业中是相对稳定的部分。

四、虚拟企业的管理模式

一般情况下，虚拟企业有5种管理模式[6]。

1. 扁平化、开放式管理模式

在虚拟企业中，计算机和网络使人的大脑能力延伸，管理者能够通过信息技术和网络技术与执行者建立直接联系，中间的管理机构失去存在的必要性，使企业组织扁平化，同时也减少了信息在中间环节传递出错的可能性。虚拟企业中的工作人员根据某一任务需要临时组织合成虚拟工作组，工作组中每一位员工的关系都是同事关系而不是上下级关系，大家通过交流和讨论互相学习，形成了平等开放的工作氛围。

虚拟企业的组织单元是虚拟工作组，它的特征包括：以人为中心；实现了组织、员工和技术的有效集成；具有某种核心优势，能独立完成一项或多项任务。虚拟工作组之间的耦合是快速、多变而有效的，根据不同市场需求，采取最适合的方式，在最短的时间内实现有效耦合。

虚拟企业以网络为依托，组织结构特征是模块化、兼容式。工作形式是供应者、生产者、销售商的同环节并行协作，产品开发的主要形式和组织形式为并行工程（Concurrent Engineering，CE）与多功能项目组。虚拟企业的组织形式可以看成一个动态的系统，由一组在逻辑或物理位置上相关的组织单元组成。过程相关的组织单元构成了一个较大的、能够完成一个完整职能的团队（虚拟工作组）。

2. 以人为本的柔性管理模式

本质上，柔性管理是一种对"稳定和变化"同时进行管理的新战略。它以人性化为标志，强调跳跃和变化、速度和反应、灵敏与弹性，它注重平等和尊重、创造和直觉、主动和企业精神、远见和价值控制，它依据信息共享、虚拟合作、竞争性合作、差异性互补、虚拟实践社团等实现知识由隐到显的转化，创造竞争优势。

柔性管理模式要求企业高层具有领导魅力、中层具有教练风度、下层员工具有较好的知识储备和适应能力。虚拟企业无疑是多变的组织形式，企业员工面临着随时变化的内部环境，能够在最短的时间内适应新的环境并发挥积极性和创造性是一项重要的素质要求。

3. 虚拟团队管理模式

虚拟团队是虚拟企业产品开发的一种重要组织形式。从协同的角度来看，它是一个典型的CSCW（Computer Support Cooperative Work，计算机支持的协调处理）应用系统。虚拟企业的各个成员来自为开发某种产品或服务联合起来的各个企业，小组成员以统一的产品概念为核心，通过计算机网络进行交互，在各种技术的支持下相互协作，完成产品的设计、制造及销售。

根据虚拟企业经营的需要，虚拟团队成员应来自与产品生命周期相关的各个部门，包括市场、设计、工艺、工装、生产、计划、质量、采购、销售和维修服务等部门。从虚拟企业产品开发的过程来看，在形成统一产品概念之前，虚拟团队的协作模式主要是同步异地协作，对应的协作模型是会议模型；在产品开发期间，虚拟团队的协作模式更多的是异步异地协作，对应的协作模型是面向对象多层次协作模型。

4. 敏捷管理模式

敏捷管理模式是在全球范围内把企业内外部资源和优势集成在一起，抓住经营机遇，响应市场，赢得竞争的一种管理模式。其核心部分是敏捷管理技术。内容包括集成的产品与过程管理、决策支持技术、建模与仿真技术、并行工程管理、敏捷组织管理、敏捷合作关系的管理、经营业务过程重组、成组技术等。

敏捷虚拟企业是企业群体为了赢得某一机遇性市场竞争，把一复杂产品迅速开发生产出来并推向市场，他们从各自公司中选出开发生产新产品的优势部分，然后综合组成一个经营实体，即动态联盟或虚拟公司。敏捷虚拟企业的主要目标是利用信息技术基础设施以最快速度建立跨企业的灵活动态组织，在全球范围内把企业内外资源和优势集成在一起，抓住经营机遇，响应市场，赢得竞争。

5. 共同治理模式

虚拟企业通常是由一个具备核心技术且捕捉到某个相关市场机会的企业（称为主导企业）发起的。通过各种合约，它影响范围横向延伸到包括竞争对手在内的拥有互补技术和互补资产的企业，向上延伸到供应商，向下延伸到它的分销和零售渠道，甚至延伸到最终用户，形成一个以主导企业为中心的星形网络。

在共同治理模式中，信息共享是关键，各个参与方的工作效率都会影响虚拟企业的整体效率，对于其中任何一个参与者，合作伙伴在一定程度上成为利益相关者，这就要求虚拟企业的成员实现一定程度上的共同决策和共同治理。

第二节 旅游产业的虚拟化管理

在知识经济时代，旅游相关行业占全世界经济活动的比例高达10%，旅游相关产业的营业额增长超过两倍。所有这一切主要来自新技术的推动，而新技术所带来的改变不但影响到旅游产业，还影响到产业里的每一个企业，甚至影响到旅游者本身。旅游产业的虚拟化管理有其必要性，同时也给管理实践活动提供了一些可行的方式。

一、旅游产业虚拟化管理的必然性

信息技术的进步 信息技术的运用改变了营销的方式，也大大缩短了顾客与服务提供者之间的距离；强大的多媒体数据库提供了各式各样的个性化旅游设计；信息技术的渗透大大提高了服务的品质，也改变了参与者在经济活动中所扮演的角色。在很长一段时间以来，管理者们都在思考如何将信息技术运用到旅游产业中。而实际上，旅游产业的形式和性质已经被信息技术所改变。旅游企业的发展必然要谋求信息技术下的市场，这种市场追逐行为无形中使旅游企业间形成某种合作，这种合作就是虚拟企业的雏形。

市场需求的发展 旅游产品具有无形性、不可转移性、不可储存性、异地消费性和生产与消费同步性等特征。旅游产品的消费者在购买旅游产品时具有多重的价值取向，他们往往不单纯追逐对"物"的满足，还希望能够通过享用旅游产品展示自我，得到一些精神上的满足。同时，从旅游产品的消费主体——旅游者群体来看，这一主体没有年龄、性别、地区的局限，任何阶层的人均在旅游者之列。这表明旅游商品没有特别的市场局限性，而市场局限的反面即是市场需求的个性化与多样化，这要求旅游产品要实现某种程度的定制化。因此，旅游产品的发展要求生产的多品种、小规模、多变化，这客观上推动了旅游企业间的虚拟联合，以实现一定的规模效应。

企业竞争的推动 旅游产业的发展必须符合规模经济的要求，而面对个性化的分散市场，旅游企业又难以依靠自身实现规模效应。旅游产品的个性化和多样化与规模经济之间的矛盾成为旅游企业发展的障碍，同时也是旅游企业竞争越来越激烈的客观因素之一。旅游企业的激烈竞争要求企业间要实现某种竞争性合作，这种合作必须打破经营活动局限于企业内部的传统观念，将企业的边界无限扩大，通过一个项目或具体目标，将各个企业分散的市场和资源整合，形成规模经济。实际上，旅游虚拟企业就是某个旅游企业以市场或资源整合者的身份，对企业内外一切可以利用和整合的市场与资源进行筛选、吸收和组合，以最快的速度和最低的成本实现规模经济的虚拟组织。一旦目标实现或任务完成，这一虚拟组织随即解体。

产业价值链的演进 在传统的旅游产业组织结构中，旅行社作为一个存在于旅游饭店、旅游交通、旅游餐饮、旅游景区和旅游消费者之间的中介商，以赚取佣金的方式出售产品，但对其经手的产品没有所有权。因此，旅游中介成为旅游产品构成要素的组合者，这种职能是以旅游中介占有各种旅游产品要素的市场综合信息为基础，所以，旅游中介所生产的产品实际上是整合后的旅游综合信息，而这种综合信息是旅游消费者难以通过旅游中介以外的渠道获得的，这正是旅行社所占有的旅游产业价值链上的价值，也是确立其"旅游产品生产者"地位的关键。用交易费用理论分析，旅行社的产生和存在实际上是由于节约了交易费用，作为商业中介而形成市场和环境；然而，相对于旅游消费者而言，它仍然是一种"交易费用"。随着旅游产业的发展，旅游中介在旅游产业价值链上的价值也发生了变化，一方面，有能力的旅游消费者越来越容易获得旅游综合信息；另一方面，旅游饭店、旅游交通、旅游餐饮、旅游景区等旅游相关产业部门也采取各种方式直接接触消费者。于是，旅行社作为旅游中介不得不面对更加分散、更加个性、更加小的消费群体，而为了获得规模报酬，旅游中介也不得不走向虚拟企业等联合的道路。

二、旅游产业虚拟化与虚拟旅游

旅游市场是一个信息建立、整合和交流的市场，网络将导致旅游产业中新的组合以及新的合伙形态，而这些改变将带给顾客特别定制式的产品、重组套卖式的服务，以及旅游业本身吸引并留住的新商机的能力。虚拟旅游就是信息技术发展的产物，这是旅游产业发展的新机会，是市场的新需求。

1. 虚拟旅游发展的产业前景

虚拟旅游的产业发展前景广阔，不仅可以满足旅游消费者日益挑剔的需求，而且能够带来巨大的社会效益、经济效益甚至环境效益。

符合市场需求的发展 虚拟旅游运用多媒体技术和网络信息技术，将实景进行三维模拟，建立虚拟旅游系统。该系统动态逼真地展现旅游景点，给人一种身临其境的满足体验。据美联社消息，互联网用户正在他们的起居室中"周游"世界。一项新的研究发现，45%的成年美国互联网用户利用了能够使他们虚拟地到其他地方旅游的功能。尽管大多数网络活动都是年轻人的天下，但年龄稍大些的用户更喜欢参加虚拟旅游活动，他们旅游的目的地包括博物馆、大学校园、公园等。据皮尤网络与美国生活项目（Pew Internet and American Life Project）研究表明[7]，52%的年龄在40~49岁之间的互联网用户参与了虚拟旅游活动，年龄在40~49岁之间的互联网用户中的这一比例为37%。

符合旅游开发者的利益 虚拟旅游系统能够在实际开发前将规划设计等展现出来，进行模拟试验，获得反馈意见，从而对规划和设计进行进一步改进和完善。旅游开发者由此可以降低旅游开发的风险，实现效益的最大化，同时，该虚拟旅游系统还可以用于旅游景区的前期宣传。在实践中，尽管虚拟旅游系统的建设也需要大量的资金，增加旅游开发的成本，但是，随着这一技术的不断成熟和发展，在虚拟旅游系统建设费用不断降低的同时，其功能也有了进一步的提升。现代的虚拟旅游系统除了可以模拟未来景观体系之外，还可以模拟游客使用，计算游客容量，设计游客管理方案；模拟火灾、恐怖事件等突发事件的情景，研究应对措施，并对规划方案提供建议。

符合商家的市场营销　虚拟旅游是一种创新的旅游信息发布模式，提高了旅游信息的服务质量。在实践中，虚拟旅游系统通过富有吸引力的动态展示和宣传能够为商家招徕更多游客。目前，商家把虚拟旅游作为网络旅游的重要组成部分。在技术上，用计算机存储技术、信号数据传输技术等在Internet平台上构建信息资源群，没有真正应用体验式的信息搜索和应用技术；在内容上，停留在旅游广告、旅游图片等表面内容上，没有深度发掘互动式的旅游信息。因此，在中国，虚拟旅游的发展尚处于初级阶段，虚拟旅游所潜藏的商机尚待发掘。

符合政府的宏观管制　虚拟旅游实际上是一种使用者与虚拟景区的互动空间，使用者在使用虚拟旅游系统时可以随时与系统管理者进行交流，提出意见和建议。这有助于管理者改进虚拟旅游系统的同时，也为真实景区的管理提供建议。政府部门可以通过虚拟旅游系统了解市场需求，了解行业动态，及时发现问题；同时，政府部门还可以通过虚拟旅游系统发布信息，进行科普环保等教育宣传。虚拟旅游系统是一个政府与旅游消费者直接对话的平台。

符合社会组织的愿望　虚拟旅游系统将世界遗产和文物古迹数据化，可以无限次地拷贝和远程浏览欣赏，这将极大地减少游客的实地游览给世界遗产和文物古迹带来的破坏。同时，虚拟旅游系统可以模拟很多已经消失或只残存小部分的历史文物古迹，实现文物古迹的模拟再现，供游客游览。这对于那些倡导环境与文物保护的社会组织来说，是一项有益的工作。

综上所述，虚拟旅游不仅是旅游产业发展的新业态，而且由于其所具有的技术优势和明显的社会、经济和环境效益，必将获得更大的发展。

2. 虚拟旅游发展的技术支持

虚拟现实技术是指利用计算机硬件与软件资源的集成技术，提供一种实时的、三维的虚拟环境（virtual environment），使用者可以完全进入虚拟环境中，观看并操纵计算机产生的虚拟世界，在虚拟环境中交互操作，听到逼真的声音，有真实感觉，可以讲话，并且能够嗅到气味[8]。它涉及计算机、传感与测量技术、仿真技术和微电子技术等相关技术。虚拟现实系统作为一种崭新的人机交互界面形式，能为用户提供现场感和多感觉通道，并依据不同的应用目的，探寻一种最佳的人机交互方式。究其根本，它有3个最基本的特征，即3I，分别是Immersion（沉浸）、Interaction（交互）和Imagination（构想）[9]。

3I的基本特征强调人在虚拟现实技术中的主导作用。从过去人只能从计算机系统的外部去观测计算机的处理结果，到人能够沉浸到计算机系统所制造的环境之中；从过去人只能通过键盘、鼠标与计算环境中的单维数字化信息发生交互作用，到人能用多种传感器与多维化信息的环境发生交互作用；从过去的人只能从以定量计算为主的结果中得到启发而加深对事物的认识，到人有可能从定性和定量综合集成的环境中得到感性和理性的认识从而深化对概念的认识和萌发新意。根据三维场景生成的过程划分，可以将虚拟现实技术分为基于图像的虚拟现实技术和基于矢量建模（或称几何建模）的虚拟现实技术两种。基于图像建立起来的虚拟现实环境反映的景观真实感强，基于矢量建模方法建立起来的虚拟环境需要大量的计算机矢量建模过程，对计算机系统的速度性能有很高的要求。近年来还发展了矢量建模与图像纹理粘贴技术，但对虚拟环境建立所需的硬件性能要求更高。

目前，主要有4种技术支持虚拟旅游的发展。

（1）旅游电子商务技术

在电子商务的计算机技术方面，主要有EDI（Electronic Data Interchange，电子数据互换）、XML（Extensible Markup Language，可扩展标记语言）、EML-EDI、ebXML（电子商务扩展标记语言）技术。比较来看，EDI的成本过于昂贵、结构的灵活性比较差而且难以实现电子商务中的数据挖掘；XML是不同格式数据向标准化格式数据转换的"桥梁"，可以方便地进行Web应用，但是它仍然不能构建Web服务来跨越多个应用程序和供应商进行通信；EML-EDI是一种过渡技术；ebXML是一种全新的技术，其目标是实现跨行业的B2B、B2C的商业贸易，它能够使得不同规模不同地区的企业可以通过交换基于XML格式的消息来合作和进行商业活动。

在电子商务平台开发的技术机制方面，主要有基于XML的电子商务网络平台开发技术、电子商务平台网络数据存取的ASP/ADO技术、搜索引擎技术和Web数据挖掘技术。

（2）实景图像虚拟现实技术

基于实景图像的虚拟现实技术，即直接利用照相机或摄像机拍摄得到的实景图像（real world images）来构造视点空间（view point space）的虚拟景观。该方法具有快速、简单、逼真的优点，正在越来越多地应用于旅游景点、虚拟场馆介绍以及远地空间再现等方面，非常适合于实现虚拟旅游。所谓视点空间指用户在一个观察点所观察到的球空间，它由不同焦距的全景图像按其焦距关系构成，反映了观察者在虚拟环境中某一观察点所能观察到的不同细节程度的场景空间。观察者可以在视点空间进行360°环视、俯视、仰视以及焦距变换等多种方式的观察，所能观察到的景观全集被定义为一幅全景图。对视点空间进行空间关联形成虚拟旅游系统。基于实景图像的虚拟现实技术基本原理是：假定在一室内空间进行观察，室内空间一般有六个表面，如果获取了这六个表面的许多不同距离、不同方位的实景照片，并将其按照相互的关系有机连接起来，就可以在视觉上形成对该房间整个空间的整体认识，这就是全景图像的概念。在观察时可以任意地转动观看，也可以改变视点，或是走近仔细观看，由于这些照片是相互连接的，所以只要照片有足够的精度，观察者就可以获得空间的感觉。同样，无论是在野外还是在复杂如迷宫的博物馆，通过建立以实景为基础的全景图像，就可以对周围进行观察，如果辅以声音，就可以获得较好的随意观察、交互访问的效果。

与三维虚拟模型比较，基于实景图像的虚拟现实技术跟三维矢量建模虚拟现实技术全然不同，前者反映的是一种客观存在，往往以自然景观为主，后者则是人的一种主观想象，是通过创作或设计想象出来的，以人工环境为主；体现在技术上，前者是图像处理的范畴，而后者则是计算机图形学的范畴。但二者可以有机地结合，以满足特殊的应用。

（3）空间景观支撑体系

基于Internet/Intranet（内联网）的Web GIS是GIS技术发展的新趋势。Web GIS可以简单定义为在Web上的GIS。考虑到虚拟旅游的需求，以基于Web GIS结构实现电子地图库的动态服务，由应用服务器完成电子地图与空间景观的空间关联，由Web服务器应答客户端（Client）的请求。基于Web GIS的空间景观支撑体系。

（4）虚拟景观漫游技术

针对Web应用开发，Sun公司提供了Java技术：客户端运行Applet，服务器端运行Servlet，通过JDBC访问数据库。Java最好地支持了Internet网络模式下的数据分布与计算分布的特性。Java Applet可以集成在超文本页面中，当Web Server得到Client请求时，服务器端（Server）作为应答会将它下载到本地浏览器，由本地浏览器解释执行Applet。与CGI或ASP方式不同，服务器不再包办用户的一切请求，而是通过服务器向客户端发送一段运行在本地机上的Applet客户程序。Applet程序可以与用户相交互，处理用户的一些简单请求，如全景图的开窗、放大、缩小、漫游等，所处理的全景图像数据直接向服务器申请。尽管目前有许多种方法可以实现这一设想，但采用Java Applet的方法是主流技术。

3. 虚拟旅游产业的运作方式

目前，虚拟旅游产业主要有4种运作方法：

旅游规划 将虚拟现实技术引入到旅游景区的规划中，利用计算机辅助设计工具对景区景观要素进行规划、设计、建模，然后将产生的数据库变成一个虚拟现实系统。观众通过虚拟现实系统的人机对话工具进入景区的虚拟模型，在虚拟漫游的过程中，针对不足之处提出修改建议。在这一技术的启发下，旅游规划者可以通过虚拟现实创造出所开发景点景区的真实"三维画面"，以便游客可以审视未来将要建立的景区，保证景区在美学上的和谐与在市场上的顺利。

旅游产品 虚拟现实技术可以开发成为旅游产品，广泛应用于主题公园。世界上第一个以宇航探索为主题的"太空游"主题乐园于2004年4月12日亮相北京。该"太空游"主题乐园就坐落在距离颐和园不足一公里的海淀展览馆，利用当时最先进的科技和仿真手段，将宇航知识与太空真实体验融为一体展现给人们，是虚拟主题乐园的典型代表。"太空游"主题乐园落地京城，不仅会带来可观的经济数字，也会为北京景点业创造新的兴奋点和引领机制，主题乐园在中国又出现新一轮的强劲增长[10]。

旅游营销 虚拟现实技术用于旅游营销已经不是什么新鲜事了。随着旅游网站的增加，旅游信息的丰富，以虚拟现实技术为基础的旅游营销信息制作和传播将成为一种必然趋势。虚拟现实技术用于网络营销，不仅可以发布具有吸引力的旅游信息，而且可以通过观众的浏览和使用，采集公众意见和建议，对现实景区的建设和管理提供参考信息。

景区保护 虚拟现实技术在旅游景区的保护，尤其是遗产景区的保护上具有巨大的发展前景。一方面，虚拟现实技术可以模拟现实景区，通过虚拟漫游的方式让游客实现对景区的"亲身"体验，极大地减少了游客对现实景区的接触，最大限度地保护景区；另一方面，虚拟现实技术可以模拟出已经消失或正在消失的景区，对历史中的景区进行虚拟再现，使后人能够通过虚拟旅游的方式重新体验这一奇异的景区，实现对景区历史价值的保护。

三、旅游产业集群虚拟化

从组织的角度上看，旅游产业集群（tourism industrial cluster）是一组由在地理位置上近邻的并相互联系的旅游企业和机构所组成的一种特殊组织。如图10-2所示，旅游产业集群围绕旅游活动展开，由投入至产出（包括流通）的各个相关企业所组成的经济组织[11]。

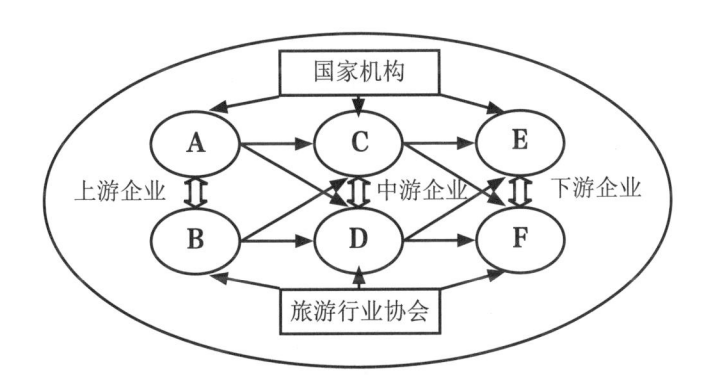

图10-2 旅游相关产业集群组织结构示意图

其中，产业链上的上、中、下游企业AB、CD、EF之间为分工协作关系，旅游产业价值链上同一环节的企业（A和B、C和D、E和F之间）则为竞争合作关系，而国家机构和旅游行业协会则起到辅助和调节作用。由于存在社会资本的非理性选择、对不确定性的规避和对规模经济的追求，其结构是价值链上的企业将通过某种关系联合起来，形成产业集群。

尽管传统的旅游产业集群存在巨大的竞合优势，但其风险问题也十分明显。这种明显的风险因素有很多，比如局部地区或部分旅游产品的需求不足、旅游产品的供给过剩、旅游产品的创新不足，最核心也是最关键的是由于传统旅游产业集群内部企业之间的联系的加强，逐渐形成了对现有资源的锁定和发展路径的依赖，从而产生对外部资源吸收和组织创新的困难，最终导致集群整体的衰亡。也就说，旅游相关产业集群内部所形成的联系即是产业集群竞合优势的基础，也是产业集群风险产生的根源。

解决旅游相关产业集群风险的一种有效方法就是产业集群的虚拟化。从组织层面上讲，传统的旅游产业集群是介于纯粹市场和完全层级组织之间的组织形式。它是利用地理平台使区域组织内各企业之间的知识交流来实现核心能力的分享，并借助信任和承诺维系组织的存在；而虚拟产业集群打破传统的地理平台，借助信息化平台发展更为广域的联合，虚拟产业集群发展的过程是基于一种相似的组织文化和由此产生的信任。

将虚拟组织引入传统旅游产业集群的目的是改造旅游产业集群内企业信息、知识的交换途径以及企业之间的联系方式。通过改造其原有的相对狭窄的特定地理区域上的面对面的交流结构和方式，适当降低传统的"联系"强度，从而避免知识的锁定和发展路径的依赖。因此，集群组织虚拟化是对传统集群组织的改良，而非抛弃，是对传统产业集群进入成熟期后的"二次创新"。

从组织层面而言，可以选取集群内外产业链上每个环节中的优势企业（包括特定地理区域外的企业）并加强它们的联系，使之成为一个虚拟组织，这个虚拟组织是供应链接点的外聚。换句话说，从供应链上有条件地选取一些厂家，利用彼此间充分的信任与信息，以最佳的动态组合方式临时组成一种比较紧密的供应、生产、销售的联系，形成供应链结点的外聚。这种组织可以帮助集群内的企业抓住稍纵即逝的市场机会，一旦市场机会消失，又可以分散为独立结点，正常参与供应链运作或参与新的组合。如图10-3所示，这种活动使得传统产业集群组织转变为具有虚拟组织性质的集群。集群内的大椭圆H为一个虚拟组织。

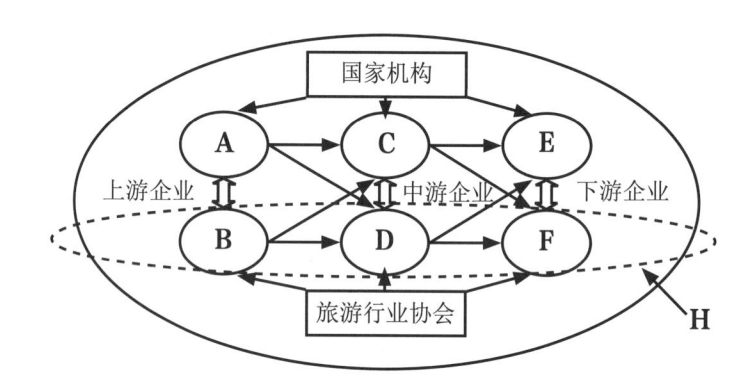

图10-3 旅游相关产业集群内虚拟组织

第三节 旅游企业的虚拟化管理

企业绩效改善的传统方法一般是削减成本、减少管理层次、重新设计流程、改善信息系统、提升员工素质、实现例行事务自动化等，这些方法都是改变企业的内部，是传统企业绩效改变的唯一途径。研究表明，如今企业的经常性开支不会超过公司平均制造成本的3%，劳动力成本不超过6%。因此，即使是最有效的费用削减，对总成本的改善也微乎其微。企业要想继续提高绩效，改善的重点应放在外部关系上。虚拟企业就是一种改善外部关系的新全局战略模式。

一、旅游虚拟企业合作伙伴选择

旅游虚拟企业伙伴选择问题是虚拟企业组建过程中的首要问题，也是虚拟企业成功的关键问题之一。首先要分析伙伴选择过程应考虑的因素及应遵循的原则，在此基础上运用相关方法对伙伴进行甄选，最后还要进行伙伴关系的管理。

1. 成功伙伴关系的构成要素

尼尔·瑞克曼（Neil Rackham）通过深入研究不同国家、不同产业、不同市场中成功企业的业绩之后，将成功伙伴关系的共同因素归结为以下三条：贡献（impact）、亲密（intimacy）、愿景（vision）。

贡献 贡献指伙伴间能够创造具体有效的成果，这是伙伴关系存在的经济基础，也是最关键的"存在理由"。在虚拟企业中，伙伴间通过协商达成一致，用双方认为恰当的模式进行合作，重新设计组织结构，双向的互动与整合赋予合作伙伴更佳的生产能力和创造能力，以此形成合力。

亲密 在合作的经济基础之上，存在一种通过长期合作所形成的紧密度，这种紧密度就是情感上所说的"亲密"。伙伴关系的亲密不仅仅是一种相互信任的情感，还包括一些除了经济利益外的共同利益：全方位的信息共享、协商一致的共同市场策略、技术与人力的互通，甚至资金上的合作。伙伴关系转向成功的心智模式，一般沿着三个基本层发展：相互信赖、信息共享、伙伴团队本身。高度亲密的关系意味着这三个层面频繁而丰富的交流。

愿景 有了合作的经济基础和情感因素还不能形成持续成功的伙伴关系，还必须有愿景，即伙伴关系要达到的目标和达到目标的方法。成功的伙伴关系中，愿景比增加经济利益和发展亲密关系更能不断激励伙伴关系，创造最大贡献。一种对于伙伴所能成就的共享理念，是所有成功伙伴关系的基石。

2. 伙伴选择的原则与方法

虚拟企业是由多个独立分散的企业结成的动态联盟，这一联盟若想成功合作，就要考虑成员企业是否拥有独特的核心能力和竞争力；同时，还要考虑成员间的相容性。因此，旅游虚拟企业在伙伴选择的过程中，应该遵循以下原则：

能力互补原则 虚拟企业的合作伙伴必须具有并能为联盟贡献自己的核心能力，而这一核心能也正是虚拟企业所需要的，这样能够缩短成员学习能力的时间，降低因为重复工作而增加的成本。

成本合算原则 虚拟企业总的实际成本应该不大于个体独立完成的全部费用成本，同时，独立企业合作后所获得的效益应该大于独立完成所获得的效益。成本合算原则既要保证整体效益最佳，也要保证每个个体所获得的效益合算。

价值共有原则 良好的伙伴关系，在价值观上应该有共同点。双方都对合作抱有双赢的共识，双方都对产品或服务的品质有一致的要求，双方都同时追求顾客满意或者品牌增值等价值目标。

文化相容原则 虚拟企业的成员可能分布在全球的不同地区而通过信息网络互相联系，各个成员间的文化差异较大，企业文化直接影响到员工的习惯行为和交流方式，这将最终影响企业绩效。比较相容的文化易于虚拟企业的沟通和交流。

目标一致原则 虚拟企业所建立的关系不能与目标方向相左，否则投入的大量精力、资源、承诺等巨额投资将偏离真正的目标。追求的伙伴关系应该能反映公司所在的产业趋势，选择企业不仅是现在能够提供帮助，还必须满足企业未来发展所希望的方向要求。

环境有利原则 成功的伙伴关系需要有良好的合作环境，选择有益于传导伙伴关系理念的环境，是选择伙伴关系过程的重点。这种环境包括客户对伙伴关系的态度、客户对伙伴关系的时间观、客户对伙伴关系的交易观。

风险最小原则 由于面临不同的组织结构和技术标准，不同的企业文化和管理理念，不同的硬件环境等，虚拟企业运行模式具有较高的风险，此外，成员企业还面临着核心能力外泄或丧失等技术产权风险。因此，伙伴选择时，必须考虑风险问题。

伙伴选择的方法 图卢瑞（S. Talluri）和贝克（R.C. Baker）[12]在对价值链网络进行研究的过程中，提出了价值链网络选择合作伙伴的两阶段框架。该框架考虑了伙伴选择过程中的定量因素，而忽略了其中存在的定性因素，比如信任、文化和价值观等。陈菊红、汪应洛、孙林岩等人在两阶段模型的基础上，结合了伙伴选择的原则，提出了伙伴选择的三阶段模型[13]。该模型将灵捷虚拟企业的伙伴选择问题分为三步进行。第一步，过滤。先以一些定性的因素为标准，对潜在的候选伙伴进行快速过滤，剔除不满足给定条件的候选伙伴，将潜在候选伙伴的数目很快降到一个合适范围，这可以使后面的定量分析工作大大减少。第二步，筛选。分别为灵捷虚拟企业的每一过程筛选出一些有竞争实力的、高效率的候选伙伴，从而将那些相对低效率的候选对象剔除出去，这又一次缩小了候选伙伴的范围。这一步基于候选伙伴企业内部的一些决策变量，如企业产品的质量、成本、交货时间等。第三步，最优化组合。将各个过程的候选对象，依次进行优化组合。这一步基于候选企业之间的外部决策变量，如距离、运输成本、文化的融合程度等相容性指标。其中，第一步属于定性分析阶段，第二步和第三步属于定量分析阶段。
3. 伙伴关系的评价与管理
（1）虚拟企业敏捷性度量[14]

敏捷性是测度虚拟企业伙伴关系好坏程度的技术性指标，指企业在连续而不可预测的市场变化环境中发展壮大起来的一种能力，企业通过计算机网络与全球生产系统、市场、竞争者连接起来，是对高质量、高性能、低成本、顾客设定产品配置等用户需求驱动形势下表现出来的一种能力。

在AHP和FHW基础上，王硕和唐小我提出改进的AHP法和改进的FHW法相结合的AFHW法。采用改进AHP法确定指标及其灰色优劣度的权重，采用改进FHW法进行专家咨询及敏捷性度量计算。

评价专家权重的确定　在评价中，考虑到不同专家的不同思维特点，需对专家意见采取加权处理。专家权重有以下6个参数表征：权威质量（从行政职务、学术职位、科研、学术水平等情况考虑），业务熟悉度（表示对评价所涉及的专业和学科的熟悉程度），谨慎度（对评价问题的把握程度），知识广度（对本专业以外的其他专业的了解程度），意见偏离度（某专家与集体意见的差距，可根据在咨询中得到的数值确定），智力激发度（对专家联想思维与创新能力的评价，主要根据年龄、知识广度、环境、智力、联想等方面的测试而确定）。对专家的6个参数进行线性组合，即可得到专家的权重向量$R(r_1, r_2, \cdots, r_m)$。m为参与评价的专家数目。

虚拟企业敏捷性评价指标　从敏捷性的度量指标看，可以用响应时间（time）、成本（cost）、鲁棒性（robustness）、自适应范围（scope of change）、柔性（flexibility）、供应链管理（supply chain management）、企业资源计划（Business Process Reengineering，BPR）即CTRSFSB综合度量指标来对虚拟企业的敏捷性（agility）进行度量，对以上7个指标设置25个分指标来评价虚拟企业的敏捷性。

确定各指标及其灰色优劣度权重　用改进AHP法[15]确定各个指标权重、各指标灰色优度权重，以及各指标灰色劣度权重。首先采用AHP法确定每一位专家各自对度量指标体系中各项指标给出的权重、各指标灰色优度权重、各指标灰色劣度权重（初步权重），然后根据专家自身权重对初步权重进行线性加权平均，得出综合权重。具体步骤如下：首先，用AHP法确定每一位专家各自对度量指标体系中各项指标给出的权重、各指标灰色优度权重、各指标灰色劣度权重；其次，对专家群体意见进行综合。记专家i对指标T_j的评价权数、灰色优度权数、灰色劣度权数分别为w_{ij}，α_{ij}，β_{ij}，则指标T_j综合权重、综合灰色优度权重、综合灰色劣度权重分别为：

$$w_j = \sum_{i=1}^{m} r_i w_i, \alpha_j = \sum_{i=1}^{m} r_i \alpha_i, \beta_j = \sum_{i=1}^{m} r_i \beta_i \ (j=1,2,\ldots,25)$$

虚拟企业敏捷性专家咨询表 考虑到虚拟企业敏捷性评价和专家应答心理的特点，在FHW咨询表的基础上加以修改，得到如表10-2所示的虚拟企业敏捷性专家咨询表。

表10-2 虚拟企业敏捷性专家咨询表

指标	指标分值	灰色优度分值		灰色劣度分值	
		明显优点	不明显优点	明显缺点	不明显缺点
T_i		p_i	a_i	q_i	b_i

注：表中，(p_i, a_i)为灰色优度，p_i为指标T_i的明显优点，a_i为指标T_i的不明显优点，(q_i, b_i)为灰色劣度，q_i为指标T_i的明显缺点，b_i为指标T_i的不明显缺点。

（2）虚拟企业敏捷性AFHW评价步骤

步骤1：组织专家评价，提供待评价的虚拟企业的背景材料。对专家进行咨询，每位专家填写评价表，分值采用百分制。

步骤2：根据专家自身权重，对评分进行加权平均。得到T_i、p_i、a_i、q_i、b_i的综合评分，分别记为U_i、P_i、A_i、Q_i、B_i。

步骤3：求白色优劣度比。

$$C = \left(\sum_{i=1}^{25} \alpha_i P_i\right) / \left(\sum_{i=1}^{25} \beta_i Q_i\right)$$

表示该虚拟企业敏捷性当前优势与当前劣势之比。若$C<1$，说明该虚拟企业当前的敏捷性较差，需改变企业当前状况。

步骤4：求灰色优劣度比。

$$D = \left(\sum_{i=1}^{25} \alpha_i A_i\right) / \left(\sum_{i=1}^{25} \beta_i B_i\right)$$

表示该虚拟企业敏捷性潜在优势与潜在劣势之比。$D<1$，说明该虚拟企业潜在的敏捷性较差，需对企业运作做适当调整，以适应未来发展的需要。

步骤5：计算总灰度。记

$$P_i^* = P_i/(P_i + A_i) \quad A_i^* = A_i/(P_i + A_i) \quad Q_i^* = Q_i/(Q_i + B_i)$$

$$B_i^* = B_i/(Q_i + B_i) \quad n_i = 1 - \left[0.5 + 0.5(P_i^* - A_i^*)\right] \quad m_i = 1 - \left[0.5 + 0.5(Q_i^* - B_i^*)\right]$$

则总灰度 $$N = \sum_{i=1}^{25} \alpha_i n_i - \sum_{i=1}^{25} \beta_i m_i$$

它表示该次敏捷性度量的朦胧程度，即信息不完全程度。若$N>0.5$，说明此次的度量结果不可靠，需重新组织评价。

步骤6：计算主体评分。

$$T = \sum_{i=1}^{25} w_i U_i$$

步骤7：计算综合得分，$S=T+C+D-N$，即为敏捷性度量的最终得分结果。

步骤8：判别敏捷性级别。通过研究，确定敏捷性级别——85分以上属高敏捷，75～85分属较敏捷，65～75分属一般敏捷，65分以下属不敏捷。据此可判定虚拟企业的敏捷性级别。

（2）伙伴关系管理

一般地，控制是伙伴关系管理中的关键要素，这种控制是在工作之前的主动控制，而不是在工作之后的被动控制。一些传统控制方法，如在其他类型的伙伴管理中所采取的多数持股、投票分配和设立监事会等方法在虚拟企业中已不再适用。因为虚拟企业并不是一个新的法人实体，它没有自身的资本结构，没有监事会。考虑到虚拟企业组织形式的特殊性，可以将契约方法和行为方法集成起来，对虚拟企业中的伙伴关系进行管理[16]。

契约方法指借助正式的契约手段来规范伙伴行为，如合同、协议书等。由于虚拟企业在本质上是一个以市场利益为驱动的、暂时性的组织结构。因此，对参与虚拟企业的伙伴来说，契约方法中最重要的内容是关于伙伴间利益分配的各种合同和协议。但是，由于信息的不对称性、多利益群体性、目的多重性和成员异地分布性，在虚拟企业中完全依靠契约方法来进行伙伴关系管理仍然存在较大的缺陷。

行为方法是指借助协商、沟通等行为手段，增进伙伴间的相互理解和信任，使得伙伴能够自觉规范自己的行为。行为方法其实是建立在正式权力系统之上的、一种非正式的控制方法，其中最关键的是如何在虚拟企业伙伴之间迅速、有效地建立起信任关系。

二、旅游虚拟企业的组织管理

虚拟企业多元化经营可以整合多企业的资源，分散经营风险，降低投入成本；同时，虚拟企业在组织管理上也比传统企业具有更高的要求。此外，由于旅游产业所具有的独特时空特征，旅游虚拟企业又比一般的虚拟企业具有更高要求的灵活性和应变性，因此，旅游虚拟企业的组织管理是一项困难而艰巨的系统工作。

1. 旅游虚拟企业的运作平台

旅游虚拟企业与其他企业一样，需要运作的环境和条件。不同的是，由于旅游产品销售的实现是人的流动而不是物的流动，所以，不同于一般虚拟企业依赖物流网络平台，旅游虚拟企业依赖的是人流网络，或者叫交通网络。一般情况下，人流网络有5种基本运作平台：

信息网络 旅游虚拟企业的工作和活动的联系很大，尤其是经营国际业务的国际旅行社和国际饭店，其业务要在全球范围内展开，以整合所有能形成互补关系的最优秀的核心企业。因此，旅游虚拟企业的工作活动离不开一个高效的信息网络平台。由于现代发达的信息网络，从信息成本角度看，虚拟企业在全球范围内整合资源和虚拟运作所耗费的信息成本并不比在局部范围内的同类活动所耗费的成本多。所以，信息网络已经成为旅游虚拟企业不可或缺的运作平台。

知识网络 在知识经济时代，虚拟企业的成功是通过对知识的有效搜集和使用来决定的，企业的创新能力取决于建立与知识密集的资源的联系能力。将分散的知识人才和技术能力连接起来所形成的知识网络，是旅游虚拟企业又一重要的运作平台。知识网络的知识含量比信息网络的知识含量大，可以通过信息网络和契约网络进行传递利用。

人流网络 旅游虚拟企业的产品销售能够实现大量的游客流动，这需要一个稳定可靠的人流网络（交通网络）平台支撑。在旅游虚拟企业间存在由人流及机构、制度安排等共同构成的人流网络。随着交通工具进步和交通设施的完善，人流网络的运作效率不断提高，使人流的信息流之间的效率逐渐匹配，减少了人流网络的瓶颈效应和不确定性。

契约网络 知识网络和人流网络的形成都离不开契约网络，没有契约网络，知识就会处于分散、独立状态，人流系统就会成为公共产品，成为所有产品的载体或通道[17]。虚拟企业具有"半企业半市场"的特性，它的运作不是在纯市场的平台上，而是对市场的公共性、独立性向相反方向的改造，使之具有一定的私有性、专用性、可控性的不完全市场。虚拟企业通过大量的间续式双边规制形成"准市场性企业"，大量的间续式双边规制的实际形态就是由它形成的"契约网络"。

资金流网络 资金流网络是记录虚拟企业资金流动过程中每个环节上的量、本、利及风险的动态变化过程，它是一个多维网络，由成员节点、业务节点、其他资金流动节点、时间参数组成。资金流网络把虚拟企业的业务过程统一到一个网络平台上进行分析，从系统角度研究虚拟企业经营状况的总体表现；通过资金流动的平衡关系和资金价值的不同表现，描述不同成员企业经营业务的经营差异；利用时间序列和资金流动的动态性，分析影响虚拟企业经营状况的主要原因。

旅游虚拟企业运作的5个基本平台是相互联系的统一体。知识网络和人流网络的建立是以信息网络、契约网络为基础的；人流网络、知识网络使信息网络、契约网络本身具有实际使用价值；资金流网络为其他运作平台提供物质保障；契约网络的形成和持续也需要信息网络和资金流网络的支持。

2. 旅游虚拟企业的组织结构[18]

一般地，参与旅游虚拟企业的伙伴比较多，每个伙伴由于其在虚拟企业中的作用不同而发生改变，某些职能的伙伴可能经常变动。将虚拟企业的组织结构设计为以职能部门为中心的静态结构与过程为中心的动态结构相结合的二元组织结构，也称二层组织体系。这种二元组织结构中的静态部分是由各成员企业原有的相对固定和自治的职能结构或虚拟企业中相关固定不变的核心伙伴组成；动态部分是由虚拟企业协调总部、过程主管、跨企业多功能过程团队等临时部门和个人或是虚拟企业中容易变动的外围伙伴构成。

这种二元组织结构使组织在稳定性和柔性之间实现动态平衡；通过多功能团队的并行工作，提高了对市场机遇的反应速度；在虚拟企业运作的过程中，打破了职能部门的界限，扩大了知识的获得与共享。在具体的虚拟企业结构设计方面，许多学者分别提出了虚拟企业的组织结构化模型，包括多智能体模型、IDEF（ICAM Definition Method）模型、面向对象的多视图模型、UML（Unified Modeling Language）模型、Petri网模型。

3. 旅游虚拟企业的协调机制

从旅游企业运作的机制看，虚拟企业具有同传统企业相似的功能、过程、环节，所不同的是企业产品和服务过程实现的功能、过程和环节是由分布在不同地区的多个企业通过信息网络的连接共同实现。因此，旅游虚拟企业具有鲜明的多利益主体特性，旅游虚拟企业的成功运作，需要建立完善的协调机制，构建合理的协调模型。

虚拟关系模型中三维空间的三个坐标轴代表三个管理决策区域，它对管理虚拟企业以促进其协调发展具有积极作用[19]。如图10-4所示，横轴是丰富维，表示供应商向顾客增加的价值。供应商帮助顾客丰富起来，顾客又帮助自己的顾客丰富起来，顾客的顾客再帮助自己的顾客丰富起来，如此下去，形成一条丰富链，使企业走出顾客关系圈，扩展市场机遇；纵轴表示报酬维，表示顾客向供应商的支付，从不变支付到可变支付，再到共担的风险与共享的收益；斜轴是连接维，表示公司之间业务连接程度，从传真、电话这些互不连接的孤立工作开始，到各种操作全面集成为止。

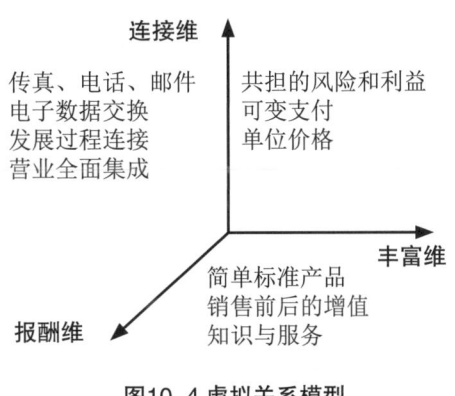

图10-4 虚拟关系模型

旅游产业的国际性使得旅游虚拟企业存在跨文化协调管理的问题，同时，虚拟企业的组织形式也决定它无法实施单一文化管理[20]。因此，虚拟企业成员之间不同的文化背景、经营理念、管理模式乃至员工行为习惯，常常会使成员之间的合作难以进行，甚至导致联盟的解体。虚拟企业首先是观念联盟和"文化融合"。创新的关键就是思维方法的创新，联盟成员之间文化的沟通，有利于改善"心智模式"，可以让员工在自由、开放的氛围里从不同角度多进行换位思考，使个人的心智模式整合为联盟共同的心智模式，从而调动员工创新的积极性，进而在创新过程中产生巨大的向心力和凝聚力。同时，"文化融合"有利于创造有效的"团队学习"氛围，让个人的知识通过创新、交流与共享，使其融入联盟的创新系统中，以促进全局性思考模式的形成。

旅游虚拟企业的协调机制是指旅游虚拟企业伙伴之间采取何种方法和形式进行沟通与协同，从而实现各个伙伴之间的协调。从协调的内容上分，它包括信任机制、决策机制、约束机制、激励机制和分配机制。

除了虚拟企业中的协调机制外，还必须考虑虚拟企业中的协调/冲突解决模型[21]。一般来说，协调模型应包含发现问题、问题空间定义及解决问题三部分。如图10-5所示，虚拟企业中的协调模型包括关系模型、知识模型、数据采集、一致性检查及协调/冲突解决等模块[22]。其中，数据采集和一致性检查模块主要用来发现问题，关系模型用来定义问题空间，协调/冲突解决模块用来解决问题。

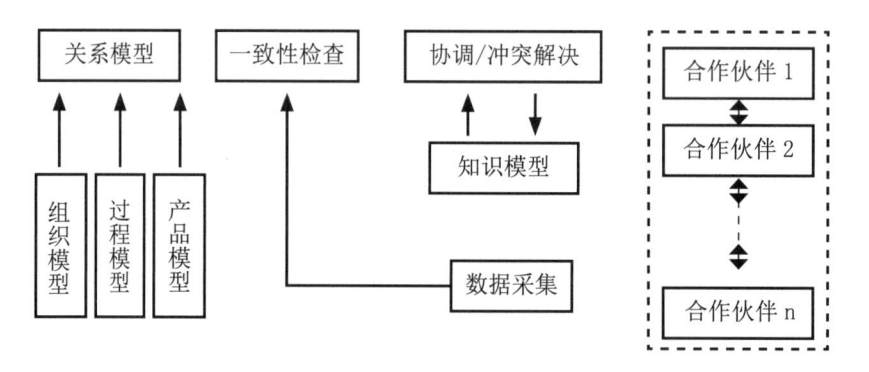

图10-5 虚拟企业中的协调模型

显然，在上述模型中，协调/冲突解决模块是关键，在此可以针对不同的协调内容，采用数学规划、约束规划、协商等方法。

三、旅游虚拟企业的风险与利益

多企业联盟的旅游虚拟企业具有资源整合优和市场反应快等好处的同时，也存在着广泛而复杂的风险和合理分配利益的问题。这两大问题对旅游虚拟企业的运作构成巨大的影响。

旅游虚拟企业的风险管理除了传统企业风险管理的内容外,还包括虚拟联盟协作和利益分配所产生的风险。这些风险可以分为虚拟企业的外部风险和内部风险。应根据虚拟企业所面临的风险及各种风险的重要性和紧迫性,制定合理而可行的风险对策。

收益分配问题是旅游虚拟企业管理中一个敏感而重要的问题。一个虚拟企业的成功运作必须以公平、合理的收益分配方案的制订为基础。虚拟企业收益分配是指虚拟企业中合作各方成员从虚拟企业的总收入或总利润中分得各自应得的份额。在收益分配的过程中应该遵循互惠互利、结构利益最优、风险与利益对称等原则。然而,在实际合作的过程中,虚拟企业组建和运作过程中成员之间存在的"私有信息",造成了信息的非对称性,决定了利益分配的不对称性。因此,许多学者纷纷提出了虚拟企业收益分配的方法和模型,包括收益分配的模糊综合评判法、收益分配的博弈模型、收益分配的Shapley法、收益分配的Nash谈判模型、收益分配的简化MCRS方法。

注释

[1] 何晓琳.虚拟旅游的优势分析及其运作策略[J].商场现代化杂志,2007(22):82-83.

[2] 蒋文燕,朱晓华,陈晨.虚拟旅游研究进展[J].科技导报,2007(14):53.

[3] 徐素宁,韦中亚,杨景春.虚拟现实技术在虚拟旅游中的应用[J].地理学与国土研究,2001(3):92.

[4] 陈剑,冯蔚东.虚拟企业构建与管理[M].北京:清华大学出版社,2002:20-21.

[5] 王硕.虚拟企业理论与实务[M].合肥:合肥工业大学出版社,2005:2-3.

[6] 廖成林.虚拟企业管理[M].重庆:重庆大学出版社,2004.

[7] Pew Internet & American Life Project. Mobile Philanthropy:How mobile/social tools are changing the way Americans give to and interact with organizations [EB/OL].[2023-06-30].https://www.doc88.com/p-508348273568.html.

[8] 徐素宁,韦中亚,杨景春.虚拟现实技术在虚拟旅游中的应用[J].地理学与国土研究,2001(3):92-96.

[9] 汪成为,高文,王行仁.灵境(虚拟现实)技术的理论、实现及应用[M].北京:清华大学出版社;南宁:广西科学技术出版社,1996.

[10] 查爱苹.虚拟现实在旅游景区中的应用研究[J].社会科学家,2005(4):117.

[11] 郑健壮.传统产业集群的风险和组织虚拟化的研究[J].技术经济,2006(7):41.

[12] S. Talluri,R.C. Baker.A quantitative framework for designing efficient business process alliances[C]//IEMC 96 Proceedings.International Conference on Engineering and Technology Management.Managing Virtual Enterprises:A Convergence of Communications,Computing,and Energy Technologies,1996:656-661.

[13] 陈菊红,汪应洛,孙林岩.灵捷虚拟企业科学管理[M].西安:西安交通大学出版社,2002.

[14] 王硕,唐小我.虚拟企业敏捷性度量的AFHW方法[J].中国工程科学,2002(7):29-32.

[15] 王硕,费树岷,夏安邦,等.应用与发展研究国际合作绩效评价系统[J].科研管理,2001(5):45-48.

[16] 陈剑,冯蔚东.虚拟企业构建与管理[M].北京:清华大学出版社,2002.

[17] 王硕.虚拟企业理论与实务[M].合肥:合肥工业大学出版社,2005:33.

[18] 王硕.虚拟企业理论与实务[M].合肥:合肥工业大学出版社,2005.

[19] (美)史蒂文·戈德曼,(美)罗杰·内格尔,(美)肯尼思·普瑞斯.灵捷竞争者与虚拟组织[M].杨开峰,章霁,王颖琦等,译.沈阳:辽宁教育出版社,1998:245-248.

[20] 王硕.虚拟企业理论与实务[M].合肥:合肥工业大学出版社,2005.

[21] 陈剑,冯蔚东.虚拟企业构建与管理[M].北京:清华大学出版社,2002:119-120.

[22] 徐文胜.并行工程冲突管理的关键技术研究[D].华中理工大学,1998.

第十一讲
景区产品创新管理

第一节　景区产品的特性与创新意义

第二节　景区产品创新的理论与原则

第三节　景区产品创新的方法与途径

第四节　景区节庆演艺产品策划管理

第一节 景区产品的特性与创新意义

景区是旅游活动的核心内容与空间载体，是旅游系统中最重要的部分。景区产品的研发与创新在旅游接待服务和旅游业发展中发挥着战略性的支撑作用，因此，旅游管理必须要加强景区产品的创新管理。

一、景区产品的概念

景区产品就是指景区为满足旅游者多样化的需求而提供的有形实体和无形服务的总和。对于景区的产品概念，我们可以从需求和供给两个角度加以诠释，从需求角度来看，大多数学者赞成将景区产品看作是一种经历。这种经历是从游览景区的动机和制定旅行计划开始的，接着是游览景区的过程，包括前往景区和离开景区的旅行以及在景区里的活动，从而最终形成了旅游者对景区产品的整体印象。

从供给角度而言，景区产品是指景区提供的、专门为满足旅游者观光、游览、文化、度假等多种休闲娱乐需求而设计并提供的并被现有的和潜在的旅游者所认同的东西，景区产品除了自然景观、建筑、游乐项目等有形物质产品之外，还包括大量的服务产品，如接待、导游、咨询服务等。按照旅游活动的不同阶段，旅游服务可以分为售前服务、售时服务和售后服务。售前服务是指景区经营者在旅游活动前的准备性服务，包括旅游线路编排、产品设计、咨询、宣传促销、旅游保险等服务。售时服务是指景区为旅游者在旅游活动过程中所提供的"吃、住、行、游、购、娱"等方面的服务。售后服务是指景区在旅游者旅游活动结束后所提供的服务，包括交通服务、委托代办服务、行礼托运、跟踪调查等。

二、景区产品的层次

从市场营销角度看，景区产品同其他产品一样，也具有整体概念。市场营销理论中的产品整体概念包含核心产品、形式产品、延伸产品三个层次。

核心产品是旅游者购买的基本对象。景区产品的核心是指旅游者在旅游过程中所追求的基本效用和利益。旅游者购买旅游产品是为了得到它提供的"审美和愉悦""观赏和享用""操作和表现"的实际利益，满足自己"愉悦心情""放松身心""丰富阅历"的需要。

形式产品是核心产品借以实现的形式，即向市场提供的实体和服务的对象。如果形式产品是实体物品，则它在市场上通常表现为产品质量水平、外观特色、式样、品牌名称和包装等。产品的基本效用只有通过某些具体的形式才得以实现。景区的形式产品是指景观的环境氛围、休闲娱乐设施和场所、餐饮与购物、导游服务等满足旅游者利益的实体和服务的对象。

延伸产品是消费者购买有形产品时所获得的全部附加服务和利益,包括提供信贷、免费送货、保证、安装、售后服务等。景区的延伸产品指旅游者在景区获得的额外服务、交通条件、停车场、声誉保证和跟进保障等。

通过对景区产品的整体认识,景区可针对现有的产品进行层次分析,做到景区的核心产品实现旅游者的利益,有形产品满足旅游者的需求,延伸产品提高旅游者的选择机会,从而形成景区在市场竞争中的核心能力。

三、景区产品的特性

综合性 旅游者在景区游玩过程中会产生多方面的旅游需求,而不同旅游者的旅游需求也不尽相同,具体表现在"吃、住、行、游、购、娱"等多个方面。因此,景区产品包含的内容十分广泛,多数为组合性产品,具有综合性的特点。景区产品的综合性既体现为物质产品与服务产品的综合,也表现为景区资源、景区设施、景区服务的结合。

无形性 与一般产品不同,景区产品除了具有物质实体产品因素以外,更多的是服务形式的产品因素,因此具有服务产品的无形性特点。旅游者在购买景区产品时,无法通过数量、大小、触感等来衡量产品的质量,只有在消费景区产品时,产品的价值才能得到体现。此外,在景区产品被购买以后,其所有权并没有实现转移,旅游者购买的不是一件有形商品(旅游购物品除外),而是一次经历和体验。

生产消费同步性 景区产品的生产消费同步性表现为它的生产、交换、消费同时进行,这是由其无形性的特点所决定的。当旅游者进入景区时,景区产品的生产随即开始;当旅游者离开景区时,景区产品的生产也随之结束。在景区产品的生产过程中,由于旅游者的同时参与,景区需要更多地关注旅游者的参与过程,同时对他们提供正确有效的引导和支持。

时间上的不可储存性 由于景区产品的生产消费同时性,景区产品不像一般产品那样生产出来可以储存。随着时间的推移,若景区产品得不到及时的消费,实现其价值,那么为其生产所耗费的资源、财力、人力等都会被浪费,其价值损失也将得不到相应的补偿。

空间上的不可转移性 景区产品与一般产品的另一个不同之处就是在空间上不可转移。景区产品的核心——旅游资源和旅游设施都是固定不变的,具有很强的地域性,且往往远离旅游者的常住地。因此,景区产品的消费过程不像普通产品一样是产品接近消费者,而是旅游者到达景区对其产品进行消费,发生运动过程的是旅游者。

销售上的重复性 景区产品在销售上具有重复性,是指在同一时空里可以把同一种产品销售给许多旅游者,而且在不同时空里可以重复销售。因为旅游者所购买的景区产品只是观赏权和一定时空里的使用权,只获得精神上的享受、印象与记忆,而买不到产品的具体物质与所有权,所以景区产品可以重复销售。

高附加值性 景区产品是附加值较高的产品。各种独立的资源和设施,只要经过合理的组合包装,就能成为高价值产品,并产生经济效益。尤其是建立在世界级文化遗产或具有垄断地位的自然资源基础之上的景区产品,更能产生巨大的经济、社会效益,乃至环境效益,使原本低价值的东西身价百倍。

四、景区产品的创新意义

景区产品创新是旅游业推动区域社会经济发展的必要条件,是拓展旅游业内涵的基础条件,是景点景区可持续发展的基本途径。具体而言,景区产品创新的现实意义主要体现在如下3个方面:

(1)满足旅游者的旅游需求。在当今体验经济时代,旅游者的消费观念与消费方式都发生了多方面的深刻变化,其需求结构、消费的内容和形式也都发生了显著变化,具体体现在:①从需求结构看,情感需求的比重加大;②从需求内容看,大众化的旅游产品日渐失势,对个性化旅游产品与服务的需求越来越高;③从消费方式看,旅游者已经不再满足于被动地接受,而是主动参与产品的设计与生产;④从消费目标看,旅游者从注重产品本身转移到注重体验产品时的感受。因此,若景区不对自身产品状况进行全面分析与评价,不积极进行旅游产品的创新,将难以满足旅游者的旅游需求变化,从而只能逐渐被旅游者所遗弃。

(2)增强旅游景区的吸引力。景区产品是景区赖以生存和发展的生命线。景区的产品创新能力决定着景区的吸引力与市场竞争力。由于历史与现实的种种原因,中国景区产品存在如下问题:①很多景区只是风景、建筑、设施等的简单组合;②多数景区提供给游客的只是简单的观光产品;③一些传统的老景区不注重市场变化与产品的升级换代;④产品单一、雷同,开发建设存在盲目性。这些情况导致景区的吸引力逐渐下降。因此,景区经营者应不断进行产品创新,在深度和广度上做文章,增加景区产品的知识内涵与体验成分,进而增强景区的吸引力,实现景区的可持续发展。

(3)拓展旅游资源的内涵。旅游资源是景区旅游产品形成的核心。旅游资源作为旅游地发展的基础与依托,也存在生命周期,即要经历开拓、成长、稳固、衰落这样一个发展变化过程。对景区产品进行创新,也是对景区旅游资源进行开发创新的过程。景区通过产品创新,重新组合或开发旅游资源,可以实现对旅游资源的最大限度的利用,并且可以不断地促进旅游资源内涵的进一步深化和广化,从而使潜在资源转变成现实资源、不可利用资源转变成可利用资源,进而使旅游资源的有限生命转化为长期的周期循环。

第二节 景区产品创新的理论与原则

一、旅游产品生命周期理论

长期以来，旅游学界认为，从理论上说，以某项旅游资源为核心的旅游产品与工业产品一样，存在一个由盛转衰的生命周期，即"旅游产品生命周期"或"旅游地生命周期"。被公认且被广泛应用的旅游地生命周期理论是加拿大学者巴特勒于1980年提出的，他提出旅游地生命周期的演变可分为6个阶段，即介入期、探索期、发展期、巩固期、停滞期、衰落或复兴期，如图11-1所示。

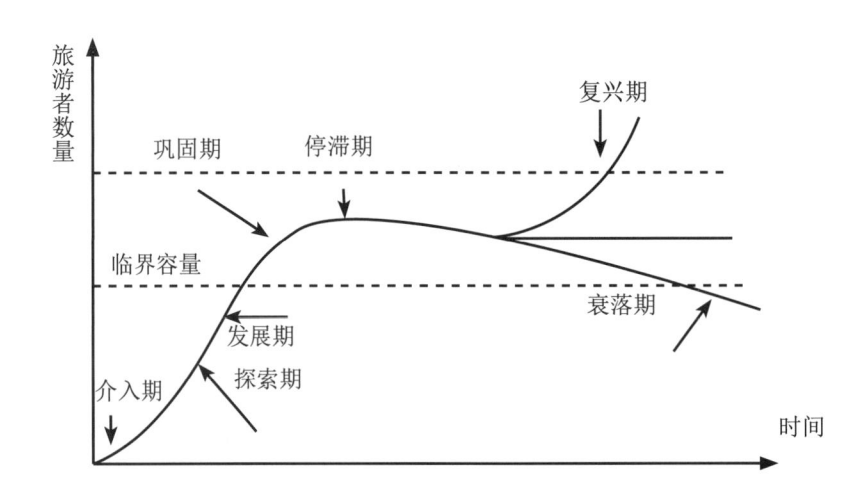

图11-1 旅游景区生命周期示意图（巴特勒，1980）

此后，随着旅游业的不断发展和旅游学研究的不断深入，旅游产品生命周期理论逐渐丰富，并广泛应用到旅游产品的实践过程中，如指导旅游产品的营销和规划、预测客源、解释旅游产品的发展等方面。在景区产品的创新管理过程中，运用旅游产品的生命周期理论有助于旅游景区针对处于不同生命周期阶段的旅游产品的特点采取相应的经营对策，积极地进行旅游产品的开发与更新换代，不断地推陈出新，从而不断吸引游客，保持景区的生命力。

二、旅游产品可创新理论

旅游产品的创新，即产品的创造性开发和竞争性开发，其实质是创造需求，把潜在的东西更深层次地挖掘出来。产品创新可以带动旅游需求，引导消费潮流。

旅游产品内涵和外延的多样性和复杂性，决定了景区产品创新的多维性与可行性。景区产品创新既可以是一种需要大量投资的物态创新，也可以是一种精神创意。而后者无疑更具意义，它不仅包括对旅游线路、旅游项目和产品结构的优化，而且包括景区服务质量的提高、旅游产品种类的增加、产品品牌的提升、景区大环境的完善、景区形象的构建等。在了解旅游资源内涵的广泛性以及旅游者动机的多样化基础上，景区经营者可以顺应旅游市场需求的变化趋势，结合技术的发展条件，不断更新和提升景区产品的竞争力因素，从而将景区产品周期的有限生命转化为无限的周期循环，通过创新和竞争两股力量的交互式作用使景区产品在旅游市场上永葆青春和魅力。

三、旅游资源可创新理论

旅游资源是景区产品的基础和依托，产品的创新依赖于对旅游资源的开发创新。虽然旅游界存在"旅游资源周期的有限生命论"的说法，但这并不意味着旅游资源最后都要僵死，它们是可以创新的，可以因再开发而重新获得生命力。

由于旅游资源内涵的广泛性以及旅游动机和兴趣的多样化，旅游资源可以顺应旅游市场需求的变化，不断更新和再生其吸引力因素，从而将自己有限的生命转化为无限的周期循环。旅游资源的创新不仅体现为现实旅游资源与人造旅游资源的创新，还体现为潜在旅游资源的创新。潜在旅游资源转变为现实旅游资源，其本身就是一个资源创新的过程。此外，从创新方式上而言，旅游资源的创新可通过主题创新、环境创新、手段创新、技术创新、制度创新等途径来实现。

四、景区产品创新的原则

市场性原则 景区产品的创新必须建立在正确了解旅游市场需求的基础之上，依据旅游者的需求变化和未来需求趋势，开发符合国内外旅游市场需求的景区产品。因此，景区要开发与创新出适销对路的旅游产品，就必须重视旅游市场的调查和预测，全面掌握旅游者的购买动机与需求特征。

特色性原则 旅游的本质就是追奇求异，追求与自己原来生活环境、生活习俗不同的感受与观感。越是富有特色性和地域性的旅游产品，越能满足旅游者对新异刺激的需求。因此，景区产品的创新要突出自身特色，从而增强景区的吸引力与竞争力。在对景区产品进行规划或重新规划时，必须认真地调查研究，避免产品雷同而造成浪费，进而做到有的放矢、人无我有、人有我精。

时间性原则 时间性原则是指缩短景区产品创新所需的投入时间以及选择恰当的市场投放时间。在进行景区产品创新时，要考虑创新过程所需要的时间，如果进程缓慢、时间过长，就会被竞争对手抢占先机。此外，选择得当的市场投放时间与缩短投入时间有一定的关系，它强调产品的投放时间应与旅游者的兴趣及期望相符合，即要在旅游者的口味和兴趣转移之前推出新产品。

和谐性原则 不少景区给旅游者的感觉是杂乱无章，旅游产品的开发或旅游设施的配备不考虑景区已有的条件与环境氛围，使得游客对景区的体验感知没有重点，不能留下深刻且良好的印象。因此，景区在进行旅游产品创新时，要特别强调产品与周边环境的和谐性，在不破坏原有景观的完整性基础上，保持与已有景观和环境的协调一致。

效益统一原则 此处的效益统一指的是经济效益与社会效益、环境效益相统一。景区的开发是以创造景区的经济效益、促进当地的经济发展、满足人们生活需要为主要目的，因此具有一定的社会性。同时，景区产品的创新是以旅游资源为基础，所以，景区新产品的开发必须注重环境效益，不能以破坏资源为代价，要把资源与环境保护放在首位。

第三节 景区产品创新的方法与途径

一、景区产品创新的方法

随着旅游业的不断发展，旅游需求也不断地变化，需求的多元化、个性化逐渐成为现今旅游需求发展的新趋势。景区产品的开发也不能停滞不前，旅游景区需要根据不断变化的市场需求，对景区产品进行创新，以此提高景区产品和服务的质量。景区产品创新是景区不断面对的市场变化所要考虑的重要问题。景区产品的创新方法主要有：

主题创新 现今景区产品的创新逐渐向主题化方向发展。景区产品的主题创新，可以是将单项的景区产品围绕某一特定主题进行产品整合，优化产品的主题设置，也可以是围绕主题开展新景区产品的开发设计。主题的创新可以使本来缺乏主题组织的景区产品焕发生机，也可以使新开发的景区产品更富有主题内涵。主题的贯穿使景区产品的开发更加有主线，方向性更加明确，而且具有独特的产品个性。

结构创新 景区产品的结构创新通常提升到整个产业角度进行分析。旅游者需求的日益多样化和个性化，对于景区产品的结构也提出了新的要求，各种产品组合和产品提供方式都出现新的变化。景区产品的结构重组，完善产品结构，是景区产品创新的其中一个方向。

功能创新 功能创新着重在景区产品给旅游者提供的实际价值方面。功能的创新可以借助于现代的先进科学技术对景区产品的功能实行提升，对产品和设施增加多种功能性设计，运用灵活先进的宣传促销手段，进一步丰富景区产品的功能，提高景区产品的多功能价值，充实产品内涵，全方位多方面更好地满足不断变化的旅游者需求。

类型创新 景区产品的类型在不断地发展变化当中，更多新的类型的景区产品不断涌现，新类型景区产品的创新主要是由于旅游市场的不断复杂化和多样化，新旅游需求的出现要求提供相应类型的景区产品。旅游企业应该密切关注市场发展的动向，实施有效的市场调查分析，发现旅游需求，开发更多类型的景区产品，以更好满足当今的旅游者。

过程创新 过程创新是指对景区产品的开发设计、单项产品组织、业务流程方面进行产品创新。对产品生产过程的重新认识、重新设计、重新整合，实施流程再造，是景区产品创新的重要环节。过程创新有利于减少不必要的产品业务流程，使产品供给更加简化，降低成本，使产品供给流程更加方便快捷，为旅游者提供更多的便捷性，提高景区产品的市场适应能力。

二、景区产品创新的途径

1. 开发新产品

为了区分新产品开发与改进型产品开发，此处将景区新产品界定为景区以前从未生产和销售过的产品。针对新产品开发，厄本（Urban）和豪泽（Hauser）提出了程序化步骤[1]，包括机会确认、产品设计、产品试验、向市场推介四个过程。机会确认是指确认将来最有发展前途的旅游产品；产品设计是指将一些好的想法转化为某种可以实现的形式；如果产品设计方案可行，可在更大的范围内对景区产品进行试验，以确定它是否具有市场潜力，是否对旅游者具有吸引力；如果试验的结果是积极的，就可以将这种新产品推向市场。

开发景区新产品还可以采用阶段门模型法，此种方法明确标明了产品开发的一系列阶段，一个门就代表一个审核点，每个审核点都是一个"是/否"的决策。如图11-2所示，它与上述景区新产品开发的程序化步骤相结合，可以使景区产品的开发过程更加严密和严谨[2]。

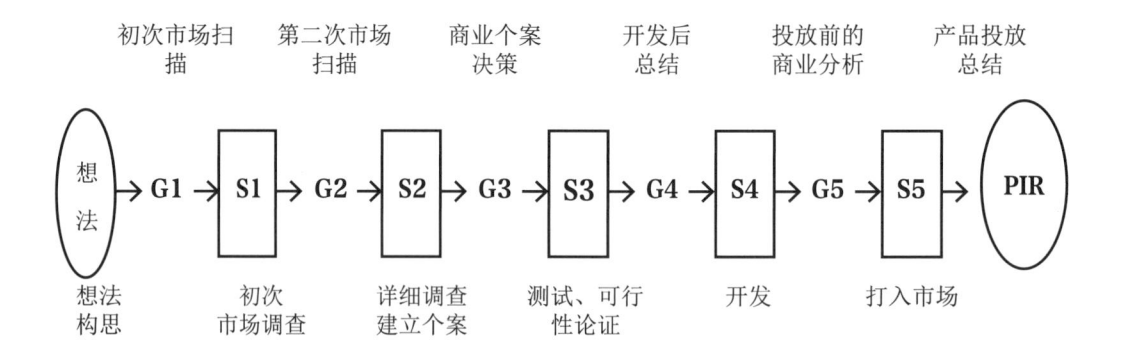

初次市场扫描　第二次市场扫描　商业个案决策　开发后总结　投放前的商业分析　产品投放总结

想法 → G1 → S1 → G2 → S2 → G3 → S3 → G4 → S4 → G5 → S5 → PIR

想法构思　初次市场调查　详细调查建立个案　测试、可行性论证　开发　打入市场

图11-2 景区新产品开发的阶段门模型

当然，并非所有的景区开发新产品都要机械地参照这个模型，或经过特定的步骤，不同的景区可以根据目标市场的特征和所要开发新产品的特点，选择合适的开发程序。

2. 改进原有产品

景区除了开发新产品外，更多的是依靠产品差异化、提高产品质量等方式来进行旅游产品的创新。吴必虎（1997）认为这是一个对原有产品进行改造（注入新的资金、更新设备、对产品本身进行更新换代），使产品生命周期进入下一轮生长周期的过程，也有人称之为产品的"切换"。

产品差异化是对景区产品进行改进的主要策略。景区产品差异化有两种表现形式：一是产品实体属性的差异化，即在景区产品的风格、特色等方面实现产品差异化，如完善产品功能、突出文化内涵、提高参与程度等；二是产品实体属性的差别不大，而是通过一些表面变化，如改变或改善景区产品的包装或形象，使旅游者产生差异感，从而满足旅游者在心理上对景区产品的某种需要。

对景区原有产品进行改造需要把握最佳的时机。根据产品生命周期理论，在产品的成长或成熟阶段对其进行改进是最恰当的。在成长阶段，景区产品已具有一定知名度，景区经营者可根据旅游者需求的明显变化，提供有针对性的产品内容，并依据产品在投入期的销售情况，发现和弥补产品的不足，进一步完善和改进产品；在成熟阶段，雷同产品或可替代产品数量不断增加，市场竞争越来越激烈，景区经营者应该集中力量改进现有旅游产品，提高产品质量，增加产品附加值，突出产品的差异化特征，以取得竞争优势。

3. 优化产品组合

优化景区产品的组合，是指对各种景区产品如住宿、餐饮、娱乐、购物、游览、参观、健身、疗养等进行最优化的结构组合，此过程既包括了景区产品组合的设计，又包括了景区产品组合的实施。

从市场营销角度而言，景区的产品组合是指景区提供给市场的全部旅游产品的组合方式。产品组合包括广度、深度和关联度三个要素。其中，景区所拥有的旅游产品系列的数量称为景区产品的广度，数量越多，产品广度越大。产品组合的深度是指景区各产品系列所包含的旅游产品项目的多少，它反映了某类产品内存在的差异，若包含的项目越多，说明产品深度越大。产品组合的关联度是指景区产品系列之间的关联性程度。景区的经营者根据景区的经营目标、资源条件以及市场需求和竞争状况，对景区产品组合的广度、深度和关联度进行最佳决策。具体而言，有以下几种策略：

全线全面型策略 全线全面型策略是指增加景区产品组合的广度，经营多种旅游产品以满足多个旅游目标市场的需要。这种策略能满足不同市场的需要，有利于扩大市场份额，但经营成本相对较高。

市场专业型策略 市场专业型策略就是向某一特定的旅游市场提供其所需要的多种旅游产品。这种组合策略对某一景区来说，由于景区本身的资源、资金、管理等条件的限制，实施的难度较大，但对以区域旅游为整体的旅游目的地来说，开发目标市场所需求的旅游产品，能维持并扩大市场份额。

产品系列专业型策略 产品系列专业型策略是指旅游景区专门经营某一类型的旅游产品来满足多个旅游目标市场的同一类需要。

特殊产品专业型策略 特殊产品专业型策略是指针对不同目标市场的需求提供不同的景区产品。这种策略有助于景区快速占领市场，扩大销售，但由于产品开发和销售成本较高，投资较大，因此采用这种策略需要进行严密的市场调研。

第四节 景区节庆演艺策划实施管理

一、节庆演艺活动的分类

随着旅游业的快速发展，人们的旅游消费已经不再是仅仅停留在传统的观光游览上，而是更加注意动态的参与性，更多地追求对异域文化和独特民俗的体验。对于景区来说，在开发新产品过程中增加节庆演艺活动，为旅游者在景区中了解当地传统文化和风俗习惯提供更多体验机会，可以吸引到更多的旅游者，提高景区品牌的知名度，扩大景区形象的影响力。

目前，中国节庆演艺活动种类繁多，节庆名目五花八门，活动规模大小不一，为了更好地研究节庆演艺活动，有必要对其进行科学的分类和归纳，从而把握节庆演艺活动的开发条件、开发方向、节庆特点和功能价值，为节庆演艺活动策划提供指导。根据分类的因子选择、标准和划分的目的不同，可以对节庆演艺活动进行分类。

1. 按活动选取的主题划分

旅游节庆演艺活动总是围绕着一定的主题展开，按活动选取的主题，可以将节庆演艺活动分为：

传统的民族、民俗风情节庆活动 指在继承传统的民族民俗节日的基础上，添加现代的生活元素，以地方旅游发展需要而进行开发加工的节日。

自然景观展示型节庆活动 指以当地地脉和具有突出性的地理特征、独特的自然现象、自然景观为依托，综合展示地区旅游资源、风土人情、社会风貌等的节庆活动。

政治性旅游节庆演艺活动 一般是指一些国际组织召开的大会或重大的政治活动。

体育娱乐节庆活动 指通过举办或承办大型体育运动而吸引大量旅游者的节庆演艺活动。

以物产品商品为主题的节庆活动 主要是指以地区的工业产品、特色商品和著名物产特产等为主题辅以其他的参观活动、表演活动，也包括为创造一个热点而举办的各种博览会、展销会。

文化性节庆演艺活动 这类节庆演艺活动通常依托区域典型的、特制的文化类型而展开，也包括以"名人"为主题以及以现代文化为主题而展开的各种形式的活动。

宗教性旅游节庆和盛事活动 是指以宗教文化为依托而开展的庆典活动，如九华山庙会、五台山国际旅游月、藏传佛教晒佛节等。

综合性节庆活动 通常是综合几种主题，持续时间较长，内容综合，规模较大，投入大，效益好。

2. 按旅游节庆的起源特征和功能特征划分

旅游节庆按照本身的起源特征和功能特征来分类，可以分为传统民俗节庆和现代商业旅游节庆两类。

3. 按旅游节庆的主导功能划分

按照旅游节庆演艺活动的主导功能来分，可以分为游览观光型、民俗文化型、商业经贸型、综合型等四种。

4. 按旅游节庆演艺活动的规模划分

按照旅游节庆演艺活动的规模来分，可以分为大型、中型、小型三种。

根据不同的目的，可以参照不同的标准，对旅游节庆演艺活动进行系统分类，旅游节庆演艺活动还可以按照节庆活动的等级、部门参与程度、市场化运作程度、地域区分等标准进行划分。

二、节事庆典活动的策划

一般情况下，节事庆典活动的策划可以分为三个阶段：策划前的市场分析阶段—具体策划阶段—策划后的评估阶段。具体如下：

第一阶段，主要是确定项目前的市场分析阶段，包括立项、分析举办地的基础条件和明确活动策划目的和宗旨三个方面。其目的类似于可行性分析，任何节事庆典活动的策划都必须与当地的配套设施、景区的资源、文化特色相吻合，否则只能是无源之水、无根之木，无法获得长远的发展。并且策划的活动要能推动景区及景区所在地的发展，仅仅是对资源的掠夺，而不思回报，同样不能获得长远的发展。

第二阶段，主要是确立项目后的具体策划阶段，包括确定节事庆典活动策划的初步方案、费用预算、资金筹集、宣传方案和节事庆典活动过程策划等五个方面。在这个阶段中，要解决的是与所确定节事庆典密切相关的资金、营销、具体活动安排等问题，它直接关系到活动的成败。

第三阶段，主要是基本策划完成后的评估阶段，包括活动评估和策划升华两个部分。即进一步验证节事庆典活动的可行性，以及对当地整体经济的提升作用，同时对策划中的疏忽进行修正。

三、景区演艺活动的策划

从程序上说，景区的演艺活动不仅要按照以下几个步骤进行策划，而且要按照图11-3所示的工作内容进行组织：

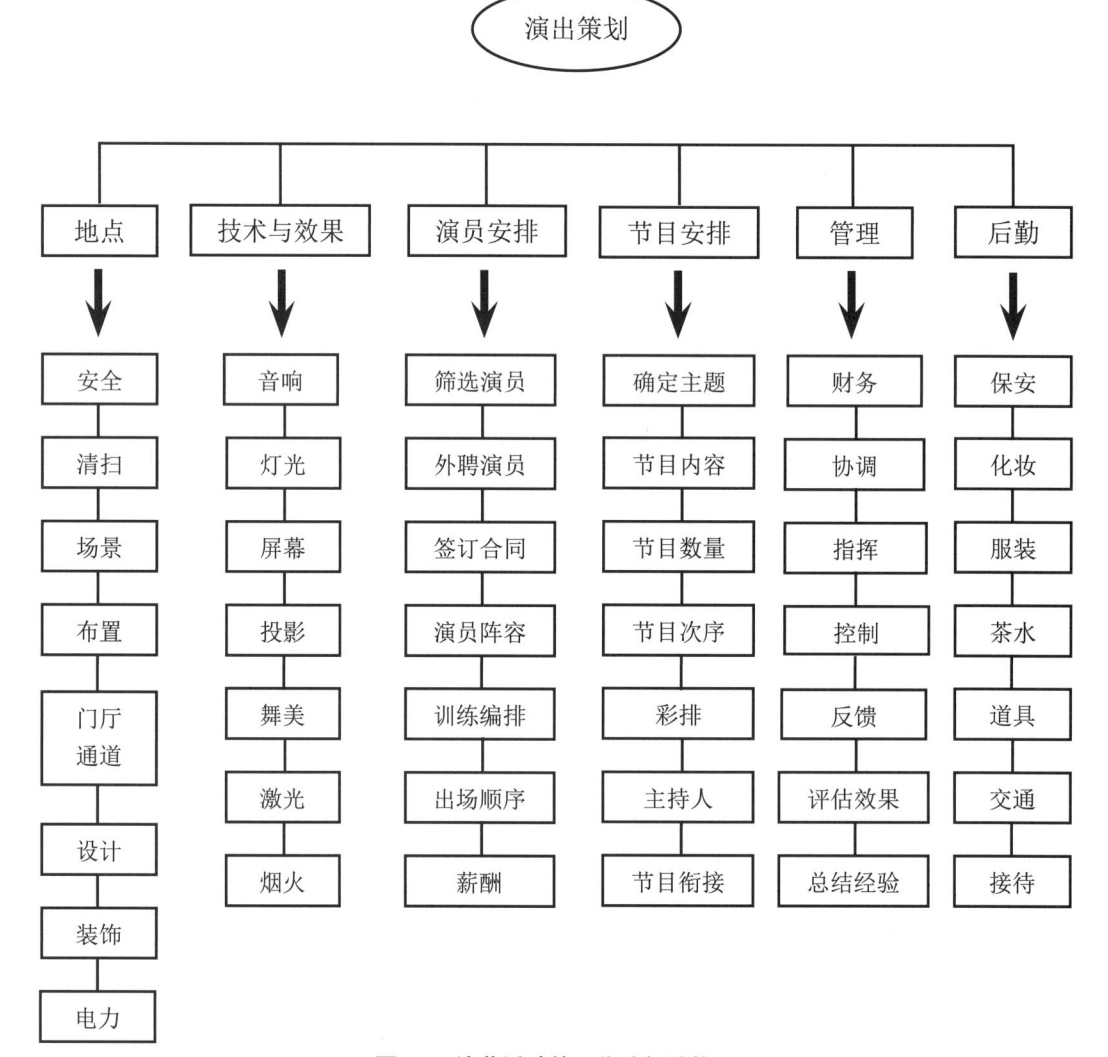

```
                        ┌─────────┐
                        │ 演出策划 │
                        └─────────┘
       ┌──────┬──────────┬──────────┬──────────┬────────┬────────┐
     地点   技术与效果   演员安排   节目安排    管理      后勤
       ↓        ↓          ↓          ↓          ↓         ↓
      安全     音响      筛选演员    确定主题    财务      保安
      清扫     灯光      外聘演员    节目内容    协调      化妆
      场景     屏幕      签订合同    节目数量    指挥      服装
      布置     投影      演员阵容    节目次序    控制      茶水
     门厅通道  舞美      训练编排     彩排       反馈      道具
      设计     激光      出场顺序    主持人     评估效果   交通
      装饰     烟火       薪酬       节目衔接   总结经验   接待
      电力
```

图11-3 演艺活动的工作分解结构图

立项 就是要把文艺演出活动作为一个项目确定下来，考虑这个活动要不要做、为什么要做、怎样去做。

可行性研究 策划方在确定节目内容之前，应进行调查和可行性研究。调查的内容通常包括国家关于大型活动方面的政策法规、公众关注热点、场地状况、时间选择性、演出人员情况、活动赞助资金等。可行性研究是一个十分重要的工作步骤，研究范围包括文艺演出活动的社会适应性，包括社会环境和目标公众的适应性、财力适应性、效益的可行性。从效益的角度考虑，景区演艺活动是否能保证收回成本？从游客对节目的接受程度考虑，景区演艺是否具有吸引旅游者的能力？最后一个是应急能力的适应性研究，需要哪些应变措施？如户外活动要考虑天气的情况，野外活动考虑的更多是安全设施问题，这些都是进行可行性研究的范畴。

提炼主题并确定节目内容 确立一个鲜明的主题，通过节目内容和形式来凸显主题、烘托主题、强化主题。

确定演员阵容 演艺活动比较频繁的景区通常拥有一定规模的演出团体，对于个别特殊性的节目，则可外聘演员，共同组成一台文艺演出的阵容。

技术与效果的策划 一场出色的文艺演出活动不仅具有出色的节目和优秀的演员，视听效果也不容忽视。技术与效果方面的策划主要包括舞台的布置、音响、视频、灯光、烟火、激光等方面的内容。

管理与后勤 景区演艺活动是现场的表演，丝毫的差错都会影响到演出的质量，演出活动的整个过程需要专业的管理人员在现场操作指挥。优秀的文艺演出质量不仅需要演员的出色表演，还需要后勤人员的通力合作和支持。

四、节庆演艺的经营模式

目前，就国内旅游演艺市场的发展情况来看，主要有以下三种运营模式[3]：

以旅游地山水实景为依托打造实景演艺产品 这种运营模式的代表作是广西桂林实景山水歌舞剧《印象·刘三姐》。这是一个以中国著名山水旅游胜地广西桂林山水和民间传说刘三姐故事为背景，以政府投入为主，多元参与合作，由张艺谋、王潮歌、樊越"铁三角"编导组主导创排而成的国内首个山水实景演艺产品，也是世界演艺舞台首个以自然山水为大舞台、以超常规模化表演为特征、以专业与民间相结合为特点的旅游演艺精品佳作。

以著名旅游中心区为依托打造旅游"特色演出"精品 资本雄厚的旅游集团通过延揽"高、精、尖"艺术人才组建自己的特色演艺团队，创排自己的旅游演艺品牌节目，使之成为旅游消费者完成日间游览后的另一种精神享受和文化观摩，以增加旅游产品的人文内涵和吸引力，是近年来演艺业与旅游业有效合作的典型模式。这一模式实际上已成功运行了很多年，如深圳华侨城集团旗下的中华民俗文化村、世界之窗、欢乐谷组建了各具特色的演艺团队。

复合型旅游演艺项目 为了再现中国宫廷表演艺术，北京歌舞剧院与故宫博物院、北京华韵国乐文化发展有限公司合作，以联合创建、共同投入、比例分红的方式成立了旅游演艺项目公司，把特色艺术与旅游文化相结合起来，推出了一批高附加值的复合型旅游演艺产品，促使北京歌剧舞剧院民乐团全面进入了旅游演出市场。

五、景区演艺的外包管理

如果景区所属的行政单位或管理公司既要负责整个景区的日常管理活动，又要进行文艺演出的节目设计和演职人员的管理，往往会增加管理上的难度和成本。在竞争趋于激烈化的产业发展过程中，管理者专注于核心工作的管理，将企业并不擅长且相对而言比较薄弱的专业性工作向外承包管理，不仅能增强公司的核心业务经营能力，同时也能降低管理成本，因而可以获取竞争上的优势。景区文艺演出活动的市场化运作模式——"外包"应时应势地诞生了。

"外包"是在分工整合模式下产生的一种有效的组织模式，其本质是以外加工方式充分利用公司外部最优秀的专业化资源，从而达到降低成本、降低风险、提高效率、增强竞争力的目的。景区也可以采取这种模式，寻求市场上的合作伙伴，商定合作形式，签订合作合同，实现文艺演出活动的外包管理。

文艺演出团体与景区管理公司之间的市场化经营主要有以下3种模式：

一是景区拥有自己的文艺演出团体。演出团体隶属景区管理公司所有，经济效益跟景区的收入直接挂钩。这样的经营模式有助于保持景区日常的演出需要，而且演出人员的熟练程度和演出质量都能得到保证。但是随着中国旅游业的日趋成熟，这种简单的直接利益相关关系已经不能满足双方的需要。从文艺演出人员的角度看，这样的结合方式底薪低，收入少，缺乏自由，在文艺的创作上也缺乏动力。而从景区的管理公司角度看，负责文艺演出人员的日常训练和生活已经成为管理公司一个额外的负担。如果景区本身的效益不好，往往导致成本支出过大，而一旦缩减成本，通常会直接损害演员的经济利益，导致员工的不满，不利于管理。

二是"外包"模式。这是从企业战略管理理论中演化而来的方式。在物流公司及其他许多生产公司中已经得到了成功的运用，但是在景区的文艺演出活动上却很少如此运作。这种方式原本是指将他人能做得更好、更快或成本更低的活动外包出去，企业现在就愿意把非核心的活动交给更具执行效率的外包厂商处理。而在景区的文艺展演活动上，外包只是把演出活动或展演项目包给不从属于景区管理公司的外界文艺团或是演出单位，景区与演出单位之间签订的是演出合同。这样的方式是对双方都有利的双赢模式，一方面演出单位可以通过签订几家合同，获得比较高的经济收入，激发成员的演出积极性；另一方面景区管理公司也通过这样的途径节约了管理费用和其他相应的费用。

三是隶属景区管理公司，其他演员则通过外借方式获取。这种方式的好处是既能保证景区演出的质量，又能节约一大笔的开支。其他外借演员一般是指当地大专院校的文艺团体，景区管理公司跟他们签订合同，从而以比较低廉的价格租借到一个演出团体。

选择何种文艺演出的市场运作方式，主要取决于景区文艺活动的性质和频率。从中国经济发展的趋势来看，外包或是半外包的方式更能体现经济效益最优原则，而且也能促进景区旅游活动的市场化发展和社会分工职能化。但是从合同管理发展的状况看，现阶段的合同管理还没有达到完善阶段，合同的漏洞很多，双方都要承担一定的风险，因此信用成了关键要素，也就是说在各自管理成本降低的同时，付出了一定的代理成本。目前，国内景区文艺演出的市场化运作不乏成功的例子，例如，杭州宋城集团、深圳世界之窗、广州长隆集团等主题公园，它们每天都有常规的演出节目，需要参与的演职人员很多，如果采用外包或是外借，都难以维持节目每天的质量水准，因此，景区管理公司自己拥有一支强大的演出阵容就特别重要。更多的景区，通常是根据不同时节设计临时性的文艺表演，因而采用租借方式或者外包的方式，把专业的事情交给专业的团队来做，就可以用较低的成本组织精彩纷呈的文艺演出。

注释

[1] 吴必虎.区域旅游规划原理[M].北京:中国旅游出版社.2001.
[2] 董观志.景区经营管理[M].广州:中山大学出版社,2007:67.
[3] 佚名.国内演艺市场分析[EB/OL].[2023–06–30].https://wenku.so.com/d/148c83bf0f40e02f686f635969b18bb1.

第十二讲
景区游乐设备管理

第一节　景区游乐设备的分类与特征

第二节　景区游乐设备的操作与运营

第三节　景区游乐设备的维护与保养

第四节　景区设施设备的维修与更新

第一节 景区游乐设备的分类与特征

随着旅游业的快速发展和旅游消费的持续增长，景区游乐设备越来越丰富多彩，技术性能越来越多样化，游客的参与性和体验感越来越强，随之而来的是景区游乐设备的运营管理、维护保养与安全保障越来越重要。

一、景区游乐设备的概念

游乐设备是景区制造欢乐的载体，游乐设备的好坏直接关系到顾客满意度。游乐设备是景区运营的动力，也是提高服务质量、工作效率、增加利润和保证安全的保障。

《游乐园管理规定》所称的游艺机和游乐设施是指采用沿轨道运动、回转运动、吊挂回转、场地上（水上）运动、室内定置式运动等方式，承载游人游乐的机械设施组合。

《游乐设施安全技术监察规程（试行）》所涉及的"游乐设施"是指用于经营目的，在封闭的区域内运行，承载游客游乐的设施。

《游艺机和游乐设施安全监督管理规定》从安全使用和安全管理的角度考虑，凡是以运动、娱乐为目的，产生高空、高速以及可能危及人身安全的游艺装置和设备，都称为游艺机和游乐设备。

《特种设备安全监察条例》将"大型游乐设施"归为特种设备之一。大型游乐设施，是指用于经营目的，承载乘客游乐的设施，其范围规定为设计最大运行线速度大于或者等于2米/秒，或者运行高度距地面高于或者等于2米的载人大型游乐设施。

综上所述，景区游乐设备是用于经营目的，承载乘客游乐的各种设施。此外，广义的景区游乐设施还包括游艺机、电子游戏机以及为游乐而设置的构筑物等用于满足游乐的设备和设施。

二、景区游乐设备的分类

现代游乐设施种类繁多，结构及运动形式各种各样，规格大小相差悬殊，外观造型各有千秋。

按运动特点和结构特点进行综合分类，游乐设施主要有转马类、滑行类、陀螺类、飞行塔类、赛车类、自控飞机类、观览车类、小火车类、架空游览车类、水上游乐设施、碰碰车类、电池车类、其他无动力类共13大类。

游乐设备还可以有各种分类法：按运动功能可分为电子、机械两大类；按装设场所可分为室内、露天；按地理条件可分为陆地游乐设施、水上游乐设施；按采用能源可分为电动、液压、气动、水力；按乘坐对象可分为儿童、青年、成人、家庭；按是否构筑主题环境，可分为各种形式的主题游乐设施。

游乐设备的科学分类，应以最能确切代表其本质和技术特征的，即其在三维空间中的运动方式或状态进行分类，美国、日本亦按运动方式或状态分类。如果按此分类法，游乐设施主要有如下六个类别：

沿轨道运动的游艺机 一是沿架空轨道的游艺机，如单轨空中列车，双轨的滑行车；二是沿垂直于地面的轨道，如太空梭和观光塔；三是沿地面轨道，如小火车；四是沿水面轨道，如游龙戏水和海盗船。

回转运动的游艺机 一是沿垂直轴回转，如自控飞机；二是沿水平轴回转，如完美风暴；三是回转盘，包括水平回转的转马类，倾斜回转的登月火箭，升降回转的双人飞天，沿可变化倾角轴回转的风火轮。

吊挂回转的游艺机 一是挠性件吊挂，如空中转椅；二是刚性件吊挂，如太空梭。

场地上运动的游艺机 一是金属场地类，如碰碰车；二是地面场地类，如电瓶车、小赛车。

室内定置式游艺机 一是电子类，如各种电子游戏机；二是机械电子类，如光电打靶、守门将；三是其他，如摇摆汽车、升降小动物。

水上游艺机及游乐设施 一是碰碰船、水上自行车、游船；二是水滑梯。

一般情况下，景区内的大型游乐设备相关参数如表12-1所示：

表12-1 大型游乐设备相关参数表

序号	类别	运动特点	额定圆周速度/(m·min^{-1})	倾角或夹角	举例 基本型	举例 类似型
旋转运动的游艺机							
1	转马类	乘人部分绕垂直轴或倾斜轴传动	≤270	≤15°	转马	小飞机、浪卷珍珠
2	观览车类	乘人部分绕水平轴转动或摆动	≤18	—	观览车	
3			≤800	—	太空船	大风车
4	自控飞机类	乘人部分绕中心轴做转动和升降运动	≤420	≤16°	自控飞机	金鱼戏水、章鱼
5	陀螺类	乘人部分用在变倾角的轴上旋转	≤550	≤70°	陀螺	双人飞天、飞身靠臂
6			≤700	<90°	风火轮	—
7	飞行塔类	乘人部分用挠性件吊挂，绕垂直轴转动	≤390	—	飞行塔	空中转椅

（续上表）

沿轨道和地面运行的游艺机					
序号	类别	运动特点	运行速度 / (Km·h⁻¹)	举例	
^^^	^^^	^^^	^^^	基本型	类似型
1	滑行车类	提升到一定高度靠惯性滑行	≤95	大型滑行车	疯狂老鼠、滑行龙
2	架空游览车类	沿架空轨道运行	≤40	空中列车	架空脚踏车
3	小火车类	沿地面轨道运行	≤10	儿童小火车	龙车
4	碰碰车类	在固定场地内运行碰撞	≤10	碰碰车	—
5	赛车类	沿地面固定线路运行	≤20	赛车	高卡车
^^^	^^^	^^^	室内≤35，室外≤60	卡丁车	—
6	电池车类	在固定的场地内运行	≤5	电池车	马拉车

三、景区游乐设备的特征

现代游乐设备集知识性、趣味性、惊险性、享受性为一体，给人以刺激的体验，留下美好的回忆。景区游乐设备主要具有文化性、刺激性、环境依托性、高科技性、高投入性、安全性等特征。

文化性 旅游本质上是旅游者寻找与感悟文化差异的行为和过程，文化包装将为冷冰冰的游乐设备注入鲜活的生命力。主题文化包装将增强游乐设备的亲和力，增进设备与游客之间的互动。如，建于1843年的丹麦蒂沃丽公园拥有世界第一台木制过山车，它巧妙地将风靡世界的丹麦童话与游乐设备相结合，给人们充分的娱乐和思维空间。又如，深圳欢乐谷将悬挂式过山车雪山飞龙、巷道式矿山车、惊险之塔太空梭、仿古典式环园小火车等游乐设备附以逼真完美的主题文化包装，创造出一个个扑朔迷离的故事、一次次惊心动魄的历程，让游客进入一个亦真亦幻的神秘境界。

刺激性 年龄是影响游客对机械设备类游乐项目喜好程度的首要因素，14～25岁的青少年群体是机械设备类游乐项目的忠实支持者，尤其是对具有惊险刺激性的游乐项目更为热衷。年轻人渴望体验一种"酷"的感觉，"玩酷""炫酷"成为一种时尚。游乐设备只有提供"酷"的感觉，对年轻人产生了震撼力和感召力，才具有旺盛的生命力。根据冯锦凯对北京石景山游乐园的市场调查，学生游客占56.99%，在众多游乐项目中，最受欢迎的依次是：激流勇进、原子滑车、峡谷漂流、意大利飞毯、碰碰船、勇敢者转盘、弹射塔、拉力赛车、观览车、空中飞人。从以上10个项目中可以看出，惊险刺激和有水的项目是游客的首选。

环境依托性 景观环境是旅游者的游乐空间和情感体验对象，游乐设备往往要依托景观环境，创造出梦境般的体验效果，从而使游人流连忘返。根据李舟对深圳游乐业客源市场的调查，在问卷中请被访游客填写最感兴趣、印象最深刻的自然景观类型，51.4%的游客选择了丛林，20.8%的游客选择了荒漠，18.2%的游客选择极地，另有较少数游客选择了草原牧场、田园、海滩等自然景观。这反映出在游乐活动中游客求新、求异、求奇的典型心理，高达90%以上的游客选择了丛林、荒漠、极地这些在日常生活环境中难以亲近的、迥异于日常自然景观的类型。因此，游乐设备在设计建设中，一方面可以依托有形环境，直接设计和建设具有艺术气息与文化氛围的景观环境；另一方面则可以充分应用虚拟现实技术，创造出具有想象力的人格化景观环境。

高科技性 随着科学技术的加速度发展，景区游乐设备与高科技的结合是发展的方向。对游乐设备可能产生重大影响的高新技术主要有五方面：虚拟技术（VR技术）、多媒体技术、网络技术、激光技术、立体影像技术。笔者认为，一是在手工产品形态、机器产品形态和信息产品形态的体系中将更加具有互动性、相互渗透、相互作用、促进产品形态的多样化；二是在高科技的支持下，新动力、新材料、新性能的机器产品形态将不断涌现，高度更高、坡度更大、速度更快、眩晕感更强、安全更有保障的乘骑产品将更加丰富，甚至在一定时间尺度内将成为主流；三是随着信息时代的到来和虚拟技术的成熟，产品形态的智能化和虚拟化进程将不断加快[1]。表12-2所示为景区游乐设备形态的演进方向。

表12-2 景区游乐设备形态的演进方向

形态分类	产品范例	支持技术	演进方向
滑道索道	急流勇进	机械技术、虚拟技术	高度更高，坡度更大，弯道更多，场景更真实，刺激性更强
摇摆翻转	天旋地转	机电技术	转速更快，幅度更大，眩晕感更强
垂直升降	太空梭	电气化技术	多组合，速度更快，刺激性更强
快速固定轨道	过山车	机电技术	悬挂式，高度更高，俯冲感更强，可逆向运行，速度挑战生命极限
暗室乘骑	老金矿	机械技术、虚拟技术	虚拟现实更真实，惊险感更强
表演	剧场	声光电技术、虚拟技术	场景化，互动性更高，梦幻感更强
影视	四维电影		错觉感更突出，互动性更强
智能	智能游戏	智能技术、虚拟技术	知识性、趣味性、挑战性更鲜明

高投入性 随着游乐设备中高科技含量的不断增大，游乐设备也向着大型化、超大型化发展，所需资金也相当巨大，如被称为"游艺机之王"的过山车——原子滑车，国产的几百万，进口的几千万；又如北京欢乐谷拥有的亚洲唯一一台飞行式过山车水晶神翼，是目前中国投资最大的一项游乐设备，投资达1亿元，相当于两个环球嘉年华。由于游乐设备投资巨大，因此在投入前应反复论证和长远规划，一般来说，小型设备1.5年收回成本，中型设备1.5～3年收回成本，大型设备3～5年收回成本。

安全性 安全是游乐设备的生命，游乐设备的运营管理要始终把安全放在第一位。在中国，游艺机和游乐设施属于国家监管的特种设备，统一归口于质量技术监督部门监管。为确保游乐设施的安全运行，国家颁布了一系列法规和标准对游乐设施的设计、制造、安装、运行、检验和修理等各环节进行了严格规定。游乐设备因其具有较强的游客参与性和人机互动性，一旦发生事故会造成人员伤亡和重大经济损失，严重影响景区的声誉。因此在项目建设过程中，设备的安全性显得尤为重要，对于游乐设备应定期检查和维护，重视游乐设备的资料、档案管理工作，建立人员培训、定期维护、检验记录等档案材料。

四、景区设施设备管理的内容

景区设施设备管理是指景区以最佳服务质量和经济效益为最终目标，以最经济的设施设备寿命周期费用和最高设施设备综合效能为直接目标，动员景区全体工作人员参加，应用现代科技和管理方法，通过计划、组织、指挥、协调、控制等环节，对设施设备系统进行综合管理的行为[2]。景区设施设备管理包括四个方面的内容。

1. 安全管理

景区设备设施的安全管理是保证景区正常运营的基本要求，景区设备设施的安全不仅影响游客在景区的旅游活动，而且也影响景区的形象和品牌建设与推广。景区设备设施安全管理要求做到：

（1）对各种不同的设施设备制定相应的操作规程，并要求相关操作人员认真学习、熟练操作。

（2）制定景区设施设备的维护、保养、检测制度。制度中包括每天的日常检查内容以及检测参数，还有每月检查和年度检查等内容。有些设备设施的检查，例如锅炉、电梯、大型游乐设施等，每年都需要经过专门的技术监督部门检测，得到合格证后方可运行。

（3）设施设备的作业人员需要持证上岗。特种设备如客运索道、大型游乐设施的作业人员，应当按照国家规定，经地级市以上特种设备安全监督管理部门考核合格，取得相应的特种设备作业人员证书后，方可上岗作业或者从事管理工作。

（4）建立健全设备安全管理体系。景区的基础设施和景观设备等都是不直接产生效益的设施设备，而且运行成本和维护费用高，安全问题很容易被忽视。景区必须设立自上而下的设备安全管理体系，明确分工，责任到人，并直接与员工的绩效考核挂钩，做到"安全无盲区，责任有人担"，确保景区设施设备的安全运行。

2. 人员管理

人员的角色管理 在基础设施、景观设施、表演设备上的人员设置要求定岗配备，操作人员与维修人员均为专职。而服务类设施以及娱乐设施中的操作人员是双重岗位，既是设施设备的操作人员，也是景区的服务人员。

人员的技能培训 虽然景区设施设备的工作人员在上岗前需要具备相应的工作等级证，但是针对具体不同的设施设备，需要对操作人员进行技能培训，让操作人员熟悉设备的性能、运行规程和操作规程，确保设施设备的正常运行。

人员的人性化管理 由于长年累月的操作工作枯燥乏味，操作人员的麻痹大意容易成为安全隐患的源头，因此，景区要时刻注重培养员工的敬业精神和安全责任意识，并且充分利用各种激励机制，有针对性地开展人性化管理，激发员工的工作积极性，使之以饱满的精神状态投入到工作之中。

3. 档案管理

景区内的各种设施设备需要进行详尽的档案管理。在设备安装调试后正常投入使用，需要建立规范的设备档案，对设施设备的各种技术资料，包括设备的说明书、图纸，设备维护、检修的周期、内容和要求等都要存档保管，以备日后维修时查阅。对于设备运行中的维护、检修、技改内容等也要详细记录，作为设备管理的基础性技术资料。

4. 应急管理

景区的设备设施需要进行应急管理，这是在设施设备运行正常的情况下就要考虑的问题，不要等紧急情况出现以后才亡羊补牢，这是非常被动的做法。由于景区服务的特殊性，为了不影响正常运营，应尽量缩短许多设备的故障停机时间，这样就需要准备充足的备品备件，以备维修时更换，确保设施设备得到及时、有效的抢修。同时，景区要制定完善的应急预案，在突发事件发生时能第一时间启动应急方案，应对突发事件所带来的影响。

第二节 景区游乐设备的操作与运营

对生产系统进行管理的全过程可以称为运营管理,也是我们所说的生产和运作管理。生产系统实际是将投入的资源经过一系列或各种形式的变换,转化成有形和无形的产品和服务的过程。运营管理就是通过计划、组织、实施、控制等手段,有效利用各种资源,使其价值最大化,向消费者提供有用的产品和服务的过程。

一、游乐设备运营管理的内容

一般情况下,景区游乐设备操作与运营管理主要包括两个方面:安全运营和优质服务。

随着科技发展和人们寻求刺激的需求日益增长,游乐设备不断推陈出新,危险性也随之提高。安全是游乐业的根本所在,合理严密的运营管理体制,是保障顾客生命安全和保证景区正常运营的重要因素。安全包括游客安全、工作人员安全、设备安全。游乐设施为人们提供欢乐,人们在游玩欢乐中对事故的承受力是很弱的,新闻媒体对相关事故也非常敏感。虽然国内外游乐业的实绩都表明,游乐设施的伤亡事故率很低,但一旦出事,就会产生很大的社会影响,所以游乐业的安全至关重要。国家对这方面的安全要求也极为严格,专门把游乐设施列入特种设备范围进行安全监察。

景区优质服务包括游客游玩过程得到的优质服务和工作人员开心、真诚地给游客提供的优质服务。游乐设备的服务质量大体分为有形产品质量和无形产品质量两个方面,前者主要表现为设备设施、装饰风格、环境特色和实物产品的质量,后者主要表现为服务态度、礼貌礼节、仪容仪表、语言动作、清洁卫生、服务操作所反映出来的价值高低,两者相互依存,缺一不可。

二、游乐设备运营管理的创新理念

(1)培养以人为本的设备管理理念。人是企业管理的主体,也是设备管理的主体,是能否搞好设备管理最关键的要素。因此首先设备管理者要持证上岗,持证分为两种:设备操作人员持特种设备上岗操作证,维修人员持特种设备上岗维修证。让操作设备的人懂得怎样用逻辑思维操作,让维护设备的人懂得怎样有逻辑地维护,并建立员工日常技术培训制度,让员工熟练掌握设备的结构原理、技术标准、安全标准、运行规程和操作规程等。其次要培养员工的敬业精神和创新意识,利用精神鼓励和物质奖励的办法,不断地激励员工的责任心和积极性,造就一支高素质的员工队伍。

（2）树立设备人格化的管理思想。设备管理不能笼统、粗放来抓，必须分工具体、职责明确，从客观来讲，不能出现时间上和空间上的管理空缺；从主观来讲，不能出现思想上和态度上的管理松懈。必须将每台设备管理任务分包到人，将责任人的名字印在设备管理标志牌上，对设备实行挂牌承包，每台设备都有人巡视、维护和检修，出了问题都有人承担责任，把设备与承包人看成统一整体，"荣辱共享，利害相连"，设备考评的好坏直接决定责任人的工作业绩和工资收入，且应该将这一指导思想始终贯穿企业设备管理的方方面面。

（3）坚持设备无自然损坏原则。在组织人员对设备出现的故障和损坏进行分析定性时，如果没有坚定的指导思想，常常会将原因归于不可抗拒因素、自然老化因素、非人为因素或不明因素，最终事故责任无法得到追究，员工和责任人没有受到教育，久而久之使设备管理制度流于形式，导致设备管理的失败。因此，一定要坚持设备无自然损坏原则，多从管理上找漏洞，多从技术上找差距，多从工作上找失误，总之，多从人的因素上找原因，只有这样设备管理水平才会不断提高。

（4）创新设备维修观念。那种认为计划修理就是根据计划确定的修理周期结构，按照检查—小修—中修—大修进行强制性修理的观点，是一种偏颇的误解。正确观念是：设备的计划修理从力求设备一生的综合率最高和投入最少的总目标出发，依据设备在生产运营中的地位和设备磨损程度，分别采用事后修理制度和（预防）计划修理制度。计划修理的内容不是检查—小修—中修—大修，而是保养—检查—小修—大修。这种修理制度的特点是强调对设备状态的监测，并根据设备的实际情况采取相应的修理类别。同按固定的修理周期结构强制进行修理相比，提高了修理的针对性，有利于减少设备停机修理时间，降低设备管理费用。

（5）积极采用新技术、新工艺、新设备，提高设备完好率。搞好设备管理不仅要从设备外部因素来抓，还要从设备的内在因素来抓，要不断地利用新技术、采用新工艺进行技术改造，改善设备的运行方式、工作状况和环境条件，减轻或避免对设备的损坏和不利影响，从而减少维护维修次数和工作量，延长设备的检修周期和使用寿命，同时，也要重视对落后设备的淘汰，及时更换新设备，改善设备运行性能，提高运行可靠性。因此，要加大对设备的投入，注重技术改造，为设备具有良好运行状态提供扎实的硬件基础。

三、游乐设备运营管理的制约因素

景区设备出现事故和故障存在必然性和偶然性。设备的自然磨损、老化以及设备的使用周期，都会导致设备出现故障，从这个角度讲，设备出现故障是必然的。然而，如果我们充分了解了设备的性能和特点，并且按要求对设备进行维护保养，就能减少设备出现故障的概率，从这个角度讲，设备出现故障又是偶然的。

1. 设备因素

随着人们娱乐需求由静态观赏性向动态参与性的转变，许多景区为满足游客的要求，增添了许多游乐设备。由于这些游乐设备生产获利丰厚，生产厂家的数量在短时间内迅速膨胀，受经济利益的驱动和地方保护主义的影响，劣质游乐设备流入市场，致使安全事故接连发生。据报道，国家质量技术监督局曾对全国200家游乐设备生产厂家进行了检查，结果只有60家取得了许可证。设计、制造时不执行游艺机安全标准，结构设计不合理，缺少必要的安全防护装置，或安全防护装置达不到安全要求等，都会造成安全隐患。

2. 操作者因素

游乐设施设备复杂而且繁多，作为特种设备，其操作的安全性与操作者的熟练程度及操作技巧有很大关系。同时，由于操作非常频繁，操作人员容易疲劳，也很容易出现操作失误，导致安全事故。如2000年4月16日，天津市水上公园的蹦极发生事故，2名中学生摔成重伤，其中1名女孩颈椎横断，胸椎压缩骨折，脊髓折断。据调查，事故原因为操作失误，是放绳过早、速度过快所致。

3. 设备维护因素

游乐设施设备出现故障，维修人员未及时维修，很容易导致安全事故。如：1995年，某公园观缆车的吊箱玻璃损坏，未及时维修，一名4岁女孩从破损的玻璃窗中爬出坠地死亡；1998年，某公园因通风原因将观缆车吊箱门对面的玻璃拆掉，一名大学二年级学生将头从卸掉玻璃的窗中伸出，由于吊箱与转盘的距离只有160 mm，且相对运动，当吊箱转到一定角度时，学生的头夹在转盘和窗框之间，使颈椎折断造成重伤，送医院后死亡。

4. 游客因素

游客大多是没有经过任何安全培训的，对于刺激与惊险的游乐项目，他们可能会出现各种各样的行为，有的因兴奋忘我而做出不安全的举动；有的因恐惧或受到惊吓而下意识地做出不恰当的行为；也有个别乘客逞强好胜、不遵守纪律，不听管理人员劝阻，与其他游客争抢等，都会造成安全事故。如，1997年，某游乐园的观缆车乘坐了2个4岁半的女孩，吊箱升高后，其中一个女孩因害怕，从吊箱侧面开启的窗户中爬出坠地死亡。又如，1999年，一游客在某公园蹦极时脱离拉绳，导致头部触地重伤。事故原因是游客没有按照操作人员的要求，将腰间"保命"的锁扣扣好，在身体下落途中"飞"了出来。另外，该游客还为了追求刺激，在"蹦极"塔平台助跑一段后跳下，导致其身体落点超过了地面安全气垫的范围。另外，有的游客的无意识行为也会引发伤害事故，如衣服、围巾、领带、腰带、背包带、长头发等被设备转动部分挂住，而导致人员伤亡。

5. 环境因素

天气因素 很多大型游乐设备放置在室外，雨水、雷电等自然因素会造成设备的损坏，加速老化。

季节因素 某些游乐设备，由于季节变化，其实用和养护的方法也有区别。比如，北方冬季的霜冻有可能使机油凝固。

综上所述，导致景区设施设备安全事故的原因可归纳为三类，即设备因素、人为因素和环境因素。设备本身的设计和制造工艺决定了设备的固有性能，是操作者无法控制的，设备的使用环境也是无法改变的,只有人的因素是可以控制的,人为因素是设施设备出现事故和故障的关键因素。如果操作人员严格按照设备的使用规程进行操作,维修人员能够尽职尽责地维修保养,不但可以延长设备的使用寿命,更重要的是可以减少出现事故和故障的概率。因此,景区要十分注重培养员工的责任心,首先在购入设备时,就要严把质量关,其次操作人员要科学规范地操作,维修人员要细致耐心地维护,时刻把游客的安全放在第一位,防范事故于未然,确保景区的设施设备始终处于良好的运行状态。

四、游乐设备运营管理系统设计

1. 游乐设备管理系统功能要素

游乐设备运营管理系统设计主要功能三要素为:人、设备和环境条件。

2. 以景区运营管理为导向的流程设计

游乐设备运营管理的主要内容包括:设备的操作、游玩过程提供服务工作、设施设备的维护保养作业。三个过程需要紧密连接,这样才能提高转换过程的效率,提高顾客对产品的满意度。如表12-3所示,景区游乐设备运营管理按照运营前、运营中、运营后的流程进行系统设计。

表12-3 景区游乐设备运营管理系统设计流程

流程	系统设计
运营前	1 每天运营前须做好安全检查。 2 营业前试机运行不少于2次,确认一切正常后,才能开机营业。
运营中	1 向游客详细介绍游乐规则、游艺机操纵方法及有关注意事项。谢绝不符合游艺机乘坐条件的游客参与游艺活动。 2 引导游客正确入座高空旋转游艺机,严禁超员,不偏载,系好安全带。 3 维持游乐、游艺秩序,劝阻游客远离安全栅栏,上下游艺机秩序井然。 4 开机前先鸣铃提示,确认无任何险情方可再开机。 5 严禁操作人员在游艺机运行过程中擅自离岗。 6 密切注意游客动态,及时制止个别游客的不安全行为。
运营后	1 整理、清扫、检查各承载物、附属设施及游乐场地,确保其整齐有序,清洁干净,无安全隐患。 2 做好当天游乐设备运转情况记录。 3 游艺机和游乐设施要定期维修、保养,做好安全检查。检查周期分为周、月、半年和一年以上。

3.以游客游玩为导向的流程设计

景区游客的游玩流程 开始—进入排队区—储物—扣好安全装置—游戏结束—取物—离开。

安全因素 设备设施安全无隐患—物品存放安全—安全装置得到检查并安全确认—游玩过程安全无事故。

服务因素 设备项目游玩须知告示标识完备—排队区有遮阳伞、散风扇等配套设置—游玩过程前得到工作人员的注意事项介绍、指引—物品有安全存放位置—游玩过程得到鼓励、互动—游玩过程得到工作人员的贴心服务、尊重、引导。

4.以项目工作流程设计

早检工作 检查昨天的运行记录—检查设备设施周围环境状态—按日检内容分工进行检查、维护保养—卫生整理、工具物品收集整理—设备试运行过程与状态记录—工作手续移交。

设备操作服务 检查昨天的运行状态记录—检查周围环境的状态—卫生清洁—与维护人员进行手续交接—试运行—记录填写—对外准备开放。

关机 设备安全装置关闭检查确认—关闭配套设施并确认—卫生整理、物品整理—关闭总电源—填写运营表格—离岗。

五、游乐设备运营管理综合设计过程

1.根据设备特征和游客需求状况设计

设备特征 国家一类设备：惊险、刺激、技术含量高，参与性强；岗位编制较充裕。国家二、三类设备：参与性强，技术含量一般；岗位编制合理。

游客需求 国家一类设备：适应年龄16～35岁、身高1.4～1.9米间的身体健康者。国家二、三类设备：适应大多数人群，身体健康者。

2.根据岗位分析和职责设置状况设计

职责设置分类 设备（设施）定期维护保养技术人员职责、设备（设施）维修技术人员职责、设备（设施）维修人员职责、操作运行岗位人员职责、服务岗位人员职责。

岗位配置分析因素 ①设备项目特征，包括一类与二、三类设备的区分；②维修岗位、操作岗位、服务岗位职责区分，包括技术与服务工作量、项目游玩流程所需岗位设置进行规划；③岗位职能使用说明，包括岗位说明书制订；④岗位工作时间分析，包括理论工作时间与实际工作时间的结合；⑤设备项目检查维修、操作、服务人员的条件要求；⑥设备项目检查维修、操作和服务人员的技能保障举措，包括招聘前的知识基础、后续的培训指导、考核及经验成果的转化评估；⑦设备项目开放拟运营时间表与设备部管辖设备项目开放时间的相应调整计划，运营时间设置说明与运营开放时间设置说明；⑧新投入的设备项目按使用规定必须执行备件磨合期，3～6个月内不能超负载运转；⑨设备项目开放时面临客流量问题；⑩

设备维护保养有足够时间。

根据工作流程和标准设置状况设计 ①设备早检流程与标准；②设备维护保养流程与标准；③设备维护维修检查计划表；④设备备件更换维护保养作业流程与标准；⑤设备年、月检流程与标准；⑥设备特殊故障抢修流程与标准；⑦设备开机流程与标准；⑧设备操作流程与标准；⑨设备关机流程与标准；⑩操作、服务应急流程与标准。

根据后备支持模块设置状况设计 ①培训。根据岗位的特点，进行针对性的培训知识，考核评估。主要有职业道德、岗位技能、应变能力、精神面貌、学习精神、创新能力等。②设备保养制度。定时、定部位、定人员、定指标进行设备保养；设备的完好率、运转率保养制度指标相结合；技术人员的技能与工作方法的培训等。

根据设备应急处理程序来设计 ①设备应急处理有两项基本要求：设备管理突发事故发生得到有效的控制；设备管理突发事故发生得到迅速有序的处理。②设备应急处理程序内容包括：组织架构、相关人员职责、报告程序、现场控制流程、应急补偿方案。

第三节 景区设施设备的维护与保养

景区的设施设备自投入使用以后，就进入了服务管理期。服务管理期的主要工作就是对设施设备进行维护与保养，目的是以最经济的费用投入，发挥最高综合效益。景区设施设备的维护与保养无论从经济上还是技术上都是提高景区经济效益和社会效益的重要环节，对景区的发展具有十分重要的意义。

景区设施设备的维护与保养，既包括对某一设施设备零件的维护保养，也包括对整个设施设备系统进行维护保养。

一、景区设施设备的保证系统

1. 人员系统

设施设备管理人员系统包括5个方面：

管理层人员 他们的职责是承担景区设施设备管理的规划决策，建立制度规程，制定和组织实施相关计划。管理层人员是人员系统的核心，其素质的高低决定着景区设施设备管理的水平。

运行操作人员 他们根据相关操作规程和管理制度负责设施设备的管理和操作。

维护检修人员 他们对景区的设施设备进行维护检修，检查设施设备是否运作正常，并对出现的故障进行维修。

日常操作监督人员 他们主要是服务工作人员，负责设施设备的日常清洁维护和出现故障时的及时报修。

服务对象 设施设备的服务对象主要是景区游客。他们在消费过程中直接或间接使用景区的设施设备，服务人员在为游客提供优质服务的同时，又必须防止游客由于使用不当而造成设施设备的损坏。

2. 技术系统

设施设备服务期管理技术系统包括管理技术子系统、决策技术子系统和维修技术子系统。前两个属于软技术范畴，决定设施设备管理的发展方向和整体效益。维修技术子系统属于硬技术范畴，包括设备安装、操作、维修、检查、监测、试验等技术体系。

3. 信息系统

设施设备服务期管理信息系统包括经济信息、技术信息和服务信息三个子系统。经济信息系统是设施设备经济管理的资料和数据；技术信息系统是设施设备技术档案统计资料；服务信息系统是服务过程中的信息反馈记录。

4. 物流系统

物流系统由三个子系统组成，分别是：能源子系统、物供子系统和资金子系统。能源子系统要科学制定各种耗能与节能计划和指标，制定奖惩制度和措施。物流子系统要对各种物耗定额和库存制定详细准确的供应计划。资金子系统要对各种景区设施设备支出费用制定资金使用计划，以及进行详尽的预算和审核工作。

二、景区设施设备的维护制度

景区设施设备的维护工作需要贯彻专业管理与游客管理相结合的原则，在取得游客的合作和支持的基础上，依靠操作人员、检查维修人员和服务人员共同对设施设备进行维护和保养。设施设备的维护制度可以分为4种，即：日常维护、定期维护、区域维护和指令维护。

日常维护 日常维护特点是经常化、制度化，它是全部维护工作的基础。对于景区内的一些大型设施和服务设施，应该做到：班前检查设施设备是否安全可靠、正常良好，安全保护装置是否齐全有效；设施运行中检查是否具有异常情况；班后对设施设备进行清洁保养，如发现损坏和故障，应及时维修。

定期维护 定期维护是在日常维护的基础上，在一定的时间周期内对设施设备进行更深层次的维护与保养，力求消除事故隐患，减少设备磨损，保证设备的正常运行。

区域维护 景区的小型设施设备和基础设施分布在景区各处，需要对其进行区域维护。区域维护工作人员遵照区域巡回检查制度，科学安排巡检路线，对分布在景区各处的设施设备进行巡回检查，发现故障和损坏要及时处理或报修。

指令维护 指令维护又称计划维护，它以全部设施设备的维护任务为基础，向维护人员发出指令，使维护人员完成指定维护任务的一种管理方法。

三、景区设施设备的维护管理

设施设备使用维护规范管理 主要包括两个方面。①操作人员的规范化管理。必须强化操作人员的责任心和敬业精神，让操作人员学习和掌握设施设备的原理、性能、结构、使用、维护及技术等方面的知识。②服务人员的规范化要求。服务人员必须参加景区设施设备的使用操作学习和培训，向游客介绍设备的使用方法和注意事项。服务人员在游客使用过后要经常对设施设备进行清洁和维护。

设施设备使用管理规章制度 景区设施设备使用管理的规章制度包括：运行操作规程、设备维护规程、设施设备操作人员岗位责任制、交接班制度和运行巡检制度等。

四、景区设施设备的点检制度

设施设备点检是应用全面质量管理理论中的质量管理点的思想,对影响设备正常运行的关键部位进行经常性检查和重点控制。设备设施点检的目的是为了及时掌握并消除故障隐患,提高设施设备的完好率和利用率,节省各种设施设备维修费用,提高总体效益[3]。

1. 设施设备点检的分类

根据设施类型不同可将设备点检划分为三类:A类点检为服务接待设施的点检;B类点检为商业服务设施的点检;C类点检为娱乐游憩设施的点检。

根据设施的服务时间及规律可将设备点检划分为日常点检、定期点检和专项点检三类。①日常点检。日常点检即每日进行的点检,通过检查设施设备运行中的关键部位的声响、振动、温度、油压等,将检查结果记录在案。②定期点检。定期点检的时间周期有数月、一月、半月、一周不等。其主要目的是检查设施设备的劣化程度和性能状况,为中、大修方案提供依据。其对象是重点设备,内容比较复杂,检查时凭直觉感官,同时使用专用检测仪表工具。③专项点检。使用仪器工具有针对性地对运行中的设备某特定项目进行检查。

2. 设施设备点检的优越性

(1) 提高维修保养的针对性和主动性,减少盲目性和被动性。

(2) 各个项目明确且量化,保证维修工作质量,培养维修技术人员的分析能力和判断能力,提高其专业技术水平。

(3) 制定严格的点检线路,使用规范化点检表,便于实行点检考核,增强工作人员的责任感,提高工作效率。

(4) 采用点检记录卡,积累设备的原始资料,有利于充实和完备设备技术档案,为设施设备信息化管理奠定基础。

3. 设施设备点检的方法和步骤

确定设施设备检查点和点检路线(检查点应确定在设施内一些重点设备的关键部位和薄弱环节上)—确定点检项目和标准—确定点检的方法—确定点检周期—制定点检卡—落实点检责任人员—点检培训—建立和利用点检资料档案—点检工作的检查。

第四节 景区设施设备的维修与更新

景区设施设备维修与更新的目的是将各种设施设备的综合效能发挥到最大化，以获得其寿命周期里最大的经济效益。

一、景区设施设备维修

1. 设施设备维修方式

设施设备维修方式主要包括定期维修、监测维修、更换维修和故障维修。

定期维修 定期维修是指以时间周期为基础的预防性维修方式。时间周期可以是一年、一个月或一周等。定期维修的对象一般是使用时间季节性明显的设施设备，例如滑雪、滑冰、水上娱乐设施等。

监测维修 监测维修是以设施设备的技术状况诊断和检测为基础的预防性维修方式。其特点是及时掌握时机，在设备设施发生状况之前发现危机。监测维修适用于使用率高的设施设备，例如空调、电梯、缆车、电脑等。

更换维修 更换维修是指在掌握设备故障发生周期的情况下，使用具有相同功能的部件更换旧部件的维修方式。其特点是现场操作时间短，避免设备故障在运行时发生。更换维修适用于向旅游者提供服务的设施以及设施中的各种电气设备。

故障维修 故障维修也称事后维修，是指在设施设备发生故障后的非计划性维修。故障维修与更换维修可以结合使用。故障维修适用于利用率低和简单低值的设施设备。

2. 设施设备维修策略

景区可以根据自身实际情况，采用正确的设施设备维修策略。具体的选择路径是：维护保养—检查监测—日常小修或项目维修—技术改造。小设备可以视情况放弃项目维修或改修，大型设施设备的大修项目应由专业维修公司或者设备厂家承担。景区应培养全能的维修队伍，根据季节特点安排定期维修，创造条件进行状态监测维修，实现多种维修方式并存。

3. 设施设备维修计划编制

编制景区的设施设备维修计划的目的是以正确的方法、在预定的时间内安排必要的维修资源进行预定的维修工作。维修计划可分为修理任务计划和作业进度计划两种。从时间角度考虑可分为年度计划、季度计划和月度计划三种。①年度维修计划。年度维修计划指导景区全年设施设备维修工作。在年度计划中应详细地列明设施设备管理部门每个季度、每个月份的维修任务。②季度维修计划。季度维修计划是根据年度维修计划而制定，在编制时需要结合设施设备的使用情况和维护保养状况进行制定。季度维修计划是对年度维修计划的细分和补充，同时也对年度计划进行适当的调整。③月度维修计划。月度维修计划体现季度维修计划的执行进度与执行作业情况，应制定具体的维修工作日程进度。

二、景区设施设备更新与改造

1. 设施设备更新改造的规模分类

全面更新改造 在使用一定年限后，有些设施设备已经达到使用极限，不能再承担正常运营工作。有些设备技术已经落后，不能满足旅游者日益多样的需求，此时，需要对设施设备进行全面更新改造，即在基本保留原有项目的基础上，对主要的大型设施设备或系统设施设备进行更新改造。

系统更新改造 针对景区内某一具有特定功能的系统设施设备如景区的空调系统、发电系统、供水系统等存在的性能下降、效率低下和耗能严重、环保性差的问题，采取技术措施的更新改造。

单机更新改造 针对某一单机设施设备所采取的更新改造。

2. 设施设备更新改造的程序

主要包括申请、调研审查、计划筹备、现场管理、竣工验收、总结等6个程序。

申请 对景区的设施设备进行更新改造应该首先由设备管理部门或设备使用部门提出项目更新改造理由和申请。

调研审查 景区针对所提出的设施设备更新改造申请，成立由工程师、技师、主管人员参加的更新改造项目小组进行调查研究，充分讨论，提出审查意见。

计划筹备 项目改造的负责人组织制定项目改造的实施进度计划，详细安排项目在准备、开工、施工、竣工、投产各个阶段的进度计划，特别要注意各阶段之间的工作衔接、资金和物资供应、设计和施工的协调配合等问题。

现场管理 更新改造工程需要专业机构或人员进行日常管理，管理人员的主要工作职能是落实改造计划、处理现场问题、调度工程进度、保证进度顺利、监督工程质量、协调施工关系、及时反应并解决情况等。

竣工验收 在竣工验收阶段，有关使用部门要对设施设备进行各种指标的测试和检验工作，将验收情况详细记录在案，进一步提出改造意见，在各方验收合格以后方可投入使用。

总结 在更新改造工程验收工作结束以后，需要从技术上以及管理上做好总结工作，为设施设备管理提供重要的资源积累。

3. 设施设备的寿命

设施设备的寿命有四种类型：物质寿命、折旧寿命、技术寿命和经济寿命。物质寿命是指景区的设施设备从投入使用到报废所经历的时间。折旧寿命也叫折旧期限，是指把设施设备的价值余额折旧到接近于零时所经历的时间。技术寿命是指设施设备从投入使用到因技术落后而被淘汰所经历的时间。经济寿命是指设施设备从投入使用到出现使用经济效益下降所经历的时间。

为了加强大型游乐设施安全监察工作，防止和减少事故，保障人身和财产安全，根据《中华人民共和国特种设备安全法》和《特种设备安全监察条例》，2013年4月23日原国家质量监督检验检疫总局局务会议审议通过，2013年8月15日原国家质量监督检验检疫总局令第154号公布了《大型游乐设施安全监察规定》，2021年4月2日国家市场监督管理总局令第38号发布了《国家市场监督管理总局关于废止和修改部分规章的决定》（修订），对大型游乐设施的设计、制造、安装、改造、修理、使用、检验、检测及其监督检查等事项进行了规定，景区设施设备的使用期限应该遵循这个规范性文件。

4. 设施设备的折旧

景区的设施设备在生产过程中会产生损耗运动和补偿运动两种互补性运动。损耗运动包括有形损耗和无形损耗。有形损耗也叫物质损耗，是指景区的设备设施在使用过程和自然力的影响下所发生的损耗。无形损耗也叫精神损耗，是指景区设施设备由于社会生产和技术进步的原因使原有价值降低。补偿运动包括物质补偿和价值补偿。物质补偿是指对景区设施设备进行改造和更新，以价值补偿为基础。价值补偿是指从经济方面对设备价值损耗的补偿，通过折旧方式体现。折旧是指随着景区产品和服务的销售，提取和积累并建成专用货币基金的过程。这笔专用货币基金就是折旧基金。折旧基金是设备更新改造的资金保障。在讨论景区设备的折旧问题时，需要分析三方面的内容：折旧回收总额、折旧期限、折旧方法。

折旧回收总额 折旧回收总额是指在景区设施设备使用过程中，通过折旧的提取所得到的回收设备价值。其计算公式为：

$$折旧回收总额=设备原值-（残值-清理费）$$

这里的设备原值是指设备投产时的造价，包括设备原价和设备的运输安装费用等。设备残值是指设备在被报废、转让、销售时所具有的价值。设备清理费是指设备在拆除清理过程中所要支付的费用。

折旧期限 景区设施设备的折旧期限与设备投资回收期长短和回收期内的销售成本高低有关。从设施设备管理上看，折旧期限应该考虑设备的最佳使用期限。

折旧方法 折旧方法分为二类：一类是与资金时值有关的折旧，主要包括直线折旧法、平均年限法、工作时间折旧法、运行时限折旧法、快速折旧法、年限总额法、余额递减法、双倍余额递减法；一类是与资金时值无关的折旧，主要包括复利折旧法、偿债基金法、年金法。

5. 设施设备更新改造方案比较

景区设施设备的更新改造方案主要集中在三个方面：关于适应性问题的更新，关于维修问题的更新，关于效益问题的更新。

在对设施设备的更新改造方案进行比较时，需要遵循以下四方面的原则：①在假定设施设备的收益或效率相同后对它们的费用进行比较；②对于两种使用寿命不同的设备，比较它们的年度费用；③原设备的价值必须按照目前实际值进行计算，不能以原值进行计算；④必须采用同一个时间参照点，用不同的时间参照点做比较会产生错误的结果。只有做了系统的比较分析，才能保证设备更好地实施更新改造方案。

注释

[1]董观志,苏影.主题公园营运力管理："六员一体"解决方案[M].北京：中国旅游出版社,2005:14.
[2]徐进.旅游开发规划及景点景区管理实务全书[M].北京：北京燕山出版社,2000:2131.
[3]徐进.旅游开发规划及景点景区管理实务全书[M].北京：北京燕山出版社,2000:2141.

第十三讲
景区市场营销管理

第一节 景区营销的内涵与特征

第二节 景区营销的过程管理

第三节 景区营销的实施策略

第四节 景区营销的维护管理

第一节 景区营销的内涵与特征

一、市场营销的定义

市场营销一词译自英文marketing，意指与市场有关的人类活动。菲利普·科特勒对市场营销的定义为"市场营销是个人和集体通过创造并同别人交换产品和价值以获得其所需所欲之物的一种社会过程"，即指以满足人类各种需要和欲望为目的所进行的变潜在交换为现实交换的一切活动。市场学家戴维·科茨和路易斯·布恩认为"市场营销是发展和有效分配产品和劳务给目标市场的活动"。把学者们从不同角度的解释概括起来，市场营销就是在一系列动态环境因素影响下，旨在方便和加速交换的一切个人和组织活动。

这个概念具有四个方面的基本内涵：①市场营销的主体既包含营利性的企业，也包含非营利性的组织和个人；②一个组织或企业为了实现自己的经营目标，就要通过营销调研、营销计划和营销执行与控制等一系列营销管理活动，以完成组织或企业任务；③市场的营销对象不仅是市场需要的产品和劳务，还包含思想、观念问题和人物的营销；④由于影响买卖双方完成交换的诸因素，如政治、法律、制度、社会、经济和技术等都是变量，因此市场营销是一个动态环境中的活动。

二、市场营销的观念

1. 基础性的市场营销观念

市场营销观念是指企业决策者在组织和谋划企业的整体实践活动中所依据的指导思想，是一种思维方式，也可以说是一种关于组织整体企业活动的管理哲学。一般情况下，市场营销观念是由五个基本观念构成的：

生产观念　生产观念是指导企业营销活动最古老的观念，产生于19世纪末20世纪初，产生背景是社会生产力水平较低、商品供不应求，市场经济呈卖方市场状态。表现为企业生产什么产品，市场上就销售什么产品；企业的经营重点是努力提高生产效率，增加产量，降低成本，生产出让消费者买得到和买得起的产品，是一种只关心生产而不关心市场的营销观念。因此，生产观念也称为"生产中心论"。以原美国汽车大王亨利·福特生产T型车为代表案例，为扩大市场占有，福特采取流水线的作业方式，全然不顾消费者对汽车款式、颜色等的主观偏好，车的颜色一律是黑色。中国卷烟市场在20世纪80年代初期曾出现过不尊重消费者偏好，对产品强行搭配出售的情况，也是一种只顾卖产品，不顾消费者需求的生产观念。

产品观念　产品观念是与生产观念并存的一种市场营销观念，都是重生产轻营销。产品观念把市场看作是生产过程的终点，而不是生产过程的起点，表现为过分重视产品而忽视顾客需求。企业管理的中心是致力于生产优质产品，并不断精益求精，日臻完善，忽视了市场需求的多样性和动态性。当某些产品出现供过于求或不适销对路而产生积压时，企业却不知产品为什么销不出去，最终导致"市场营销近视症"。"酒香不怕巷子深"是这种观念的形象说明。

推销观念 推销观念盛行于20世纪30—40年代，处于资本主义经济由"卖方市场"向"买方市场"的过渡阶段，表现为"我卖什么，就设法让人们买什么"。二战后，资本主义工业化大发展，社会产品日益增多，市场上许多商品开始供过于求。企业为了在竞争中立于不败之地，纷纷重视推销工作。如美国皮尔斯堡面粉公司的口号由原来的"本公司旨在制造面粉"改为"本公司旨在推销面粉"，并第一次在公司内部成立了市场调研部门，派出大量推销人员从事推销活动。由生产观念、产品观念转变为推销观念，是市场营销观念的一大变化。但这种变化没有摆脱"以生产为中心""以产定销"的范畴，前者强调生产产品，后者强调推销产品，所不同的是生产观念、产品观念是等顾客上门，而推销观念是加强对产品的宣传。

市场观念 市场营销观念形成于20世纪50年代，是买方市场条件下以消费者为中心的营销观念，是一种以顾客的需要和欲望为导向的经营哲学，是消费者主权论的体现。表现为消费者需要什么就生产什么、销售什么。营销观念与推销观念的根本不同是：推销观念以现有产品（即卖主）为中心，以推销和销售促进为手段，刺激销售，从而达到扩大销售、取得利润的目的。市场营销观念是企业经营思想的一次重大飞跃，以企业的目标顾客（即买主）及其需要为中心，以集中企业的一切资源和力量、适当安排市场营销组合为手段，从而达到满足目标顾客需要、扩大销售、实现企业目标的目的。

社会营销观念 社会营销观念是以社会长远利益为中心的市场营销观念，基本核心是：以实现消费者满意以及消费者和社会公众的长期福利作为企业的根本目的与责任，强调将企业利润、消费需要和社会利益三个方面统一起来。社会营销观念出现于20世纪70年代，它的提出一方面是源于全球环境破坏、资源短缺、人口爆炸、通货膨胀和忽视社会服务等问题日益严重，要求企业顾及消费者整体利益与社会长远利益的呼声越来越高；另一方面是基于西方市场营销学界提出的一系列新的理论及观念，如人类观念、理智消费观念、生态准则观念等。社会营销观念是对市场营销观念的重要补充和完善。

市场营销观念的产生与发展，形成了如表13-1所示的不同特征、手段、策略和目标。

表13-1 市场营销观念辨析

营销观念	市场特征	出发点	手段	策略	目标
生产观念	供不应求	生产	提高产量，降低成本	以产定销	增加生产，取得利润
产品观念	供不应求	产品	提高质量，增加功能	以高质量取胜	提高质量，获得利润
推销观念	生产能力过剩	销售	推销与促销	以多销取胜	扩大销售，获得利润

(续上表)

营销观念	市场特征	出发点	手段	策略	目标
市场营销观念	买方市场	顾客需求	整体市场与营销	比竞争者更有效地满足顾客需求	满足需求，获取利益
社会营销观念	买方市场	顾客需求，社会利益	整体市场与营销	以满足顾客需求和社会利益取胜	满足顾客需求，获得社会和经济效益

2. 发展性的市场营销观念

20世纪80年代以来，随着经济全球化和信息技术的快速变化，产生了竞争营销、大市场营销、关系营销等市场营销观念。

竞争营销 竞争营销观念是1986年由加拿大产业市场营销研究协会主席兰·戈登教授提出来的，主要含义是企业要在竞争中处于有利地位，必须首先识别那些未被竞争者所满足的市场需求，或是还未被充分提及的市场需求，然后在盈利或符合企业目标的前提下，使企业营销活动积极参与市场竞争，采取合理合法的竞争手段，以适销的产品、合理的价格、优良的服务、及时准确的信息、有效的促销措施和良好的信誉，争夺消费者，争夺市场，争得效益。

大市场营销 大市场营销观念是由美国人菲利普·科特勒在市场营销观念和社会营销观念的基础上提出来的，主要含义是为了成功地进入特定市场，并在其中从事业务经营活动，在策略上施用经济的、心理的、政治的和公共关系的手段，以博得外国或地方各有关方面的合作与支持。

关系营销观念 关系营销观念是1985年由美国营销专家巴巴拉·本德·杰克逊提出来的，主要内涵是"吸引、保持以及加强客户关系"，这一概念的提出促使企业纷纷从简单的交易性营销转向关系营销，即在企业与客户和其他利益相关者之间建立、保持并稳固一种长远的关系，进而实现信息及其他价值的相互交换。1996年巴巴拉·本德·杰克逊又进一步把关系营销定义为"通过满足客户的想法和需求进而赢得客户的偏爱和忠诚"。

三、景区市场营销的基本特征

众多学者将旅游景区市场营销定义为旅游景区组织为满足旅游者的需要并实现自身经营和发展目标，而通过旅游市场实现交换的一系列有计划、有组织的社会和管理活动。景区营销的主要内涵因人们旅游的需要、欲望和需求而产生，市场营销需要进行交换、交易或建立关系。

景区市场营销产生于景区产品特征同质化、景区景点市场需求多元化以及景区景点市场竞争白热化的背景下，具有不同于其他营销系统的特殊性：

（1）基于"口传"的景区形象。景区产品的无形性决定潜在游客在购买旅游产品时都倾向于亲朋好友的意见，只有注重提高游客出游后的满意度，才能有好的口碑，才有利于景区的宣传效果。

（2）景区产品的共享使用权和暂时使用权。旅游产品只能给游客提供产品的暂时使用权，而且是以共享的方式提供给游客。由此可导致不同目标市场的需求有发生冲突的可能性。不同的营销方案可缓冲或解决不同目标市场需求之间的冲突问题。

（3）游客和员工都是营销的重要组成部分。景区的特点之一就是，游客是生产过程的一部分，而员工也是产品的一部分。

（4）易受时尚的影响。景区易受大环境特别是社会时尚的影响。景区如果能抓住机遇不断推销自己，就可以达到事半功倍的效果。

（5）可进入性的影响。交通工具方便与否是景区成败的关键，恰当的路标方向指示和产品宣传都是旅游景区营销的重要工具。

（6）淡旺季的影响。景区营销常常是设法刺激"淡季"的需求，提高淡季时的使用率。由于旅游产品具有不可储存性，淡季与旺季、团队与散客可以实行差价以实现经济效益的最大化。

（7）固定成本高，可变成本低。景区的固定成本一般都较高，淡季游客数量的剧增并不会大量增加成本；而当游客的数量降低时，也不能大量减少成本。

（8）景区属性的差异化。竞争的激烈要求景区进行营销时突出自身的差异性，进行差异性营销以突出自己独特的形象。不同属性决定了不同景区在营销力度和对象上有所区别。

（9）景区营销主体的多元化。景区营销不仅是自己推销自己，还包含他人对自己的推销。景区营销要突出其独特性和地方性，借势于相关主体扩大影响，使营销工作更有成效。

（10）营销策略与资源保护的矛盾。景区营销要将市场需求与旅游资源保护结合起来，使市场营销运行与环境保护得到协调统一发展。

第二节 景区营销的过程管理

一、收集景区营销信息

景区市场竞争日益激烈，谁能最准确、最及时地把握住游客的需求信息，谁就是最大的赢家。详细的营销信息是营销人员进行营销环境和市场分析的基础，并且在此基础之上选择营销机会和目标市场。因此收集景区营销信息显得尤为重要，建立完善的营销信息系统成为景区科学经营管理的基础。

景区营销信息系统可以降低景区的营销风险，节约营销成本，提高对营销因素的可控能力，包括内部报告系统、营销情报系统、市场调研系统、决策支持系统等四个部分。

1. 内部报告系统

内部报告系统是营销决策人员经常使用的一个最基本的信息系统。这个系统的信息主要来自团体预定、门票销售和关键市场游客数据库。

团体预定信息报告系统 团体预定指的是旅行社、旅游公司及其他社会团体预先确定前来景区游玩的情况。团体预定信息报告系统涉及电话总机、咨询、网站管理、门票销售、市场营销、游客服务等相关岗位。

门票销售与游客入园报告系统 门票销售与游客入园报告系统是针对景区的门票销售情况而专门设计的一个子系统。门票销售与游客入园报告系统的信息包括：门票销售情况、各票种的构成、旅行社购票情况、其他团体购票情况、入园人数及构成以及历史上的相关数据和其他相关情况。门票销售与游客入园报告系统是营销决策的重要依据。

市场游客数据库 市场游客数据库是一个有组织地全面收集关于游客和潜在游客资料的数据库。关键市场游客数据库则是重要细分市场游客或中间商的资料库。这些数据是当前的、可接近的和为营销目的所用的。根据这些数据，营销经理就可以制定销售策略或服务的计划，或者维持游客关系。数据库为以后进行数据挖掘和进行数据库营销奠定了基础。

2. 营销情报系统

营销情报系统是营销决策人员获取日常有关营销环境及营销活动进展的各种信息的来源，为景区决策人员提供目前外部正在发生的情况的各种信息。营销决策人员获得营销情报的途径和方式主要有4种：①通过市场营销人员来获得信息；②通过旅游中间商收集情报；③向专业公司购买情报；④从大众或专业媒体摘录、筛选、整理情报资料。

3. 市场调研系统

市场调研是指对可以用来解决特定营销问题的信息进行设计、收集、分析和提出数据资料以及提出跟企业所面临的特定的营销状况有关的调查研究结果。市场调研系统的主要作用是提供便于制定决策的信息。通过市场调研，景区可以获得更多更准确的市场信息，从而把握好市场需求的变化等方向。

市场调研的主体 大多数的景区都会有自己的市场调研部门，他们会不定时地进行市场调研，不断地调整本企业的策略，以确保其经营策略跟市场发展趋势保持一致。有些景区为了获得更准确的信息和节约成本，会聘请一些专门的调研公司来开展调研活动。

市场调研的程序 有效的营销调研必须包含5个步骤：确定问题和调研的目标、制定调研计划、收集信息、分析信息和提出结论。

4. 景区决策支持系统

李特尔把营销决策支持系统定义为一个组织，它通过软件与硬件支持，协调数据收集、系统、工具和技术，解释企业内部和外部环境的有关信息，并把它转化为营销活动的基础[1]。构成营销决策支持系统的主要统计工具、模型和最佳程序有：多元回归、判别分析、因子分析、集群分析、联合分析、多维排列等。

二、设立景区营销组织

1. 景区营销组织的设立原则

景区营销组织的设计要按照市场环境的要求，主要需要遵循3个原则。

市场导向原则 景区营销组织的设计必须以满足市场的需求为出发点，确保公司组织机构的整体运作，围绕游客市场的需求来开展，实现"游客—景区—游客"的不断循环上升的经营管理过程。

效率优先原则 景区营销组织的设计必须遵循效率优先的原则，确保景区在市场竞争中的反应速度。在组织设计中要坚持管理层级上的扁平化和职责职能的系统化。

优质服务原则 景区营销组织的设计必须保证服务的优质化。在组织设计中应增加服务环节，增加信息传递的长度等。

2. 景区营销组织的职能

景区营销组织的主要职能是：①制定景区营销战略规划及年度营销业务计划；制定有效的景区产品战略，以确保市场份额及利润最大化；②提供高效的游客/市场沟通；③培育、管理、提升景区品牌；④培养和提高整体市场营销能力等。

三、实施景区营销计划

景区市场营销计划就是对景区市场主要活动方案所做的详细说明。它规定了景区各种经营活动的任务、策略、政策、目标及具体指标和措施，实施和控制景区市场营销计划可以使景区的市场营销活动按既定计划进行，避免营销活动的盲目性。

1. 景区市场营销计划的内容

主要包括分析市场现状，明确市场目标，制定市场营销策略，提出解决问题的行动方案，拟定执行策略的预算，对市场营销计划执行的反馈和控制。

2. 景区市场营销计划的实施

营销计划的提出和制定要解决的是营销活动做什么以及为什么做的问题，而营销计划的实施要解决的是何时、何地以及怎么样做的问题。营销计划的实施是一项系统化的工程，是将计划转化为行动的过程。

景区营销计划的实施需要景区内部如一线工作人员、财务和人事部工作人员等团结一心，外部如广告代理商、销售代理商等组织相互协作，这样才能有效地实施营销计划。

3. 景区市场营销计划的控制

计划控制是将预期业绩与实绩比较，并在必要时采取校正行动的过程。因为在计划执行过程中，难免会发生一些意料之外的事，所以对营销计划进行控制是十分有必要的，应该注意4个方面：

（1）明确计划控制的目标，它不同于营销计划目标，而只是控制所要达到的目标，即营销计划某个阶段的目标。目标必须可测。

（2）明确计划的执行情况，这一阶段是监测市场活动的实绩。

（3）判断计划执行的结果，这一阶段是将实际结果与控制目标进行比较，明确计划的执行情况，并找到其原因。

（4）采取纠正措施，可以从两个方面来考虑：第一，计划是否定得太高；第二、景区工作人员是否付出了足够的努力。针对这两方面的原因可以相应地提出纠正的措施。

第三节 景区营销的实施策略

景区营销策略是景区通过计划、组织、执行和监控等管理过程来实现一定营销目标的具体战术和措施。它源于旅游市场需要、欲望和需求，核心是为旅游市场和旅游景区自身创造一定的价值。

景区营销策略理论大致经历了四个发展阶段：①以生产为导向的4Ps理论；②以市场为导向的4Cs理论；③兼顾市场和生产导向的4Rs理论；④兼顾生产导向和市场导向的P&C理论，主要包括产品（product）、价格（price）、渠道（place）、促销（promote）、顾客和竞争者（customers and competitors）、成本（cost）、便利性（convenience）、沟通（communicate）等8个要素[2]。

一、景区市场营销组合策略

市场营销组合策略是景区市场营销的核心部分，它包括产品策略、价格策略、渠道策略和促销策略等4个方面。

1. 景区市场营销的产品策略

产品策略主要包括产品结构、产品类型、产品创新三个方面的策略。旅游景区产品是一种有形产品与无形服务的组合。从狭义上说，景区产品是景区借助一定的资源和设备向旅游者提供的有形产品和无形服务的总和，是景区一切经营活动的主体，它不能仅仅理解为旅游目的地的风景名胜，还应该包括必要的旅游设备、旅游环境、游览者能够观赏和参与的活动项目等。从广泛的意义上讲，旅游景点产品的实质是服务，而不是风景名胜本身，可以说旅游产品的本质是一种体验、一种经历。这种经历的持续过程从游客意欲访问景区开始，一直到整个旅游活动的结束，既包括游客对景区的整体印象，也包括留在游客心中的美好回忆。一般来说，这种经历构成的要素有游客对景区的期望、游客同伴的影响、景区有形产品的影响、景区服务质量的影响、景区不可控因素的影响等5个方面。

景区产品类型 依据景区产品的性质，可将景区产品分为观光产品、度假产品和专项产品。依据旅游景区产品的功能，可将景区产品分为陈列式、表演式和参与式3个类型。

景区产品生命周期与产品创新 随着现代技术和旅游业的快速发展，旅游者的需求层次越来越高，而且趋于多样化，在制定产品策略时要注意旅游者的市场需要和产品的生命周期。如表13-2所示，每个景区都要经历投入期、成长期、成熟期和衰退期，因此有必要延长景区的生命周期，以使景区能长久存在，实现可持续发展。

表13-2 不同生命周期景区产品营销策略

生命周期	市场进入期	成长期	成熟期	市场饱和期	衰退期
营销目标	唤醒客源	让客源了解	说服客源	说服客源	建立忠诚度，建立新市场
营销策略	快速撇取策略，缓慢撇取策略，快速渗透策略，缓慢渗透策略	改进产品品质，扩展新市场，巩固产品地位，调整产品售价策略	开辟新市场，产品深层次开发，调整营销组合等	—	立刻放弃策略，逐步放弃策略，自然淘汰策略
战略重点	扩大影响	渗透	维持	维持	再推介
营销费用	增加	高	高	下降	稳定
产品档次	基础产品	改善	好	退化	糟糕
促销手段	推介	广告	业内促销	业内促销	业内促销
产品价格	高	高	较低	低	低于成本
销售形式	独立	独立	业内促销	业内促销	联合促销

2. 景区市场营销的价格策略

因为景区价格主要表现为景区门票价格，所以这里的价格策略主要研究的是景区门票价格策略。景区门票价格是指景区对游客开放并收取游览参观费的价格。

（1）影响景区门票价格决策的因素

景点的资源价值 包括旅游资源的品位、价值和稀缺状况等。景点的资源价值较高，就可以采取较高的定价，可以与价值较低的资源拉开距离。

景点的可进入性 交通便利、可进入性高的景点可以采取较高的定价，而交通不太便利、可进入性较低的景点可采取稍低的定价。

景区生产成本 一般来说，在景区产品价格构成中，成本所占的比重是很大的，它是定价的基础。景区首先要确定收支平衡点，然后根据销售预测和当前价格估算出是否能够达到这一平衡点。

旅游资源的管理与保护及景区的环境容量 旅游资源环境很脆弱，通过合理的定价可以把游客控制在一定的范围内，使资源和环境得到保护，实现旅游业的可持续发展。

与景区相关的其他行业 这里指的是餐饮、住宿、交通等行业，景区门票价格的变化会影响这些行业的价格变动，同时，这些部门价格的变动也会影响景区门票价格的变动。

旅游者需求及承受能力 景点的门票价格应与旅游者的可自由支配收入水平相一致。

（2）景区门票价格定位要素

影响景区门票价格制定的基本要素有资源价值、成本构成、客源市场、市场比价、社会效益等五个方面。

（3）景点门票定价决策

根据景点经营战略的不同，定价大体有三种决策方向：①利润导向，就是追求利润最大化；②销售导向，就是谋求较大的市场份额；③竞争导向，就是采用对等定价或持续降价的策略，以应对竞争或者回避竞争。

（4）二次消费

旅游者进入景区内的其他消费被称为"二次消费"，是景区收入的重要组成部分。在制定门票价格时，一定要处理好门票价格和二次消费的关系，当二次消费项目较多时，可适当降低门票价格，以便吸引更多的游客，或者将一些二次消费捆绑在门票价格内，让客人凭票消费，使客人产生物超所值的感觉。

3.景区市场营销的渠道策略

景区要提高旅游者的到访数量，增加景区的运营收入，就必须要建立有效、顺畅的销售渠道。

（1）销售渠道的种类

景区市场营销的渠道主要有3种：

第一，根据景区是否通过旅游中间商进行营销活动，可以分为直接营销渠道和间接营销渠道。前者是指游客直接到旅游景区购买门票，然后进入景区游览，这种购买方式主要针对散客和景区附近居民的购买；后者包括通过旅行社中介或旅游代理商中介销售和通过旅游信息中心销售。

第二，根据旅游营销渠道的长度，即旅游产品从生产者脱手到消费者购买为止，整个过程中经历中间商的层次数，可以分为长渠道和短渠道。

第三，根据旅游渠道的宽度，即一个时期内销售网点的多少、网点分配的合理性以及销售数量的多少，可以分为多渠道和单渠道。

（2）选用销售渠道的主要评判标准

景区经营企业在选择销售渠道时，应当认真地分析，研究影响渠道的各种因素，对于不同的情况制定出不同的渠道策略。

首先，要考虑到景区的区位条件对于渠道选择的影响。旅游景区的区位条件的好坏、知名度的高低、旅游景区产品的特色，是影响销售渠道选择的重要因素。如果旅游景区区位条件好，知名度高，旅游景区产品有特色，吸引力大，可采用直接销售渠道为主、间接销售为辅的销售方式；如果旅游景区产品的特点是开展大众旅游的产品，则采用间接渠道、长渠道、宽渠道销售为主，直接销售为辅的销售方式。

其次，要考虑到目标市场条件对于渠道选择的影响。如果目标客源多而分散，距离又远，则宜采用间接渠道、长渠道、宽渠道销售。如果目标客源相对集中，且距离较近，则宜选用直接渠道、短渠道、窄渠道销售的销售方式。

最后，要考虑到景区自身状况对于渠道选择的影响。①旅游景区的总体规模。景区总体规模大，接待能力强，市场范围大，就可以采取间接渠道、长渠道和宽渠道销售；反之就采取直接渠道、短渠道和窄渠道销售。②旅游景区的财力大小。财力雄厚，可以选用直接销售渠道；财力不足，就应该选择间接渠道。③旅游景区的产品组合。产品组合的形式较多，就可以采用间接的、宽的销售渠道；产品组合形式单一，则选择直接的、窄的销售渠道。

4. 景区市场营销的促销策略

景区的促销策略，指景区将其营销的旅游资源、项目信息，通过各种方式传递给旅游消费者，以影响、促进旅游者购买动机的活动，它的实质是景区与旅游消费者之间的信息传递与沟通。

（1）促销的目标

促销规划必须明确地表示整个促销实施过程要达到什么样的目标和效果。促销目标要跟顾客导向的市场营销规划目标相一致。促销目标主要包括：发布景区信息，维持公园形象；开发潜在客源市场；提升游客量，增加市场份额；开发某一特定的细分市场或区域市场；推出景区的新项目、新活动、新表演等；提升知名度。

（2）促销的策略

广告促销　广告促销是指旅游景区通过用支付一定费用的方式，通过媒体向旅游消费者传播景区产品信息的宣传。传播的媒体主要包括电视、广播、报纸、杂志等。

新闻和公关促销　新闻和公关促销能够在媒体上为景区提供免费的报道，但需要景区提供值得报道的素材。

促销活动　促销活动包括参加各种旅游交易会、展示会等、节庆促销等。

特殊事件促销　景点应充分利用各种社会传播体系，发挥其非单纯商品形象的效果，使旅游者对景区的形象有较深的印象。比如利用游记进行促销、利用电影宣传片进行促销、利用名人效应进行促销等。

二、旅游业网络营销策略

大数据、云计算、虚拟技术、人工智能等信息技术的快速发展，为景区利用网络技术开展市场营销活动提供了更加直观、更加便利的条件，赋予了市场营销全新组合的模式和策略。具体表现在4个方面[3]。

1. 旅游产品形象策略

景区产品因其特有的无形性、生产和消费的同时性等特征，使得旅游者在购买前无法触摸旅游产品实体。旅游网络营销虽然不能改变旅游产品的这些特征，但是却能赋予旅游产品独特的形态——虚拟产品形象。因此，在旅游企业或旅游目的地的旅游网络营销中，应该把旅游产品的形象策略放在一个重要的位置。旅游产品形象策略是充分利用旅游网络的多媒体功能，将旅游产品的虚拟形象立体化、仿真化，并在旅游网站上展示出来，可使旅游消费者在网络空间中看到旅游产品的形象，认识旅游产品的价值，甚至可以通过虚拟网络旅游感受旅游产品的魅力。

为了使景区产品形象能够定位在旅游者的心中，应利用旅游网络的即时互动功能进行旅游产品的开发设计。具体做法是：在旅游网站上设置旅游者专栏，开辟"旅游者意见区""网上旅游咨询区""旅游自我设计区"等网页，通过这些网页了解旅游者的需求，征求旅游者对旅游产品的意见和建议，特别是旅游者对旅游产品的开发设计建议，从而开发设计出符合旅游者需要的旅游产品。

2. 旅游产品价格公示策略

景区产品价格的特点是成本模糊性和价格集合性，旅游者在购买旅游产品前总是要通过比较来判断价格的合理性。旅游企业和旅游目的地的网络营销应利用这些特点，推行旅游产品价格公示策略。

旅游产品价格公示策略是利用旅游网络的媒体功能和互动功能，将各个旅游企业的旅游产品价格和产品价格组合列表公示，使旅游消费者在旅游网络空间中同时看到大量同类旅游产品价格，认识旅游产品价格的合理所在，并可以通过互动调价拿到自己满意的购买价格。

在网上推行旅游产品价格公示策略的主要做法如下：①提供各种旅游产品的系列价格表，这些价格表要标明产品组合，并分淡旺季节和供需变化公布价格调整表；②开辟旅游产品组合调整价格区，供旅游者自由组合自己需要的旅游产品，并获得相应的产品价格。

3. 旅游网络化渠道策略

景区网络销售是旅游网络营销最具革命性的部分，它将旅游产品的虚拟化展示、虚拟化消费、旅游咨询、旅游订购集于一身，并在跨时空的状态下让旅游者与旅游产品销售商甚至旅游产品生产者坐在一起进行交易活动。在这个交易革命中，旅游中间商、代理商的地位受到巨大冲击，生产企业直销与产品零售商取得越来越大市场主动权。面对这场旅游营销革命，旅游企业和旅游目的地的网络营销要推行旅游网络化渠道策略。

旅游网络化渠道策略是以大型专业旅游网站为营销中心，建立覆盖目标市场区域的网络化销售渠道，以便24小时向各种客户提供最方便的服务。推行旅游网络化渠道策略的主要做法是：在旅游企业和旅游目的地的国内和国际三级市场以及机会市场范围内，按照市场开发战略计划，逐步在国内外目标市场建立起销售代理网点。这些销售代理网点与所属旅游企业的专业网站建立起封闭式销售服务网络，并与银行建立起安全、高效的旅游卡票网上结算系统，从而保证旅游信息、产品销路、商品货路、资金结算等业务往来的畅通。

4. 网络促销策略

景区网络促销是充分发挥互联网互动式传播功能，借助丰富的网络传播方式进行旅游企业及其产品以及旅游目的地形象的促销宣传。主要做法有网络广告促销、虚拟旅游促销、网络公共关系等3种策略。

网络广告促销 在网上进行广告促销主要有3种形式：①直接发布各种规范的旅游企业与旅游产品信息；②通过形、影、声、色等立体形象构成旅游产品橱窗，展现在上网客户的面前；③以具有知识性、信息性、趣味性的卡通片促销。

虚拟旅游促销 吸引客户参加虚拟网上旅游，让客户通过虚拟旅游感受旅游产品的魅力，感受旅游企业的形象。

网络公共关系 组织网上旅游爱好者沙龙和旅游俱乐部，广纳会员，不断举行丰富多彩的网上联谊活动，并向其宣传旅游企业文化和旅游产品，培养其旅游爱好，以加深旅游者对旅游企业的印象，激发旅游者的消费欲望。

三、景区市场营销竞争战略

景区市场竞争战略是指景区根据对竞争者和旅游市场中的竞争地位分析而制定相应战略。其中，景点在市场中的竞争地位可以分为市场主导者、市场跟随者、市场挑战者和市场利基者。

1. 竞争者反映模式分析

运用市场竞争战略，必须首先分析竞争者的反映模式，把握市场竞争主动权。竞争者反映模式主要有从容型、选择型、强烈型、随机型等四种类型：从容型竞争者对其他企业的行动不做出迅速反应或反应不强烈，原因可能是没有触及其要害或该竞争者对竞争反应迟钝；选择型竞争者只对某些类型的进攻做出反应，而不理睬其他类型的进攻；强烈型竞争者对所有的进攻都采取反攻；随机型竞争者对有些进攻有反应，对其他一些进攻没反应，表现出随机的特点。

2. 景区市场竞争战略选择

主要包括市场主导者战略、市场挑战者战略、市场跟随者战略、市场利基者战略等四种战略选择。

市场主导者战略 市场主导者是指在旅游市场上占有支配或主导作用的企业。市场主导者的战略通常有三个重点：扩大总市场、保护旅游企业现有市场份额和扩大市场份额。

市场挑战者战略 市场挑战者是指在市场中排名第二以后的旅游企业，有些实力非常强大，有些实力一般。这种战略选择面临的首要问题是战略目标和对手的界定。

市场跟随者战略 市场跟随者跟随在市场主导者之后，自觉维护共处局面，其策略通常是效仿主导者，向旅游市场提供类似的产品和服务。

市场利基者战略 在旅游市场中有些小企业，它们专心致力于市场中被大企业忽略的某些细分市场，在这些小市场上通过专业化经营来获取最大限度的收益，这种有利的市场位置就称为"利基"（Niche）。而所谓市场利基者，就是指占据这种位置的企业。一个理想的利基具有以下基本特征：足够的市场潜量和购买力，市场有发展潜力，对主要竞争者不具有吸引力，企业具备有效地为这一市场服务所必需的资源和能力，企业已在顾客中建立起足以对抗竞争者的良好信誉等。一个景区成为市场利基者的主要途径是在地理区域方面实行专业化，即主要针对某一地理区域的市场提供专业化的产品和服务。

第四节 景区市场的维护管理

一、景区的客源市场选择

确定景区客源市场是景区营销推广成功的关键和基础，因此，要对客源市场的游客行为进行调查，分析游客的消费影响因素，根据不同标准对景区客源市场进行细分，精准定位目标市场，推广做到有的放矢。

1. 游客行为的概念

旅游是人的活动，旅游者是旅游活动的主体，同时，营销的着眼点在于市场，其核心也在于发现顾客，并从尽可能多地满足顾客需求中获利。因此，对于景区而言，游客是其生存的根本，只有对游客的基本行为有了全面的认识后，才能更有方向地开展营销活动，才能进一步推动景区的发展。

景区的游客行为主要包括游客的旅游动机、所选择的交通方式、在景区的滞留时间、消费水平，以及游览频率等，是一个十分广泛的概念。一般情况下，景区的游客行为研究侧重于游客的消费行为。

2. 游客行为的特点

随着旅游业不断地发展，游客行为也逐渐发生变化，这些变化会影响营销的重点。景区的游客行为主要表现为4个基本特点：

（1）更加趋向于以价值为导向。由于消费水平的提高，旅游者不仅考虑景区产品或服务的功能，还追求其附加价值。而且更加强调物超所值，而不是盲目地追求潮流。

（2）更加偏好于追求个性化。在这个彰显个性的时代，旅游者一个重要特征也相应表现为追求个性。旅游者不断地接触到新的旅游信息，开阔了视野，并且旅游业的发展也为他们提供了更多可供选择的机会。他们已经不再被动地接受他人的观点和信息，不再消极地购买和消费，而是做出自己更具个性化的选择。

（3）更加多、便、捷的信息渠道。计算机的普及减少了因信息不对称和高昂的信息成本给旅游者带来的困扰和不便，现在，旅游者可以以最便宜、最快速的方式获得所需景区各方面的信息。

（4）更加关注社会利益。随着社会文明程度的不断提高，旅游者在满足个人需求的同时，更加重视保护景区的生态环境，游客行为不断规范。

3. 研究景区游客行为的意义

对景区的游客行为进行研究是为了更有针对性地开展市场营销活动，其意义主要体现在3个方面：

（1）体现了"以旅游者为核心"的营销理念。菲利普·科特勒在《营销管理》中指出，"实行企业或组织管理的目标的关键就在于正确确定的需要和愿望，并且比竞争对手更有效、更有利地提供目标市场所期望的东西",由此可见,现代旅游市场营销战略和策略的制定和选择都应该把旅游消费者放在第一位,在充分了解旅游者行为的前提下开展营销活动。

(2)旅游者的需求购买动机为景区开展营销活动提供了依据。景区产品只有具备满足旅游者需求的特性,才能够吸引旅游者消费,只有把握了旅游者的实际需求和心理需求,才能选择旅游者最关心的信息,进行有针对性的营销。

(3)旅游者具体的购买行为,为景区营销抓住旅游者行为中的机会点并进行营销推广提供了依据。从旅游者具体的购买行为中,营销人员可以看到旅游者是在什么样的时间、地点、情景下购买产品的,了解哪些因素是影响他们最终产生购买行为的重要因素,从中可以发现值得利用的市场机会,进行有助于促使他们产生购买行为的营销活动。

二、景区游客行为影响因素及其模式

景区游客主要分为散客旅游者和团体购买者两大类,他们各自变现出了不同的行为特征。影响景区游客行为的因素主要包括空间因素、文化因素、社会因素、个人因素和心理因素等。

1. 散客旅游者

散客旅游者占景区游客数量的70%以上,是影响景区营销活动最基本、最直接的因素,是景区最重要的游客市场。散客旅游者一般有以下特征:需求面广且需求差异大;消费数量低但消费频率高;选择偏好流动性强。分析散客旅游者外出游玩的决定过程及影响因素,寻找其中的规律,并采取相应的营销策略,是景区市场营销的重要任务。景区散客行为主要受文化因素、社会因素、家庭因素、个人因素、心理因素等5个因素的影响。

文化因素 文化是人类欲望和行为的最基本的决定因素。相同文化背景下的散客旅游者,具有相似的信念、价值观、风俗习惯和行为方式,同样具有相似的出游偏好。由于文化对散客旅游者的行为具有最广泛和最深远的影响,研究散客旅游者的文化背景对研究他们的旅游选择行为,进行对应的市场营销,有着非常重要的作用。

社会因素 社会因素对散客旅游者旅游选择的影响也是非常重要的。社会因素包括相关群体、社会角色与地位等。家庭、朋友、邻居、同事等主要群体和宗教、职业、行业协会等次要群体对群体成员出游习惯和出游选择方面的影响显而易见,特别是凝聚力很强、沟通良好的群体对其成员在旅游选择方面有相当大的影响。

家庭因素 如表13-3所示,处于不同家庭生命周期的家庭对景点的需求具有差异性,关注点是不同的[4]。

表13-3 不同家庭生命周期对景点的需求

家庭生命周期	对景点的需求
儿童	新奇体验，和其他孩子一起玩，父母的陪同和指导。
青少年	刺激，独立于父母，和其他青少年一起，主动参与。
青年	自由活动空间，其他年轻人，主动参与。
年轻夫妇	浪漫，隐秘的个人空间。
刚有孩子的夫妇	婴儿设施，方便。
孩子成长中的家庭	经济合算，满足每个家庭成员的要求。
孩子自立离家后的家庭	学习的机会，被动参与。
老年	做得少，看得多，经济合算，有其他人陪伴。

个人因素 包括年龄阶段、职业、经济环境、生活方式、个性等。个人因素的不同表现出了旅游行为和习惯上的千差万别。年轻人一般喜欢刺激、冒险的娱乐景区，老年人一般喜欢静态、休闲型的景区；经济状况一般者喜欢观光，富有者喜欢度假；外向者喜欢参与，内向者喜欢观赏。

心理因素 包括需求动机、知觉、学习及信念和态度等。心理因素从深层次影响游客的旅游选择。根据弗洛伊德的动机理论可以分析游客旅游选择的真实动机，从马斯洛的动机理论可以分析游客旅游的真实需求，运用赫茨伯格的动机理论可以通过满意因素和不满意因素的分析游客做出该种旅游选择的原因；知觉作用下游客对旅游景区景点及其信息的选择性注意、选择性扭曲和选择性保留；由于信念和态度的不同，游客对不同类型的旅游景区景点所产生的不同心理定势、晕轮效应等。旅游者的需求动机一般分为前卫型、时尚型、实际型、传统型、固执型等5种类型[5]。①前卫型旅游者是追求最炫、最酷一族。他们永远追逐最新旅游热点，走在旅游时尚消费前面，他们追求强烈的刺激，喜欢攀岩、探险、极限运动。这类群体人数较少，是强烈刺激、冒险性旅游项目关注的重点。②时尚型旅游者思想比较新潮，对新出现的景区和景区里增加的新景观、新设施设备比较敏感，愿意选择新建的景区。③实际型旅游者是一批实用主义者，在做出旅游决定之前，喜欢全面收集各个景区的资讯，进行全面比较，最终选择比较知名的、口碑比较好的、性价比比较高的景区作为出游选择。此类旅游者比较成熟，不愿意冒险。④传统型旅游者是比较保守的旅游者，他们喜欢传统的旅游方式和传统的旅游景区景点，不太能接受高刺激性和高冒险性的旅游景区景点，不会选择不太熟悉的景区作为出游目的地。⑤固执型旅游者是怀疑论者，他们有着僵化的旅游方式和坚持选择的旅游景区景点，对新出现的旅游景点景区不是抱怀疑态度，就是横加指责，强调其不好的一面。此类游客难以成为景区的客源，但一当他们转变观念时，就会成为景区的忠实游客。

散客旅游者是通过了解、兴趣、评估、决定、游玩后行为等五个步骤做出旅游选择的，了解了游客的不同需求，景区应该根据这个决策过程采取相应的市场策略。

2.团体购买者

团体购买者是指组织其团体成员集体出游的各种企业或团体。如一些企业借助景区的各种资源来举办企业文化活动，一些政府部门为先进工作者提供奖励旅游，学校组织的学生春游、秋游等。

团体购买者有两个基本特征：①团体购买者的出游的次数虽然较少，但出游的规模较大，且为一次性出游者居多，方便景区的经营运作，相对减少景区的运作成本；②组织购买的需求弹性较小，对景区服务产品的价格敏感性不高。

影响团体购买者的因素主要包括：环境因素、组织因素、人际关系因素、决策者个人因素和景区的自身因素。

环境因素 团体购买者的出游行为受社会、政治、经济环境等环境因素的影响较大。如政府严令禁止利用开会之机游山玩水；发生重大自然灾害时，一般不会组织集体出游。

组织因素 每一个团体都有其具体的计划、政策以及管理决策程序等，这些因素决定了对旅游产品的选择习惯、出游方式、出游时间、选择程序等。例如有的团体喜欢组织集体出游，有的则喜欢集中购买，分散出游；有的团体喜欢选择节假日出游，有的团体喜欢在工闲时出游；有的团体出游决策由工会决定，有的团体出游决策由团委决定，有的团体出游决策则由团体成员投票决定。

人际关系因素 一些团体对景区服务产品的需求还会直接或间接地受到人际关系的影响，特别是参与决策者众多的团体，人际关系因素影响更大。其中的最终决策者、意见领袖、单位主管等人的意见影响更大。

决策者个人因素 决策参与者个人的动机、直觉和偏好等因素也会影响团体旅游的选择。

景区的自身因素 景区的类型、体验价值、品牌、价格、区位、配套设施因素都会影响团体的选择。

3.团体购买者的决策过程及景区的市场策略

一般情况下，团体购买者的旅游选择要经历需求确认、信息收集、计划制定、组织出游、评价与反馈等决策过程[2]，如表13-4所示，景区可以根据这个决策过程采取相应的市场营销策略。

表13-4 团体购买者旅游选择的决策过程与景区的市场策略

主要决策过程	过程描述	景区应采取的市场策略
需求确认	需求可能来自建设企业文化的需要、团体福利团体成员奖励、树立企业形象、作为奖品或馈赠品等等。	加强市场调研，及时了解团体市场需求，派专门营销人员跟进。
信息收集	了解符合需求的各种旅游景点景区的信息，进行比较和初步筛选。	提供详细的产品信息，根据不同需求，设计不同的价值组合。
计划制定	制定多套出游详细计划以供管理者选择，包括对景区的选择，对交通、餐饮、服务等的要求，行程安排，以及本次活动所要达到的目的与要求，等等。	协助制定出游计划，根据该团体的需求和景区的特有资源，提供一些意料之外的特色服务。如深圳锦绣中华为团体旅游者提供龙舟赛服务。

（续上表）

主要决策过程	过程描述	景区应采取的市场策略
组织出游	经批准后，与景区签订旅游合同，按照出游计划组织旅游。	精心组织，周密协调，作好服务。
评价与反馈	对景区的服务提出表扬、感谢，继续组织其他人员前往旅游，并向他人推荐；或者提出批评，表示不满，甚至进行投诉。	及时沟通，及时改进，及时反馈。

三、景区游客行为的市场细分

1. 市场细分标准

景区景点市场细分是景区从旅游者的需求出发，根据不同的标准将客源市场划分为若干子市场，从中选择景区营销目标市场的过程。如表13-5所示，一般情况下，按地理因素、人口统计因素、心理因素和购买行为因素对景区市场进行细分。

表13-5 景区市场细分标准及细分因素

细分变量	细分因子	细分类型
地理因素	区域	国内市场（东北、华东、华南、华中、华北区、西北及西南）、国际市场（欧洲、美洲、东亚、太平洋、南亚及中东）
	空间	近程市场、中程市场、远程市场
	时间	春季旅游市场、夏季旅游市场、秋季旅游市场、冬季旅游市场
	城市规模	世界城市、特大城市、大城市、中等城市、小城市、乡镇
	气候	避暑市场、避寒市场
人口统计因素	年龄	儿童旅游市场、青年市场、中年市场、老年市场
	性别	男性市场、女性市场
	家庭	单身旅游者市场、情侣市场、三口之家市场
	收入	高收入市场、中等收入市场、经济型市场
	职业	公务市场、商务市场、学生市场、农民市场
心理因素	社会阶层	社会名流市场、上层人士市场、普通人士市场
	心理需求	安逸型旅游者市场、冒险型旅游者市场
	生活方式	基本需求满足型旅游者市场、自我完善型旅游者市场、需求质量提升型旅游者市场
购买行为因素	旅游目的	度假市场、观光市场、会议商务市场、探亲访友市场
	价格敏感度	豪华型市场、经济型市场
	品牌敏感度	高忠诚度市场、低忠诚度市场
	组织方式	团队旅游市场、散客市场

2. 市场细分步骤

根据市场营销学的逻辑，景区的市场细分大致经历5个基本程序。

（1）依照需求选定产品市场范围。景区产品的市场范围一般是在区域旅游业总体市场分析的基础上，针对景区产品的特点确定。这个范围一般是地理范围的概念，即首先根据区域旅游业的市场状况确定境外市场和国内的一级市场、二级市场和机会市场的大致范围，然后根据旅游产品和旅游服务对以上市场范围做出必要的调整。例如，如果该景区具备世界级的资源禀赋和发展条件，则可以把市场吸引半径放大来考虑；如果该景区只具备地方级的吸引力，则应该聚焦于周边区域的市场拓展，然后再根据各方提供的情况进行动态调整。

（2）分析现有和潜在顾客的不同需求。针对选定的景区产品的市场范围，列举该市场范围内旅游者显示的和潜在的旅游需求状况，它是景区市场细分的原始数据。而有关旅游者现实的和潜在的旅游需求情况的基础资料可以采用景区市场调研步骤和方法获得，掌握了这些资料以后再对旅游者的不同需求进行细致的分析，确定旅游者的基本需求和最重要的基本需求，作为市场细分的基础。

（3）根据一定的细分标准确定细分市场。在以上分析的基础上，分析对旅游者消费行为的差异具有重要营销的因素，选出更具有现实性且更能反映市场需求特点的因素，作为景区市场细分的主要标准，然后根据这些标准对市场进行细分。这些标准主要就是指以上在市场细分变量中提到的各相关变量，如按旅游动机进行细分、按地理位置进行细分、按收入状况进行细分、按年龄进行细分，等等。

（4）进一步认识各细分市场的特点。进一步认识细分市场的特点就是在制订细分标准并对市场进行初步细分的基础上，按照细分变量的特征，仔细深入地分析具有这种细分变量特征的旅游者的消费特征和消费习惯，将其与景区产品进行对照，对景区产品能否满足这些旅游者的需求形成一定的判断，并对细分市场进行重新筛选。

（5）测量不同细分市场的规模。一般情况下，对细分市场规模的测量可以有两种思路。第一种，首先要根据地方旅游市场发展状况、景区的历史数据、景区外部环境变化等，对景区总体市场规模进行预测，然后根据各种细分市场发展的规律和趋势赋予相应的权重，比如景区是以接待高档游客为主，以接待中低档游客为辅；或者是以接待团队游客为主，以接待散客为辅等。对于这样一些不同的细分市场，就需要景区营销人员对其各自景区总体市场规模中所占的比重做出判断，然后根据各自的比重进行测算。第二种，是根据景区所在区域各种细分市场的总体规模，景区营销人员对景区自身在这种细分市场上的竞争力状况和景区历史数据推断景区将可能在市场上占据多大的份额，并据此对景区细分市场规模做出测算。

3. 目标市场选择

市场细分的目的在于有效地选择目标市场。一般来说，景区的目标市场是景区准备在其中从事经营活动的一个或几个特定的细分市场。旅游景区的市场细分与目标市场的选择既有联系，又有区别。景区的市场细分是按一定标准划分不同旅游者群体的过程；而目标市场的选择是旅游景区选择细分市场的结果和做出经营对象决策的过程。景区目标市场的选择是在市场细分的基础上进行的。

从细分市场的角度看，目标市场的选择必须考虑以下3个因素：

（1）细分市场有一定的市场规模和发展潜力。景区进行市场细分的目的就是要从中选出景区的目标市场，只有具有一定市场规模或者具有一定发展潜力的细分市场才可以作为景区的目标市场。景区通过规划设计开发一种旅游产品，一方面，是为了满足一定的市场需求；另一方面，则是要创造一定的收益，而创造收益的前提就是要保证景区产品的销售量，即一定规模的市场需求。当然，如果一个市场当前规模比较小，但却具有相当大的发展潜力，同样可以考虑将其作为目标市场。

（2）细分市场结构具有良好吸引力。分析细分市场的吸引力，就是对威胁旅游景区长期盈利的主要因素做出评估。根据迈克尔·波特的竞争五力模型，可以将这些因素划分为如下内容：细分市场内同行是否存在激烈竞争；细分市场是否会吸引新的竞争者；细分市场内是否存在代替产品；顾客讨价还价的能力是否增强；供应商讨价还价的能力是否增强。

（3）细分市场符合景区目标。符合景区的目标和资源能力能够选为目标市场的细分市场，除了满足前述两个条件外，还必须与景区的目标和资源能力相符合。某些细分市场虽然有较大的吸引力，但如果不符合旅游景区的长远目标，也只能放弃。因为这些细分市场不能推动景区完成自己的目标，甚至会分散景区的精力，影响主要目标的完成。即使这个细分市场符合景区的目标，景区还必须考虑是否具备获取该细分市场所需要的技术和资源。如果景区在该细分市场中的某些方面缺乏必要的能力，也只能放弃该细分市场。如果景区在各方面均已经具有在该细分市场获取成功所具备的技术和资源条件，还必须考虑这些能力和竞争者比较是否具有相对优势。如果景区无法在该细分市场具有某种形式的相对优势，就意味着在竞争中失利，这种细分市场就不宜作为目标市场。

4. 目标市场评估

要选择目标市场，就必须从景区的区位、资源、成本、销售潜力、服务能力、竞争等六个方面对细分市场进行分析，找出景区的优势、劣势、机会和威胁，进行综合考虑，选出能体现自身优势、弥补自身劣势、机会最大、威胁最小的市场。主要评估6个方面：

景区的区位 也就是景区所在地理位置，主要考虑与客源地的距离、相邻旅游景区的关系、与中心城市的距离、交通条件等因素。景区距离客源近，吸引力就大；距离客源远，吸引力就小。如果自身产品与相邻景区产品特点反差很大，则会形成互补关系，可增加对游客的吸引力；反之，则会形成竞争关系。中心城市是旅游景区开发的依托中心，因此旅游景区的发展同所依托的中心城市的距离远近有紧密关系。距中心城市近，则发展较快；距离远，则受到一定限制。景区的交通条件，要保证让旅游者进得来、散得开、出得去，若一个景区的交通状况很差，即使资源再好，再有特色，由于游客难以进入，也很难有大的发展。

景区的旅游资源 资源质量，包含资源特色、资源功能价值、资源品位等几个方面。旅游资源特色主要包括以下3个方面。①美学特征的概括和抽象。旅游实质上是美学鉴赏，所以美是旅游资源的第一特征，也是特色最突出的表现。②单一性要突出。在旅游景区有多种旅游资源，其中有区内最突出、最重要、最具代表性的资源。③要素组合要合理。资源的功能价值体现在以下几个方面：①观赏价值；②休闲、康体和娱乐功能价值；③研究价值；④文化艺术价值；⑤科学研究价值。资源的品位指是旅游资源的品位，品位越高，对旅游者的吸引力就越大。旅游资源的品位登记一般可分为基本层、中级层、高级层和最高层4个层次。

成本 自然的景观要变成旅游企业可利用的景区，就要投入一定规模的开发资金，兴建各种基础设施，美化、改造、修建各种景点以满足目标市场的需求。因此开发的成本直接影响着目标市场的选择。

销售潜力 景区细分市场当前和未来的潜力有多大？游客的数量、人均消费量有多少？营业利润前景如何？这些都是选择目标市场必须要考虑的因素。市场太小，开发的成本就大，选择这样的目标市场就没有经济意义。

服务能力 即景区自身是否有足够的财力和管理能力去开发、生产、销售旅游景区的产品，并为这个市场提供满意的服务。

竞争状况 景区细分市场的竞争状况，决定着景区的前途，由于景区转型升级十分困难，必须事先充分研究细分市场上竞争者的数量和能力，制定出系统化的竞争方案。

5. 目标市场策略

由于影响目标市场的因素很多，细分目标市场的标准不同，所以需要根据景区的发展与定位，通过优缺点比较，采取不同的策略选择目标市场，主要有以下3种策略：

无差别市场策略 不考虑旅游者的需求差别，而只强调他们的共性。即景区只推出一种类型的旅游产品，或只用一套市场营销办法招徕游客。在细分市场差异小时采用，适合资源种类较多、规模较大、资源特色突出、资源品位较高、区位条件较好、竞争对手较弱、服务能力较强的旅游景区。优点是可以降低景区营销和管理成本，而且容易形成垄断性旅游产品的声势和地位，所以容易形成一定的品牌。缺点是景区只针对最大的细分市场提供单一的旅游产品和服务，当几个旅游企业同时参与竞争时必定会加大竞争的激烈程度，最终导致利润降低。

密集型市场策略 即景区将一切市场营销努力集中于一个或几个有利的细分市场，采用不同的市场营销策略和市场营销策略组合。对于经济实力不够强、处于市场开拓的初级阶段的景区更为实用。优点是景区资金占比少，周转快，提高了投资收益率和利润率；市场针对性强，景区能深入了解这部分旅游者的需求，从而产品设计上能更好地满足旅游市场的需求；景区营销精力仅集中于几个市场，将形成强劲的竞争力和较高的市场占有率。缺点是由于过分依赖几个市场，景区经营脆弱性显著，这些市场若出现危机，会对景区造成致命打击。

差异性营销策略 景区根据各个细分市场的特点，增加旅游产品的种类，制定不同的营销计划和办法，以充分适应不同消费者的不同需求，吸引各种不同的购买者，从而扩大景区产品的销售量。采用此策略的景区一般都是具有比较强的经济实力和比较丰富的管理经验的景区。该策略的优点是景区产品设计或宣传推销上能有的放矢，分别满足不同地区消费者的需求，有较好的优势与市场占有率，景区的经营风险小。缺点是增加了景区经营费用，造成景区经营管理出现各种矛盾。

四、景区客源市场推广

1. 目标市场的定位

景区景点市场定位，是在目标市场上，根据景区景点自身条件和竞争现状，为景区景点及其产品、服务确定一个位置，树立一个市场形象，并在预期游客群体头脑中确立形象和地位。如表13-6所示，景区主要有领先定位、比附定位、心理逆向定位、差异定位、狭缝市场定位、平替市场定位等目标市场定位方式。

表13-6 景区目标市场定位方式

定位方式	内涵及适用对象	定位案例
领先定位	一般只适用于具有独一无二或无法代替的旅游资源的景区，比如5A级或者世界遗产类的景区。垄断性有区域概念，即景区在世界、全国或者更小的区域内采用领先定位，取决于景区旅游产品的某项特征在多大的市场范围内具有领先地位。	"感受黄山，天下无山"；"桂林山水甲天下"
比附定位	是一种"借光"的定位方法，即借用著名景区的市场影响来抬高自己，利用与比附对象有所不同的比较优势去争取比附对象的潜在旅游者群体，采用比附定位的景区在区位上不可与比附对象距离太近。	"东方夏威夷"海南；东方卢森堡；中国峡谷城
心理逆向定位	是一个采用与消费者思维模式相反的内容和形式塑造市场的过程，强调和宣传的定位对象是消费者心中第一形象的对立面，搭建一个新的易于为旅游者接受的心理形象平台。	"出售荒凉"的宁夏镇北堡影视城；深圳野生动物园
差异定位	即新开辟一个形象阶梯，梳理一个与众不同并且从未有过的主题形象。旅游点的形象定位更适合于采用差异定位。	天府之肺——雅安碧峰峡海南的"呀诺达"（123之意）景区
狭缝市场定位	旅游景区不具有明显的特色优势，因而利用被其他旅游景区遗忘的旅游市场角落来塑造自己旅游产品的市场形象。	涪陵的武陵山"大裂谷"
平替市场定位	一种不确定的定位方法。主要针对那些已经变化的旅游市场或者根本就是一个易变的市场而言的。景区的特色定位和营销组合随市场发生变化而改变。	"到巫山，看红叶"

2. 主题形象的确定

确定景区主题形象应该分析以下4个方面：

（1）地理文脉分析。景区形象定位口号必须是建立在对景区所在的地理文脉仔细分析的基础上，突出地方特色。所谓"地理文脉"简单地说就是一定的地理空间在地域、文化、资源等方面所形成的一种较为稳定的、地方的、历史的前后相互承继的脉络关系。正是由于地理文脉存在，人们常常在认知形象过程中产生一种替代关系。

（2）市场特征分析。景区旅游形象口号的制定，主要目的是向广大旅游者和潜在旅游者进行推介。所以只有充分了解广大旅游者的心理需求和偏好，并针对旅游行业特征，才能设计出既满足旅游者心理需求，又能充分体现旅游行业特征的形象主题口号。同时还要注意形象口号要充分体现出和平、友谊、交流和欢乐的吸引力。

（3）主题形象口号要具有强烈的广告效应。景区形象口号必须能打动旅游者和潜在旅游者的心，激发他们的需求欲望，并能形成永久而深刻的记忆。所以，形象口号的设计一定要具备广告词的凝练、生动和号召力，口号的字体设计要体现充分的艺术效果，形象口号语言要具有极强的煽动性和有效传播旅游地形象信息的功能。这样，通过浓缩的语言、精辟的文字、绝妙的创意和艺术效果以及独特的要素组合，构造出一个有吸引魅力的旅游景区形象。

（4）形象口号的制定还要体现时代感。景区形象口号的设计在表达上要体现时代特征，具有时代气息，要反映现代旅游需求的特点、主流和趋势。

3. 景区品牌的推广

推广景区品牌要做好以下4个方面的基础工作：

（1）以统一的标志、图案、颜色及格调开展市场营销。整合线上和线下的营销，要做一个品牌营销策划，推出整体全新的品牌，打造系列的支撑和顶级概念，这种做法可以给游客和社会公众留下深刻的印象。品牌包括品牌名称和品牌标志。品牌名称是品牌中可以用语言称呼的部分，如锦绣中华、黄山等。品牌名称要有利于传达旅游景区品牌的发展方向和价值。品牌标志是品牌中可以被识别的但不能用语言表达的部分，由符号、象征、图案设计、与众不同的颜色或印字构成。品牌标志设计是在一定的策略性原则的基础上，用特定的表现元素结合创意手法和设计风格而成。设计主要考虑表现元素和创意手法。文字名称的转化和图案的象征寓意是典型的设计方法，由此产生文字型、图案型和图文结合型三类设计形式。如logo、VI、动漫卡通形象的吉祥物等。

（2）采用多种方式，全方位开展促销攻势。通过利用广告媒体（报刊、广播、电视、电影、互联网等）、室外广告（广告牌、空中广告、交通工具广告等）、印刷品广告、制作风光片、聘请旅游形象大使、策划节事活动、营销推广等方式开展形象宣传和产品促销。实行系统化的全媒体营销的策略，尤其是现代互联网新媒体推广，通过微信、微博、微电影等方式营销景区。同时要有一套理念新颖、内容翔实、设计高端大气的旅游数据库，具体而言要精深制作一部旅游形象宣传片，精美制作一批旅游宣传品，精心编撰一部旅游导游词，精彩编撰一本区域旅游故事，精准建立一个智慧旅游数据平台。如表13-7所示，一般情况下，景区会采取系列化的品牌形象营销推广方式。

表13-7 景区品牌形象的推广方式

推广方式	内涵	实例
社区营销	深入城市与乡村的社区以及网络虚拟社区，制造销售氛围，注重品牌塑造。	城市小区挂横幅，QQ群发布景区图片与活动
新兴网络媒体营销	通过现代化网站新媒体传播景区美景与活动信息。与百度、谷歌等社交媒体合作，在优酷、爱奇艺、土豆、搜狐等视频网站发布微电影。	"巫咸古国，逍遥巫溪"的营销宣传
SNS营销	通过微博、微信、人人网、QQ空间、QQ群等社会性网络的互联网应用服务来进行营销	宣传景区游览照片、各地美食
C2B个性定制营销	在天猫商城、京东等国内领先的电子购物平台进行营销和途牛、悠哉旅游网、相应网等专业旅游服务平台实行个性定制，满足新生代消费群体。	途牛网旅游专栏推出酒店、景区旅游线路等
选秀造势营销	利用主流媒体和门户网站宣传。	酉阳30万年薪选"伏羲洞主"

（3）结合产品和服务手段找新闻点。品牌宣传和促销推广的成功与否，关键在于是否善于利用各种契机不断创造新闻热点。在此可多用相关的公关手段，吸引媒体进行正面的新闻报道。

（4）加强员工与公众的交流。利用各种旅游交易会、展览会、展销会、推介会、专业论坛等，开展旅游景区员工与游客、社会公众之间的交流，以增进社会对旅游景区的认同和了解，建立稳定的客户关系和良好的服务营销体系，积极参与社会公益活动，努力在公众心目中树立良好的口碑。

五、景区客源市场维护

景区营销工作的核心是与旅游者沟通信息并建立更加长期而稳固的关系。景区与旅游者之间实现旅游产品交易的基本条件就是信息沟通，一个沟通模式一般要回答5个问题：谁说，说什么，用什么渠道说，对谁说，有何效果。充分的沟通是与旅游者建立长期稳定关系的前提，是实现长期拥有游客的目标的保证。

客源市场直接维护 通过情感营销的方式，为游客提供便捷周到的服务，争取回头客，提高景区重游率。如由景区大巴车直接接送至飞机场，增强游客的归属感，开展免费故地重游活动；区域多个景区联合营销，推出通玩联票，连续度假超过一个月的，赠送飞机票或一套当地土特产品；对特殊群体，如学生、老人、军人等，采取门票优惠甚至是免票活动；对在景区婚纱摄影地拍过婚纱照的，推出免费婚纱拍摄纪念活动；对景区特殊代言人，如旅游体验师、景区形象代言人、媒体记者等，实行终生免费策略。

品牌与形象的维护 在景区品牌树立以后，景区品牌的维护与管理就尤为重要。此时维护景区的品牌就是维护景区的市场，如果景区品牌形象受损，将对景区造成较大的负面影响，景区客源市场将会大量流失。

景区品牌的防御保护措施 为防止侵权事件的发生，应当对景区品牌进行专利权注册，让景区品牌的使用规范化。如"重庆——非去不可"的旅游品牌就进行了专利权注册。同时，积极主动地向游客、旅行商乃至全社会宣传自己的品牌，提高游客对景区产品的辨识能力，也是一个非常有效的办法。

扩大旅游景区品牌的创建范围 景区不仅应该拥有高质量的视觉景观主体，还应有与品牌相适应的基础设施、服务质量特色文化，这需要旅游景区加强内质建设和外观传播。景区品牌的内质核心包括景区的产品内涵、经营理念、服务质量、管理制度、组织结构、企业文化、行为规范等内容。要以游客需求为导向，以市场和技术趋势为指导设计景区产品，重视景区文化经营理念的丰富和贯彻，强调"以人为本"的员工需求管理，改进管理方式和管理行为，建立科学的景区管理机制，充实、扩大和调整景区的品牌内质，增强品牌冲击力与影响力，为品牌的外观传播提供基础支持。而景区的外观是将有形的视觉同无形的景区理念游记结合而成的，同时，景区还可以通过新颖且具有丰富内容和优美图片的宣传册、多品种景区音像制品、鲜明突出的路标设计等方法展示旅游景区与众不同的个性特点，不断强化品牌形象。

景区品牌的经营策略 实施景区的品牌经营策略，要以景区的可持续发展为目标，不断提高景区的品牌价值。具体可以采取品牌延伸和品牌扩张两种方法。品牌延伸是把一个现有的品牌名称使用到一个新类别的产品上。在品牌延伸后，不同的产品（如旅游交通、文化、纪念品、餐饮、旅行社等）彼此共享同样的品牌名称和品牌意义。这样做，可以缩短游客对旅游景区产品的认知过程，延长景区新产品的生命周期。品牌扩张是利用自己的品牌在市场上的号召力和影响力，扩大实力、经营范围和内容，其意不在于主业的转移，而是要在跨行业的两个行业领域同时经营，利用相互的影响作用取得综合的经济效益。

加强景区品牌的管理和监督 景区应制定相关的品牌管理制度，明确使用景区品牌的标准，加强对现有使用景区品牌产品的清理，去其糟粕，取其精华，防止鱼目混珠。对不符合品牌标准的产品和服务，应立即停止使用，取消其使用资格，并同时给予相应的经济处罚，整顿旅游景区的秩序。此外，还要以景区已经形成的强大品牌形象号召力，设计和策划出更多的景区产品和节事活动及其相关产品，不断进行景区的品牌创新，通过多样化的消费方式与手段，满足游客的需求，使景区的品牌价值得以持续提升。

注释

[1]（美）菲利普·科特勒,洪瑞云,梁绍明,陈振忠.市场营销管理[M].梅清豪,译.北京:中国人民大学出版社,1997:130.

[2]郑维,董观志.主题公园营销模式与技术[M].北京:中国旅游出版社,2005:29-44.

[3]龚绍方.旅游网络营销战略[J].企业活力,2004,(第6期):70-72.

[4]（英）约翰·斯沃布鲁克.旅游景区开发与管理[M].大连:东北财经大学出版社,2005:78.

[5]郑维,董观志.主题公园营销模式与技术[M].北京:中国旅游出版社,2005:48.

[6]郑维,董观志.主题公园营销模式与技术[M].北京:中国旅游出版社,2005:51.

第十四讲
区域性旅游的管理策略

第一节　武隆大格局：优势旅游区的领先策略

第二节　兴文新举措：次优旅游区的创新策略

第三节　九寨沟范例：品牌旅游区的竞合策略

第四节　大南山样本：国际旅游区的富民策略

第一节 武隆大格局：优势旅游区的领先策略

2017年6月，笔者应邀在武隆举办庆祝成功申报世界自然遗产10周年国际论坛上演讲《武隆旅游业的未来》，主要涉及三个方面的内容：一是武隆旅游业的核心竞争力是什么，二是武隆旅游业的价值增长点在哪里，三是武隆旅游业如何稳健地走向未来。本节内容是其中的一部分。

10年来，武隆旅游业的跨越式发展，有力地证明了武隆在把旅游业发展成为战略性支柱产业的关键时刻，做了一件历史性的战略选择。没有平台，做旅游就没有市场；没有市场，做产业就没有机会。因此，与其说是武隆人抓住了历史性机遇，不如说是武隆人创建了世界性平台，对于当年的武隆而言，世界自然遗产就是可遇不可求的超级大平台。

弹指挥间，10年，武隆已经在世界自然遗产的大平台上书写了属于中国旅游业的伟大传奇。今天，站在这个特殊的时间节点上，我们不仅要自豪地回望这10年，更需要展望未来的10年。使命光荣，从智慧旅游到智能旅游，武隆只有高位起跳，真抓实干，才能再创辉煌的未来[1]。

一、旅游需求进入聚合聚变的消费时代

从2007年到2017年的10年，是一个颠覆性变革的时代。互联网用聊天软件将传统社会中邻居关系的熟人社区，颠覆成为虚拟社会中网友关系的陌生人社群；高速交通用互联互通将传统社会中基于固定居所的半封闭、超稳定生活方式，颠覆成为基于流动客居的全开放、动态化生活方式；人口演替用计划生育将传统社会中多子化的亲情代际传承，颠覆成为现代社会中少子化的利益代际竞争。而且，它们形成叠加效应，深刻而快速地解构着封闭的传统社会，重构着现实社会中的人际关系、生活方式和利益格局，新型消费行为模式强力推动旅游需求进入聚合聚变的消费时代。

1. 互联网用微信微商颠覆现实生活

信息技术革命中的互联网，不仅沟通了全世界，而且跨越了年龄层，技术有道，创新无疆，互联网的力量超越了我们的想象。这10年是从基于PC机的有线互联网转型为基于手机的移动互联网的信息革命时代，互联网上潮水般涌现出来的免费新服务，短期内就能形成强大的信息冲击力，甚至颠覆传统的思维模式，引起商业模式的日新月异。基于手机的自媒体，基本终结了传统媒体的黄金时代，刷新了信息传播的方式和途径，改变了人们的阅读习惯和思维方式，直接影响人们的旅游消费动机；基于手机的微信，涉及移动支付、理财、教育、影视、游戏、地图、电商、快递、送餐、租车、房地产等众多生活领域，基本动摇了传统服

务业的社会基础，刷新了人际关系的价值取向和商业逻辑的运行模式，直接影响人们的旅游消费行为。

互联网时代，以去中心化为原则的自动匹配算法作为技术支撑，通过低成本、高速度、大规模、可复制实现点对点的连接，将相互依赖的不同群体集合在一起，迅速发展了亚马逊、ebay和淘宝、京东等以经营平台为特征的巨型企业。到2017年5月，全国智能手机保有量超过12亿台——其中微信活跃用户达到7.5亿；微信用户覆盖200多个国家，超过20多种语言；微信支付用户超过了4亿[2]。这不仅深刻地改变了商业模式，而且系统地改变着现实生活，必然推进旅游业的模式转型和内涵升级。

2. 高速交通用互联互通颠覆生活方式

全方位构建中的高速交通，不仅对接了大中型城市，而且连接边陲乡村，时间有序，空间无界，高速交通的快捷突破了我们的理解。这10年是从基于机动车的高速公路网转型为基于有轨列车的高速铁路网，正在向基于大型飞机的航空运输网升级的时代。高速交通台阶式提升的运力和效能，通过速度相对压缩了旅行的时间，从而延展了生活的空间，不仅改变了人们的通勤方式，而且改变了人们的生活态度，引起产业结构的深度重组。基于高速公路的私家小汽车，基本终结了固定居住的熟人社会，刷新了家庭居住的住宅概念和住处模式，改变了人们的通勤半径和流动频率，直接影响人们的旅游消费行为，高速公路扩展了城市周边自驾游的空间距离，甚至在城市群内形成了全覆盖。基于高铁的城际轨道交通，基本打破了城市边界的物理范围，解构了传统社会的人际关系和生活方式，第二居所、双城生活，甚至候鸟式的生活方式，正在从非常态转型演变为新常态，高速铁路倍增了城市之间游客流的交流数量，直接重整了旅游需求的模式与旅游供给的格局。基于大型飞机的民用航空，基本终结了中国东中西部之间可达性的地理障碍，低空通用航空的异军突起，更是优化了中国地区之间可达性的综合解决方案。

到2016年12月，全国高速公路总里程超过13万公里，已经覆盖90%以上的20万以上人口的城市，全年高速公路客车流量62亿辆，完成客运量181亿人次，比上年增长16.5%和12.9%；全国高速铁路总里程超过13万公里，基本覆盖50万以上城镇人口的城市，全年完成旅客发送量14.43亿人次，比上年增长11.2%；全国境内民用机场达到218个，其中定期航班通航机场216个，定期航班通航城市214个，全年旅客吞吐量突破10亿人次，比上年增长11.1%[3]。互联互通的"铁公机"促进了高速交通的立体化和大众化，助推了人口流动的高频次和远距离，不仅影响了产业结构的调整优化，而且波及了全国城市的规划布局，必然加速旅游业的空间重组和业态创新。

3. 人口演替用社区社群颠覆社会迭代

加速度迭代中的人口演替，不仅让中国社会掉进了少子老龄化陷阱，而且使中国传统家庭模式受到了冲击和挑战，岁月有痕，亲情无价，人口演替的影响偏离了我们的预期。这10年是从基于非均衡生育的50后和60后迭代为基于计划生育的70后和80后，正在向基于均衡生育的90后和00后转移的时代。人口演替结构性地调整了人口素质和劳动生产率，通过社会主流人群轮换实质性地改变了家庭角色观念和社会责任意识，从而异化了人生观和价值观，不仅影响年青一代对家庭的认同感，而且影响年青一代对团队的归属感，引起社会利益的共建共享。在计划经济时代成长的30后和40后，大约1.2亿人，基本丧失了主导社会的话语权，往事成追忆，全面进入需要赡养的老龄生活。在电影屏幕下成长的50后和60后，大约3.4亿人，往事成蹉跎，开始从社会中流砥柱退居二线，逐步交接主导社会的话语权。在电视屏幕下成长的70后和80后，大约2.6亿人，家事国事天下事事事关心，开始从社会梯队人群走向社会主流人群，逐步接班主导社会的话语权。在手机屏幕下成长的90后和00后，大约3.5亿人，正是激情燃烧的岁月，开始从社会保护人群走向社会梯队人群，跃跃欲试准备接棒主导社会的话语权。在这个人口演替的过程中，计划生育客观上切割了传统家庭模式的代际传承纽带，出现了80后孤独的叛离主义人群和90后精致的利己主义人群，祖孙三代同堂的大家庭模式已经解体，父母与孩子的核心家庭成为主体，独守老人或者留守儿童的空巢家庭成为社会问题，从而引起社会群体结构从以家庭为基本单元的传统熟人社区向以网友为基本单元的网络微信社群转变，在人口演替中形成了社会群体价值观的代际断裂和代内漂移"双向分化"现象。这种社区社群的隔离分化过程，在互联网和高速交通的助推下，形成了迭代效应，不仅影响了社会生活的创新锐变，而且倒逼社会治理的转型提升，必然强化旅游业变革发展理念和优化技术路径的时间紧迫感和结构纵深度。

二、旅游供给处于分散分化的竞争状态

从2007年到2017年的10年，是一个旅游业崛起的时代。从1978年开始的改革开放，按照生产—分配—交换—消费的经济规律，促进了计划经济走向市场经济，催生了服务业的异军突起。在大约40年的改革开放进程中，旅游业乘势而上，从零起步，走过了从系统性供给短缺、结构性供给短缺、结构性供给过剩到系统性供给过剩的四个阶段，跨越式地崛起为影响国民经济和社会发展的重要产业部门。目前，"饱和"是全国旅游业的基本特征和总体态势，正处于持续上扬还是回调跌落的临界点。

1. 旅游政策饱和

2007年，美国爆发次贷危机，引发了美国金融海啸。2008年，美国金融海啸波及全世界，爆发了世界经济危机。为了应对全球范围内的经济危机，2009年7月22日，国务院常务会议通过了我国第一部文化产业专项规划——《文化产业振兴规划》，标志着文化产业已经上升为国家的战略性产业。2009年12月1日，国务院以国发〔2009〕41号印发《关于加快发展旅游业的意见》，提出了把旅游业培育成国民经济的战略性支柱产业和人民群众更加满意的现代服务业的宏伟目标。这两个文件，本来是分别针对文化产业和旅游产业的，但在具体实施过程中，就被创造性地贯彻落实为"文化旅游产业"，作为拉动内需的"双引擎"。

2014年2月26日，国务院以国发〔2014〕10号印发《关于推进文化创意和设计服务与相

关产业融合发展的若干意见》；2014年8月21日，国务院以国发〔2014〕31号印发《关于促进旅游业改革发展的若干意见》；2015年1月21日，国务院办公厅以国办函〔2014〕121号印发《关于印发<国务院关于促进旅游业改革发展的若干意见>任务分解表的通知》。这些文件，进一步确认了文化产业与旅游产业的深度融合，提升了文化旅游产业对于"稳增长、调结构、惠民生"的战略意义。在具体实施过程中，国务院机构设置组成部门积极落实国务院的决策部署，单独、跨部门和多部门联合印发了一系列涉及文化产业和旅游产业的文件，形成了高规格、高密度、高覆盖度的政策体系，旅游业各个要素、各个环节、各个方面的政策支持力度不断强化，政策支持举措不断细化，政策支持意见不断深化。时至今日，应该说，国家层面的旅游政策供给已经相当饱和，如果叠加省、市、县三级党委和政府印发的涉及文化产业和旅游产业的文件，旅游产业的支持政策已经超级饱和，几乎到了"富营养化"的程度。

2. 客源市场饱和

在国家政策全方位高强度的支持下，最近这10年，旅游业保持着快速发展的态势，国内旅游、入境旅游稳步增长，出境旅游理性发展，旅游经济领先宏观经济增速，成为"稳增长、调结构、惠民生"的重要力量。根据文化和旅游部公布的《中国旅游业统计公报》，2007年共接待入境游客13187.33万人次，实现国际旅游外汇收入419.19亿美元，分别比上年增长5.5%和23.5%；国内旅游人数16.10亿人次，收入7770.62亿元人民币，分别比上年增长15.5%和24.7%，中国公民出境旅游人数达到4095.40万人次，比上年增长18.6%；旅游业总收入10957亿元人民币，比上年增长22.6%。2016年共接待入境游客1.38亿人次，实现国际旅游外汇收入1200亿美元，分别比上年增长3.8%和5.6%；国内旅游人数44.4亿人次，收入3.9万亿元人民币，分别比上年增长11%和14%，中国公民出境旅游人数达到1.22亿人次，比上年增长4.3%；旅游业总收入4.69万亿元人民币，比上年增长13.6%。

从2007年与2016年的数据比较来看，这10年，接待入境游客增加了612.67万人次，国际旅游外汇收入增加了780.81亿美元，国内旅游人数增加了28.3亿人次，国内旅游收入增加了3.12万亿元人民币，中国公民出境旅游人数增加了8104.60万人次，分别比10年前增长4.65%、186.27%、175.78%、401.51%和197.90%，不管是绝对数，还是相对数，从2007年到2017年的10年，中国旅游业都实现了"翻两番"的宏伟目标。媒体报道，2016年，全国旅游业对国民经济的综合贡献率达到11%，对社会就业的综合贡献率达到10.26%，达到了世界的平均水平，全国已经有20多个省份将旅游业主管部门旅游局更名为旅游发展委员会。从这些关联性的数据看，我国旅游客源市场不仅是饱和的，而且保持着10%以上的年增长态势。

3. 旅游投资饱和

这10年，在宏观政策、客源市场、高速交通和信息技术的"四重激励"叠加之下，旅游直接投资保持着双倍于旅游客源市场增长率的高速度，持续攀升，不断创下总体旅游直接投资和单体旅游建设项目投资的"双炸王"新纪录。

2017年5月19日，原国家旅游局发布了《2016年中国旅游投资报告》。据全国旅游投资项目库数据显示，2016年全国旅游业实际完成投资12997亿元，同比增长29%，比第三产业和固定资产投资增速分别高18个百分点和21个百分点。在我国经济下行压力加大的情况下，全国旅游投资继续保持逆势上扬的态势，成为社会投资热点和最具潜力的投资领域。

上述报告显示，2016年大项目投资增速加快，投资规模效益显著。全国10亿～50亿元的在建旅游项目2209个，实际完成投资4406亿元，占全国的33.9%；投资额50亿元以上的在建旅游项目有299个，实际完成投资1146亿元，占全国的8.8%；投资额100亿元以上的旅游项目222个，实际完成投资2479亿元，比上年增长55.2%，增速最快。全国投资规模最大的10个旅游项目有：重庆市武隆区白马山旅游度假区、河南省银基国际旅游度假区、山东省德州马颊河生态岛、辽宁省万科松花湖旅游度假区、黑龙江省哈尔滨万达文化旅游城、安徽省芜湖滨江水利风景区、江苏省里运河文化长廊、浙江省太湖龙之梦乐园、云南省嘎洒旅游小镇、宁夏回族自治区中阿文化城，以上项目投资规模均超过200亿元。

上述报告还显示，2016年，全国旅游投资依然延续了民营资本为主、政府投资和国有企业投资为辅的多元主体投资格局。民营企业投资旅游业7628亿元，占全部旅游投资的58.7%，主要投资大型综合类文化旅游项目；政府和国有企业对西部地区旅游投入的比重相对较高，投资相对集中于旅游基础设施、公共服务设施以及旅游村镇类项目。此外，2016年旅游景区项目投资继续增加，实际完成投资7371亿元。这份报告是原国家旅游局发布的，具有专业性和权威性，客观反映了全国旅游直接投资的实际情况。从数据上看，2016年全国旅游业实际完成投资12997亿元，占2016年旅游业总收入4.69万亿元人民币的27.71%，同比增长率前者是后者的2.13倍。

从2011年开始，原国家旅游局公布了6个年度的旅游直接投资数据：2011年全国旅游项目累计投资总额为2.67万亿元人民币；2012年，全国旅游直接投资5102.47亿元人民币，比上年增长30.2%；2013年，全国旅游直接投资5144亿元人民币，比上年增长26.6%；2014年，全国旅游直接投资6800亿元人民币，比上年增长32%；2015年，全国旅游直接投资10072亿元人民币，比上年增长42%。这6个年度的旅游直接投资累计达到6.681547万亿元人民币，与2016年全国旅游业总收入4.69万亿元人民币进行比较，超出2万亿元人民币；如果将全国旅游间接投资计算在内，旅游超额投资的数量肯定是相当可观的，这些统计数据说明了一个问题：旅游投资饱和。

4. 旅游供给饱和

全社会持续高速度加大旅游投资强度，旅游业供给能力已经超越旅游客源市场的消费能力，形成了旅游供给饱和甚至是旅游供给过剩的经济现象，旅游业进入重资产时代。

媒体报道显示，截至2017年2月，全国A级旅游景区数量达到了26000多家，其中5A旅游景区247家，4A旅游景区1250多家。按照年度接待游客量进行排名，列入前50位的都是4A和5A旅游景区，平均接待规模为752.52万人次，只有8家旅游景区接待规模超过1000万人次，5A旅游景区以2%的数量占据了22%的游客接待份额和16%的旅游收入份额。这反映了旅游景区处于经营主体分散、经营业绩分化、经营水平低位徘徊的激烈竞争态势。

2017年5月26日，新京报以《2016年逾四成上市旅游企业营收及利润下滑》为题对A股和港股上市的31家旅游板块公司的营业收入、净利润和增速数据进行了分析报道。截至2016年5月19日，2016年度营业收入约899.27亿元，比2015年增长37.97%；净利润约60亿元，比2015年下降9.52%，其中景区、酒店、旅行社板块的平均净利润增幅分别为-3.54%、-26.25%、-9.18%。值得注意的是，有6家公司出现亏损，占比19.35%；有13家公司出现营业收入下降，占比41.94%，降幅从-24.32%至-0.81%不等；有17家公司出现净利润下滑，整体下滑占比54.84%，其中净利润增长率在-20%以下的有12家，占比达到70.59%。这反映了上市旅游企业经营业绩并不理想，业绩增速回落明显。上市旅游企业是旅游业整体运行绩效的晴雨表，旅游业投资回报低和利润率低的真实数据，直观地体现了"旅游业属于长线投资领域"的客观事实。

三、武隆旅游开启智慧智能的运作模式

2002年3月，我和在重庆市旅游局挂职锻炼的彭德成博士一起应邀到武隆参加三级干部大会，我在演讲中上提出了"武隆打造重庆旅游第三极"的战略定位。我的演讲引起了与会者的极大兴趣：这个战略定位的可能性有多大，可行性有多强，实施路径在哪里，应该有哪些举措？当年，三峡地区是重庆市旅游的第一极，武隆只有学习的机会，没有超越的可能；重庆主城区是重庆市旅游的第二极，武隆只有遥望，不可能比肩而立。基于交通区位、旅游资源和经济基础，武隆"打造重庆旅游第三极"的希望不仅仅是渺茫，简直可以说是"黑夜茫茫"。

10多年来，尤其是从2007年到2017年，武隆旅游贯彻落实党和国家的方针政策，立足客观实际，抓住成功申报世界自然遗产的历史契机，聚群策，举全力，精准对接市场，创造性地把旅游业发展成为具有典范意义的战略性支柱产业。今天，武隆不仅是重庆旅游第一极和全国旅游学习的榜样，而且跨越式地崛起为世界性的旅游目的地。

武隆在行政区划范围内把旅游业做到了极致，这是值得称道的，但是仅仅止步于骄傲和自豪，武隆旅游业培植起来的核心竞争力就会因为行政区划范围的资源硬约束而形成天花板效应。经济学的常识告诉我们：在同样资源约束条件下，无规模，不经济；超规模，更不经济。所以，今天，直面全国旅游业"三大颠覆，四个饱和"的新态势，我提出武隆必须转型升级旅游业发展战略，激活核心竞争力，在"之前，旅游业改变了武隆；今后，武隆要改变旅游业"思想的引领下，走出去，从固守深耕行政区划范围内旅游业的运营者转变为跨越行政区划范围边界的区域旅游整体运营机构，开启智慧智能旅游的运作模式，通过市场机制介入旅游后发或者欠发达地区的区域旅游业，真正实现武隆旅游业的价值倍增。

1. 坚持成就了武隆旅游大格局

2014年12月18日，武隆县（2016年11月24日，武隆撤县设区）政府举办问策会，纪念旅游开发20周年，我有幸受邀参加了问策会，在会议期间，新华网记者就武隆旅游业发展经验

问题专门对我进行了采访。面对武隆旅游20年取得的丰硕成果和四面八方的如潮好评，我只用了"坚持"两个字来概括武隆旅游20年的成功经验。记者觉得很意外，说我陪伴武隆旅游16年，应该有深刻的体验和与众不同的体会，还如数家珍地罗列了很多数据，都是关于武隆旅游在中国旅游业中具有标志性意义的事件和现象，我心里明白，记者这是在启发我，希望我用高大上的词汇和话语来形容武隆旅游业。而我还是坚持用了"坚持"两个字，正因为我见证过武隆旅游业的峥嵘岁月，分享过武隆旅游业的喜怒哀乐，参与过武隆旅游业的咨询决策，所以更懂得武隆旅游业坚持20年的意义和价值[4]。我所说的武隆旅游经验集中体现在"五个坚持"上：一是坚持旅游是县域发展的第一战略，二是坚持旅游是一把手产业的工作路线，三是坚持品质第一的旅游发展观，四是坚持市场导向的集成创新机制，五是坚持集团营销的整合管理体制。今天看来，用"坚持"概括武隆旅游发展模式和成功经验，才最具有启示意义和战略价值。几十年如一日，几十万人如一人，坚持一个梦想，坚持一种使命，坚持做好每一个细节，多么不容易啊！

旅游业是一个想起来激动、听起来兴奋、看起来简单的产业领域，真正做起来就头痛，干起来就抓狂，行动起来就时时处处碰壁，像雾像雨又像风，可以看得见，可以感受到它的客观存在，就是抓不住，掌控不了，就像走在玻璃板墙的昏暗迷宫里，没有坚持，是走不出来的。几十年来，多少地方的旅游业潮起又潮落，多少地方的旅游业短暂火爆之后就成了休眠火山，多少地方的旅游业即使铆足了劲也没有冒出水面来吸一口气，在这样的大背景之中，武隆的"坚持"就显得弥足珍贵，而且在"坚持"中走上了世界的大舞台，这就显得更加宝贵。

武隆参与了全国旅游发展的全过程，浓缩了全国旅游发展的千辛万苦，"坚持就是胜利"，武隆旅游就是因为"坚持"，才崛起成了全国学习的榜样，才拥有了以世界自然遗产为战略支点的创新发展。2015年6月，我公开出版了《武隆大格局——中国旅游的领先之道》，系统地归纳总结了武隆旅游的成功经验和发展模式。书名直接表达了我对武隆旅游的敬意和推崇，武隆旅游之所以领先全国，走向世界，就是因为有大格局，几十年做到了"坚持"。

2. 创新才能实现武隆旅游大战略

改革开放以来，全国旅游发展过程中的主要矛盾是"人民群众日益增长的文化旅游需求同落后的文化旅游供给之间的矛盾"。在参与全国旅游发展的过程中，武隆寻找到了破解之道，采取了排解之策，取得了解决之功，尤其2007年至2017年的10年，更是实现了跨越式的发展，可喜可贺，值得尊敬和学习。

2016年12月20日，何平同志在武隆撤县设区干部大会上明确提出"加快把武隆建成国际知名旅游胜地、生态工业经济强区、生态文明示范名区和山水园林旅游新城，全面建成小康社会和中国武隆国家公园"。这是一种庄严宣誓，更是一种郑重承诺，"一地三区"在国家和国际两个高位平台上实现武隆的战略目标。这是集结号，这是动员令，以"中国武隆国家公园"为着力点，以"国际知名旅游目的地"为增长极，武隆开启了从县域经济向区域经济转型升级的发展模式。在武隆撤区设县和庆祝成功申请世界自然遗产10周年的特殊时刻，我们不仅要面朝大海春暖花开，而且还要脚踏实地走向诗和远方。

如果我们对武隆旅游进行系统性考察，就不难发现三个指标表现出了"临界点现象"：一是年度接待游客总量，二是年度接待游客总量增长率，三是全社会固定资产投资增速。"临界点现象"反映了经济学的一个基本常识：无规模，不经济；超规模，更不经济。这是一个现实，在客源市场公约数一定的条件下，周边各区县不断加大了分流客源市场的营销力度，武隆如果继续在行政区划范围内增加投资，执着于开发旅游景区景点和建设旅游接待设施，就只会进一步推高旅游业的边际成本，导致规模不经济的产业结果，甚至演变成"压死骆驼的最后一棵稻草"。简而言之，武隆旅游业的资产已经沉淀了十分可观的规模，达到甚至结构性地超过了会计学里的"第二个盈亏平衡点"，正在出现"规模不经济"现象。这三个"临界点"上的敏感指标，其实在启示武隆：创新的时刻已经到来！

正如社会主义社会不仅要解决"人民群众日益增长的物质文化需求同落后的社会生产之间的矛盾"这个主要矛盾，而且更需要解决"生产关系和生产力之间的矛盾，上层建筑和经济基础之间的矛盾"这个基本矛盾。解决主要矛盾是阶段性的战略任务，解决基本矛盾才是终极性的历史任务。在县域经济发展阶段，武隆旅游在解决"人民群众日益增长的文化旅游需求同落后的文化旅游供给之间的矛盾"这个主要矛盾方面不仅递交了圆满的答卷，而且还给出了全国发展县域旅游的标准答案，成为中国县域旅游发展的引领者。显然，这只是万里长征走出了第一步，在解决"生产关系和生产力之间的矛盾，上层建筑和经济基础之间的矛盾"这个基本矛盾的征程上更期待武隆创新大战略，在区域旅游的新格局中再创辉煌，持续引领全国区域旅游发展。

3. 锐变才是武隆旅游大趋势

在第一部分"旅游需求进入聚合聚变的消费时代"中，我重点陈述了一个客观事实：我们所处的时代已经改变了。两岸猿声啼不住，轻舟已过万重山。互联网、高速交通、人口演替三大力量叠加已经形成颠覆性的迭代效应，这是区域旅游发展正在穿越的新时代。

在第二部分"旅游供给处于分散分化的竞争状态"中，我重点展现了一个直观事实：现在的旅游供给必须要改变。沉舟侧畔千帆过，病树前头万木春。政策饱和、客源饱和、投资饱和与供给饱和四大瓶颈角力已经形成结构性的滞涨困局，这是区域旅游发展必须突破的迷雾区。

2017年2月6日，正值春节期间，光明网以《云南丽江旅游乱象难道真的没治了？》为题报道了世界文化遗产旅游地的负面新闻。2017年2月13日，中央电视台跟进报道《云南丽江：如何撕掉欺客宰客等旅游"牛皮癣"？》。2017年2月13日，央视网更是直接提出了"央视三问云南旅游乱象：为啥总是你？能怎么治？何时休？"一石激起千成浪，网友们立即就晒出了全国旅游十大宰客"圣地"，丽江、三亚、九寨沟等位列世界遗产名录的著名旅游地都赫然在目。这是被零星引爆的地雷阵，最直接地刺中了旅游业漠视迭代效应的痛点，最直观地暴露旅游业滞涨困局的底色。这是旅游需求和旅游供给矛盾的显性表达，这说明了市场已经启动了旅游业创新锐变的倒逼机制。

　　旅游业是国民经济的重要组成部分，从大尺度上看，旅游业是国民经济全局的一个缩影，旅游业的乱象是经济下行压力的一种释放。因此，治理旅游乱象还是要回归国民经济发展的主流，用区域旅游的大战略和大格局促进旅游业实现稳健可持续发展。对于武隆旅游而言，需要从贯彻国家"一带一路"倡议的过程中落实"创新、协调、绿色、开放、共享"发展理念的区域旅游大战略，需要从华侨城集团"文化+旅游+城镇化"和"旅游+互联网+金融"模式的启示中构建"武隆+"的区域旅游新格局。

　　"一带一路"倡议是中国与世界共谋、共建、共享的全新发展模式，通过新基础设施建设促进互联互通和贸易往来，推动"需要新动力"的世界经济增长。"丝绸之路"经济圈是突破意识形态障碍的战略创新，亚投行是突破国界边境制约的格局创新，"一带一路"倡议是改革开放的升级模式，是中国崛起的定制模式，是世界经济的共享模式。回顾中国近代史，我们就会发现1912年、1949年、1978年、2013年4个历史节点具有划时代意义。1912年，辛亥革命成功，溥仪退位，终结了中国几千年的封建帝制。1949年，在中国共产党的领导下中华人民共和国成立，结束了落后就要挨打的历史局面。1978年，实施改革开放政策，中国经济逐步崛起成为世界第二大经济体。2013年，习近平总书记提出"一带一路"重大倡议，开创了合作共赢的经济全球化新模式。每一个历史阶段都直击中国发展中的主要矛盾，促进中国不断走向繁荣昌盛，实施"一带一路"倡议就是要实现中华民族的伟大复兴。在这个时代大背景下，武隆撤县设区，必须构想武隆旅游版的"一带一路"，既要突破行政区划的管理体制约束，又要构建跨域跨界的运营机制模式，才能再创武隆旅游新辉煌。

　　华侨城集团是一家总部位于深圳的中央企业。1985年8月8日，国务院侨办和特区办批准从深圳沙河农场划出4.82平方公里土地，设立华侨城经济开发区。当年11月11日，深圳特区华侨城建设指挥部成立。1987年，深圳经济特区华侨城经济发展公司经广东省工商局核准开业，注册号为粤外企字0734，注册资本为人民币300万元。1992年，公司更名为深圳特区华侨城经济发展总公司，注册资本变更为人民币3800万元。今天看来，这个初创的企业与武隆招商引资而来的企业没有多大的差异，就是这样的一家企业，从注册资本300万元起步，从4.82平方公里的农场出发，经过1997年、2002年、2009年、2016年的四次调整，现在已经转型升级为拥有4家上市公司、布局全国的大型中央国有企业。1997年，华侨城控股有限公司（000069）在深圳证券交易所挂牌上市，华侨城集团跨上资本运作的台阶，成为总资产超过亿元的中央企业。2002年，北京世纪华侨城实业有限公司在北京市工商行政管理局登记成立，拉开了华侨城集团布局全国的序幕，成为总资产超过100亿元的大型中央国有企业。2009年，华侨城整体上市获得证监会批准，文化旅游、通信电子、商业地产三大主业布局全国10多个一线城市，成为总资产超过1000亿元的大型中央企业，年度接待游客量多年稳居亚洲第一和世界第四的前列。2013年，华侨城集团优化发展战略和商业模式，开启了"文化+旅游+城镇化"和"旅游+互联网+金融"的平台型企业运作模式，在全国20多个省份投资合作，成为总投资超过万亿元的大型中央企业。这一次，华侨城集团凤凰涅槃式地从自主创新转型升级成为集成创新，在联合央企、金融机构、PPP基金的基础上，华侨城集团还联合行业领军企业在全国发起成立了地产联盟、基金联盟、商业联盟、文化旅游联盟、策划规划联盟、特色小镇联盟、健康产业联盟，通过战区制运营管理模式，共同参与华侨城集团在全国20多个省份的事业发展[5]。基于我参与华侨城集团具体事务20多年的体会，结合我见证武隆旅游发展10多年的感受，我可以说：华侨城集团做到的，我们武隆同样能够做到；华侨城集团走出来的路，同样是我们武隆应该走的路。

4. 务实构建武隆旅游大平台

新起点孕育新希望，新希望引领新未来。今天，我们站在武隆纪念成功申报世界自然遗产10周年的特殊时刻，放眼四面八方，发现我们已经处在一个十字路口，因为向后转走回头路是不可能的，所以摆在我们面前的只有三条路：一是老马拉旧车，继续走传统旅游的路子；二是开车上路，加大油门走全域旅游的高速公路；三是修路架桥，智慧驾驶走智能旅游的高速铁路。武隆是中国旅游创新发展最坚决的引领者，面对一个充满挑战的时代，只能创造性地从智慧旅游走向智能旅游。国家实施"一带一路"倡议，华侨城集团推进"一平台两模式"运营格局，顶天立地为武隆旅游创新锐变提供了战略保障和格局基础，志存高远，脚踏实地，求真务实地构建武隆"总部+战区"的智能旅游大平台，武隆只争朝夕！"总部"就是以武隆行政区划范围为武隆智能旅游大平台的总部，继续实施"一地三区"的中国武隆国家公园战略；"战区"就是突破武隆行政区划边界向全国乃至国际投资和输出管理的运营区域，这样的区域主要是以旅游业为战略性支柱产业的区域；"智能旅游大平台"就是基于互联网和物联网的面向全国乃至国际的开放型旅游业合作平台。

这里，就如何构建"总部+战区"的智能旅游大平台，我提出ISTOM的推进策略，仅供武隆旅游的决策者们参考，希望ISTOM从理念变成行动，智能旅游早日从愿景变成现实。

I就是"思想"的英文单词idea的第一个字母。长期以来，旅游工作者们的思维方式停留在平面上点到点的直线思维，拘泥于行政区划范围内的点轴圈规划，执着于"吃住行游购娱"和"商学养闲情奇"的要素配置，沉迷于观光旅游、休闲旅游、度假旅游、学养旅游的产品策划，徘徊于局部区域和单体企业的运营管理，满足于接待游客总量和旅游总收入的数量统计，热衷于大策划、大投资、大制作、大项目的存量运作，陶醉于高大上的定位和假大空的口号，久而久之，旅游业就像温水里煮青蛙一样掉进了"超级重资产"的陷阱。所以，武隆首要是重新定义旅游业，以现有的经济学分析框架为参考，把旅游业纳入高度互联互通、广泛相互影响的网络社会中，用博弈论和自组织理论支撑多元立体的战略思维，构建武隆智能旅游大平台的思想体系，为优化互联网环境下市场配置资源提供分析框架和决策思路。直接点讲，就是为武隆智能旅游大平台构建规则体系。

S就是"标准"的英文单词standard的第一个字母。旅游业既是一个传统的产业，也是一个新兴的产业，在旅游业的发展过程中，涌现了国际层面、国家层面和地方层面的国家法定标准、行业自律标准和地方管制标准。从传统旅游业的角度讲，旅游标准以及旅游相关性标准已经浩如烟海，蔚为大观。在制定和推广这些标准的过程中，客观上存在利益相关者的主体不同、利益诉求不同和时效性不同的情况，导致许多标准不是成为主导话语权的机构和个人进行权力寻租的工具，就是成为创新变革的刚性约束，尤其在互联网和大数据时代，传统旅游业向现代旅游业转型升级的过程增添了许多新困惑和新问题。有些问题可以直接判断和取舍，但更多的问题需要思想层面和制度层面的分析、权衡和选择，因此，就有必要根据旅游业的重新定义，对现有的旅游标准和相关旅游标准需要建立由外向内转化的机制，对新出现的标准化需求就需要根据复杂程度、可预测性、可试用性以及与现有体系的兼容性进行操作。所以，武隆旅游有必要在战略思维的统筹下对旅游标准进行本土化和内部化，构建以智慧旅游大平台相匹配的武隆旅游标准体系。简单点讲，就是把武隆智能旅游大平台的思想体系定制化为可以在武隆推进"总部+战区"旅游发展战略的过程中具体落地的标准体系。

T就是"技术"的英文单词technology的第一个字母。这10年，旅游业的概念不断被拓展，主体不断被泛化，边界不断被突破，从产业链到全产业链，从产业生态圈到全域旅游，将旅游业延伸到社会活动、家庭生活和个人经历的全方位中。典型情景是一个人在社区的快餐店用完餐之后到隔壁的书店买了两本书，再到超市购买了几件日用品，然后再到超市隔壁的电影院观看了一部谍战片，在电影院门前骑上一辆共享单车就回家啦，这个人很有可能被作为5人次的数量，统计到旅游业的接待游客人次中去。在城镇化率已经达到57.35%和智能手机保有量超过12亿台的情况下，这个人用手机完成预订和支付过程是大概率事件，这样就会通过互联网编织起一个将需求信息、原料采购、定制生产、物流配送、消费体验全部纳入互联互通的体系中来。此时，旅游供给由大规模标准化向分散化个性化转变，旅游产品和旅游服务由同质化向差异化转变，小批量，多品种，甚至单品单次，精准定制，旅游者全程参与其中。在大众旅游时代，这种以大数据为支撑的资源配置趋势将成为新常态。科学是人类在长期认识和改造世界的历史过程中所积累起来的认识世界事物的知识体系。技术是指人类根据生产实践经验和应用科学原理而发展成的各种工艺操作方法和技能以及物化的各种生产手段和物质装备。科学技术是第一生产力。所以，在实施"总部+战区"发展战略的进程中，武隆必须以高度的使命感热忱地拥抱科技，融合ID、IT、IP于一体，对接"总部+战区"的思想体系和规则体系，构建基于互联网和物联网的智能旅游大平台技术体系。

O就是"运营"的英文单词operative的第一个字母。武隆如果实施"总部+战区"的旅游发展战略，开启了智能旅游大平台的发展模式，不仅武隆行政区划范围内的人、财、物、产、供、销和信息等要素将全部纳入这个大平台，而且武隆旅游"战区"的资源、资本、组织和个人都将纳入这个大平台中来。这就需要武隆旅游在"总部+战区"的思想体系、规则体系和技术体系的支持下全面深化改革，梳理政府主导与市场导向的关系，发挥市场配置资源的决定性作用，建立现代企业制度和法人治理结构，明晰公司产权和公司经营权的关系，引入公司合伙人制度，激活开放型动态化机制，让旅游业的利益相关者有充分参与智能旅游大平台的机会，让社会资本有充分投向智能旅游大平台的渠道，从而实现武隆智能旅游大平台的多元价值目标。在构建"总部+战区"经营模式的进程中，战略创新是根本，价值创新是核心，产品创新是基础，渠道创新是条件，成本创新是要诀，业绩创新是关键，归根结底，就是要进行经营平台创新，从行政区划范围的小平台创新锐变为全国乃至国际的大平台。

M就是"管理"的英文单词manage的第一个字母。武隆从经营行政区划范围内的旅游业转型升级为经营"总部+战区"的旅游业，这是一个突破性的战略大跨越。这种突破性特征主要表现在三个方面：一是空间上突破武隆行政区划的物理边界，二是参与者突破武隆行政区划的主体边界，三是利益上突破武隆行政区划范围内分享的机制边界。这种突破是一种思想体系、标准体系、技术体系和运营体系的集成创新，最直接的成果是旅游业从政府资源管理转型升级为企业资源管理。在企业资源管理中，需要合伙人共谋、共建、共享产业链生态系统，夯实业态绩效管理和运行优化解决方案，提升意识流、信息流、游客流、物资流、资本流的整体效率和系统价值，实现武隆智能旅游大平台战略意义的最大化。

总而言之，作为武隆智能旅游大平台的操作策略，ISTOM最核心的价值在于突破武隆旅游业以行政区划范围为运作平台的局限，在互联网和物联网的支持下，把武隆旅游业从行政区划范围内的资产经营者转变成跨行政区划范围的系统运营者，实现旅游产品、旅游服务、旅游消费、基础设施、公共服务等旅游业运营管理的社会化，让实体经济叠加虚拟经济的增值优势，跨行政区划范围整体推进武隆旅游"总部+战区"战略，链接、协同、共享智能旅游大平台，使武隆旅游业成为中国旅游业的战略引领力量。

第二节 兴文新举措：次优旅游区的创新策略

2013年9月13日，笔者应邀在四川省兴文县领导干部大会上演讲《兴文县如何尽锐破局开新篇》，演讲内容由兴文县经济商务信息化和科学技术局根据录音整理。本节内容是其中的第六部分：文旅赋能旅游是大势所趋，兴文县要用产业革命的逻辑乘势聚力地推进旅游业的创新发展。

旅游业是生产力发展到一定阶段的社会文化经济现象，必然同步跟进社会文化经济发展的大趋势，这是毫无疑问的。目前，社会文化经济已经进入一个全新的发展阶段，这个阶段是以科技创新为核心引擎的第三次产业革命。为什么说是第三产业革命呢？

我们知道，第一次产业革命是利用煤炭和石油等矿物能源的机械技术奠定了制造业的主导地位，第二次产业革命是利用水能、风能、太阳能、核能等清洁能源的电子技术促进了世界经济的全球化，我们正在经历的第三次产业革命是以科技创新为核心引擎的智能技术重构着世界产业的大格局。每一次的产业革命都是深刻的社会文化经济大变革，"天下大势，浩浩汤汤，顺之者昌，逆之者亡"，旅游业也是这样的，长期看趋势，中期靠态势，短期造阵势，顺势而为方能成事可冀。兴文县是一个养生、养心、养性的好地方。而这"三养"恰恰是人的终极追求，当然就具有旅游的终极意义[6]。

兴文县委和县政府之所以组织这次交流活动，让我来跟朋友们交流旅游业的大趋势和新格局，应该是感受到了第三次产业革命的时代强音，肩负使命，抢抓机遇，希望旅游业能够为兴文县优化产业结构贡献特殊力量。这种躬身入局的担当作为精神，让人佩服，令人折服，兴文县的旅游业值得期待！

一、遵循产业革命的逻辑，打造兴文县旅游业的文化品牌

产业革命不是一蹴而就的，同样需要经历复杂艰难的过程。欧洲的产业革命是从1764年珍妮纺纱机的诞生开始的，亚当·斯密1776年3月出版《国富论》，马克思1867年9月出版《资本论》第一卷，才促进了欧美200多年来的繁荣和发展。中国的改革开放本质上就是一次产业革命，只不过是仅仅用了30多年的时间就基本上赶上了欧美的产业革命，几乎可以并驾齐驱啦。

从旅游业的角度讲，我国旅游业实际上是从1990年代初才走上正轨的，一直到现在都应该是旅游业的导入阶段，导入阶段的最大特征就是投资建设基础设施和公共服务的运作体系，而且这种投资建设有点像工业发展，一样走过了资源密集型和资本密集型的两个过程，现在跨越到了技术密集型的新征程。比如，山东旅游之前的推广语"孔子在这里诞生，

泰山在这里崛起,黄河在这里入海",就是典型的资源密集型思维逻辑,最近改成了"好客山东",就有点意思啦,转型到了市场导向型的思维逻辑。我们兴文县呢?是沿用"兴文石海,天下奇观"的资源导向,还是依靠市场导向另辟蹊径?这需要产业革命的勇气和智慧!

兴文县的第一产业是农林牧业和矿产业,第二产业是工业园区里的制造业和乡镇上零星分布的手工业,以旅游业为代表的第三产业还在培育之中。从产业革命的角度来讲,兴文县的第三产业尤其是旅游业是具有后发优势的。这是我这次考察兴文县获得的总体印象!为什么说兴文县具有后发优势?我是基于三点理由来讲的:第一个理由是兴文县的农林牧业是依托于"横看成岭侧成峰,远近高低各不同"的山形地势自然展开的,第二个理由是兴文县工业园区里的制造业基本上是依托本地盛产的绿色资源发展起来的,第三个理由是兴文县的旅游业目前主要是依托于"石海溶洞"的观光旅游。这三点叠加在一起来说,就是"就地取材"!这正好说明我们兴文县具有资源优势。但是,这三点恰恰又忽略了最关键的一点,就是兴文县自带的能量,什么能量呢?一个字"文"!1980年代初,"为中华崛起而读书"是我们读大学的时候最流行一句话,后来在中国女排五连冠的拼搏精神鼓舞下,改革开放如沐春风,国家建设突飞猛进,振兴中华成为时代主旋律。这不就是文化的力量嘛,可以理解为"要振兴中华,必先振兴文化",简化为"兴文兴中华"。"兴文",这不就是我们的名字嘛,"兴文兴中华,中华兴天下",我们的兴文县何等豪迈。我们忽略了这个自带的赋能机制,资源优势没有更有效地转化为发展优势,这其中的势能差就是我们兴文县未来的发展强劲动能。因为我们不仅有可以与周边地区合作共建的苗族文化,而且还有个性独特的僰人文化,"兴文"名副其实。

1999年5月,我应邀到广东省连南瑶族自治县做旅游发展规划,为了挖掘瑶族文化的旅游价值,营造瑶族文化的体验环境和旅游产品,我和团队成员一起认真地研读了《瑶学研究》《排瑶历史文化》《连南瑶族自治县县志》等文献著作,其中,关于瑶族寻找祖先故地的"千家峒运动"给我们留下了深刻的印象,因此,我们重点营造了盘王宫和三排瑶寨,现在这里是广东粤北旅游的重要目的地。2007年7月,贵州省黔东南州邀约我和余秋雨先生实地考察,余秋雨先生是文化大家,对黔东南州的苗族山寨、侗族山寨和镇远古城、隆里古镇都赞赏有加,为黔东南州提供了很好的文化认知角度和经济活化维度。我是具体做文化的旅游落地工作的,建议黔东南州做苗族文化、侗族文化和黎平会议的红色文化,用古城、古镇、古街和古寨营造历史文化的体验场景和消费产品,还从市场营销的角度把黔东南州的旅游推广语归纳到"物以稀为贵,贵在黔东南"。这句话很有意思,字面上说的是黔东南的风光美景和风土人情是稀缺的,也是宝贵的;语义上表达的是贵州是稀罕的旅游目的地,而贵州最好的旅游目的地是黔东南州。一语双关,通过"贵"字的重复,起承转合地突显了黔东南州作为旅游目的地的独特价值。这些年,黔东南州把旅游业做得风生水起,应该说,苗族文化、侗族文化和红色文化功德无量。

文化是具有共性的。瑶族文化可以聚焦到千年寻根的"千家峒运动",为什么苗族文化就不能聚焦到悬棺标识的"千里苗族文化走廊"?回答是肯定的,我相信同样应该有"苗族研究""苗族历史文化研究"等类似的文献著作，宜宾学院拥有兴文县这么好的研究基础条件，应该有专门研究悬棺文化的专家；四川大学历史学专业是国内很有影响力的专业，应该有专门研究悬棺文化的成果，兴文县可不可以找这样的专家把苗族文化的研究成果转化成为旅游的业态和产品，我的理解应该是可以的。同样道理，僰人文化呢，将僰人文化聚焦于白酒古法酿造工艺的旅游业态和旅游产品，应该是可以走得通的一条道路。大道有术，守正出奇。我们兴文县应该跟"千里苗族文化走廊"上的地方共建共享苗族文化的旅游品牌，夯实兴文县旅游品牌的文化底色，在这个基础上塑造僰人文化的旅游品牌，用文化品牌统领兴文县的红色文化、石海文化和竹海文化，从而构建生态文化、器物文化和精神文化的金字塔旅游产业体系。

二、从研学旅游开始，一步到位实施创新驱动战略

说到这里，大家可能心里犯嘀咕啦：绕来绕去，文化玄之又玄，旅游究竟怎么做？刚才，我们讲了"大道有术，守正出奇"，实际上，还可以连上一句"行健致远"。"大道有术，守正出奇，行健致远"就是我给大家的答案。

"大道"是党中央的方针政策和国务院的决策部署为旅游业顶层设计的制度性保障体系，"有术"就是兴文县委县政府要结合全县发展实际和针对客源市场变化创造性地贯彻落实四川省委省政府和宜宾市委市政府的规划纲要。"大道"是天，"有术"是地，"大道有术"就是兴文县委县政府总体布局旅游业的时候要顶天立地，这是旅游业的战略性问题。

"守正"是坚守经济规律，恪守商业逻辑，守住政策法规的红线，守住执政为民的主线，守住保护青山绿水的底线，实现旅游业的可持续发展。"出奇"是用奇谋整合旅游资源，用奇招创新旅游业态，用奇策营造旅游产品，用奇兵营销旅游市场，用奇才统领旅游运营，所谓的"奇"就是结合兴文县实际和彰显兴文县特色的运作模式与操作方法。"守正"是高山，"出奇"是流水，"守正出奇"就是兴文县整体推进旅游业的时候要高山流水觅知音，"知音"就是投资者和旅游者，有朋自远方来，不亦乐乎，这是旅游业的策略性问题。

"行健"就是发展目标要务实，推进举措要踏实，成果数据要真实，用脚踏实地的节奏实施全县旅游发展总体规划，久久为功，让旅游者激情而来满意而归，让运营者兢兢业业埋头苦干，让投资者有利可图追加投资，让居民们参与其中发家致富，让县财政的旅游总收入年年攀升，这样，才能形成共建共享的良性循环，才能形成合作共赢的可持续发展。只有这样，兴文县旅游业的第二次创业才能再上新台阶，再造新辉煌，行健才能致远，从而构建"北有九寨沟，南有兴文县"的新格局，这是旅游业的操作性问题。

"大道有术，守正出奇，行健致远"，应该成为我们兴文县做旅游业的一种共识，达成了共识，就可以而今迈步从头越，"红军不怕远征难，万水千山只等闲"，兴文县就可以开启战略崛起的发展模式啦，就是我们刚才讲到的"一步到位，从研学旅游做起"。对于旅游

业具有后发优势的兴文县而言，转型升级是方式，集成创新是方法，竞合发展是方略，战略崛起是方针，富民强县是方向。

实地考察过程中，兴文县漫山遍野的竹林和工业园区里的竹加工业给我留下了深刻而美好的印象，我在想，兴文县做研学旅游可以"从竹子开始"！这两天，我10多次听到旅游局的胡怀儒先生讲到"顶层设计"，20多次听到科技局的李传伦先生讲到"创新驱动战略"，我认为，"一步到位，从研学旅游做起"就是兴文县旅游业的顶层设计，"从竹子开始"就是"创新驱动战略"。为什么这样说呢？

昨天跋山涉水考察了一天，晚上入住银峰酒店，我开着窗户睡觉的，感觉呼吸的空气有一股夜来香的味道，自然而然地进入了深度睡眠。今天早晨6点20分左右自然醒来，整个人是一种神清气爽的状态，这可能就是沉浸式体验的效果，沉浸实地体验了山水森林之中的自然睡眠之后的自然反应。这是兴文县城中心区9月份的睡眠质量，如果是在兴文县的山间竹海里，空气质量应该更加好，睡眠质量应该更加高。养生、养心、养性，睡眠质量是决定性因素，在都市焦虑人群持续增长的背景下，能够美美地深度睡眠，这是多么宝贵的生活奢望啊！

早餐的时候，科技局的王革局长夸我精神焕发，我就问他："这样好睡觉的天气条件，一年有多少天？"王局长告诉我，兴文县全年的平均气温大约18摄氏度多一点，暑假期间一般情况下20多摄氏度。多么好的天赋条件呀，兴文县的气温条件几乎就是人的体感舒适温度！夏季凉快，冬季温暖，这是度假旅游的关键性指标，兴文县的天然空调房与生俱来，空气清新剂天造地设，多好。"人法地，地法天，天法道，道法自然"，我们应该充分发挥这个自然而然的绝对优势，尤其是在雾霾困扰城市居民的背景下，兴文县这种优越的气象气候条件显得更加难能可贵！

我们兴文县的山形地势中大部分区域海拔高度都在900至1200米之间，从地理学、物理学和生理学的角度讲，这是非常理想的夏季避暑纳凉的气温层。我个人认为，在这个海拔高度的山水森林风景里适度营造僰人山寨和苗族山寨，为宜宾、泸州、内江、自贡、遵义等周边中小城市的客群提供度假旅游的基础设施和基本服务，先把接待量做起来，把品牌做起来，就可以拓展贵州、重庆、成都等第二圈层的客群啦，第二圈层的游客量做大了，口碑效应上来了，就有机会撬动珠三角、长三角、京津唐等第三圈层的都市群客源市场啦。

平安是幸福，健康是财富。现代社会，和平时代，没有人反感幸福，更没有人拒绝财富，来我们兴文县的好山好水好风景里享受深度睡眠的健康生活，享受僰苗文化的快乐时光，这种自然而然的人生体验是无与伦比的。所以，我刚才给大家提供了"兴文兴中华，中华兴天下"的兴文县宣传推广语。

说到这里，大家可能在纳闷：你不是说要从竹子开始做研学旅游嘛，怎么讲健康和深度睡眠了？说实在话，我是从三个方面考虑这个问题的：

一是兴文县是因为石海地质公园而名满天下的，石海、石林、大天坑、大溶洞等景区都是自然造化，没错，它们是"天下奇观"。但是，问题在不管你再怎么做，它们还是一种客观存在，只能给人视觉的冲击，属于观光旅游的产品形态，很难做出花样文章来，这就是国内很多著名的山岳型景区多年来游客量做不上去和旅游总收入徘徊不前的原因，我们可以用天花板效应来形容这种现象。我们兴文县做了10多年的旅游业，为什么没有"金盆洗手"和"时来运转"，深层次的原因也在这里，仅仅只有自然造化的风景，在充分饱和的市场竞争中很容易出现"天花板现象"！

二是兴文县是"中国绿色名县"，森林覆盖率高，尤其是竹林资源丰富，这种原生态的绿色环境，不仅提供了深度睡眠的富氧条件，还能够源源不断地提供就地取材的度假旅游资源和旅居生活条件，难能可贵的是集聚性地组合了红色文化、僰人文化和苗族文化，这样的条件就能生长故事，成长情怀，增长业态。比如，我们兴文县司空见惯的竹子，在中国传统文化里是人的"气节"象征，高风亮节是主流文化的本色，大文豪苏东坡的"宁可食无肉，不可居无竹"就是文人雅士精神境界对接现实生活的生动写照，当然就是我们兴文县旅游业应该有的现实场景。旅游者到我们兴文县来，沉浸在石海、林海和竹海里看云卷云舒，入住在竹木工艺的僰苗山寨里看庭前的花开花落，品尝了"僰苗全席"的山珍翠竹宴，躺在丝竹凉席上深度睡眠做春秋大梦，这是一种何等惬意的幸福生活！"逍遥自在不思归，快乐体验想长留"，旅游者留下来就有机会了，观兴文之光，探石海之妙，抒僰苗之情，享天然之福，旅游业态丰富起来啦，绿色经济和夜间经济自然就能够风生水起，这才是旅游业真正的乘数效应。

三是养生、养心、养性的研学旅游是观光旅游、休闲旅游和度假旅游的集大成者，不仅能够充分整合要素经济、载体经济和内容经济的旅游业态和旅游产品，而且能够提升兴文县旅游目的地的品牌形象和关联产业的融合发展。健康人人爱，平安天天想。游生态环境，赏自然美景，吃绿色食品，享深度睡眠，就是养生、养心和养性，有了健康，福禄寿喜财一个都不会少！刚才，我们说到了石海、石林和大天坑、大溶洞的客观存在，在大自然的鬼斧神工面前，我们不禁敬畏和膜拜，任何试图改变甚至超越自然的努力都是十分困难的，这一点非常重要。我们可以大有作为的是在把这些独特的资源性产品营销出去的基础上叠加休闲功能和培育度假业态，以绿色环保和健康生活为主题的研学旅游能够统领红色旅游、亲子旅游、乡村旅游、民宿旅游、农业旅游、生态旅游、文化旅游、商务旅游、奖励旅游、自驾旅游和自助旅游等等林林总总的业态产品，万变不离其宗地把兴文县的自然环境资源转化为经济发展优势，顺势而为地把兴文县的历史文化资源转化为社会发展动力。当然，研学旅游属于高质量的旅游发展模式，自然而然地需要高瞻远瞩的领导团队和脚踏实地的执行团队，这就对我们在座的各位领导提出了更高更严更具体的要求，我们必须凤凰涅槃为学习型的创新团队，才能肩负引领兴文县从研学旅游做起的战略重任，一步到位地把兴文县旅游业做成"北有九寨沟，南有兴文县"的四川招牌，做成千里苗族文化走廊上的璀璨明珠，做成西南中国万客云集的旅游目的地，这就是创新驱动的战略力量。

小结一下，从突破兴文县旅游业的天花板出发，我们一起讨论了兴文县旅游业的乘数效应和创新驱动战略。"青林翠竹，四时俱备；西窗下，风摇翠竹，疑是故人来。"所以，我才建议兴文县从研学旅游做起，从竹子开始，百尺竿头更进一步，自然就能顺其自然，这里的"其"代表旅游客源消费市场。

三、抓住成贵高铁建设机遇，大步快跑来一个三级跳

"酒好不怕巷子深"，这是产品与营销关系的一个经典说法，大家耳熟能详。如今，这句话被重新解读啦，改成了"酒好也怕巷子深"！这两句话放在一起，我觉得正好能够说明兴文县旅游业的运营问题。

在旅游业领域摸爬滚打过几年的人，绝大部分应该会形成一个基本的思维逻辑：旅游业想起来激动，讲起来兴奋，听起来简单，看起来容易，做起来艰难，坚持下去难上加难！是不是这样？我们兴文县做旅游业接近20年了，在座的同志们参与其中应该感受更加深刻吧。

为什么会形成这样的一种现象呢？我是1985年开始参与旅游规划设计实践的，应该说走遍了祖国大地的万水千山，经历了中国旅游业从文化现象到经济现象和从隐性产业到显性产业的全过程，对旅游业有宽阔的了解，有纵深的理解，有刻骨铭心的求解，抱歉，我还是跟大家一样，对于旅游业的认识就是一个字：难！难就难在旅游业建立在一个"人人都喜欢旅游，人人都是旅游专家"的客观现实上。如果要大家举手表决"放假一周，旅游还是宅家"，我相信绝大部分的人都会选择旅游，这就是每次"十一黄金周"到处人山人海的原因。如果现在请任何一位现场的朋友上台来讲怎么做旅游，我同样相信绝大部分朋友能够"一二三四"地引经据典，讲得非常精彩，比我讲得更生动更有趣，这就是绝大部分地方的旅游业上不去也下不来的原因。所以，我个人认为"人人都喜欢旅游，人人都是旅游专家"是一个"鲠"，是一个卡在旅游业咽喉部位的"鲠"！

大家注意，我这里讲的是旅游业的咽喉部位。为什么说是卡在旅游业咽喉部位的"鲠"呢？其实，我是想表达旅游业是有关键环节，有架构体系，有上下游产业逻辑关系，有核心和边界，有基本常识的。因为现实中，大家讲旅游和做旅游的时候恰恰是没有这个概念的，信马由缰地自由发挥是旅游业界人士的思维定势和话语范式，这是一个普遍得不能再普遍的现象了。学术论文如此，大学教材如此，论坛讲话如此，规划报告如此，工作方案如此，非常正式的文件也是如此，什么"旅游先有策划，再有规划"，什么"旅游就是无中生有"，什么"旅游就是大项目大投入大产出"，什么"旅游是刚性消费"，什么"旅游是生活方式"，不一而足，比比皆是。只要稍微认真一点，反问一句"前提条件呢？"，这些司空见惯的业内行话就会不攻自破。正因为如此，所以，旅游业发展的道路上布满了坑坑洼洼，稍不注意就踩到了地雷，或者掉进了黑咕隆咚的陷阱里。由于时间关系，我就不讲具体案例了，我相信朋友们应该见识过和经历过很多很多，可以编辑成"旅游业一千零一夜"，甚至比《一千零一夜》更精彩。因为我收集了远不止一千个案例，原来准备出版一本《旅游业大败局》的案例集，考虑到可能会误伤旅游业界朋友们的感情，就放下了。出书的事情放下了，但是这些活生生的失败案例不会自己放下，要么就地"满血复活"，要么异地"借尸还

魂"，你方唱罢我登场，各领风骚三两月。多少真金白银，多少青春岁月，多少豪情万丈，多少血汗希望，就这样成为"美丽的传说"。我希望兴文县的旅游业不要成为这样的"传说"，要成为精彩的"传奇"，成为经典的"传统"！那么，问题来了，兴文县旅游业怎样做才能成为"传奇"和"传统"呢？

在回答任何问题之前，都应该有一个前置条件，那就是语言环境。要回答兴文县的这个问题，我个人认为，前置条件至少要界定在三个层面上：一是宏观政策层面，旅游业是有充足的政策供给保障的，这个大前提没有任何受到质疑的可能性；二是中观市场层面，旅游业已经与十年前不可同日而语了，相对于旅游消费潜力而言，十年之前的旅游业是系统性供给短缺，十年之后的今天是结构性供给过剩，过剩就意味着市场激烈竞争，甚至被淘汰出局；三是微观操作层面，兴文县推进旅游业接近20年的实践历程，风风雨雨一路走来，应该有几代人的精神传承，有经验积累，也有深刻教训。这三个层面的语言环境，形象一点比喻，就像种庄稼的阳光、雨露和土地，没有这三个基本条件，好庄稼是种不出来。但是具备了这三个基本条件，是不是就能够种出好庄稼来？很遗憾，答案是"不一定"！从事农村工作的朋友们都知道，还需要种子、耕耘和管护。可以说，阳光、雨露和土地是充分条件，种子、耕耘和管护是必要条件，缺少任何一个条件，都比较麻烦。说得直白一点，旅游业跟种庄稼是一样的道理，需要的条件比较多，而且还需要机缘巧合！所以，我们不要简单地理解只要有产业政策、有资本投入和有监管机构，旅游业就可以顺顺当当搞起来。对于我们兴文县这样的地方而言，发展旅游业的难度比种庄稼难多啦！实话实说，决定一个地方是否能够发展旅游业还有三个关键要素：一是区位，区位决定地位；二是资源，资源决定客源；三是运营，运营决定命运。

从"酒好不怕巷子深"到"酒好也怕巷子深"，表面上看是从产品生产到市场营销的运营模式变化，实质上反映了从供给短缺到供给过剩的市场竞争态势变化。说到市场竞争态势变化，事情就有点复杂了，不是三言两语就可以说清楚的。说不清楚，我们就不去说它了，还是回到刚才说的三个关键要素上来，就像一句公益广告词说的"道路千万条，安全第一条"，如果复制到旅游业上来，就可以形成一句"道理千万条，区位第一条"。区位决定地位，这里的区位是指旅游客源地与旅游目的地的地理位置关系。旅游业的区位有点魔幻，近了不行，远了更不行，不近不远也不行。为什么这样讲？答案就是我刚才讲的"需要机缘巧合"！即使是具有震撼性旅游资源的富集区，就像喜马拉雅山脉的珠穆朗玛峰，对于绝大部分旅游者而言，也是遥不可及的，所以那是小众甚至是专业级别的旅游目的地，遥远就意味着旅游者到达的数量规模小，现实中难以形成经济现象。这是物理上的空间距离障碍问题，这种空间距离有时候是一个弹性变量，引起变化的因素是交通条件，也就是旅游目的地与旅游客源地之间的交通方式，比如航空、高铁和高速公路，带来的旅游效果是不一样的，只有三者之间的组合与叠加，才有旅游业的规模效应。一般来讲，航空运输来的旅游者属于远道而来的机会客源市场，高铁运输来的旅游者属于中程距离的大众旅游市场，高速公路驾车来的旅游者属于周边地区的基本旅游市场。在旅游消费特征上，机会市场是小量高价的季节性旅游消费，大众市场是变量中价的波动性旅游消费，基本市场是大量低价的稳定性旅游消费。三种交通方式与三个客源市场的排列组合是一个系统的运营管理过程，应该是有技术性门槛的，所以，"人人都喜欢旅游"可以，但"人人都是旅游专家"就行不通。这就是兴文县旅游业"上不去，下不来"的瓶颈所在。何况，时至今日，兴文县既没有高速公路，也没有高铁，更没有机场，做旅游业就只能是难上加难啦！朋友们的困惑就在这里，纠结也在这里：不是我们不努力，是因为区位不给力。

宝剑锋从磨砺出，梅花香自苦寒来。规划中的成贵高铁就要破土动工啦，计划2019年12月建成通车，而且兴文县是成贵高铁线上唯一的县级大站！这是兴文县历史上的大事件，从此，兴文县快速融入成都和贵阳两个"1小时生活圈"，兴文县一定会迎来核裂变式的凤凰涅槃，旅游业将开启历史的新篇章。高铁一通，区位为之巨变，届时，兴文县旅游业将一扫"难上加难"的压力山大，变成"机遇加挑战"的否极泰来。我们要充分认识到成贵高铁将给兴文县带来颠覆性变化的战略意义。但是，未来很美好，理想很丰满，现实却很骨感，这就是兴文县旅游业目前的基本态势。怎么办？通过比较重庆市武隆旅游业的发展路径，我个人认为兴文县在成贵高铁建成通车之前应该实施"大步快跑"战略。所谓"大步快跑"，就是转型升级要更加大力度，创新发展要加快速度，要为无缝对接成贵高铁建成通车之后旅游客源市场的跨越式变化做好战略性的基础工作。

具体而言，战略性的基础工作主要有三个方面：一是基础设施和公共服务，二是营商环境和运营管理，三是产业架构和品牌营销。从结构体系上讲，这三个方面实际上就是三个层面的工作，基础设施和公共服务是战略轨道型的基础工作，营商环境和运营管理是战略列车型的基础工作，产业架构和品牌营销是战略驾驭型的基础工作。昨天晚上，我至少把县委县政府主要领导带队考察重庆市武隆旅游业的报告阅读了5遍以上，深受感动，因为报告对武隆县旅游业发展历程、模式、策略等分析得非常精准，对标武隆县发展兴文县旅游业的部署和举措非常执着！大家知道，我服务武隆县旅游业10多年，走遍了那里的山山水水，认识了很多的干部和群众，对那里的旅游业就像我自己的手指头一样清清楚楚，不仅亲切，而且挚爱。所以，今天有机会跟兴文县的朋友们交流赶超武隆旅游业的话题，非常快乐，很有意义，因而，我对"北有九寨沟，南有兴文县"更加有信心。

过境兴文县的高速公路就要修了，成贵高铁也要建了，我们兴文县的旅游业必须"大步快跑"，在5年之内，客源市场完成从宜宾市跑出大四川、从大四川跑出大西南、从大西南跑向全中国的三级跳，同步实现每年游客接待量从五百万级到一千万级再到两千万级的三级跳。这是能够做到的，武隆县旅游业发展的经验告诉我们，兴文县一定能够做到，很有可能还会做得更好！

四、夯实"三打两建",才能念好"三字经"

为了做得更好,我在这里建议兴文县开展"三打两建",念好旅游业的"三字经"。所谓"三打两建",就是打通大渠道,打造大品牌,打开大市场,建设双循环的体制机制,建构文旅互动的产业平台。所谓"三字经",就是精、准、特。

打通大渠道,就是要尽早谋划对接高速公路和成贵高铁的旅游交通线路,高起点规划,高标准建设,高质量运维。我们这次从成都过来,是从叙永县的江门镇下高速进入兴文县的。据说,从江门镇高速路收费站到兴文县城只有20公里,那天,我特别留意了一下,我们是下午大约5点20分出高速收费站,6点22分到达银峰酒店,20公里的路程花了42分钟,时间有点长啦。成贵高铁在兴文县境内规划建设县级大站,我们就要好好谋划,建一座游客接待中心,修建一条高铁站连接县城的迎宾大道,气势要大一点,景观要漂亮一点,做出我们僰人文化的特色来。围绕这个枢纽,规划建设好通往各乡镇和景区的旅游通道,最好是循环性的交通系统,让前来兴文县的游客感觉到这里是一个货真价实的旅游区,风景如画的大景区。要想富,先修路。路通,才能财通。火车一响,黄金万两,何况,这一次响的不是火车,而是高铁,给兴文县送来的何止是黄金,还有跨越式发展的大机遇。

打造大品牌,就是把兴文县整体作为一个旅游区来建设。在兴文石海的品牌基础上做加法,把竹林的原生态加固上去,把苗族文化的场景感加盖上去,把僰人文化的体验度叠加上去,力争先把兴文县的观光品牌优化为休闲品牌,再把休闲品牌提升为度假品牌,从而在学养品牌的体系里做大做强做优兴文县的品牌体系。

打开大市场,就是把兴文县的客源市场圈层尽可能地拓展出去。在夯实第一圈层周边几个地级城市的基础上,加大力度拓展周边几个省份的第二圈层,在高铁通车之前要撬动第三圈层的全国市场。在生态文明和绿色发展上要构建兴文模式的意识流,在学养旅游和文旅互动上要推动兴文模式的信息流,在县内同步和县外协同上集聚兴文模式的游客流,在城乡统筹和景村一体上形成兴文模式的物质流,在富民强县和可持续发展上驱动兴文模式的资本流。站在高处,看在远处,想在深处,干在实处,这才是我们打开大市场应该有的姿态。万客云集,才能万家生意兴隆。

建设双循环的体制机制,就是内部循环的体制和外部循环的机制。不管是观光旅游、休闲旅游、度假旅游和学养旅游,还是要素经济、载体经济、内容经济和融合经济,这是县域之内能够嵌入县域治理体制的旅游业体系,我们必须脚踏实地地做细做实做好,细节决定成败。外部循环涉及客源市场的营销战略和竞合区域的互动策略,这是县域之外无障碍对接机制的旅游业体系,我们必须求真务实地做大做强做好,态度决定一切。只有内部循环与外部循环双向驱动,赋能给力,兴文县的旅游业才能生机勃勃,实现"大步快跑"的三级跳。

建构文旅互动的产业平台,就是让我们的僰苗文化文采飞扬,让我们的旅游产业兴高采烈,始终高举生态、文化和科技的三面旗帜,切实做到生态、生产、生活的三"生"联动,着力驱动生态产业、工业产业和旅游产业的三驾马车,全面实现生态兴县、旅游富县和工业强县的三大目标。

这就是"三打两建",武隆县的成功经验,兴文县的多年实践,都说明了只要我们沉下心来亲力亲为,旅游业是可以大有作为的。"三打两建"夯实了兴文县旅游业的基础,厚积才能薄发。

在"三打两建"的基础上,还要聚精会神地念好"精、准、特"的三字经。"精"是什么呢?就是设计要精,产品要精,服务要精。"准"是什么呢?我的理解就是定位要准,监管要准,营销要准。"特"是什么呢?应该是举措要特,力度要特,形象要特。如何才能念好"精、准、特"三字经,我们前面已经讲得比较具体和相当系统,这里就不再展开了,只举一个例子。比如,武隆县的山地户外运动国际赛事活动办得很成功,影响力越来越大,但我们没有必要亦步亦趋地举办山地户外运动的国际赛事活动。那么,我们可以举办什么具有影响力的国际赛事活动呢?过境兴文县的高速公路就要破土动工,私家车的普及率越来越高,我们就可以在这方面做文章,打好世界地质公园这张好牌,建设自驾车大本营,组织举办自驾车国际越野赛事活动。现在,兴文县成立了中国兴文世界地质公园可持续发展研究中心,就可以立项研究如何组织举办这样的赛事活动,如何延伸赛事活动的业态链条,如何提升赛事活动的产业溢价能力,如何实现赛事活动的可持续发展,旅游产业如何战略引领,把我们的竹生态产业做成具有国际影响力的产业链,把兴文县的乌鸡养殖业做成规模效应的特色产业,把苗医苗药做成高端价值的康养产业,把僰人文化做成具有大西南文化地标意义的高流量产业。因此,中国兴文世界地质公园可持续发展研究中心要发挥参谋部的作用,理论先行,理念先定,使命必达。欲善其事,必利其器。谋定而动,动辄有功,功在当代,利在千秋。

第三节　九寨沟范例：品牌旅游区的竞合策略

旅游业是由旅游供应链相互作用构建而成的产业经济体系，旅游供应链生成机制的多元性和相互作用的动态性，决定了旅游业的多重复杂性特征。对于某一特定的旅游目的地而言，旅游业不仅受到区位条件、资源禀赋、体制机制、经营策略等内源性因素的深度影响，而且受到核心政策导向、主流消费模式、市场竞合关系等输入性因素的强烈作用。因此，九寨沟景区如何优化旅游业运营模式是一个具有挑战性的现实问题。

正因为解决现实问题面临着高难度的挑战，所以考察报告的第一部分和第二部分才写得非常具体和特别详细，主要是在探讨九寨沟景区优化旅游业的必要性和解决现实问题的可能性。基于我们的实地考察，这个问题的答案已经清晰明了：九寨沟景区正处于数量增长活跃期，需要转向质量创新发展模式。

2018年8月6日，下午4:30，九寨沟管理局赵德猛局长、徐荣林书记以及相关职能部门负责人参与了笔者团队的考察交流座谈会。座谈会就以下五个基本问题进行了愉快交流和深入探讨[7]。

一、市场前景问题

观光旅游是旅游消费的主流，九寨沟景区的游客年接待量突破500万人次之后，还将保持稳步增长的态势。

最近几年，旅游界有一种非常流行的说法："观光旅游升级为休闲度假旅游。"而且发布了许多的行业发展报告来验证这种说法。如果是这样，九寨沟景区应该如何应对？

关于观光旅游、休闲旅游、度假旅游、学养旅游的概念和等级划分确实比较流行，旅游转型升级的观点确实比较普及。如果我们认真地思考一下，这些概念之间真的是一种直线式的简单逻辑关系么？问题就迎刃而解啦！"观光"与"旅游"是并列关系，还是包容关系，还是同一个内涵的两种说法，显然是没有人能够说清楚的，即使是《新华字典》上也没有这两个概念的精准界定。造成这种模糊不清的原因，可能来自三个方面：一是国内的方言俚语多如牛毛，对同一种事物和现象用不同的概念来表达，或者用不同的概念表达同一种事物和现象，既可以意会，又能够言传，大家就约定俗成了，并没有人当真；二是国外的语言多种多样，英语、法语、俄语、日语、西班牙语等语言的表达习惯不同，我们在翻译引进的时候又有香港、台湾、上海等渠道的差异，对同一种事物和现象用不同的概念来表达，或者用不同的概念表达同一种事物和现象，再正常不过了；三是旅游学还处于构建的过程之中，由于跨界引入多于自主研究，所以旅游学的核心概念和知识体系尚没有形成基本的共识，学术问题的语言表达处于各行其是的随意状态。

其实，"休闲"与"旅游"、"度假"与"旅游"、"观光"与"休闲"、"休闲"与"度假"、"度假"与"学养"等概念都存在语焉不详的逻辑关系问题。既然是这样，它们之间就不存在什么"转型升级"的问题！皮之不存毛将焉附，所以，在没有核心概念和知识体系规范的背景下，不管发布多少行业发展报告，都只能说是某一个机构或者某一个人对某一个事物和现象的认识，不具备纵向叠加和横向比较的可能性，因而，姑且听之，不足为凭！从旅游业运行的实践来看，地方政府对自然山岳型景区始终保持着垄断地位，主力资本对自然山岳型景区始终保持着投资激情，自然山岳型的旅游景区和旅游目的地的游客接待量始终保持着增长态势，这三个"始终保持"足以说明观光旅游始终是旅游消费的主流，从来没有动摇，未来也难以改变。九寨沟景区要有充分的自信，观光旅游是根本，切不可本末倒置。坚定不移地做好观光旅游，然后才是一体化地延伸开拓休闲旅游、度假旅游、学养旅游的消费市场。

九寨沟景区的市场前景是由政策环境、行业发展、资源禀赋等三个因素决定的。一是九寨沟景区具有生态环境保护、世界自然遗产保护和旅游业发展的宏观政策保障。二是随着国家和地方政府密集颁发一系列促进旅游业加快发展的政策文件，旅游消费日益活跃，全国旅游业保持着快速增长态势。三是2017年8月8日的地震给九寨沟景区造成了地质灾害和景观破坏，但是旅游资源品质的总体格局没有变化，点状性的景观破坏可以通过恢复重建得到解决。所以，九寨沟景区市场前景的基本面是稳中向好，随着国家和四川省政府对九寨沟景区所在区域的高速公路、高速铁路、旅游机场等重大基础设施加大投资建设力度，九寨沟景区每年接待旅游者的数量在突破500万人次之后将保持稳步增长的总体趋势，几年之内可以攀升进入1000万人次的高位运行平台。

二、营收潜力问题

旅游消费的总体趋势是持续增长，九寨沟景区的游客人均贡献还有很大的上升空间，能够从170元/人次持续走高到500元/人次。

"十二五"期间，九寨沟景区共接待游客超过1900万人次，比"十一五"期间的游客接待量增长1039万人次，增幅为120.73%，年均增幅为11.45%；实现门票收入32.61亿元，比"十一五"期间的门票收入增长17.5亿元，增幅为115.81%，年均增长为15.8%。[8]这些数据，反映了九寨沟景区正处于客源市场持续增长活跃期，生态观光旅游的核心业务正处于成长扩张的上升通道之中。

就生态观光旅游的核心业务而言，正因为正处于活跃期的上升通道，所以九寨沟景区在经营总收入上还有可拓展的潜力空间。从游客人均贡献来看，2014年为168.41元/人次，2015年为165.96元/人次，2016年为163.67元/人次，基本保持稳定。但是，从横向比较来看，九寨沟景区还有很大的努力空间。一是与国内同类景区横向比较，具有提升营收空间。2016年的游客人均贡献，张家界为721.15元/人次，黄山为867.73元/人次，武当山为553.09元/人次，华山为550.07元/人次，四个山岳型旅游地的平均值为673.01元/人次，显然，九寨沟景区与上述四个山岳型旅游地的游客人均贡献相差673.01-163.67=509.34元/人次，这个距离就是九寨沟景区可以努力实现的营收空间。二是国内旅游总体水准横向比较，具有提升营收空间。根据原国家旅游局的统计公报，2016年国内游客44.4亿人次，比2015年增长11.0%；国内旅游收入39390亿元，比2015年增长15.19%；其中城镇居民花费3.22万亿元，增长16.77%；农村居民花费0.71万亿元，增长8.56%。国内旅游人均贡献是887.16元，其中城镇居民旅游人均贡献为1130.7元，农村居民旅游人均贡献为691元。九寨沟景区与国内旅游的游客人均贡献887.16-163.67=723.49元/人次。由此可见，近几年之内，九寨沟景区提升游客人均贡献的营收空间中位数是500元/人次，高位数是700元/人次，最大的想象空间甚至可以达到1130.7-163.67=967.03元/人次。基于景区运营的经济逻辑，九寨沟景区具有游客人均贡献1000元/人次的增长潜力。

三、收益机会问题

资源禀赋决定了品牌优势，品牌优势需要通过产业集群转化为收益机会，九寨沟景区要以翻两番为目标，结构性地调整运营模式。

九寨沟景区年接待游客1000万人次和游客人均贡献1000元的"两个一千"指标是具有可行性的奋斗目标，关键是要将收益机会变成运营现实。从我们实地考察和研究判断来看，如果要将收益机会变为现实收益，九寨沟景区就需要结构性地调整运营模式。

在市场竞争条件下，由于区位条件、资源禀赋、体制机制和运营管理等因素的机缘巧合，旅游景区实际上是处于不同竞争格局之中的，按照战略管理的思维来看，可以分为引领型景区、挑战型景区、紧跟型景区和补缺型景区。对于生态观光旅游景区来说，竞争格局决定了收益机会。引领型景区可以在三个层次上获得收益机会。一是基础性的原生层次，就是利用吸引物的稀缺性，游客必须到访旅游景区，在身临其境的过程中所产生的"吃、住、行、游、购、娱"等刚性消费。比如旅游景区的门票、导游、餐饮和交通等方面。二是产业链的次生层次，就是利用核心业务的相对垄断，整合区域性的要素资源，构建市场化的产业链，满足游客出游过程中的弹性消费。比如旅游景区输出管理、连锁经营自驾车营地、特许经营客栈酒店等方面。三是生态圈的创新层次，就是发挥旅游景区的品牌优势，融入IP和技术，创新产品和业态，满足社会生活中的体验型消费。比如特许的品牌形象、授权的网络游戏、授权的文学影视等方面。

具有世界级影响力的九寨沟景区，不仅是四川省的引领型景区，还是全国性的引领型景区，在理性的运营逻辑上应该拥有三个层次的收益机会。拥有机会，但不代表具有现实收益能力。目前，九寨沟景区的运营模式尚处于基础性的原生层次，并且核心业务主要集中在以生态资源保护为前提的景区内观光游览和摆渡交通。显然，在基础性的原生层次上，九寨沟景区也客观存在着"翻两番"的收益机会。

原国家旅游局2016年的统计公报显示，城镇居民人均旅游花费1130.7元，各项占比为交通费30.9%、住宿15.8%、餐饮26%、购物18.9%、景区游览5.6%、其他费用2.8%；农村居民人均旅游花费691元，各项占比为交通费29.5%、住宿11.2%、餐饮26.8%、购物24.4%、景区游览4.8%、其他费用3.3%。目前，九寨沟景区的经营收入主要是景区门票和景区内交通费，按照上述统计公报的统计口径，只占城镇居民花费的5.6%+30.9%=36.5%，农村居民花费的4.8%+29.5%=35.3%，也就是说，九寨沟景区的收益机会还可以在住宿、餐饮、购物等方面有所作为。即使按照2016年163.67元/人次的游客人均贡献为基数，以占60%计算，九寨沟景区在游客人均贡献方面尚有245.5元/人次的收益机会。结合上述营收潜力的分析，如果以500元/人次的游客人均贡献为基数，九寨沟景区尚有300元/人次的收益机会；如果以700元/人次的游客人均贡献为基数，九寨沟景区尚有420元/人次的收益机会；如果以1000元/人次的游客人均贡献为基数，九寨沟景区尚有高达600元/人次的收益机会。可以说，在基础性的原生层上，300元/人次、420元/人次、600元/人次是九寨沟景区努力增加游客人均贡献的三个台阶，收益机会就在住宿、餐饮、购物等三个方面。所以，九寨沟景区通过结构性调整运营模式，可以在基础性的原生层次上做精核心业务，在产业链的次生层次上保持数量增长，在生态圈的创新层次上实现质量发展。

四、运营策略问题

在常态的均衡经营中谋求非常态的垄断经营是旅游景区最基本的核心竞争战略，九寨沟景区要审时度势，内外兼修，对内用功，对外使劲。

一般情况下，旅游景区的收益问题是一个复杂的运营管理问题，不能简单地理解为景区财务管理问题。它不仅涉及年度接待游客量、游客人均贡献、运营成本管理等内部性因素，而且还涉及行业政策、总需求和总供给等外部性因素，具有预见性、结构性和周期性的特点。因而，它需要旅游景区连贯性的依规而行和长短性的相机决策，才能在短缺与过剩的动态市场环境中寻求均衡收益基础上的垄断收益。只有垄断经营，才能获得超过平均利润的高额利润，这是经济学的基本常识。但是，垄断经营需要绝对优势，在现实经济活动中，绝对优势是一种可遇不可求的稀缺状态。所以，均衡经营是常态，垄断经营是非常态，旅游景区要在常态的均衡经营中谋求非常态的垄断经营。

目前，中央政府和地方各级政府高强度地颁布促进旅游业加快发展的政策措施，社会资本高密度地跨界定向投放旅游业，随着时间的推移，这两种外在的流动性力量叠加形成了旅游业的内部效应：在基础性的原生层面，相对于客源市场总需求而言，社会旅游总供给正在发生从结构性短缺向结构性过剩的演变现象。这是我们今天探讨九寨沟景区收益问题的现实背景，基于这样的分析判断，九寨沟景区调整运营模式的策略应该是"内外兼修，对内用功，对外使劲"。

从几十年的运营实践来看，九寨沟景区的核心竞争力来源于大自然馈赠的资源禀赋，在生态观光旅游领域拥有独树一帜的比较优势。优势是一个相对而言的概念，在不确定性的市场约束条件下，任何优势都具有此消彼长的可能性。从经营管理的角度讲，九寨沟景区要坚守可持续的比较优势，就必须要在资源禀赋约束条件下实现边际成本最小化和边际收益最大化。经济学上有"漏损效应"和"溢出效应"两个重要的概念，可以启示我们在旅游景区的实际运营管理中寻找到解决边际成本最小化和边际收益最大化问题的操作路径。

对于九寨沟管理局而言，所谓"漏损效应"，就是九寨沟景区游客人均贡献与同类景区游客人均贡献的差距。比如，九寨沟景区2016年的游客人均贡献是163.67元/人次，而安徽省黄山景区的游客人均贡献为867.73元/人次，相对而言，九寨沟景区的漏损效应就是704.06元/人次，漏损率就是81.14%。所谓"溢出效应"，就是九寨沟景区游客人均贡献与九寨沟景区游客人均出游花费的差距。比如，九寨沟景区2016年的游客人均贡献是163.67元/人次，如果成都游客自驾游九寨沟景区的人均出游花费是1000元/人次，那么，成都自驾游客的溢出效应就是1000-163.67=836.33元/人次，溢出率高达83.6%。漏损效应反映了旅游景区的产品体系和业态结构与到访游客的消费行为不匹配，存在供给缺位甚至错位供给的现象，是旅游景区的内源性因素导致了漏损效应。溢出效应反映了旅游景区对相关产业和相关区域的乘数作用，存在着产业链延伸不够和生态圈构建不足的现象，是旅游景区的外部性因素引起了溢出效应。目前，这么高的漏损率和溢出率，说明九寨沟景区需要结构性地调整运营模式，对内用功压缩漏损效应，对外用劲回笼溢出效应。

五、对内用功问题

旅游景区如何运筹品牌价值的最大化，是一个经济逻辑和运营技巧的现实问题。九寨沟景区在基础性的原生层次、产业链的再生层次和生态圈的创新层次上大有作为。

从传播学的角度讲，"九寨沟"具有三重意义：一是地理空间概念的"九寨沟"，由分布着九个藏族寨子的树正沟、则查洼沟、日则沟等三条沟组成；二是行政区域概念的"九寨沟"，就是九寨沟县；三是旅游品牌概念的"九寨沟"，就是游客口碑中的九寨沟旅游地。在现实生活中，这三个概念的"九寨沟"实际上是处于一种模糊状态，九寨沟景区内居民、九寨沟管理局、九寨沟县、阿坝州、四川省等五个主体对"九寨沟"的品牌权益都有直接的主张路径。也就是说，九寨沟管理局不可能完全掌控"九寨沟"的品牌价值。

不能完全掌控，不代表没有运筹品牌价值最大化的可能性，只是经济逻辑和运营技巧的问题。九寨沟管理局作为融合三个"九寨沟"概念和衔接五个"九寨沟"主体的枢纽性组织单位，必须内外兼修，起承转合体制和机制的动能，对内用功压缩漏损效应，对外用劲回笼外溢效应，才能最大限度地发挥比较优势，最大化地实现九寨沟的品牌价值。

相对于对外用劲而言，九寨沟管理局对"九寨沟"品牌价值的内部最大化具有绝对的优势话语权。正如我们前面谈到的对内用功解决漏损效应问题，九寨沟管理局在基础性的原生层次、产业链的再生层次和生态圈的创新层次上还是大有作为的。这涉及九寨沟管理局的体制机制问题，现实条件下，很多事情是很难一下子就梳理清楚的，我们姑且把复杂问题简单化，就谈九寨沟景区如何实现收益增长的问题。因为上级行政主管部门常常会以"五年规划"的方式给九寨沟管理局下达每年的经营管理指标，不管这些指标是如何编织出来的，这些指标肯定都有具体的含义，而且是相互关联的。从经营管理的角度讲，这个指标体系实际上就是"九寨沟"品牌价值的一种社会共识，从宏观管理的角度体现了九寨沟景区的发展愿景、战略定位和业务领域。这样认识九寨沟景区运营管理问题很有意义，我们就有了"有所为，有所不为"的核心和边界。

基于这样的认识，九寨沟管理局"有所为"就是要在内部用功。杠杆原理告诉我们：作用在杠杆上的动力和动力臂的乘积等于杠杆受到的阻力和阻力臂的乘积。简单点说，就是在特定的杠杆和支点前提下，撬动的物体重量与杠杆另一端施加作用力的大小和作用点直接相关。杠杆原理可以解释经营管理问题，九寨沟景区的资源禀赋就是支点，"三合一"的体制就是杠杆，游客市场就是阻力，区位条件就是阻力臂，经营策略就是动力，运营模式就是动力臂。对于九寨沟景区而言，杠杆和支点是刚性的约束条件，游客市场和区位条件是外部的因变量条件，经营策略和运营模式是内部的自变量条件，因此，九寨沟景区要在改变自变量条件方面下功夫，这就是对内用功。一般情况下，旅游景区的对内用功是一个系统工程，经营策略涉及选择核心业务领域和培育基本竞争优势的统筹管理，运营模式涉及资源评价、投资决策、技术研发、产品组合、服务质量、市场营销和人力资源等职能的计划、组织、实施和控制。

对于九寨沟景区而言，对内用功主要体现在聚焦核心业务、补齐结构短板、锁定主流客群、夯实深度体验等四个方面：

第一，核心业务领域就是生态观光旅游领域，但是还可以进一步细分，关键在于如何规划设计依附于资源禀赋的产品线。目前，九寨沟景区主要是以树正沟、则查洼沟、日则沟的钙华水景观为核心载体构建的生态观光旅游产品线，还有三条产品线有待深度开发：一是以扎如沟的山岳森林景观为核心载体的生态观光旅游产品线；二是以藏寨、扎如寺、扎依扎嘎神山为核心载体的藏文化产品线；三是以九寨沟景区自然生态环境为核心载体的休闲度假康养产品线。

第二，资源禀赋决定了九寨沟景区的基本竞争优势，山岳型的钙华水景观成就了九寨沟景区品牌的竞争集中度。目前，九寨沟景区正处于游客数量增长活跃期，每年到访的游客将达到1000万人次的数量级，这是一个不言而喻的机会和挑战。机会就在于这样庞大的游客流伴随着同样规模的收益潜力，挑战就在于这样庞大的游客流需要同样规模的运营管理系统和后勤保障系统。导流是旅游业的基本功能，如何导流，就是九寨沟景区将挑战转化为机会的关键所在。所以，九寨沟景区的吃住行游购娱等供给要素必须要统一在九寨沟管理局的运营管理体系之中，采用经营单位的分权组织形式，才能实现导流的效能最大化和效益最大化。目前，九寨沟景区内的供给要素存在三个短板：一是行和游的匹配问题，关键是摆渡交通与游客动线的协同组织；二是吃和游的匹配问题，关键是游客动线与餐饮布局的无缝对接；三是购和娱的匹配问题，关键是特色商品和文化娱乐的精准开发。基本任务是分两步走，第一步是补齐短板，完善"吃住行游购娱"等供给要素，将收益机会转化为机会收益；第二步是优化结构，做出"吃住行游购娱"等要素供给的比较优势，打造与九寨沟景区品牌相匹配的系列子品牌，获得与游客数量同步增长的稳健收益。基本策略是九寨沟景区内由一套班子决策，用一套制度统筹，按一套标准督导。

第三，新生代人群主导着旅游消费的市场趋势，产品和服务只有无缝对接这种趋势，九寨沟景区才能实现"两个一千"的战略目标。目前，新生代人群主导的旅游消费表现出5个基本特点：一是1990年代和2000年代出生的千禧一代是旅游消费市场的主流人群；二是基于互联网、AI、VR等技术的自媒体是千禧一代旅游消费观念的主导力量；三是基于朋友圈和社交群的网红现象是千禧一代旅游消费内容的主要逻辑；四是基于高速公路、高铁、航空等网络化交通条件的自由行是千禧一代旅游消费行为的主力模式；五是基于沉浸式在地场景化的深度体验是千禧一代旅游消费过程的体验方式。用旅游界的习惯语言来讲，就是"五个变化"：主流人群变了、传播方式变了、出行方式变了、消费方式变了、体验方式变了。面对着这种时代性的变化，千古不变的自然景观型景区如何应对呢？这就是九寨沟景区直面的现实挑战，就像巨轮航行在汪洋大海中一样，只有在相对不变中驾驭好变化的动态环境，才能凤凰涅槃地将挑战转化为机遇。那么，什么是相对不变的？一是健康快乐的人生价值诉求没有变；二是供求关系动态平衡的经济发展规律没有变；三是让陌生人满意的商业交易逻辑没有变。对于九寨沟景区而言，这"三个没有变"主要体现在资源禀赋、运营模式和产品服务三个方面。用好用足"三个没有变"，才能应对"五个变化"。万变不离其宗，就是尊重千禧一代的消费主流，借助自媒体的市场力量，运用网红现象的商业技巧，满足自由行的消费需求，提升深度体验的特色质量，用好主题、好内容、好产品、好服务、好体验满足千禧一代日益升级的旅游消费需求。

第四，九寨沟景区长期以来形成了Y字形的山谷钙华水景观旅游线路，固化了"线长、点多、回路少"的游客动线特点。面对游客流的季节性变化，这种游览线与疏散线合二为一的游客动线布局会直接导致游客流的潮汐现象，从而频繁出现堵塞点，如果暑假叠加了节假日，九寨沟景区内就会出现严重的游客滞留现象。旅游线路不仅是物理空间的游客动线，而且是运营管理的产品线，更是心理意义的游客体验线，没有顺畅的游客动线，就没有深度的游客体验，更不可能有产品的美誉度，所以，"线长、点多、回路少"是九寨沟景区实现"两个一千"战略目标的一个痛点，必须要积极稳健地解决好。如何解决，就是一个系统性的操作策略问题啦。这次来九寨沟景区考察之前，杜杰处长给我们发了希望能够在考察期间深入交流的五个问题，实际上为解决这个痛点提供了思维路径。一是如何实现文旅融合，自然观光游与文化旅游如何互动发展。比如，主景区内村寨如何发展，老寨子如何开发，社区居民经营性活动外迁如何落实？二是如何实现自然观光游与生态旅游协同发展。比如，扎如沟如何开发，五花海以上区域如何开发，仙女池如何开发？三是如何增强沟口游客中心（博物馆）的游客体验感。四是如何丰富游客体验方式，如何开发生态科教游、地质科考游。五是如何升级沟内交通方式，能否使用轻轨、电瓶车，景点立体式交通。

这五个现实问题，归根到底就是要解决好游客的深度体验问题。从九寨沟景区的运营现实出发，解决这些问题的金钥匙就是要在以自然景观为主体的产品线上叠加以人文内涵为主题的故事线。一是自然科普主题的故事线，包括地质地貌、水文气象、地理环境、植物动物等自然科普主题的故事线，用系统化的基础原理和基本知识解读九寨沟景区及其周边自然环境的形成过程和演变机制，统筹协同游客集散中心（自然博物馆）、游客动线和景区导游系统，深化自然观光游、生态科教游、地质科考游等业态组合，主题化地策划设计在地场景化的游客体验活动。二是藏族文化主题的故事线，包括九个藏寨（包括原寨子搬迁后的环境现状）、扎如寺、漳扎镇等藏族风情主题的故事线，从人类学和社会学的视角解读九寨沟景区及其周边藏族村寨的本真性和文化性，统筹协同家庭、家族、民居、村寨、寺庙、神山、转山道等人文要素，深化藏族习俗、藏族民俗、藏族礼仪、藏族文化、藏族风情、藏族美食、藏族茶艺、藏族医药等在餐饮、民宿、娱乐和购物方面的业态转化，主题化地策划设计游客参与其中的沉浸式体验活动，全面提升亲情教育、静修康养和休闲度假等人文体验的深度和美誉度。三是用故事线重组再造游览线，随之而来的就是要配置与优化交通方式，从长远发展的角度来看，九寨沟景区内的轨道交通是必不可少的，至少九寨沟景区入口处—树正社区—则渣洼社区—诺日朗—五花海是需要轨道交通作为循环线路的。

好山好水的九寨沟，更需要好故事！九寨沟不仅是一个有故事的地方，而且是一个有好故事的地方。九寨沟好故事的主讲者是我们九寨沟管理局、旅游者的九寨沟攻略、段子手的九寨沟歌谣、自媒体的九寨沟网红、主流媒体的九寨沟文宣，线上线下都是九寨沟好故事的传播力量。只有练好了内功，全面深化改革了运营机制，留住人才，吸引更多的人才，投身到九寨沟景区的发展事业中来，九寨沟景区才有机会用产业集群最优化地压缩内部的漏损效应，用品牌优势和管理模式最大化地回笼外部的溢出效应。只有高品质、可持续发展的九寨沟景区，才能为阿坝州和九环线带来可持续的游客流，才能为四川省旅游产业带来更上一层楼的美誉度，才能为旅游景区的中国服务贡献九寨沟的品牌力量。

第四节 大南山样本：国际旅游区的富民策略

要紧紧围绕维护新疆社会稳定和长治久安这个总目标，把兴业富民摆在首要位置，提高素质，扩大就业，促进劳动力从农牧业向旅游业转移。尤其是在压粮节水、禁牧节水的背景下，又快又好地发展旅游业，促进农牧民向旅游业转移显得十分迫切，因此要充分发挥乡镇、村社的政策带头作用和企业的市场主体作用，扎实做好培训、引导和组织工作，实现知识富民、政策富民、产业富民、市场富民、两居工程惠民的兴业富民目标，兴业富民是南山旅游产业基地可持续发展的基础工作中的基础[9]。

一、旅游兴业富民的实践经验

通过总结云南、重庆、北京等多个省市乡村旅游的发展经验，可以总结出具有借鉴性和实操性的六个路径和七种模式。

1. "六个一"发展路径

兴业富民推动乡村建设的目标一致：围绕富民强村的核心目的，实现共同富裕；结合不同板块的资源特色，根据不同村庄实际发展情况和居民的承受能力，以村庄为单位，力争实现"一乡一业、一村一品、一户一路"的产业可持续发展道路。

（1）每一个村庄都有一套主导发展模式。南山旅游产业基地兴业富民不仅需要关注硬件条件的建设完善，更要为每一个村庄的发展规划设计村庄提升发展模式，并逐步提升、优化和转型。近期以整合优化或选择道路为发展思路，中期进行道路的优化提升，远期根据实际情况进行村庄发展模式优化转型。进一步确定主导产业引领村庄发展的产业模式，而这一主导产业必须要以村庄所处的自然地理和社会经济环境为基础。

（2）每一个村庄都有一种主导产业模式。为每一个村庄构建一种主导产业模式，形成"一村一品，一村一社"的发展格局。在资源依托和发展条件相似的村庄可以共同构筑一品，形成一个区域规模化发展的产业，未来更要形成区域内村庄分工化的发展模式，以村庄为单位形成每一条产业链上的重要节点，形成专业村发展模式。家庭是乡村建设的基本单元，让每一个家庭都能够在乡村建设中受益。

（3）每一个家庭都有一种主导盈利模式。要关注每一个家庭的发展，而"兴业富民"的发展目标最有效的表现就是在家庭上。为每一个家庭设计一种主导盈利模式，根据村庄的整体产业发展模式，充分调动每个村庄、每户居民参与到美好乡村建设过程中，融入到村庄的整体发展中。

（4）每一个农牧民都有一种主导从业渠道。让每一位农牧民都参与到建设中来，为每一个农牧民都寻找一条从业渠道，让农牧民扮演好在乡村建设过程中的角色，能够结合自身特点，经济实力、参与旅游发展，获得发展出路。

2. 七种乡村发展模式

城镇带动型 主要是针对城镇周边的村庄未来发展提出来的发展模式，临近城镇的村庄不仅要在社会基础和服务设施上享受便利，更要积极融入城镇发展分工体系中。通过"输出与引进"的发展模式（输出指村庄为工业园区、商贸物流、服务行业提供劳务资源，引进指创办农牧家乐让都市居民到村庄享受田园风情），从两个方面提升农牧的经济收入，改善生活品质。

规模农牧业产业型 主要针对土地资源相对丰富的村庄，在进行标准化良田整治的基础上，通过进行种植结构的调整，引入现代种植技术，打造专业化的高效蔬菜生产基地、优质有机农产品、特色花卉产业等；通过成立专业化的农业、牧业合作社，引入农业、牧业龙头企业，打造特色规模农业、牧业产业村。

休闲旅游产业型 主要是针对生态环境良好、文化特色突出和邻近大型景区的村庄，这是指以农业、牧业和农村为载体，利用农业、牧业生产经营活动、农村自然环境和农村特有的乡土文化吸引游客，通过集观赏、娱乐、体验、知识教育于一体的新兴休闲产业带动新农村建设，将村庄打造成为旅游景区的一种模式。通过发展旅游为村庄寻找独特一品；通过旅游发展为村庄带来人气、财气和商气；通过发展旅游调整村庄的生产结构，将旅游打造成为展示农村产业产品的形象展示产业，将传统的农业、牧业产品转变成为质优价高的旅游产品。

专业合作带动型 主要指以各种农牧民合作组织为依托，通过各种形式把农牧民组织起来，整合社会资源，促进农村各种生产要素的合理配置，突破原有的一家一户分散经营的制约，提高农业、牧业资源的综合利用开发水平，通过壮大集体经济，改善公共设施，使农村的生产和生活条件不断提高，促进村容村貌不断改善，进而建设新农村的模式。

特色产业带动型 主要指在林业资源丰富、地形地势复杂的村庄，打造以专业化生产方式带动的村庄发展模式，形成优质林果专业村、特色养殖专业村等特色专业村。特色产业带动型新农村建设要注意：定位准确，大而全容易导致缺乏特色；政府不能越位、缺位和错位，要树立服务意识，避免过分干预市场；重视示范带头作用，分步实施；大力发展订单农业、牧业和产业一体化组织；重视农业、牧业技术推广和自主创新，以特色促品牌。

文化保护带动型 主要是针对区域内历史文化底蕴、文化价值较高的村庄，在进行保护整治的基础上，挖掘其文化独特性，以文化旅游的方式对村庄进行保护性开发，保证村庄的完整性和文化的传承性。

科技示范带动型 规划在不同的发展片区选择发展条件依托较好的村庄，打造成为区域的科技示范带动型农村，主要侧重农业、牧业发展，通过在每个区域点状的示范带动，对整个区域的产业发展进行改良，实现"以点带面，整体崛起"。

应依托南山旅游产业基地区位条件、资源特色和市场需求，挖掘文化内涵，发挥生态优势，突出乡村特点，开发一批形式多样、特色鲜明的乡村旅游产品。推动乡村旅游与新型城镇化有机结合，合理利用民族村寨、古村古镇，发展有历史记忆、地域特色、民族特点的旅游乡镇，建设一批特色景观和特色村庄。

二、旅游兴业富民的发展方向

加强规划引导，提高组织化程度，规范乡村旅游开发建设，保持传统乡村风貌。加强乡村旅游精准扶贫，扎实推进乡村旅游富民工程，带动贫困地区脱贫致富。

1. 社区旅游

主要在以下五个方面做出努力。

（1）模式创新

根据乌鲁木齐市南山旅游产业基地乡村特点，采用以政府为主导的开发模式：Government（政府）+Interests（利益）+Village（社区）+Education（教育）+Native（本土化）。简化为：G+I+V+E+N=GIVEN模式。该模式提倡政府发挥主导作用，建立合理的利益分配机制，与当地村委会建立沟通和互信的社区参与机制，进行各种文化知识的教育，并倡导企业经营本土化。

（2）社区协调机制

委员会由当地政府旅游部门负责人、企业代表、当地个体私营者代表、当地社区代表组成，定期召开协调会议，就发展中出现的问题进行协商、解决，以协调各方的利益。其中的社区代表必须是在村中有威信的人，能够真正代表广大群众利益的人，因为村民不是无关或被动参与的对象，而是旅游开发的主要力量，如果他们的利益诉求得不到满足，社区旅游将无法成功发展。

（3）社区提升内容

按照规划中的经营规则对本地人展开培训，提高社区参与能力并强化规则意识。通过"两居工程"将农牧民定居、聚居的机遇，拆除严重影响景观的单纯经营性的自由搭建建筑。根据乌鲁木齐市南山旅游产业基地的民族特色、景观特色、人文特色，对两居工程的外立面风格进行设计。由政府出台房屋建设条例，对新房的建设用地实行严格审批，并规定房屋的外形、材质、体量、色彩等方面。

规划另外选址集中建设商业服务区。鼓励社区居民经营民俗文化展示、民族工艺展示等民族文化类项目。规划打造新型农村社区，将发展旅游业与农牧民增收相结合。加大观光休闲农业、牧业的开发，建设农业、牧业示范园，开辟特色果园、菜园、花圃等，让游客进行让游客入内摘果、拔菜、赏花、采茶，享受田园乐趣；建设农业、牧业公园，将农业、牧业、牧业生产场所、农牧产品消费场所和休闲旅游场所结合为一体教育农园；打造特色农牧家乐，哈萨克风情园，将民族文化作为核心吸引点。

（4）社区旅游利益点

社区旅游经营性收入包括特许经营费、家庭旅馆、农家乐餐饮（为避免污染等原则上集中布局和经营）、旅游工艺品、骑马学校、公司的门票分成等经营性收入。

社区旅游生活品质提高包括社区基础设施建设、村民素质提高、多民族传统文化传承、典型景观保护，社区环境改造、自然环境保护、村民素质提高、民族文化保护。

社区旅游生产性收入包括公司务工、工艺品生产销售（管理局为村民优惠划出经营专区）、土特产生产销售、特色瓜果生产销售等。

社区居民身份转变包括以泛旅游产业推动城镇化建设，改变传统农牧业的单一经济结构，打破城乡二元化格局，建设新农村、新社区；以尊重生态和文化为原则，合理规划，建设新农舍、新设施、新环境、新农牧民、新风尚的美丽乡村；坚持农户主体，促使当地农牧民就地就业，由第一产业向第三产业转化，实现农牧民的就地城镇化。

（5）发展区域

乌鲁木齐市南山旅游产业基地内的所有乡镇，进行全域社区旅游大发展。

2. 民宿旅游

主要在以下两个方面做出努力。

（1）模式创新

乡村民宿旅游的运作，应该包括四部分，即政府（Government）、村集体（Village）、投资商（Investors）、农户（Farmers）。乌鲁木齐市南山旅游产业基地内的乡村旅游民宿应该采取G+V+I+F的运作模式。

政府应该对交通道路、上下水管网、水利灌溉等公共设施的建设给予补贴，对规划、技术辅导予以支持，对市场启动、宣传推广、前期消费带动给予扶持。

村委会是政府协助下的核心机构，是代表集体经济的决策机构。村集体经济是科学发展乡村民宿旅游的关键，应该选择集体经济相对较发达的村落进行乡村民宿建设，这样才能较好的建设积极设施，投资一些旅游项目，形成较大的吸引力。

投资商是民宿旅游建设的外来动力。应尽量吸引外来投资人，建设独立的旅游项目，如农家小院、生态餐厅、景区项目、歌舞或地方戏剧展演等，带动民宿旅游体验的发展。

农牧民是乡村民宿旅游的主体，既是受益人，也是投资人。农牧民投资新民居建设（家庭旅馆），投资餐饮（农家乐、牧家乐），投资经济作物（花卉、果林等），是打造民宿旅游体验最为重要的内容。民宿旅游，以游客的旅游消费过程为核心，形成农业、牧业产业结构的调整，为农户带来新的收益模式。

乡村旅游的民宿利益点为：乡村景观—吸引游客观光—观光收入；乡村田园环境—吸引游客住宿—住宿收入—农居转变为生产资料；新鲜、健康的农牧产品—吸引游客就餐—餐饮收入—农牧产品转变为生产资料；经济作物—吸引游客购买—购物收入—高附加值销售农牧产品。

（2）发展区域

制定和推广特色民宿品牌，重点扶持方家庄村、平西梁村、东湾村、西白杨沟村、天山村、马家庄村、包家槽子村、白建沟村、乌什城村、黑沟村等发展民宿旅游。

三、旅游兴业富民的实施路径

1. 知识富民

主要有以下5个基本路径：

（1）修建农家书屋。农家书屋工程是为农牧民做好事办实事的民心工程，是更新农牧民的思想观念的素质工程，也是文化部门服务社会主义新农村建设的文化惠民工程。

（2）成立农牧业技术研发机构。成立由政府、科研机构和农牧民合作组织紧密配合的研究体系，并由生产部门提供研究经费及实验基地，由农业研究组织来承担，研发新的水资源和节水途径，如喷灌、微灌和滴灌技术，耐盐作物的培养和废水的高效利用技术。

（3）成立农牧业教育培训机构，作为从事农业专业教育的主要教育机构和专业人才培训中心，开展免费农业培训教育，由专家讲课，内容包括节水灌溉技术、沙漠改造和无土栽培技术等种植技术。

（4）学习传统文化。学习内容包括独特工艺，如器具制作、雪橇制作等；习俗工艺，如传统歌舞、仪式等；手工艺，如皮具制作、羊毛编织等。执教者为社区中的长者，掌握工艺的年长者是传统知识的源泉；学习者是青少年。教育培训目的是帮助儿童在学习中发展，鼓励青年学习自己的文化和传统艺术的形式，让公众在赞扬中获取自信，强化公共的社会关系，让儿童懂得传统工艺具有经济开发价值。

（5）开展旅游行业相关培训。培训内容涉及酒店服务（礼仪、餐饮、客房、保安、前台）、导游等各种旅游技能及旅游服务行业相关知识，由全国知名高校教授、著名学者及旅游行业专家给学员授课，主要培训内容有农牧民普通话普及等。达坂城区和乌鲁木齐县少数民族集聚地，普通话普及率低，要加强开展旅游社区居民教育，尤其是开展针对农家乐、牧家乐经营者的培训；制定切实可行的旅游宣传教育政策并认真落实，定期举行技能培训等，规范行业经营。

2. 政策富民

利用国家、新疆维吾尔自治区、乌鲁木齐市、乌鲁木齐县、达坂城区各层级优惠的政策条件，鼓励农牧民自主创业，积极创新，脱贫致富。主要有以下两个层面的政策。①国家层面促增收政策。要利用惠民政策，即国家对于新疆的农牧民增收的优惠政策，有效提升农牧民收入。②地方层面优惠政策。在新疆维吾尔自治区、乌鲁木齐市、乌鲁木齐县、达坂城区层面，充分利用两居工程的优惠政策，改善农牧民生活，实现安居富民、定居兴牧。充分利用好安居富民优惠政策，提高建房补助标准，扩大农牧民建房财政贴息政策范围、延长贴息年限，减免相关手续费，通过"腾笼换鸟"的置换方式，将土地集中开发，让农牧民安居。通过定居兴牧优惠政策，将牧民集中安置，集约利用草场，保障草场的可持续发展，为牧民利益可持续化提供保障。

要提高种地集约经营、规模经营、社会化服务水平，增加农牧民务农收入，鼓励发展、大力扶持家庭农场、专业大户、农牧民合作社、产业化龙头企业等新型主体。

要提高农牧民素质，培养造就新型农牧民队伍，把培养青年农牧民纳入国家实用人才培养计划，确保农牧业可持续发展。

要积极拓宽农牧民增收渠道，建立促进农牧民增收的长效机制；提高农业生产效益，促进家庭经营收入稳定增长；引导农村劳动力转移就业，促进工资性收入持续增加；加大对农业的补贴力度，促进转移性收入大幅增长；加快推进农村改革，创造条件增加农牧民的财产性收入。让农牧民通过自己辛勤劳动，也能进入小康。

具体措施是认真贯彻落实中央各项惠农政策措施，不断优化财政支出结构，加大支农资金整合力度，努力增加财政支农投入。加大财政累计投入强农惠农资金，促进了全省农业农村经济的持续稳定发展。同时，按照财政整合资金的要求，不断改革创新财政资金的投入方式，提高资金使用效益，加快扶贫攻坚步伐，着力支持农民减负增收、农村基础设施建设和农村社会事业发展，确保了农民增收、农业增效、农村发展。

3. 产业富民

要以产业带动就业，形成旅游开发企业与农牧民共同利益分配机制，把农牧民纳入旅游开发的全过程，尽最大可能为农牧民提供旅游就业机会，带动农牧民共同发展共同致富。从产前—产中—产后形成产业链条，上游产业主要进行农资生产、农资流通，中游产业发展农产品种植生产，下游产业发展农牧产品加工、农产品运输、农产品销售，产业链的横向延伸，增加了农牧产品附加值，同时形成稳定的价值体系，藏富于民。

（1）大力发展订单农业、牧业。现代农业、牧业发展的最终目标是发展订单农业、牧业。订单农业、牧业也称合同农业、牧业，是农户、牧民在农业、牧业生产经营过程中，按照与农产品购买者签订的合同组织安排生产并按照合同规定的数量和质量出售农产品给企业的一种农业、牧业产销模式。企业（加工企业或者经销商）和农户通过农产品购销合同来明确双方的权利与义务，完成农产品物料的生产与收购活动。企业和农户签订的合同可以是简单的购销合同，也可以是为农户提供农业、牧业生产要素或对农户生产有完备的技术规程的生产合同。与传统农业、牧业先生产后找市场的做法不同，订单农业、牧业为先找市场后生产，是市场经济的产物。乌鲁木齐市南山旅游产业基地订单农业、牧业的发展，主要是依托构建的乌鲁木齐市南山旅游产业基地总部旅游集散服务中心为经销商实现的。也就是说，游客或其他旅游企业可以长期通过旅游集散中心完成对农产品的订购，而旅游集散中心则负责实现对农产品质量的收购、监管、运送等"一条龙"式服务，从进而促进农牧民增收。通过上述步骤，再进一步实施订单农业、牧业，不仅能够实现农牧民增收的目的，还有益于实现农业、牧业产业结构调整和转型升级。

（2）扶持地方居民参与民族工艺品生产。重点扶持民俗街区、手工艺品一条街和民族乐器村等民俗街区和民俗村民族工艺品规模化生产和技术升级改造，引导少数民族旅游工艺品生产上规模、上档次和精品化发展。

（3）引导发展林果等旅游土特产品生产。积极扶持引导旅游热点地区少数民族居民发展符合旅游市场需求的干鲜果品生产，改善旅游土特产品的加工工艺和包装设计，增加干鲜果品的附加值。

4. 市场富民

乌鲁木齐市南山旅游产业基地兴业富民建设过程中，利用市场规则，在市场体系培育中要突出抓专业市场、特色市场建设，牵动乡镇经济快速发展。市场建设遵循两条原则：一是"不求其全，但求其特"——根据集体区域经济特点和当地产业优势，大力发展特色专业市场；二是"不求其多，但求其优"——不追求数量规模，着力培育在地方产业发展中处于龙头地位。

建一处市场，活一方经济，以特色经济市场建设推动南山旅游产业基地内乡镇经济发展。把乡镇的资源优势转化为经济优势。规划在南山旅游产业基地总部和达坂城区重点发展满足群众日常生活需求的蔬菜、副食品为主的特色市场和新疆特产为主的大型专业批发市场；在乡镇，以本地资源为依托，重点发展各类辐射力强的大型专业批发市场和与市场配套的综合加工区；在乡村，重点发展以乡镇政府驻地村为中心的市场商贸区和农村综合集市。专业市场建设同时可以带动各类种养殖专业村的发展。

5. 两居工程惠民

充分利用两居工程的优惠政策，改善农牧民生活条件，实现安居富民、定居兴业。充分利用好安居富民优惠政策，提高建房补助标准，扩大农牧民建房财政贴息政策范围、延长贴息年限，减免相关手续费，通过"腾笼换鸟"的置换方式，将土地集中开发，让农牧民安居。通过定居兴业优惠政策，将牧民集中安置，集约利用草场，保障草场可持续发展，为牧民利益可持续化提供保障。

（1）通过"腾笼换鸟"方式建设安居富民工程。采取"政府引导、企业开发，农牧民主体、政府配套"的模式，大力改造农牧民危旧房，改善农牧民居住环境和生活环境。

（2）采取牧民下山定居方式建设定居兴业工程。大力实施牧民下山定居开发牧家乐工程，实现牧民下山定居稳得住，能致富。

（3）通过引进大企业进行项目开发，激活土地价值，让农牧民进入企业工作，保障农牧民有稳定的收入来源和社会福利保障，促进乌鲁木齐市南山旅游产业基地的城镇化发展。

四、农牧民参与旅游发展机制

1. 农牧民参与旅游发展模式

组建旅游服务公司、农业、牧业发展公司、酒店管理公司，在统一协调下分工合作；吸引专业人才组建管理团队，招聘和培训当地农牧民就地就业。

旅游服务公司负责组建专业旅游服务团队，负责景区管理、客源开拓和管理、旅游线路开发和接待、大型旅游活动策划和组织等。

农业、牧业发展公司负责引导当地农牧民以宅基地、民居或土地承包经营权等方式入股,参与管理,以"公司+农牧民"模式对农牧业项目进行统一运营。

酒店管理公司为酒店、度假村、农牧家乐等项目物业提供运营、管理和培训,指导当地农牧民农牧家乐发展,吸纳当地农牧民就业。

2. 农牧民参与旅游获利方式

(1) 直接就业,优先就业,增加农牧民就业机会。世界旅游组织资料显示旅游业每增加1个直接就业机会,社会就能增加5~7个间接就业岗位。发挥乌鲁木齐市南山旅游产业基地在就业上的"乘数效应",为广大农牧民依托旅游的发展开展多种经营方式,创造良好环境,间接带动增加农牧民就业。在南山旅游产业基地旅游开发中要特别关注当地农牧民的优先就业权利,保证农牧民在旅游的开发建设及相关服务业经营中优先被雇用。另外建立乌鲁木齐市南山旅游产业基地劳动力就业信息平台,进一步强化就业技能,有针对性地开展培训,积极扶持农牧民在旅游开发中实现就业。

(2) 允许农牧民多渠道参与旅游经营。在景区内为农牧民设立可供经营的旅游项目,并且将这些项目优先承包给农牧民,由农牧民进行经营;引导和扶持乡村旅游发展重点乡镇、村,建立乡村旅游服务中心,鼓励实施"中心+农(牧)户"的形式,对农牧家乐实行统一分配、统一结算、统一宣传,打造农牧家乐品牌。

表14-1 农牧民参与旅游发展的合作模式

合作模式	内容	路径
自营户	农户自己利用宅基地和农舍自行经营农家乐、新型农庄、采摘园等。	接受园区统一规划和管理;予以鼓励和支持,提供创业经营扶持和指导;提供小额贷款等金融帮助。
公司员工	经过培训后成为园区管理公司员工。	由第一产业人员向第三产业人员转化,促使农村闲置人口向非农业、牧业人口转化;严格培训,根据个人条件和特长安排岗位,培养新型农牧民;就地就业,就地城镇化。
股份合作等多种形式	以宅基地或土地承包经营权入股或出让、租赁、转包、互换等方式,获取财产性收益。	公司—合作社—农户,合理合法,市场机制,平衡利益;探索土地流转的多种形式,使农牧民获得财产性收益;加强农牧民保障,持续长远发展。

(3) 建立征地补偿制度及生态环境补偿机制。对农牧民的土地、草地征用给予经济补偿,根据土地的经济产出功能、社会保障功能、生态服务功能核算土地价值,确保旅游开发后农村居民的基本生活水平;此外,可以利用对旅游开发者征收的环境税设立风景资源保护基金和社会经济发展基金,作为地区资源保护和社会经济发展的专项补偿资金。

3. 农牧民参与旅游利益分配

一是农牧民收入周期。政府主导旅游开发,明确农牧在旅游开发过程中的利益构成,分红比例等。农牧民在参与旅游发展中的收益,主要分为四个阶段:第一阶段以劳动报酬为主,现金分红并重,政策补贴为辅;第二阶段以红利、劳动报酬为主,适当政府补贴;第三阶段以劳动回报、红利分红为主，培育创新文化；第四阶段通过旅游集成创新，发展农业、牧业与旅游协调发展的新道路。

二是农牧民收入构成。农牧民收入主要由三方面构成：工资性收入、财产性收入、政策性补贴。工资性收入主要是指农牧民以劳动力加入旅游发展，在旅游企业就职，而获得的周期性收入，除此之外，还包括企业发放的红利以及其他福利，约占总收入的45%；财产性收入主要是指农牧民在从事第一产业农牧业获得的收入，独自经营农家乐、牧家乐开展旅游获得的收入，约占总收入的45%；政策性补贴主要包括国家对于农牧民补贴性政策、农村低保等相关福利，乌鲁木齐市对于农牧民的政策性补贴，乌鲁木齐县压水节粮补贴、两居工程惠民政策等约占总收入10%。

三是利益协调机制。在乌鲁木齐市南山旅游产业基地内要创新性地处理好当地居民、旅游开发企业和政府之间的关系，创新性解决土地和资金、所有权和经营权、当地居民就业增收致富和旅游企业投入产出效益之间的关系，建立旅游企业投资者、居民和游客的共赢。

注释

[1] 董观志.山河壮志:从文旅富民到乡村振兴的操作模式与行动策略[M].武汉:华中科技大学出版社,2022:2-15.

[2] 笔者根据中国产业信息研究网（https://www.china1baogao.com/）、时间财富网（https://www.680.com/it/2008/wx-333215.html）等信息整理。

[3] 笔者根据中华人民共和国交通运输部官网（https://www.mot.gov.cn/）新闻报道整理。

[4] 董观志,傅轶.武隆大格局:中国旅游的领先之道[M].武汉:华中科技大学出版社，2015:1-36.

[5] 笔者根据华侨城集团官网（https://www.chinaoct.com/）信息整理。

[6] 董观志.山河壮志:从文旅富民到乡村振兴的操作模式与行动策略[M].武汉:华中科技大学出版社,2022:61.

[7] 董观志.山河壮志:从文旅富民到乡村振兴的操作模式与行动策略[M].武汉:华中科技大学出版社,2022:151-160.

[8] 数据来源：九寨沟景区官网（https://www.jiuzhai.com/news/number-of-tourists）。本节中其他景区的数据同样来源于相关景区网站。

[9] 董观志,肖开提·吐尔地.疆山如画[M].北京:中国旅游出版社,2015:247-256.

第十五讲
趋势性旅游的管理策略

第一节　迭代演进是旅游发展的主流趋势

第二节　稳中求进对接可预期的旅游市场

第三节　精准施策应对旅游业的不确定性

第四节　守正创新抓住双循环的战略机遇

第一节 迭代演进是旅游发展的主流趋势

2020年的全球大疫情，不仅让我们文旅业受到了前所未有的冲击和挑战，更让世界经济陷入严重衰退，国际贸易急剧萎缩，逆全球化思潮抬头，单边主义和保护主义蔓延，投资受阻，市场波动，消费下滑，民生焦困。这一年，中国"十三五"收官，世界乱云飞渡。这一年是一个起承转合的时间点，放眼世界，我们面对的是百年未有之大变局。大变局体现在两个层面：第一个层面是宏观层面，主要是非西方国家群体性崛起导致的"非西方化"；第二个层面是中观层面，第一个特点是大国政治上的多极化，第二个特点是世界政治地理中心的东移。所以，我们要从两个层面来理解"百年未有之大变局"是一个什么样的变局。

一、时代浪潮的三期叠加，我们要挖掘存量红利

三期叠加，我的理解主要是大周期、中周期和小周期的叠加。大周期是指世界的三个100年，中周期讲的是中国的两个100年，小周期是经济发展模式的30年。在股市上有一句话叫："长期看趋势，中期看预期，短期看消息。"人无远虑必有近忧，我的理解是"300年看国运，100年看命运，30年看财运"，发展文旅业要乘势聚力，顺势而为。所以，我们要跟着大势走，就必须讲大周期；要顺着周期做文旅业，就必须讲中周期；我们要处理好眼前的问题，就需要考虑到经济发展的30年。

1. 大周期是世界的三个100年

我们可以看世界走势的基本的路线图，大家现在讲得最多的是第四次工业革命，有人称之为工业革命4.0。中国在清朝中期以前，一直是领先全球的世界文明中心，文明的主导权都在东方。那么，在最近的这几百年间，为什么世界文明的中心到西方去了呢？实际上，就是这三个100年决定了世界的格局，决定了世界的命运，同时决定了我们的命运。这三个100年使我们看到，18世纪中的英法争霸就开启了殖民海外、海洋贸易和英国崛起的历史大幕，英国崛起以后就开始用殖民体系治世界，随之开启了以纺织机和蒸汽机为代表的机械技术革命，发生了产业革命。产业革命引起了产业结构的调整，引起了人口的流动，引起了城市人口的集聚，引起了人们思想的变化，使世界快速发展的中心从东方转移到了西方，从此，西方开始主导世界的命运，这刚好就是我们中国的国运发生巨大转折的年代。

到了19世纪，第一次世界大战和第二次世界大战相继发生，世界大战实际上就是产业结构调整的大决战！之前的世界殖民地体系是由欧洲尤其是西欧国家主导的，第一次产业革命不仅重构了世界的产业结构，也重构了世界配置资源的秩序，所以就发生了世界大战。两次世界大战都发生在欧洲，美国因为置身海外，就借机贩卖军火和提供后勤保障，美国就这样崛起了，开始在海洋贸易中称霸世界。美国在二战中和二战以后做的最大动作，就是把受

到战争影响国家的科学家尽可能地都转移到美国本土，开放的移民政策把世界上大部分的高级技术人才都吸引到了美国本土，我们所知道的爱因斯坦，这位伟大的顶级科学家就是这样来到美国的。正因为如此，才有了美国所主导的第二次产业革命，引起了世界格局的加速变化，从世界殖民地体系转移到了海洋贸易体系。随着量子技术的革命性进步，美国的生产力获得了飞速提升，国民经济得到了飞速发展，我们现在使用的很多机电设备和家用电器都是这个时期涌现的。得益于1930年代至1950年代的系统论、信息论和控制论"旧三论"和1960年代至1980年代的突变论、协同论和耗散结构理论"新三论"，我们才享受到了电话机、收音机、电视机、卡拉OK、小轿车等世界文明的福利，这些都是美国主导第二次产业革命的成果。从技术的角度讲，第二次产业革命就是新的通信技术和新的能源技术相结合的"美国世纪"。

科学技术促进产业革命，产业革命改变经济模式，经济模式重构社会结构，社会结构影响人口变迁，人口变迁引起思想启蒙，思想启蒙导致文化运动。从这个逻辑上讲，西欧国家因为航海时代的地理大发现主导了构建世界殖民体系的100年，英国因为第一次产业革命主导了世界殖民地体系的100年，美国因为第二次工业革命主导了世界海洋贸易体系的100年。在这三个100年中，我们经历了闭关自守维系朝贡体系的第一个100年，文明冲突中国门被坚船利炮洞开的第二个100年，从半封建半殖民地的泥潭中反帝反封建求解放谋发展的第三个100年。2020年的全球新冠肺炎疫情开启了世界历史的重大转折期，"百年未有之大变局"真实地到来了，出现了以科技主导世界新秩序的历史窗口，这是中国的机会！中国特色社会主义现代化建设，中华民族伟大复兴，让我们走向了世界舞台的中心，走进了构建世界新秩序的100年，开启了世界的"中国世纪"模式。讲到这里，我们很有必要回望中国的两个100年。

2. 中周期是中国的两个100年

第一个100年，就是从1921年7月1日中国共产党成立到现在，2021年7月1日是中国共产党成立100周年的日子。100多年前，孙中山先生所领导的旧民主主义革命风起云涌，推翻了封建帝制。1919年巴黎和会上中国外交的失败，引发了伟大的五四运动，直接促进了中国共产党的诞生和发展，成为旧民主主义革命和新民主主义革命的分水岭。中国共产党的成立具有划时代的意义，是中国历史上"开天辟地的大事变"，从此，中国革命的面貌焕然一新了。中国共产党把马克思主义和列宁主义与中国的实际相结合，取得了1949年中华人民共和国成立的伟大胜利，经过了一系列实践和探索，建立了社会主义国家。

在探索过程中，我们走了很多弯路，也吃了很多亏，可以说是在黎明前的霞光中前行。在建设社会主义的路上，尽管我们取得了了不起的成就，但是世界发展的步伐更快，相对而言，我们还是落后的，需要追赶。在1970年代的中东石油危机中，历史又给了我们一次机会。1978年，中国共产党十一届三中全会召开，我们走上了建设有中国特色的社会主义的道路，以经济建设为中心，改革开放，分三步走，全面建设小康社会。

2021年是一个关键的历史转折期。这个转折期，经过了最近这些年的三大攻坚战，特别是扶贫攻坚战，中国绝大部分的贫困县都摘帽了，绝大部分的绝对贫困人口开始走向小康生活水平，占世界五分之一人口的中国向世界发出了"如期完成新时代脱贫攻坚目标任务"的重大宣告。2021年是中国共产党成立100周年，这是特别喜庆的年份，对我们文旅人来说是非常高兴的一年，我们必须尽锐出战。

首先，中国共产党波澜壮阔的100年，有很多伟大的题材和可歌可泣的故事，我们要用高声浪向世界讲好中国共产党的伟大故事。这是文旅人的历史机遇，我们必须担负起这个历史责任。中国故事，实际上就是这几年讲得最多的IP。中国共产党成立100年来的伟大斗争和伟大实践，不仅是世界上顶级的IP，同样是世界上最伟大的IP；这个IP是气派的、波澜壮阔的、荡气回肠的，对我们文旅人来说，实际上是历史给我们送了一个大蛋糕。我们要抓住这个机遇，把红色文化的故事讲好，把红色旅游的题材做好。

其次，2021年是"十四五"的开局之年，这一年是承上启下的关键年。"十三五"时期，改革开放取得了伟大的建设成果，已经为中国的未来蓄势成局，我们的国民经济总量已经在世界第二大经济体的高位上运行，发展步伐更大，发展速度更快，始终保持在世界的领先地位。2020年的全球新冠肺炎疫情，不仅考验了中国，而且对世界也是一个挑战。这一年的抗疫防疫、复工复产、经济复苏，用实践证明了中国的产业结构体系是最完善的。这个检验结果告诉了世界，也告诉了我们中国人，我们可以更加自信，我们坚强的领导体制和完善的产业体系，可以抗拒这种全球性、灾难性的"黑天鹅事件"，这是从"十三五"乃至"十二五"，以至于前面的各个五年规划的建设成就为我们未来发展奠定了最坚实的基础。

到2049年，就是中华人民共和国成立100周年。在这个100周年之前还有一个小节点，就是到2035年，这15年的时间基本实现社会主义现代化，可以说，这15年的奋斗历程将给我们文旅人又提供一个搭顺风车的机会。如果把过去15年的发展比喻为文旅人搭乘私家车上高速公路，那么，接下来的15年要搭乘就是中国高铁，因为中国的经济体量、中国的发展速度、中国的发展质量、中国的经济结构和中国的社会结构等相对世界发展水平而言，就像中国的高速铁路之于世界的水平。

大家知道，中国的高速铁路有世界最领先的技术，我们文旅人必须搭上中国基本实现社会主义现代化的这一趟特别列车，到2049年，我们要成就社会主义现代化国家的文旅业。也就是说，我们在事业上能够发挥我们作为一个文明古国，作为一个现代化大国，作为一个经济、政治、文化、社会、生态"五位一体"都处在世界领先地位的大国所应承担的历史责任。我们文旅人应该抓住机遇，要为我们中国承担大国责任，贡献我们文旅人的力量，让中国文旅成为世界的强国文旅，也成为社会现代化的文旅强国。

3. 小周期是发展模式的30年

大周期浩浩荡荡，中周期波澜壮阔，实际上还有一个起伏跌宕的小周期，它是经济发展模式的周期。从全球经济发展的总体来看，尤其是一些大体量的经济体，比如欧洲，比如美国，经历过1720年的"南海泡沫"、1837年的"银行恐慌"、1907年的"股市恐慌"、1929年的"大萧条"、1973年的"中东石油危机"、1997年的"亚洲金融风暴"、2008年的"全球经济危机"，回头看就是大约30年一个小周期。小周期一般要经历复苏、通胀和滞胀，然后是衰退，衰退之后再进入下一个新的小周期。

这一次的全球新冠疫情按下了2020年经济发展、国际贸易、文化交流、社会生活等等全方位的暂停键，实际上是在提醒我们，一个旧的周期要过去，又进入了一个新的周期。我们文旅人要意识到，文旅是国家政治、经济、社会、文化方方面面的一个生动体现，我们的文创业和旅游业，还有文旅业的发展，实际上是经济发展的晴雨表。文旅业要稳健发展，我们文旅人的希望就是国家经济的兴旺，国家社会的稳定，国家治理模式的优化，所以，我们要看到接下来的30年是文旅人只争朝夕奋斗的30年。我们文旅人要好好地谋划，鼓足干劲，2021年要乘上中国30年高质量发展的"东方快车"。

我们刚才讲到的大周期、中周期和小周期，实际上就是存量红利。对于我们文旅人来讲，存量红利主要体现在三个方面：

第一个存量红利是庞大的人口基数。截止到今天，世界的人口已经接近80亿人，中国的人口已经超过14亿人，庞大的人口基数，为我们文旅业的发展提供了超级大的运作空间，这就是文旅业的消费客群。

第二个存量红利是巨大的财富基数。我们看到，2018年中国对世界经济贡献率是27.5%，中国的财富存量非常大，世界的财富存量也超级巨大，财富基数可以说是消费能力。2019年中国的人均GDP接近美国的70%，相当于世界人均的90%，我们中国人的消费能力在最近十年，尤其最近五年已经有了跨越式的增长，所以我们要关注这个变量。

第三个存量红利是国家的话语权。国家话语权就是比较优势，我国的人均GDP已经突破了1万美元，作为世界第二大经济体的地位更加巩固，在世界上具有了更大的话语权，我们的比较优势会更明显，这对于我们文旅人把世界的客人引到中国来，把中国的客人介绍到世界去，是一个很大、很便捷的力量，它降低了我们跟世界交流的门槛，这就像阿基米德说的"给我一个支点，我能够撬动整个地球"一样，国家的比较优势就是我们文旅人的战略支点，这是一个伟大的国家在伟大的时代送给文旅人的伟大红利。

把三个存量红利的内容总结一下，就是积累了人口、财富和国家话语权的巨大存量，世界开启了中国和美国共同主导世界的发展模式，中国进入了两个百年的历史交汇期，交汇期给我们提供了乘风破浪的机会，这是一个巨大的金矿，对我们文旅人来说，我们要尽量挖掘巨大的存量红利金矿。

二、社会变革的三重迭代，我们要拓展增量红利

在三个维度上存在迭代问题，第一是科技迭代，第二是社会迭代，第三是消费迭代。

刚才，我们讲到大周期中存在"科学技术促进产业革命，产业革命改变经济模式，经济模式重构社会结构，社会结构影响人口变迁，人口变迁引起思想启蒙，思想启蒙导致文化运动"的传导现象，这是我在深度学习和考察世界的过程中总结出来的，我们姑且称之为历史

大周期的"七个阶段论",学术一点就是"迭代波传导定律"。

1. 从微电子到超级智能的科技迭代

我们前面讲到的第三次产业革命,实际上是"七个阶段论"中的第六个阶段,称之为社会结构的重构阶段,重构意味着人口的变迁、思想的启蒙和文化的运动,随之会引起一系列的变化。我们文旅人要善于捕捉到这种变化的历史细节,构建文旅业的IP库,以人民为中心,回应人民日益增长的美好生活需要。

具体而言,三次产业革命的主导产业是有所不同的,第一次产业革命是基础制造业,第二次产业革命是装备制造业,第三次产业革命是智能制造业,所以我们现在所进入的是第三次产业革命,叫智能制造业。从技术的层面上讲,智能制造的技术是超级智能技术,如果说第一次产业革命是因为经典物理学的机械技术,第二次产业革命是因为量子物理学的电气技术,那么,第三次产业革命就应该是超弦理论的微纳米材料和量子信息技术。从世界格局的层面讲,第一次产业革命是英国主导世界殖民地体系,第二次产业革命是美国主导世界贸易体系,第三次产业革命谁主沉浮呢?

今天,我们所处的这个时代是科学技术日新月异的时代,是科学、科学家、科学成果的爆发时代。前面讲到了改革开放的四十年,世界上的科学理论走过了"旧三论"、"新三论"、自组织理论和复杂理论,现在的主流理论已经是超弦理论。什么意思呢?比如,我们经常说的微纳米材料,或者石墨烯,可以在特定设备里面加热到1000℃以上,通过热量的传导、对流和辐射,使其分子层发生挪位和叠加,随机调整和重组,这实际上是发生在中微子层面的,要在很多倍的超级显微镜观察中操作完成。这种科学技术不再是实验室的研发过程,而是现实的产业孵化过程,这就是超弦理论的威力。

我们文旅界的理论也应该跟上时代的步伐,从拿来主义的经典物理学水平跨越量子物理学,快速走过复杂科学阶段,进入超弦理论的集成创新层次。应该说,我国的文旅业实践走得太快了,已经把文旅理论的研究远远地抛在后面,有人形容为"走着走着,就把灵魂走丢了"。实践出真知,文旅理论界的朋友要加把劲,努把力,大步快跑,跨越式地追赶上文旅实践的发展步伐。所以,我们要跟上第三次产业革命的浪潮,要走向智能文旅的发展道路。

2018年3月10日,谷歌宣布已经成功利用一台54量子比特的量子计算机,实现了传统架构计算机无法完成的任务。在世界最强大的超级计算机需要计算1万年的实验中,量子计算机只用了200秒。也就是说,如果把这样的量子计算机与目前我们使用的苹果电脑进行比较的话,结果是一台量子计算机相当于50万台苹果电脑的运算速度。关键是这种超越我们的想象力的技术已经开始商用化,而且这样的技术研发步伐越来越快了,世界不可能停下脚步来等你,这种运算速度将会深度和全面地改变我们的生活。这里,我给大家推荐一个新概念:超算力。"超算力"是我归纳出来的,是相对"竞争力"而言的一个新概念。我是这样理解"超算力"的,尽管这些年"竞争力"概念非常热闹,但是热闹语境中的"竞争力",只是经济主体在相对平衡的市场态势中获得资源配置比较优势的一种能力,问题在于,量子计算技术已经打破了这种资源配置的市场平衡态势,世界被技术深度改变了,世界不仅仅只是地球村，地球不仅仅只是平的，现在可以说是点对点的重叠了，我们姑且称之为"重叠世界"！

具体说到改变，我的理解是2021年将会有十个成熟的技术影响文旅业，数字经济不是问题，问题是经济要数字。这十个技术，看得见，摸得着，很多已经在使用之中。

（1）智能移动终端无处不在。至少智能手机没有社会阶层化的区别了，人人手上一部手机，甚至一人有几部手机的现象都不是"盗梦空间"里的故事。

（2）物联网加速向边缘推进。随着5G的普及，中国物联网化指日可待。

（3）人工智能加速再造传统产业。前两年，有一句很流行的话，说的是"传统产业通过互联网可以重新做一遍"。按照这个表达方式，2021年将会是人工智能对互联网产业再重新做一遍的开闸之年！这个时间节点，我们文旅人一定要抓住。

（4）图像、视频、音频的表达将超过文字。我们过去是阅读文字，用简单的图表来传递思想、传递信息，现在，我们可以选择使用的视频、音频产品和设备出现了井喷现象，阅读它们的传播速度将大大地超过文字，所以网红打卡、圈粉导流、直播带货等等都会在2021年集中爆发，每一个人都将是视频、音响的达人。

（5）数字科技改变现实世界。这几年，虚拟现实、增强现实、强化现实是我们文旅人最熟悉的数字科技，实际上，这三个技术已经开始叠加成混合现实技术了，所以VR、AR、MR、XR的数字科技将会彻底颠覆我们的生活，有的朋友已经接触了智能家居、智能汽车和智能办公楼，现在出门买菜、购物、逛街和旅游，都会实行预约制和定制化，刷脸和扫码已经习以为常，所以现实世界被完全改变了。文旅人要成为深度学习的数字技术达人。

（6）远程教育发挥更大作用。远程教育从大的方面讲，它就是文化，因为我们是通过教育来传递人类文明成果的，文化就是文明化的过程；它还是我们耳熟能详的亲子旅游和研学旅游，所以远程教育将会发挥有更大的作用。

（7）云计算走在世界前列。刚才说到的三个100年和两个100年里，我们走过了要么"落后挨打"要么"补课追赶"的漫长过程，如今，我们国家作为世界第二的新兴经济体，国家在云计算的领域，或者说在这一新兴产业上，已经走在了世界的前列，所以中小企业都竞相上"云"，我们的文旅企业尤其是中小微企业都应该上"云"。

（8）量子计算将蓬勃发展。刚才已经讲了，量子计算机已经开始了商业化的进程，我相信就跟苹果手机和联想电脑一样，我们很快就可以买到量子计算机了。人人都量子化，这肯定是超越我们想象力的历史大跨越，希望不要再出现强制治疗"网瘾"一样的时代笑话了。

（9）"星链"商业化。所谓的"星链"，就是对我们目前中国在极力推进的5G技术的替代，我们知道，5G需要在隔一定距离的地方要安装1个基站，要有有线光缆传输系统支持，这就需要投入大量的资金建基站。但"星链"和5G完全不同，过去我们还预测有6G，"星链"的出现以后，6G就可能不会再有了。那么，"星链"是什么呢？2015年1月，马斯克宣布SpaceX计划将约1.2万颗通信卫星发射到轨道，其中1584颗将部署在地球上空550千米处的近地轨道，并从2020年开始工作。这一项目，就是以"星链"为名的，这就是"星链"的来源。2019年5月23日，SpaceX利用猎鹰9号运载火箭成功将"星链"首批60颗卫星送入轨道。我国的科学家团队从2003年就开始搭建方案，进行地面的前期性基础研究，随后取得了一个个的技术突破，充分验证了利用卫星实现量子通信的可行性。2016年8月16日，中国的"墨子号"量子卫星发射升空，开始科学实验，这是世界上第一颗量子卫星。大家设想一下，当中国把量子计算、量子卫星、量子通信等量子技术应用列入"十四五"规划的"新基建"进行推进的时候，我们的生活量子化还会远吗？不远，就在眼前一米的位置！2021年就可能有量子化的智能手机。一旦你拥有量子化的智能手机，你就上了"星链"！当量子卫星覆盖地球，只要我们的手机面朝天空，哪怕是在50层建筑物的最底层里，也能够接收到卫星通信传输的信号。只要有三颗量子卫星对着你的手机，世界上任意角落的信息都可以在万分之一秒的时间内高分辨率地传输过来，甚至更快，文字传播、图像传播、语音传播、音频传播等等都能实现。目前，"星链"是以美国卫星体系为支撑的，随着我国量子卫星的批量化发射升空，覆盖整个地球，跨越5G技术直接到"星链"的量子通信技术时代已经徐徐开启大幕。真是"敕勒川，阴山下，天似穹庐，笼盖四野。天苍苍，野茫茫，风吹草低见牛羊"。2021年正好是牛年，量子卫星的"天似穹庐"与智能手机的"笼盖四野"应该能成为现实图景。在前面的演讲中介绍的"迭代波传导定律"和"重叠世界"里的"超算力"三个新概念的基础上，这里，我再给朋友们介绍第四个新概念："网链社会"。这是信息技术革命之后，互联网技术升级到互联网技术与"星链"技术的集成技术，这种技术支持的社会一定会比互联网支持的社会发生更加深刻和更加强烈的变化，我把这样的社会称之为"网链社会"。文旅人一定要意识到"星链"和席卷而来的"网链社会"对客群文旅消费的深度影响和全方位引领。

（10）生物工程技术。我们知道它主要是基因编辑技术，尤其这次的新冠疫情引起了世界的基因编辑技术的竞赛，中国拔头筹，因为我们最先在2020年3月26日就分离出了新冠病毒的毒株，开始了基因编辑技术的研发，所以中国最早研制出了疫苗，我们现在已经进入临床第三期试验。那么，生物工程科技对我们有什么影响呢？未来将不再是手机给你计算一下你每天走了的步数，每天走多少步是生物技术，跟"星链"、量子技术、数字技术联系起来以后，你可以直接通过视频看到你的血液循环，不需要去医院再做透视、X光等都不需要了，你手机直接能够知道你的血液浓度、血液运动、血液健康程度。休闲运动，康养旅游，旅居养老等等都要接受生物工程技术的解构和重构，不仅快速，而且深刻。

2. 从城镇化到城市集群的社会迭代

判断是否迭代，主要是要看到消费客群是否能够为文旅业提供商业机会，即能否提供投资、运营、盈利、发展等机会，能否给我们提供游刃有余的时间，能否给我们提供纵横捭阖的空间。最近20年，尤其这10年，我国城镇化的速度非常快。在1950年，全球的城市人口只占30%，农村人口占70%；但到了2019年，已经各占一半了，在欧美发达国家，它的城市人口已经接近80%，我国人口城市化进程已经过了60%，现在正在70%的平衡线上上下波动，往后中国的城市人口要达到80%。说到城市和农村的人口转移，实际上是在讲社会结构的变化。在农村，大家都知道，生活圈比较小，大概在15公里的范围，谈恋爱、结婚以及七大姑八大姨都在半径为15公里的生活圈之内。这个生活圈是熟人社会，熟人社会的第二个问题就是，每

15公里的生活圈就是分散的,人们在生活圈之外可能就老死不相往来了。但是,城市化以后就完全不同了,完全改变了,人口集聚了,都居住在城市里,高度集聚,一平方公里可能居住了几万人、十几万人,甚至几十万人。从农村的熟人社会走向城市的陌生人社会,人们就会进入到一个需要交流、需要社交或者说出现社交焦虑的状态,这就是我们文旅的机会。我们的文旅在寓教于乐的过程中,就是要解决人与人之间交往的礼仪、规范和愉悦的文明化问题。

文旅业要传递文明,引领文明,优化人与人之间的社交规则问题,陌生人社会为我们文旅业的发展提供了非常难得的切入口。大家看世界城市分布的地图,就会发现,世界上主要有5个城市带:第一个就是在第一次产业革命中崛起的欧洲大西洋沿岸城市带;第二个城市带是在第二次产业革命中或者说二战以后崛起的美国大西洋沿岸城市带;第三个城市带是在美国西部掘金浪潮中崛起的美国太平洋沿岸城市带。第四个城市带是亚洲太平洋沿岸城市带,从日本到韩国,到中国东部沿海,然后到越南、泰国、新加坡,再到印度尼西亚,这个S形的城市带是世界上最大的城市带,城市数量规模最大、城市人口最多,产业产值占世界的比重40%以上。我们中国处在这个S形城市带的中间节点,这里出现了京津唐地区、长三角地区和现在称之为粤港澳大湾区的珠三角地区,这样的城市集群区域,可以说是全球经济的金绶带。我们文旅人必须站在高处,看着远处,想在深处,做在实处,力争把这个黄金绶带佩戴在自己的身上,也就是实现文旅业的大规模高质量发展。

大家注意,城市不仅代表人口,不仅代表产业,它还代表交通,代表着高速公路的集聚和扩散,代表着高铁的集聚和扩散,代表着航航线的集聚和扩散,实际上就是人口的高强度流动性。要知道,旅游主要是人们的文化空间跨越行为和过程,空间跨越是由交通体系来支撑的。所以说,城市的发展,城市群的发展、城市带的发展,为我们的文旅发展提供了一个消费客群快进快出,大进大出,高质量进、高质量出的系统性机会。

城市的集聚和发展,尤其是城市群、城市带的发展将会引起生产要素的集聚和扩散,土地、资本、技术、劳动力,还有我们的交易规则,我们的市场秩序都会因为城市而改变,因为城市的集聚而聚集,因为城市的扩散而扩散。我们文旅业,在这些年发展起来的文旅运营主体,尤其是旅行社、星级酒店和景区,还有乡村民宿、康养旅居、休闲运动等设施和企业,还有图书馆、博物馆、展览馆、电影院等等文化服务设施和机构,都集中在城市以及城市周边,所以城市化的高度集聚,为我们文旅业提供了机会。

3. 从生消者到协同共享的消费迭代

这个机会对文旅而言,最大的感受就是消费迭代,消费者只要消费产品和服务,就必须还有生产者,生产者和消费者通过生产、分配和交换实现消费,但是从此时此刻开始,由于互联网和"星链"构建的网链社会,我们的生产、分配、交换、消费是同时进行的,生产者和消费者这两个词将会消失,同时就会诞生一个新名词——生消者。

我这么说,不是空穴来风,是因为我们大家看到了,在2020年疫情期间和之后的复工复产和经济复苏期间,在线办公、在家办公、宅家经济、数字经济,等等,都得到了快速发展。70后、80后、90后、00后作为社会的主流人群,因为疫情的封城隔离,不管是学习、工作和生活，都是宅家在电脑和手机中在穿越，实际上一边上班、一边消费和一边生活，他们同时就是生产者、生活者、消费者。

生消者的出现，将会使我们的网链社会出现协同共享现象。所以，我们看到满街走的是快递小哥，满街跑的是外卖小哥，前不久还出现了社区团购的"生鲜大战"，对中国而言，这些现象意味着我们的消费形态已经进入了一个新的阶段，这新的阶段，应该从2021年元旦开始进入到第四个阶段。那么，问题来了，我们前面还经历了哪三个阶段呢？

第一个消费迭代，1970年以前出生的朋友们都经历过。改革开放以来，我们经历的第一个阶段就是1980年到1990年的消费迭代，主要是从系统性短缺的消费阶段进入到结构性短缺阶段，这个时候主要是解决温饱性短缺的问题，要吃饭穿衣，消费的理念是"有就是好"。所以，这个时候的轻工产品消费上升比较快，而粮食消费下降，这个消费迭代促进了第一轮的经济增长，主要是轻工业的增长。

第二个消费迭代是1990年到2010年，结婚必需品为这个阶段的变化过程做了最好解释。从1980年代的手表、自行车、缝纫机和收音机"三转一响"，到1990年代结婚时的空调、洗衣机、冰箱和彩色电视机的新"三转一响"，到2000年代就需要更大的"一转"，就是小轿车快速进入家庭，这个时候的消费理念是"大就是好"，解决的是小康性短缺问题。这一轮的消费迭代是促进我国钢铁、电子、机械等制造业的强大动力，拉动了第二轮的经济增长。

第三个消费迭代发生在2010年至2020年，我们把它称之为第三次消费迭代。这个时候，我们看到的是互联网带来的变化，首先从信息高速路到宽带，从台式电脑到平板电脑，再从手提电脑到手机，从2G、3G到4G，再到5G，到现在的智能移动手机，消费理念是"轻薄短小就好"，告别了追求名牌和奢侈品的时代，开始进入个性化、简约化、精神化的消费时代，这个时代主要是数字经济的发展，互联网支撑的经济增长最为迅速。

在三次消费迭代中，第一次消费迭代主要解决的是有吃有穿的温饱问题，人们更多的是注重国家的发展，我们个人的利益让位于国家的发展，这个时候主要是以物质为焦点的消费。第二个阶段是要有房有车，开始注重家庭，家庭以后开始注重场景，所以才有了生活场景、非生活场景，参与式节事活动，沉浸式体验项目等等耳熟能详的术语和此起彼伏的实践。因为需要参与和沉浸，就有了IP这个可以意会又可以言传的土不土和洋不洋的名词，"文旅就是讲故事"的口号深入人心。进入到"有味有趣"的第三阶段之后，城市进入了陌生人社会，人类的基因遗传决定了大脑的思维模式，群体动物本能地需要成群结队，那么，人们一定要找到属于自己的群体，我们手机从短信到微信，然后到微信群，出现了各种各样的微信社群，组织今天这个跨年演讲活动的，就是"文旅领航者"群，就是一个很有影响力的文旅界大咖们交流专业问题的群。

第四次的消费迭代，我们称之为自由选择幸福的消费模式，这个时候大家注意，所有的在线文旅机构和OTA企业都需要思考何去何从的问题。因为城市的发展、经济的发展、科技的发展和产业的发展，导致了交通服务和信息传播的普惠化，社会企业不管是小微企业还是中型企业甚至头部企业，都已经进网已经上云，B2B、B2C、B2G甚至C2B、C2C、C2G、G2G

都已经到了云端，生产端、消费端好服务端进行了紧密联系，在以互联网和"星链"为支持系统的网链社会里，第四个阶段将出现自由选择幸福的消费模式，无人机、机器人、智能汽车、智慧家居、无人零售等，都会井喷式地出现，开启深度迭代，全方位地升级。文旅消费不仅是经济的晴雨表，也是消费模式的温度计，"竹外桃花三两枝，春江水鸭先知。蒌蒿满地芦芽短，正是河豚欲上时"，第四次消费迭代正是文旅业"扩容、增量、提质、转型、升级"的美好春天。

三重迭代将涌现的是增量红利，增量红利实际上是体现在三个方面的新技术和新工具，第一个是供给侧创新，第二个是新渠道和新场景的供需对接，第三个是新客群消费的核心品类变化。增量涌现，涌现是需求的扩展，所以文旅界的朋友们，我们要抓住供给侧、需求侧和供需对接的三重迭代机会。

"三重迭代"为我们提供了充分的想象空间和发展机会，文旅人、文旅界和文旅业要积极地谋划，把"三重迭代"深度地拓展成增量红利。

三、国际秩序的三轴反转，我们要锁定变量红利

1. 从一超多强到中美关系的世界格局

增量红利还会带动经济格局和世界贸易的变化，我把它称之为"三轴反转"，主要是世界格局，现在的世界格局是美国主导的，前面讲到的三次产业革命，实际上是最近两次都是美国主导的，美国是超级大国，20世纪后期才有苏联跟美国两个超级大国的冷战，1991年的苏联解体，东欧剧变以后，就是美国一家独大，然后就出现了这20多年的变化，现在是中国崛起、印度崛起、欧盟崛起和日本崛起，所以世界开始出现"一超多强"的格局。

这个格局说明，实际上，世界最终是由大国来主导的，世界的话语权在大国手中，正如前面讲到的世界三个100年、中国两个100年和经济发展模式30年的周期叠加，世界的话筒正在交到中国人手上，交到中国这个东方大国的手上，所以未来的主轴，世界格局的主轴，2021年乃至"十四五"期间，都是中美共同主导世界格局。

主导世界格局的趋势实际上就是非西方化，非西方化不代表着东方化，只是向东方转移，所以世界地理政治中心正在向东方转移，这个转移第一次是从东方转移到了欧洲，就是大西洋的西海岸，也就是欧洲国家，然后再转移到美国，美国是大西洋的东海岸，这两个区域实际上都是大西洋沿岸。但是，2020年的全球新冠疫情，打破了世界格局的进程，将进入到太平洋世纪，也就是说美国的西海岸和亚洲的东海岸，由太平洋沿岸的地理政治中心来共同主导世界，现在看到新闻报道，比如日本，比如印度，比如澳大利亚，比如加拿大，都在你方唱罢我登场地跟中国发生摩擦和不愉快，就是这种转移的连锁反应。

这种世界地理政治中心东移的具体表现，我们可以称之为大西方和非西方的格局，我们的"十四五"发展规划和实践都会受到这个世界格局的深刻影响。从总体上看，世界进入一

个动荡变革期,我们国家已经部署和实施了双循环战略,提出以国内大循环为主、国内国际双循环的新发展格局,这是一个英明的举措,我们文旅人不能仅仅停留在双循环上,我们也要看到世界的动荡变革给中国提供了机会,给我们文旅人提供讲中国故事和讲东方文明的故事,讲我们文化旅游和研学旅游故事的一个千载难逢的好机会。

从经济学上看,这次新冠疫情让全球经济、全球化遭遇了逆流,但是由于我们的制度优势,在这个世界经济受到重创的时候,我们的经济快速反弹,并且很快地由负增长到暂停,再到正增长,第四个季度的数据还没有公布,按世界银行和世界经济组织的预测,中国的GDP将会有百分之七点几的增长,这是非常喜人的成绩,特别是在世界受到疫情影响的时候,我们的宅经济、宅产品、宅服务的贸易不降反升,我们的国际贸易量不仅没有萎缩,反而出现了跳跃式的增长。

这实际上引起了全球产业布局向区域化发展,这是经济全球化的势头,将不可逆转、不可避免,随着一带一路、亚投行和RECP的逐步实施,中国的经济全球化将加快脚步。从政治体制上看,西方推崇单边主义、保护主义和霸权主义,尽管严重地威胁到了世界的稳定、和平与发展,增加了世界格局的不稳定性和不确定性。特朗普政府搞的"退群""甩锅""脱钩"等一系列动作,本质上是在相对地削弱美国,给我们中国提供发展机会。因为敌人的停步,就是我们的进步,而且我们在加快进步。

我们要站在历史正确的一边,这是党和国家领导人对当前的国际形势,对我们国内的发展做出的战略选择。我们文旅人应该从中体会到国家的力量、历史的力量,我们要站在历史正确的一边,要认真做好国内的市场,同时要积极谋划和拓展国际市场,开拓文旅业以国内大循环为主、国内国际双循环的新发展格局。

2. 从技术封锁到中国引领的数字经济

刚才讲技术迭代、产业革命、消费迭代的时候,都在讲技术,然后引起了数字经济的发展。虽然我们自己的技术在发展,但是从改革开放之前,到改革开放初期,再到改革开放之后,到今天,一些西方国家一直对中国采取封锁措施,只是程度不同,种类不同,封锁从来没有停止,我们通过谈判,通过市场换技术,通过资本换技术,通过合作换技术,不断地突破西方的封锁,其实走到今天,比如以高铁为代表的大基建技术、以互联网为代表的信息技术、以5G技术为代表的通信技术,比如说数字经济……我们已经掌握了世界的领先技术。

2020年的全球新冠疫情,事实上让我们成为世界经济发动机和引擎的核心力量,随着我们国家对知识产权的重视、相关法律的制定和实施,以及跟国际社会的接轨,我们的数字经济将会呈几何级数的指数方式增长,也就是说,2020年之前的经济增长是深化改革和城市化等促进的百分比增长速度,或者说增长快的时候是两倍的增长或者三倍的增长,那叫加减乘除法的倍数增长,但是2021年之后的中国数字经济将开启高速超车的增长方式,出现指数级方式的增长。严格意义上讲,在国民经济里面,文旅业总体上属于轻资产性质的产业。所以,它会在数字经济方面率先出现指数方式的增长模式,我们要抓住国际局势的变化、新冠疫情的稳定、我们国际贸易的拓展,还有我们城市化和人口迭代,从80后到90后,再到00

后，这些迭代促进了数字经济的繁荣和发展，可以说历史上100年都不会有的机会，我们大家要注意，在90后消费市场占比将达到45%的基础上，我们文旅人要好好地研究90后和00后。

我们要深度服务80后，精准服务90后，温情服务00后。这三个人群，大家注意，80后是00后或者10后的人群的父母，我们60后和70后是90后的父母，存在着世代之间的明显迭代，在人口迭代的时候出现了叠加，所以目前我们看到了新零售、新制造和新基建，这些新业态出现了很多的转型——互联网转型、数字化转型和智能化转型，这些转型是在大数据、云计算、物联网、区块链、人工智能、5G等等技术的支持下，然后由80后引导，由90后跟进，00后强化，大家习惯上叫"后浪"，我的理解，应该称之为"新浪"比较恰当。

所以，今年我们看到了阿里、腾讯、京东、拼多多、美团、字节跳动等等企业的快速扩张，这些企业都在向文化、旅游等方面转型，在转型过程中，他们主要以资本为话语权，通过技术形成的主导地位，或者说垄断地位进行了扩张，压缩了我们文旅业在数字经济上的发展空间。因此，我们要主动地拥抱互联网，拥抱人工智能，拥抱云计算，我们要快速地走上数字化道路，与数字企业对接合作，快速进入到这些高平台，走向一体化，实行数字化。

3. 从贸易摩擦到多边体系的国际贸易

"三轴反转"实际上是非西方国家、数字经济、多边贸易成为世界格局的三个主轴，引导2021年的经济、市场、运作模式等方面的深度变化，中国已经成为世界众多著名公司的避风港，他们的技术研发、产品创新和服务标准的首秀场所。上海的进口博览会就是世界的新热点，成为了世界的新领航，广州举办了几十年的广交会也会成为不可或缺的新焦点之一。可以预见，已经成为世界许多企业避风港、创新源和首秀场的中国社会，为我们文旅业的稳定、复苏和发展提供了战略性的新动能和内生质变的主战场。所以，我们一定要锁定变量红利。

第二节 稳中求进对接可预期的旅游市场

2020年12月29日，在跨年之际，著名旅游学者、暨南大学深圳旅游学院博士生导师董观志教授应深圳市粤金彩投资控股有限公司、佛山市盛晟才道人力资源有限公司、广州市珠穗规划设计研究院、佳兆业国际乐园集团之金沙湾国际度假区、中国文旅集团（奥园文旅）、山水比德集团、湘江集团、澳门亚洲酒店集团、杭州金马克文化旅游发展有限公司、广州金宏利集团、香遇健康睡眠科技（广州）有限公司、从化23度8森林度假营地等12家企业之邀，在《文旅领航者》编辑部的主持下，展开了以《我们就是风景："十四五"的红利浪潮与2021年的文旅新局》为题的跨年演讲。

在跨年演讲中，董观志教授以中国文旅业"十四五"期间面临的战略机遇为基础，提出了2021年文旅业的发展格局是"稳健应对，乐观向上"，预测了2021年文旅业的基准态势是先抑后扬再低的运行特征，阐述了"客群变了，主基调没有变；赛道变了，主轴线没有变；规则变了，主旋律没有变"的行动策略，为经受2020年新冠疫情冲击的文旅业提供了明确的方向感、坚定的力量感和积极的希望感，受到了业界朋友们的充分肯定和广泛传播。2021年，文旅业的实际运行态势与国家文化和旅游部公布的文旅业年度数据，精准地印证了董观志教授在复杂多变的环境条件下通过跨年演讲所做的趋势预测。这对如何做好文旅业稳中求进对接可预期的旅游市场具有明显的启示意义。

12月29日，今天的日子特别好！12个赞助单位代表了一年的12个月，也代表了12个生肖，也代表着我们文旅业的"一生二，二生三，三生万物"，以至无穷，这个数字非常好，谢谢12家单位鼎力相助，谢谢大家。

2020年相当特殊，这一年，全民化身哲学家，都在思考三个终极问题，大家每次出门、回家、到单位、到商场、到任何公共场所和相对来说比较私密的地方，都会遇到这三个问题：你是谁？你从哪里来？你到哪里去？而且都会被"打一枪"，这一枪的测体温是在提醒我们，这是一个特别的缘分，这个缘分需要我们思考。

今天是2020年12月29日，正在走向2021年，在跨年之际最紧迫的有三个问题，需要文旅业界的朋友们思考：第一，文旅人的方向感；第二，文旅业的力量感；第三，文旅业的希望感。

今天，编辑部组织这个跨年演讲，主要应该有三个目的，可以说是最现实的三个关键词：鼓劲、造势和探路。

根据《文旅领航者》编辑部的安排，跨年演讲的主题是《"十四五"的红利浪潮和2021年的文旅新局》，我给了这个跨年演讲一个特别的名字：我们就是风景！

一、"稳健应对，乐观向上"，这是我的总体判断

在跨年之际，我们大家可能都在思考"我是谁？""我从哪里来？""要到哪里去？"三个最现实的问题。如何在存量中寻找经济新机会，这将是我们未来几年内的首要任务，我的理解是，大家要精耕细作，挖掘存量。第二个问题是如何在增量中寻找经济新动能，这将是未来几年内的关键责任，我的理解是精准施策，拓展增量。第三个问题是如何在变量中寻找经济新模式，这将是未来几年的重要命题，我的理解是精诚团结，锁定变量。

2021年是中国经济持续复苏之年，是中国宏观经济政策常态化的一年，是两个百年目标交汇与转换之年，是中国共产党成立100周年，更是中国开启"十四五"规划实施战略转换的一年，世界疫情的逐步消退，中国非常规政策的常态化，中国发展战略的转型和调整，内生新动力的逐步抬头，将成为左右2021年中国宏观经济运行最核心的四大力量，所以我对已经到来的2021年文旅发展格局的态度是"稳健应对，乐观向上"，这是我的总体判断。

二、多快好省地分享20万亿级的大蛋糕

2021年文旅业的情况怎么样呢？刚才讲到"乐观向上"，我的理解，它的运行态势主要是三个词，也反映了经济运行、文旅业运行的三个阶段：第一个阶段是年初，表现为抑制性的增长；第二个阶段是从五月份到十月份的年中时间段，表现为上扬性的快速增长；第三个阶段是十月份开始到整个冬天，表现为在低位运行。所以，2021年文旅业的基准态势是先抑后扬再低的运行态势，总体而言，态势将给我们带来利好的消息。

这个利好消息我的理解有三条线，第一条线是保守的情形，保守就是增长速度基本与2019年持平，大约是8%左右的增长，也就是说我们文旅业的总收入大约是15万亿元。旅游大概有7万亿元左右，文化产业和文创产业有8万亿元左右，这两个加起来有15万亿左右，我们2021年可能出现的情形，这是保守的估计。

第二条线是乐观估计，就是刚才说的"乐观向上"，乐观估计，按照世界经济组织和世界贸易组织对中国经济的理解和预判，中国将会出现报复性的增长，中国旅游业对世界旅游贡献的增长率将达到22%，我把它调整了一下，大约为15%，这是可以实现的，说明我们文旅业明年将会有20万亿的大蛋糕，这可以说，这是我们文旅业给建党100周年的生日礼物，文旅人要一起分享，就必须只争朝夕。

刚才说到保守情形是持平2019年的8%左右，也就是15万亿元的总收入，乐观估计是15%的增长率和20万亿元的总收入。我个人理解，最有把握实现的是第三条线，就是保守线与乐观线之间的中间线，中间线是复苏的一种情形，增长速度是12%左右，大约有18万亿元。文旅业总收入的大蛋糕非常诱人，文旅业的朋友们，要多快好省地营造分蛋糕的机制，构建分蛋糕的平台。用我们的业态，用我们的产品，用我们的服务来分享这个20万亿级的大蛋糕。

三、客群变了，主基调没有变

这里，我要特别提醒大家，2021年的文旅新局最现实的表现应该是"三变三不变"。"三变"就是客群变了、赛道变了、规则变了。客群变了，我们前面讲到了社会迭代、科技迭代、经济迭代、人口迭代、模式迭代、国际格局迭代等等，实际上都是客群迭代的集中表现。客群迭代的变化是00后最活跃、90后最给力，00后、90后将引领文旅消费周期性的迭代，是重要力量，是主力军，当然主基调还是十九届五中全会和2020年中央经济工作会议所确定的主基调，"稳中求进，满足人民日益增长的美好生活需求"。

客群迭代主要体现在五个方面：第一是人口世代的年龄迭代；第二是城乡迁移的聚落迭代；第三是教育程度的素质迭代；第四是移动终端的融媒迭代；第五是高速交通的出行迭代。

第一个是人口总量的结构迭代，叫年龄迭代。国家目前正在进行第七次人口普查，但实际上2019年的人口数已经超过14亿，文旅企业家们要好好地研究人口的迭代情况。人口迭代就是实实在在地消费迭代。

人口迭代是一个综合性的变量，刚才讲到了新型城镇化，城镇化实际上是文旅消费客群的聚落迭代，就是从熟悉的乡村社会进入了陌生的城市社会，人口的聚落发生了本质性的迭代，大家都进入了各种各样的群，出现了团购、群购、社区购等各种各样的新消费形式，实际上是新型城镇化带动文旅消费客群发生了结构变化和本质变化。

结构变化还有高等教育的逐年扩招，现在每年高考的大学招生数量接近一千万，也就是说在校大学生大约有四千万人的规模，这是消费最活跃的00后客群。文旅企业家们要在这里挖矿淘金，因为00后们是享受改革开放建设成就最无后顾之忧的芳华世代。高考从1998年开始逐年扩招，实际上就是说80后、90后、00后，基本上80%以上的人都受过和正在接受高等教育，综合素质是非常高的，他们对事物现象的分析具有逻辑的判断力，既具有宏观总体的认知，又具有微观细节的敏感，所以，我前面要讲三个100年、两个100年和30年的发展模式，这些宏观的问题就是针对三个世代的高素质文旅客群，前些年那些口号式的简单营销、顺口溜式的低俗营销、王婆卖瓜式的媚俗营销、自吹自播的恶俗营销，不再足以对这些高素质文旅客群产生吸引力了。文旅业必须与时俱进，深刻领会"自由选择幸福的消费模式"的逻辑精髓和实现路径，主动思变，积极应变，满足这三个世代的主体客群对美好生活的自由选择，才是硬道理。

第四个迭代，就是以互联网为支持系统的移动终端技术促进了文旅客群的人口迭代，我这里把它称为信息技术的融媒迭代，主要是80后经过了"光纤宽带"，90后经过了"手机大国"，00后正在经历"5G强国"，所以，他们每一个人都是一个CCTV电视台，媒体的话语权已经从金字塔垂直型进入扁平化时代，人人都是媒体的新闻中心，打电话、发短信已经成为过去式，音频、视频和微电影甚至现象级电影已经成为常态，文旅业的营销模式和营销技术必须跟上这个迭代进程，相向而行，结伴而行，做主流消费客群的同路人。

第五个迭代是全国联网的高速交通体系引起的出行迭代。大家可以在网上查一查,中国高速公路网的"十三五"规划基本上已经实现,还可以查一查"十四五"交通体系的规划,我们可以看到市级以上的城市都通上了高铁,县级以上的城镇都通上了高速公路,稍稍规模大一点的区域中心城市都有机场。中国目前有238个机场,我去过其中的72个机场,我去过很偏远的机场,条件都非常好,所以全国联网的高速交通体系对文旅消费客群的影响就是出行迭代,说走就走的旅行已经常态化。对文旅业而言,中国的空间距离或者说物理空间变小了,人们的出行通勤空间或者说休闲空间变大了,这种"一大一小"的逆向变化,距离不是问题,但主流客群的流向、流量、流速和流质却成了问题。

现在,城市居民感受到小区停车难,小区停车不仅是难,而且是难上加难,这是因为城市化太快了,超出了当年规划者的想象力,为小区里的城市居民预留的车位配比太小,有的是两家住户配一个车位,有的是一家住户配一个车位。由于改善购车或者城市单双日限号通行,形成了部分家庭有两辆车甚至更多车辆的现象,旅行房车开始流行起来,相对于房价来说,车价显得便宜很多。买得起,当然就任性。自驾游、定制游、预约游、自助游、自由行,基本已经普及,文旅业必须务实分析,夯实举措,把"距离不是问题"变成"可持续盈利不是问题"。

综上所述,文旅人要好好地研究人口五个方面的迭代问题,不能再简单地道听途说和闭门造车,什么圈粉导流,什么网红打卡,什么直播带货,都是花拳绣腿!现在,人人都可以圈粉,人人都可以直播,人人都可以导流,所以文旅人、文旅企业、文旅业要好好地学习和思考,充分理解大数据、量子计算、人工智能对互联网和物流网的升级创新,现在又出现了"星链"技术,所以应该把这些新技术称之为网链技术,2021年的文旅业要进入网链社会的运营时代。

四、赛道变了,主轴线没有变

主轴线是什么呢?文旅业的主轴线是"深化供给侧结构性改革,双循环推动高质量发展",这个没有变,但是赛道变了。"赛道变了"体现在三个层面上的转换,第一个是宏观层面的战略架构转换,从直线赛道变成了循环赛;第二个是中观层面的组合模式转换,从平行赛道变成了交叉赛道;第三个是操作层面的技术路径转换,主要是文旅企业家要应用实施的技术路径,从水平赛道变成了垂直赛道。这三个层面的转换,让文旅业进入了高速超车的特殊技术考验期,2021年文旅业的增长率至少是12%,产业总收入的蛋糕至少是15万亿元,甚至达到20万亿元,所以谁在高速中超车的时候能够领先,能够走得更稳健,在引领的过程中就会有优先的机会。

战略架构转换从直线赛道变成循环赛道,就是从国内消费、入境消费和出境消费三驾马车转换成以国内大循环为主、国内国际双循环的新发展格局,这就是循环赛道。前些年都是以出口贸易来引领中国经济发展的，是直线赛道，现在转换成以国内大循环为主，循环赛道中的系统性规律和结构性特征，是2021年的新变化，我们要好好地研究，细化更具体的无缝对接策略。

中观层面的组合模式转换，就是从平行赛道变成了交叉赛道。变化交叉赛道，主要是因为2018年中央和国家机构改革组建了文化和旅游部，经过三年多来的砥砺前行，文旅业基本找到了路线图，这个路线图可以成为大家走向打开2021年文旅黄金机遇期大门的金钥匙，这个金钥匙在我们每个人手中，这个金钥匙，就是文化建设和旅游发展。为了满足人民对美好生活的向往，互联网成为打通旅游市场和文化资源最后一公里的关键突破口，人工智能成为促进文创业和旅游业集成创新的战略增长极，乡村振兴成为市场化主体在消费端崛起的国家战略。所以，我们要热情拥抱数字经济，积极落实乡村振兴战略，文化自信地推进文旅业实现高质量发展。这里的市场化主体是值得我们在座的各位朋友，直播群里面在线的朋友们和企业家们关注的。

平行线变成交叉线，主要是指过去由文化部监管的事业主体和经济主体都有自己的赛道，国家旅游局监管的市场主体也有自己的赛道，2018年之后由于文化部与旅游局的合并再造就融合了，形成了交叉赛道。进入2021年之后，就不再是融合的问题了，三年过去了，诗和远方已经在一起了，应该进入集成创新的发展阶段，这样的交叉赛道是F1方程式比赛的专业赛道。关于国家层面，我们知道，国家统计局2018年公布了《文化及相关产业统计分类》和《旅游及相关产业统计分类》，对我们界定文化产业和旅游业具有法理上的意义，在尊崇和坚守的同时，也要拓展，文旅业不是文化产业与旅游业的简单的加减法，不管是"文化+旅游"，还是"旅游+文化"，都只是为了方便表述和传播的权宜之计，不能触及核心和实质。比较接近真实一点的说法，应该有三种情况，第一种情况是利用《文化及相关产业统计分类》中的文化服务设施和文化产业发展旅游业，第二种情况是利用《旅游及相关产业统计分类》中的旅游及相关产业促进《文化及相关产业统计分类》中的文化及相关产业发挥更积极的社会价值和经济价值，第三种情况是利用新技术、新材料和新运营对《文化及相关产业统计分类》与《旅游及相关产业统计分类》中文化和旅游以及相互交叉的相关产业进行集成创新，培植新的战略增长极，可以把第三种情况形成的新产业定义为"文创业"，比如，在网链技术环境中，用VR、AR、MR和XR对文化馆、图书馆、博物馆、书画院、影剧院等文化服务设施和艺术专业团体进行数字化，培植数字经济的增长极，就是很有前景的"文创业"。所以，旅游业与文化产业的赛道交叉，旅游业与"文创业"的赛道交叉，文化产业与"文创业"的赛道交叉，应该是具有落地操作的现实意义。

2021年，文旅业将以"融合发展，开放共享"为主题，总体方向是要坚持内容为王，尤其是要质量为先，走上数字化的快车道，要进企业集群和企业建设集群。这里，我特别提醒文旅朋友们，过去讲企业，现在要讲经济主体，我们已经看到2020年文旅业领域异军突起了许多新型的经济主体，比如说数字化企业跨界进入到文旅业，地产企业跨界到文旅业等等，打破了产业的边界，打破了理论的边界、市场边界和发展模式的边界，已经出现了超级集团化，我把这种现象称之为集群化，也就是说中国文旅业已经出现了头部企业的集群化发展。

对于绝大部分的文旅企业而言，如何实现集群化呢？我认为可能有两个办法。第一个办法是如果相对体量比较大、发展模式比较好、实力比较强、经营管理模式比较正规，就可以通过前向一体化、后向一体化、侧向一体化，然后再同心圆一体化，把周边相关产业的经济主体集成到体系中来，实现集群化。这是实体的集群化，也就是说可以通过打包整体上市，因为现在的证券市场、资本市场非常活跃，金融创新有法律法规的保障，市场上的平台比较多，机会很多。第二个办法就是虚拟经济的做法，比如说像我们的《文旅领航者》，每一个群限定500个人，听编辑部的朋友告诉我，今晚有50多个群在同时在直播我的跨年演讲，这会链接到多少家经济主体，保守一点是一个群的量级，也就是500家。500家的中小微企业，至少都有一个共性的基础性工作要做，而且是重复性的重要工作。几百家中小微企业，可以通过品牌连锁，可以通过横向业态的连锁，可以通过纵向分工，形成虚拟的产业链和供应链，实现上游企业、中游企业和下游企业的集群化。比如说人力资源管理，人是第一生产力要素，没有人什么事也办不成，文旅业是为人服务的，为客人服务的，把人力资源的重要性提高到再高的程度来重视都不足为过。酒店行业里有一句经典名言："位置，位置，还是位置。"对文旅业而言，如果人力资源管理也应该有一句这样性质的名言，我的理解可能是"培训，培训，还是培训"。那么，就培训来说，我们是不是可以把这几百个企业整合起来，共同成立文旅学院或者文旅大学，为这些企业提供人力资源的管理、人力资源的匹配、人力资源培训、人力资源的成长和平台的专业化服务呢？

这两种路径，一个是实体经济的路径，一个是虚拟经济的路径，通过这样的路径实现集群化，再融入国家和区域的发展战略中去，引导消费，在消费中进行文化的熏陶，进行爱国主义教育，然后乘着这次抗疫所取得成果的东风，使文旅业的文化自信走得更加稳健。集群化就是垂直赛道，把文旅业的共性业务集成起来，进行专业分工，提供专业服务，形成运营管理的乘数效应。

一级方程式是国家层面的战略赛道转换，二级方程式是行业层面的组合赛道转换，三级方程式是经济主体就是企业层面的技术路径转换。

五、规则变了，主旋律没有变

旅游业的朋友们请注意，2021年是双循环，以国内旅游为主，出境旅游、入境旅游将会成为一个高门槛，或者说玻璃墙、旋转门，国际旅游看得见摸不着，走不出去，那么国内旅游就是我们的重中之重，旅行社、星级饭店、旅游景区是旅游业的鼎立三足，这个从旅游业的总收入中可以看得出来。但是，这些年，随着刚才讲到的一系列迭代的不断深化，去旅行社、去星级酒店、去目的地的趋势越来越明显。2018年，国家统计局公布了旅游产业和文化产业分类统计指标。这个指标体系中，旅游业有9个大类、27个中类和65个小类的划分，但是在65个小类中，只有20个小类是旅游业，其他的45个小类都是"相关产业"。可以理解为是几十年尤其是最近这十多年通过水平一体化，通过产业链一体化，通过供应链一体化，把45个"相关产业"纳入了旅游产业的体系之内。其实，还有很多"旅游产业"没有被纳入到《旅游及相关产业统计分类》文件中来，可见，产业边界越来越模糊以至于消失。这就涉及2021年文旅业的第三个新态势：规则变了，主旋律没有变。主旋律是反垄断和防止资本无序扩张，这里所说的规则变了，主要是文旅业要按照《文化及相关产业统计分类》和《旅游及相关产业统计分类》的指标体系进行适度的集群化和数字经济，把反垄断和防止资本无序扩张的工作落到实处。

2020年的暂停键、重启键和回车键，我们已经都按过了，应该说，全球新冠疫情，让国民经济、世界贸易、国际格局都出现了一波三折的情形，在这种大背景下，文旅业被完全格式化了，再也回不到过去了，所以旅行社、酒店、景区、目的地都存在被去化的问题，都成为"再别康桥"的痴情别恋，2020年再见了，轻轻地挥一挥衣袖，不带走一片云彩，文旅业要积极稳健地走向2021，拥抱2021的网链社会，拥抱2021的数字经济，拥抱2021的乡村振兴。2021年将是文旅人的精彩之旅，文旅业的涅槃之旅，将是我们所有人奋斗历程中最浓墨重彩的一年。尽锐开局，文旅业要以优异成绩庆祝中国共产党成立100周年，阔步向前，奋进"十四五"，走向更加美好的明天。

第三节 精准施策应对旅游业的不确定性

劲旅网的魏长仁先生2022年11月8日跟我交流旅游业的发展情况，约我预测2023年的旅游业发展趋势，我把这篇博客文章推送给魏总。2022年11月15日，华东师范大学的李桦先生跟我交流同样的话题，我就把跟魏总的微信交流内容转发给了李老师，交流内容就是关于这篇写于2021年12月25日的博客，具体内容如下：

我也不知道2021年12月25日究竟看到了什么消息，想到了什么问题，竟然能够有感而发，清楚明了地把"疫情防控随时拉闸旅游业"作为新年献词第一部分的标题，这是不可思议的！

因为2020年12月29日应邀在《文旅领航者》的跨年演讲中，我是乐观预测2021年旅游业先抑后扬再低运行态势的，而且给出了12%的年度增长率判断，事实证明预测精准。

为什么一年之后的2021年12月25日，我对2022年旅游业的运行态势不仅不乐观，反而悲观了呢？

这是撞大运的预测结果么？显然不是！

2018年6月，在河南省郑州市局级干部培训班上，我主讲的题目就是《旅游新周期需要新的价值观》，并对之前几十年的旅游业给予了综合评价，对未来几年的旅游业给予了明确研判：大家要做好心理准备，突然某一天没有游客了怎么办。

这个警示，引起了培训班听课者的兴趣，强烈要求我解释一下推理逻辑。

我把PPT进一步往后播放，讲到了地方政府债务累积情况、汇率波动曲线、贸易出口结构与增长、货币发行量（M2）与物价波动（CPI）、1990年代出生的新生代消费趋势、国际地缘政治关系复杂严峻……娓娓道来，听课者们兴趣盎然，不断提问，我即兴回应，好不热闹。课后，学员们纷纷添加我的微信！谁知道，没有游客的情况，很快就发生了，而且非常契合我当时讲的情形。

所以，最近几年，我都在反思，为什么会这样？我都能清清楚楚地看明白说出来的事情，为什么那些拥有权威资源和专业研判能力的机构却不给旅游业界预警和提示呢？为什么即使业界已经发生了难以为继的情况，依然不给业界警示呢？

业界朋友们，苦苦地坚挺着寻找走出营运困局的办法，让我感动！但是，唯有感动是不够的，因为我所知道的旅游业界大厂都在收缩战线，即使是轻资产营运的路子也走不下去啦，居高不下的海量负债，业务板块合并重组，项目抛售甩卖，这一系列操作背后是经营班子解散，营运团队解聘，也就是高强度的裁员！一个人的职业生涯在高歌猛进中戛然而止了，多少家庭此刻夫妻冷战，老人孩子悲戚。

一地鸡毛，是目前旅游业最直观的现象！一塌糊涂，是最近几年旅游业最真实的现象。

劲旅集团的魏总约我预测2023年的旅游业，以上内容，应该算是向魏总交的家庭作业，请魏总阅卷，请业界朋友们批阅。

谢谢！

2021年已经走进了历史的时间隧道，渐渐成为远去的背影。坚守旅游业的老铁们，2021年，大家过得还好吗？

2022年正式开启了时代的传奇大门，赫然成为铿锵的山峰。跨界旅游业的老哥们，2022年，大家准备好了吗？

为了老铁们的投资和老哥们的梦想，最近，我应邀前往广东、湖南、湖北、新疆和西藏，与地方政府的决策者们系统交流了旅游行业的发展态势，跟坚守一线的企业家们深度分析了旅游项目的运营前景，强烈地感受到了地方政府对爆燃再造旅游业的坚定意志，运营机构对高位重启旅游业的迫切愿望！

不论是天山腹地还是大漠深处，不论是雪域高原还是秘境圣地，不论是华夏之中还是南海之滨，耳濡目染的不仅有深冬时节的大雪纷飞，还有旅游行业的寒风凛冽。旅游业，旅游业，老铁老哥们心心念念的旅游业，何时走出起伏跌宕的至暗时刻，如何回归激情燃烧的峥嵘岁月？一路上的耳闻目睹和思想碰撞，让我不得不写下这篇"2022年，旅游业的老铁老哥们坚持住才有机会"。

一、老铁老哥们要做好疫情防控随时拉闸旅游业的心理准备

2020年，新冠疫情突如其来，让旅游业的老铁老哥们措手不及，在"暂停键"的自我安慰声中迷迷糊糊地经受了心理冲击和经济重创，尽管需要收拾一地鸡毛，但还是跃跃欲试地期待在2021年能够"满血复活"，做一个潇洒地"咸鱼翻身"的美梦。殊不知，2021年，从德尔塔到奥密克戎，新冠病毒持续变异，全球疫情高位流行，输入性病毒传到国内，疫情多点散发，让旅游业的老铁老哥们不寒而栗，原来2021年的旅游业不是按下"暂停键"这么简单，而是直接"卡机"和"停摆"的复杂严峻！

在新冠疫情的影响下，2022年的旅游业究竟会怎么样？目前，回答这个问题，为时尚早。就像一枚抛向空中的硬币，是A面着地，还是B面，只有落地停稳之后才知道。不管是什么机构，不管是什么人，做出了怎样言之凿凿的研判和预测，老铁老哥们，还是谨慎为好，姑且听之任之。因为这样的研判和预测，2020年给了我们充分的教训，2021年给了我们足够的打击，2022年不能再原地"驴打滚"了。但是，有一点是可以确定的，那就是新冠病毒变异很快，人类还无法预测病毒变异的模式和走向，因而新冠疫情防控依然充满复杂性和不确定性，旅游业在严峻形势传导中仍将面临诸多困难、风险和挑战。2021年多点散发的疫情，反复证明了疫情就像空中悬着的靴子一样，不知道哪一只靴子会在什么时候砸在谁的头上，如今看来，"杞人忧天"还真不是杞人忧天。因此，旅游业的老铁老哥们，只要世界上还有一个地方的疫情没有"清零"，在2022年里大概率还是要拧紧疫情防控这根弦，疫情防控随时会拉闸旅游业，时刻准备着，有备无患。旅游业的老铁老哥们，大家受苦啦，一定要坚持住。坚持，坚持，再坚持，老铁老哥们，坚持住才有机会！

二、老铁老哥们要知道经济挑战才是旅游业真正的严峻考验

2020年初以来，不管是社会上的旅游粉丝们，还是旅游业的老铁老哥们，每每谈及旅游业的时候，习惯性地把纠结与惨淡的原因归结为"新冠疫情"，也把反转的希望寄托在"新冠疫情"上，似乎一旦控制住新冠疫情，旅游业就能"满血复活"啦。这一点，老铁老哥们尤其需要清醒，至少2022年，即使从年初就消灭了新冠疫情，旅游业大概率还是会在平淡中纠结。为什么会这样？原因简单明了，这是由旅游业的行业特性决定的，而且不以人的意志为转移！

旅游业有什么特性呢？2009年提出要把旅游业发展成为战略性支柱产业，人云亦云了很多年之后，大家都信了，旅游业俨然已经是战略性支柱产业一样，跟风者前赴后继，跨界者重仓下注。如今，潮水退去，沙滩上比比皆是惨痛的事实。实践证明，旅游业还不是战略性支柱产业，而要发展成为战略性支柱产业的路好像还很长很遥远，用"诗和远方"应该恰如其分。当然，纸面上的数据是可以拼凑出来的，但是假象就是假象，不会因为声量大就变成了真相，真相只有一个，那就是老铁老哥们疲惫不堪的累和伤心不已的泪，所以，还是请老铁老哥们对"横向不可比，纵向不可加"的旅游数据敬而远之比较好。目前，旅游业还不是战略性支柱产业，这是抓铁有痕的事实。从这个思维原点出发，思考旅游业的逻辑就截然不同啦。什么逻辑呢？那就是旅游业不是经济发展的原因，而是经济发展的结果。什么意思？如果把经济发展比喻成为高压电线塔，那么，旅游业就是高压电线塔的影子。没错，旅游业就是经济发展的影子！旅游第一常识告诉我们，可自由支配的收入、余暇时间和心理动机是旅游消费产生的基本前提条件，三者缺一不可。因为，没有经济发展，就没有充分就业；没有充分就业，就不可能有可自由支配的收入；没有可自由支配的收入，还奢谈什么余暇时间？没有余暇时间，怎么可能有旅游的心理动机！一环套一环，环环相扣。古人云"仓廪实而知礼节"，如今可以说"仓廪实才旅游"。所以，在辞旧迎新之际，老铁老哥们千万不能被新冠疫情一叶障目啦，还是要抬头打望一下2022年的经济发展形势。

近年来，从西方单边主义猖獗到大国贸易摩擦，从全球新冠疫情高位流行到国际秩序百年未有之大变局，不仅微妙地改变了和平发展的国际环境，而且高强度地影响了我国经济的运行态势。从民间机构到权威部门，从基层到决策层，从国内到国际，从消费到投资再到出口贸易，从CPI到PPI再到GDP，一系列公开的模型和数据，不约而同地都在告诉我们"经济形势越来越难啦"。2021年中央经济工作会议把2022年的国际局势定义为"世纪疫情冲击下，百年变局加速演进，外部环境更趋复杂严峻和不确定性"，把总体形势判断为"世界经济形势仍然复杂严峻，复苏不稳定不平衡，疫情冲击导致的各类衍生风险不容忽视"，把经济工作总要求明确为"稳字当头，稳中求进"。"双稳"之下，是需求收缩、供给冲击、预期转弱的"三重压力"，2021年中央经济工作会议在定位2022年的表述中既有"保持平稳健康的经济环境"，又有"国泰民安的社会环境"和"风清气正的政治环境"，这是此前从来未出现过的内容，凸显了2022年这个特殊年份的重要性，"稳"字或许是2022年的关键。这就

是2022年经济发展形势最权威的定论和决策，旅游业的老铁老哥们要审时度势地应对2022年"三重压力"的经济挑战，这才是旅游业真正的严峻考验。

三、老铁老哥们要习惯在旅游业的交叉路口没有红绿灯的事实

罗马不是一天建成的，旅游业也不可能一天就发展起来。就说我们身处其中的旅游业吧，改革开放以来的40多年，几乎每10年，就要遇到一次过关斩将的交叉路口。

1978年至1988年的第一个10年，旅游活动从诸多禁锢中冲出来成了文化现象；1989年至1999年的第二个10年，旅游活动从文化现象华丽转身成了经济现象；2000年至2010年的第三个10年，旅游活动从经济现象跨越式地成了旅游产业；2011年至2020年的第四个10年，旅游活动从旅游产业融合发展成了"旅游+"和"+旅游"。资源主导的第一个10年，旅游需求是隐性的，不存在旅游供给的问题；政策主导的第二个10年，旅游需求是显性的，旅游供给表现为系统性短缺；产品主导的第三个10年，旅游需求是高增长的，旅游供给表现为结构性短缺；资本主导的第四个10年，旅游需求在横盘中越来越多元化，旅游供给表现为系统性过剩。在这个迭代演进的过程中，每一次引领旅游业砥砺前行的主导力量、商业模式、核心业态、参与企业和运营团队都演绎了比春秋战国时期还要精彩的时代故事，你方唱罢我登场，各领风骚三五年，成功穿越重重交叉口一路凯歌的人和事可谓凤毛麟角，屈指可数。

为什么会这样？经历了两年新冠疫情影响的旅游业，四十知天命，今天应该可以回答这个问题啦。答案其实很简单，简单到老铁老哥们可能都不敢相信：40多年来，在旅游业的交叉路口，一直都没有红绿灯！

什么意思？没有什么意思，就是事实。"名胜古迹+导游"模式的第一个10年，需求端的关键词是旅客、观光和陶冶情操，供给端的关键词是就业、回笼货币和赚取外汇，产品是旅游线路，主角是旅行社，导游被形容为民间大使。"六个要素+基建"模式的第二个10年，需求端的关键词是游客、旅游和人文情怀，供给端的关键词是交通瓶颈、星级服务和适度超前战略，产品是旅游目的地，主角是住宿业，星级酒店被定义为地方营商环境的晴雨表。"等级评定+业态"模式的第三个10年，需求端的关键词是休闲、度假和生活方式，供给端的关键词是经营集团化、服务标准化和政府主导型战略，产品是红色旅游、港澳自由行和国际旅游，主角是优秀旅游城市，旅游地产被业界推崇为教科书级的商业模式。"商业模式+资本"的第四个10年，需求端的关键词从自助游、自驾游、自由行到说走就走的旅行，供给端的关键词从研学、康养、5A景区到沉浸式体验的场景营造，产品是诗和远方，主角是主题公园、特色小镇和田园综合体，全域旅游被推向了扶贫攻坚的主战场。

旅游业的40多年豪情万丈，40多年的旅游业高歌猛进。风起云涌的旅游业，在"投资少、见效快、无污染的朝阳产业"理念的鼓舞下，老铁们坚守了几十年，一直在红海里泅

渡，总以为咫尺之远就是蓝海，殊不知在每一个蓝海的入海口，都有一类名为"跨界"的老哥们斜杠进入旅游业，踩"底线"，越"红线"，碰"高压线"，硬生生地把坚守旅游业的老铁们挤压在红海里拼搏求生。跨界者鱼贯而入，导演们玩过了实景演出和电影公社，地产商玩过了旅游地产和文旅综合体，金融机构玩过了在线旅游和特色小镇，电商巨头玩过了智慧旅游和虚拟游戏，文化大家玩过了文创旅游和艺术村落，小资者玩过了众筹旅游和乡村民宿，网红们玩过了直播带货和颜值打卡，摸石头的、赶热闹的、蹚浑水的，各路寻找风口的旅游投机主义者们，以身试旅，跨界而来不仅收获了一声叹息，而且还形成了"旅游业前期投资大，建设周期长，后期运营成本高，投资回报率低"的逻辑思维。说好了的"只要站在风口，猪也能飞上天"，忙活了这么多年，怎么风口不见踪影，反而跨界而来的玩家们重重地摔在大地上？曾经的沧浪之水，如今的沧桑烂尾。这样也好，新冠疫情影响之下，跨界的老哥们不仅给旅游业留下了"开业前几个月红红火火，开业后几个月门前罗雀"的"惊世巨著"，还给坚守的老铁们留下了"痛苦的企业、孤独的老板、离职的高管、流落的员工、至暗的时刻"等辛苦的深度内卷和心苦的行业焦虑。2021年至2030年的第五个10年，老铁老哥们再一次来到了旅游业的交叉路口，深坑在左，暴雷在右，前方就是一马平川的坦途吗？你问我，我问谁？在徘徊和突破之间，我们只有抬头向青天，追逐流逝的岁月，搜寻远方的未来！

四、老铁老哥们要开启现金流比游客流更重要的便捷赛道

长江后浪推前浪，世上新人赶旧人。2022年的旅游业，不仅有疫情风险的随时拉闸，而且有经济挑战的"三重压力"，更还有40多年来积重难返的路径依赖，老铁老哥们如何才能走过至暗时刻的交叉路口呢？

2022年，面对外在输入的复杂性和不确定性的困扰，走在系统内生的重资产和高成本的丛林中，坚守旅游业的老铁们"耗不起，放不下，舍不得"，跨界旅游业的老哥们"等不起，等不得，等不了"，怎么办？道路千万条，安全第一条：唯有熬过去，才能活下去！

2022年，旅游业的老铁老哥们要算好经济账，现金流比游客流更重要，信心比黄金还宝贵。经过了资源主导的1.0旅游业、政策主导的2.0旅游业、产品主导的3.0旅游业和资本主导的4.0旅游业，接下来应该是消费主导的5.0旅游业啦！老铁老哥们要绝对相信中国共产党是力挽狂澜的伟大政党，中国是世界第二大经济体的人口大国，有举全国之力投资建设的立体交通和移动通信，全世界产业链、供应链和价值链最完整的产业体系，基础教育和高等教育几十年培养起来的知识型社会中坚力量，"五维聚力"一定能够战胜新冠疫情，克服经济挑战，提振消费预期，在可以预见的时间尺度之内为5.0版的旅游业提供振作机遇、运作空间和操作平台。

消费主导的5.0版旅游业，赛道变了，规则变了，选手变了，裁判也变了，颁奖词绝对不一样啦。旅游业的老铁老哥们，稳字当头，稳中求进，才能以稳应变。旅游业是改革开放的实践成果，当然具有变革创新的行业基因，其中的住宿业就最具代表性。改革开放以来，住

宿业从商务酒店到星级酒店、从星级酒店到精品酒店、从精品酒店到经济型酒店、从经济型酒店到客栈民宿，经历了四次业态大裂变，全程参与了旅游业40多年的变革创新，目前又出现了向篷客露营裂变的趋势。这说明住宿业的客群在板块式漂移，消费在阶梯式下沉，盈利在泡沫式衰减。之所以，在某一个时段之内，某种住宿业态显得相对火爆，不是同一批从业者在引领和给力，而是因为有前赴后继的跟随者炒作起来的概念浪潮，击鼓传花之后，前浪死在沙滩上，后浪死在沙坑里。接下来，就进入下一轮业态裂变，希望用更低成本的投资和运营获得收益机会，形成了周期性的降维迭代。住宿业态的裂变演进启示着旅游业的变革创新，没有不变的业态和业主，只有不变的经济规律和商业逻辑。消费就在那里，只是数量和方式不同而已；满足消费才有盈利机会，盈利才能成长。40多年的实践证明，旅游业没有自以为是的师爷，更没有自命不凡的教父，只有核心概念的闪烁其词和行业边界的模糊不清，数学模型预测不了旅游业的市场趋势，商业模式解决不了旅游业的竞争态势。从逻辑推理的角度讲，旅游地产的商业模式大行其道，就说明了旅游业的收益能力难以支撑单体企业的经济平衡；"旅游+"和"+旅游"的全域旅游遍地开花，就说明了旅游业的赛道结构难以维系业态集群的生态系统。因此，在共同富裕的新时代，消费主导的5.0版旅游业就呼之欲出啦。

如今，经济双循环发展模式强化了国内旅游，实施乡村振兴战略引领了农场微度假，中小学的"双减"催生了非遗研学，第七次人口普查提升了生态康养，冬奥会驱动了运动休闲，新基建开启了元宇宙，旅游业的业态增长极日新月异，消费主导的5.0版旅游业蓄势成局，老铁老哥们，宁愿在现金流优先的新赛道上小步快跑，也不要在游客流为王的旧赛道里弯道超车。选择比勤奋重要，现金流比游客流更重要，轻资产运营的便捷赛道才是5.0版旅游业满足消费的正道，人间正道是沧桑，走人间烟火中的正道才能沧桑巨变。

基于实地考察，在综合分析疫情防控形势、经济发展走势和政策应对趋势的基础上，我们判断，疫情防控不管是"清零"还是"共存"，当前的严峻形势都是阶段性和结构性的，旅游业在走出了一波三折的W形过山车行情之后仍处于重要战略机遇期，只要努力"在危机中育新机，在变局中开新局"，就可以迎来小幅震荡中呈上扬态势的黄金发展期。就地方政府和旅游企业而言，如何"站在高处、看到远处、想到深处和干到实处"，才能在"黄金发展期"里挖矿掘金，促进旅游业砥砺前行？更重要的是，人民对美好生活的向往就是我们的奋斗目标。这才是关键之中的关键。

祝福旅游业吉祥如意！

祝愿老铁老哥们幸福安康！

2021年12月26日
成稿于深圳前海自贸区蛇口

第四节 守正创新抓住双循环的战略机遇

2022年12月22日，在跨年之际，著名旅游学者、暨南大学深圳旅游学院博士生导师董观志教授应《熊晓杰说文旅》之邀，以《2023年旅游业的强变化、快反弹、稳增长和新业态》为题展开了深度对话。在对话中，董观志教授通过宏观分析和系统比较，提出了2023年中国文旅行业面临着战略机遇和重大红利，受到了业界朋友们的肯定和认同。广东省社会科学院主管主办的《新经济》杂志2023年第1期采用封面文章的专稿形式以《扩大内需战略下旅游业的后疫情红利》为题发表了董观志教授跨年对话的主要内容。

今天是2022年12月22日，熊总真会选日子，黄道吉日，有六个2，六六大顺！恰逢冬至节，民间有"冬至大过年，人间乐团圆""饺子加美酒，越吃越富有"的说法，在这里，祝朋友们冬至节快乐，家人安康，吉祥如意！

在这个吉祥的日子里，熊晓杰先生约我一起跟朋友们做一个跨年分享活动，熊总的敬业精神令人钦佩，谢谢熊总。

三年全球性大疫情，旅游界的朋友们饱受磨难，最魔幻的2022年就要转身离去，2023年俨然已经到来。跨年之际，我们会思考：2023年旅游行业将迎来什么样的局面？是短期快速反弹，还是缓慢恢复？旅游行业的春天来到了吗？这三个问题很现实，很有意义，当然也很棘手。这更像熊总领队业界朋友们组织的一场面试，对我而言，压力还是蛮大的。说来奇怪，熊总把跨年分享会安排在20：00开始，这里又多了一个2，就是七个2啦，俗话说"十五个吊桶打水，七上八下"，"七上八下"正好反映了我此刻的心情：忐忑不安。

熊总是旅游界资深的行家里手，大咖顶流，亲自操盘过长隆集团的市场营销10多年，经过风雨，扛过骇浪，引领过中国现象级的旅游营销大事件，经验丰富，体会深刻，成功案例多多。好在熊总主持，我的压力可以乾坤大挪移，由熊总接盘给力。时间过得真快，转眼之间，我跟熊总认识至今20多年了，当年的熊总在中山大学管理学院攻读市场营销专业的博士学位，雄姿英发，慷慨豪迈。2004年，我应邀参加长隆夜间动物园升级再造长隆欢乐世界的规划设计活动，在长隆高尔夫球场，我们深度交流了长隆欢乐世界的品牌战略问题，那时的熊总，意气风发，深谋远虑。2017年8月，我和熊总在北京不期而遇，一同参与起草拟定国家发展改革委的《关于规范主题公园建设发展的指导意见》，熊总贡献了真知灼见，后来发布的发改社会规〔2018〕400号文件中，主题公园的概念、分类和监管成为核心内容，解决了政策上指导全国主题公园建设发展的技术性问题。20多年来，我和熊总线上线下互动交流比较多，当然共识也比较多，所以，我对今天的跨年分享会充满信心，对提振2023年的旅游业信心更是充满期待。

2022年灰犀牛事件接连不断，2月爆发了俄乌冲突，4月上海疫情封控，6月欧美央行助推全球通胀，8月佩洛西窜访台湾引起局势紧张，10月中美科技摩擦升级，12月全国疫情冲击波，长时间、全方位、高强度地影响了社会经济正常运行。我们在"做了核酸没有，准备了菜没有，小区封了没有，囤了药没有，阳康了没有……"的混乱、惊慌、迷茫中度过了精神内耗的一年，真的不容易！好在，再过几天，2022年就要翻过去啦。

日历容易翻页，但是日子不容易翻篇。1935年2月，毛泽东主席在经历了遵义会议大转折之后写下了《忆秦娥·娄山关》："西风烈，长空雁叫霜晨月。霜晨月，马蹄声碎，喇叭声咽。雄关漫道真如铁，而今迈步从头越。从头越，苍山如海，残阳如血。"从2022年走向2023年的跨年之际，旅游业还真有点像当年红军的艰难和悲壮。"雄关漫道真如铁，而今迈步从头越"，此时此刻，我们需要方向，需要力量，需要希望。这应该就是熊总和朋友们组织这次跨年分享会的现实意义。

今天，跨年分享会的主题是"2023年旅游业的强变化快反弹和稳增长新业态"，选题非常好，正好用来形容2023年旅游业的基本走势。根据这几年旅游业的运行情况和社会经济的基本面，我判断：2023年旅游业的走势就是高强度变化、高速度反弹、大概率稳健增长和划时代涌现新业态。为什么这样肯定？

一、旅游业具有强烈的反周期现象，即越是经济下行压力加大，生活遇到困难的时期，大家的旅游动机越强烈

旅游活动是一种更偏向于精神层面的社会活动，"读万卷书，行万里路""世界那么大，我想去看看""心有多远，我们就能走多远""诗和远方在一起"等社会流行语清晰地表达了这种社会活动的精神价值诉求，形成了一种整体性的社会心理暗示作用。从社会心理学的角度来讲，日常生活中，人们在按部就班的生活状态中岁月静好，预期与当下生活基本保持一致，情绪性心理起伏波动不大；一旦预期与当下发生了跷跷板般的不平衡现象，人们的情绪就会随之发生起伏波动，而且预期与当下的差异越大，这种起伏波动就越强烈。当预期好于当下，人们就会欢呼雀跃，自觉选择积极行动，全力以赴地为实现预期而努力；当预期差于当下，人们就会焦虑恐慌，自觉选择替代行动，全力以赴地为远离预期而努力。这就是经济高增长的时候，人们更愿意选择充分就业，尽自己最大努力地去获得更多收入；反之，当经济下行压力加大的时候，人们却更愿意选择离开熟悉的居住地到陌生的外地去旅游的社会心理基础。从个人的角度也是好理解的，因为在熟悉的生活环境中，一旦预期差于当下，周围习以为常的各种因素就会映射到确定性的心理情绪模式当中去，形成负面情绪的叠加效应，导致越来越强烈的烦恼和焦虑，而且难以自我调节；但是，当个人在旅行中处于陌生的不确定性生活环境中，周围的各种因素都是变化和新奇的，预期与当下的动态性对接难以形成确定性的心理情绪模式，更容易切换成不同的情绪，因为陶醉在旅途上的风景中而覆盖掉原有的情绪，非日常的生活方式强化了愉悦感和满足感。进一步来讲，就是人在熟悉的生活环境之中，面对着系统性的社会责任和潜在规则，当经济下行压力持续加大的时候，确

定性不足以化解预期差于当下的困难，形成了一种类似于"囚徒效应"的困境，物极必反，就会激发出人与生俱来的趋利避害本性，索性离开熟悉的生活环境到陌生的动态环境之中去，在不确定性中去感悟确定性中不曾关注或者忽略了的认知逻辑和社会现象，获得浴火重生般的生活勇气和生命力量。这就是旅游业具有强烈的反周期现象的深层次原因，我把它称之为集体无意识的旅游思维定势。

事实上，我国1990年代以来的旅游业发展历程就是这种反周期现象的生动体现。第一轮是2000年代的旅游业反周期现象。1991年苏联解体，1997年东南亚金融危机，剧烈动荡的国际环境严重地冲击了国内的经济发展，导致大量国有企业歇业停产和几千万国企员工下岗待业，1999年"十一"期间国家推出了黄金周休假制度，旅游业从此走上了产业化快速发展轨道。第二轮是2010年代的旅游业反周期现象。2008年美国金融海啸引发世界经济危机，2009年11月国务院印发《关于加快发展旅游业的意见》，提出了把旅游业培育成国民经济的战略性支柱产业和人民群众更加满意的现代服务业，为不断增进在旅游休闲方面的国民福利，为我国旅游业新一轮腾飞确定了方向。随后，旅游业的资源、资本、资产、业态、市场主体在规模、结构和质量上突飞猛进，产业融合和综合影响发生了几何级数性质的变化。

从2020年初开始的三年新冠疫情严重地冲击了世界经济的发展态势，2022年初爆发的俄乌冲突严重地影响了世界秩序和地缘关系，使世界经济形势更加复杂严峻。基于经典物理学中"作用力与反作用力相等"的牛顿第三定律，承受了三年全球性经济重压的旅游业，这一次第三轮的反周期现象将比第一轮更加强烈，比第二轮更加强劲。最近，比旅游者和旅游业更敏感的资本市场已经出现了异常波动，旅游板块的股票猛烈上涨，华侨城的股价上涨超过50%，相关股票表现相当可观。这几个方面综合起来看，2023年的旅游业应该具有高强度的反弹趋势。

二、旅游业是经济发展的结果，不是经济发展的原因

2022年重大事件接连不断，2月俄乌冲突爆发，4月上海疫情封控，6月欧美央行助推全球通胀，8月佩洛西窜访台湾，10月中美科技摩擦升级，12月疫情封控放开冲击波，输入性因素叠加，内生性效应积累，不仅重创旅游业，而且深度碾压经济，让我们感受到了前所未有的艰难和压力，形成了精神内耗的社会性沉没成本。沉没成本也好，精神内耗也罢，2022年都过去了，关键是要向前看，奋力向前走。

2023年依然会有黑天鹅展翅飞翔，灰犀牛不经意而来，纷繁复杂的国际形势大概率还是会在不确定性中走向复杂严峻的多极化世界。基于国际国内深度嵌入的矩阵关系，多极化世界里还是存在9个方面的相对确定性。其中国际上有4个较大的确定性：一是大类资产承压，二是美国通胀高企，三是低收入国家债务困境，四是全球经济衰退，意味着世界经济正处于从滞胀向衰退转变的窗口期；国内有5个突出的确定性：一是防疫模式优化，二是经济稳盘复

苏，三是整体国家安全，四是高质量发展，五是中国式现代化，意味着国内经济正处于从放缓向复苏转变的通道期。总体而言，风险在外部，机遇在内部，2023年经济形势大概率好于2020年至2022年三年中的任何一年，惊喜值得期待。

改革开放以来的旅游业，已经走过了国情教育、赚取外汇、回笼货币、扩大就业、刺激消费的工具式发展阶段，积累了足够进行对比研究的产业剖面，就像地质学里的地层剖面一样，每一个年代的发展层面中都掩埋着特定的化石样本，具有经济考古学上的标志性意义。1990年代，"旅游业是投资少、见效快、无污染的朝阳产业"的共识凝聚了最广泛的社会力量参与到旅游业的发展中来。2000年代，"旅游业刺激消费，带动经济，促进就业"的认知催生了政府主导型旅游发展战略。2010年代，"旅游业是国民经济的战略性支柱产业"的定位激发了全域旅游的热潮。尽管三个时代参与旅游业的市场主体在变化，主导旅游业的利益相关者在变化，但是旅游业带动经济发展的主基调保持了高度的一致。事实上呢？经济非优势区域，几十年来殚精竭虑地搞旅游，通过地方平台公司举债投入了大量的人力物力财力，不仅旅游业没有搞起来，经济依然还是一地鸡毛，甚至雪上加霜累积了居高不下的债务风险，这样的案例比比皆是，每一个省份都有，每一个市县都有，这些年媒体曝光的反腐倡廉典型案例中就有很多涉及好大喜功地搞旅游却适得其反的生动例子。而长三角地区和珠三角地区等经济优势区域，很早就拆并了旅游行政主管部门，更没有强推什么旅游战略性支柱产业，而是能融尽融、见缝插针地发展旅游业，几十年过来，不仅经济发展依然风生水起，而且旅游同样精彩纷呈。为什么会出现这样的因果反转现象？实践是检验真理的唯一标准，这就是全国性旅游业几十年实践检验出来的真理：旅游业是经济发展的结果，不是经济发展的原因。旅游业是生活型服务业，不是生产型服务业，更不是现代制造业，绝不是战略性新兴产业，根本就没有卡脖子的关键技术问题！经过了三年疫情的一次性归零，旅游业必须深刻地汲取教训，清晰地认识到旅游业与经济发展之间不是一种简单的直线关系，更不是一种可置换的替代关系，旅游业是经济发展的结果，不是经济发展的原因，切不可本末倒置。

只有不复苏的旅游企业，没有不复苏的旅游业。2022年12月，全面放开了疫情防控的强制性措施，清除了限制旅游者自由流动的系统性障碍，开启了2023年旅游业强劲反弹的复苏大门，各地必须把"旅游业是经济发展的结果，不是经济发展的原因"作为旅游业的原点基石，因地制宜，因时制宜，依法理性地稳健发展旅游业。

三、旅游业是一个多元的复杂系统，需要融入其他产业才能实现可持续的高质量发展

两岸猿声啼不住，轻舟已过万重山。经过了三年疫情的深度冲击，旅游业已经不再是疫情之前的工具性旅游业，大张旗鼓地发展旅游业的时代已经一去不复返了，旅游业进入到应

该理性稳健发展的主体式新阶段，就像小学毕业进入初中学习阶段一样，需要规矩、稳健和自律，需要学会自主学习。疫情过后，重新出发的旅游业需要对当前遇到的行业性问题进行重新评估和系统认知，不能把现在所有的经营困难都简单地归咎于三年疫情，否则，有些错误还会重复。至少，随便一个地方动不动就"大策划、大投入、大制作、大项目、大品牌、大市场、大产业"地搞旅游业的做法要改一改啦。

经过了四十多年高速发展的旅游业，传统性的旅游供给要素不仅已经系统性过剩了，而且绝大部分已经被社会性供给取代之了。"吃住行游购娱"作为旅游业的六大经典要素，衍生了星级饭店、旅行社、5A旅游景区、旅游购物、旅游演艺等有主管部门评级授牌的旅游行业，还有全国性行业协会，统计起来煞有介事，数据蔚为壮观。事实上，随着快速城市化和实施乡村振兴战略，"吃"的供给好多年前就社会化了，随处可见，随到随吃，哪还关"星级旅游饭店"的什么事。"住"的供给经过了精品酒店、经济型酒店、汽车旅馆、客栈、民宿、帐篷一浪高过一浪的席卷，"星级旅游饭店"已经行业性亏损许多年了。"行"的供给从自驾车到租车、高速公路、高铁和航空客运已经普及了，旅行社的旅游大巴车队早已成为历史了。"购"的供给在淘宝、京东、拼多多们冲击下哪还有"旅游购物"的可能性。"娱"的供给在全民皆用移动智能手机刷抖音开直播的时代勉为其难。就剩下一个"游"的供给，尚可以借助"5A旅游景区"之名收一点门票费，但是在自由行、自驾游、徒步者、驴友去景区化越来越高的声浪中显得有些尴尬和另类啦，何况许多地方习惯用"免门票"的营销方式拼人气拉人头，5A旅游景区的门票经济也岌岌可危。"吃"有市场监管部门主管，"住"有住建部门和消防部门主管，"行"有交通运输部门主管，"游"的景区有自然资源部门和安全生产部门主管，"购"有商务部门主管，"娱"属于特种经营业务，有公安部门主管，放眼望，细思量，还有什么需要旅游部门主管？好像只剩下"星级旅游饭店""5A旅游景区""全域旅游示范区"等几个牌牌匾匾啦，随着"放管服"改革的深入推进，这几个牌牌匾匾随时会化为乌有。

在新冠疫情暴发之前，社会化饱和式供给的"吃住行游购娱"已经把传统旅游业冲击成了"五个难以为继"：投资拉动型旅游业难以为继、资源粗放式旅游业难以为继、重资产旅游业难以为继、评级授牌式旅游业难以为继、地方全域旅游业难以为继。因而，旅游部门作为一个简单的闭环式自组织经济部门已经没有意义，2018年3月，全国性的治理体制改革就把"旅游主管部门"归并到了"文化和旅游主管部门"，顺坡滚驴，旅游业就被称之为"文旅业"啦，旅游业变成文旅业，尽管被形容为"诗和远方在一起"，似乎很浪漫，但是一字之差代表了多少酸甜苦辣。

三年疫情一次性"清零"了旅游业，大家把旅游业的锅都甩给了疫情，一"疫"遮百丑，其实，当前旅游业的系统性问题根源并不是疫情，而是旅游与生俱来的本质特性，就像DNA决定了生物的多样性一样。教科书把旅游的本质特征归纳为地域性、季节性、敏感性、大众性和综合性，没错，现实中的旅游确实具有这样的特征，问题在于没有人深究这几个基本特征本身以及彼此之间所蕴含的经济学意义。经济学是关于稀缺的理论，宏观经济学研究生产、交换、分配和消费的经济规律，微观经济学研究投入产出的经济规律，聚焦点是提高解决稀缺问题的效率，效率从最佳规模和最优秩序中来，这是经济学的核心思想。具体到旅游业中来，地域性说明配置旅游资源存在着空间尺度的限制性门槛，有空间尺度，就存在距离衰减的问题，这就意味着不同区域配置旅游资源客观上存在机会和成本的差异，也就是说在特定的区域集聚旅游资源要素具有相当的难度。这种难度叠加了季节性的时间差和波动性，时空组合起来就更加难了。这就是为什么在相当长的时间里旅游业的产品是"线路"的缘故，因为只有线路才能通过优化旅游者的空间移动解决旅游资源配置的效率问题。

一般情况下，旅游线路不是纸面上的理想形态，在具体运营过程中，旅游线路大概率会跨越超长尺度的地理空间，尤其是在高速公路、高铁和航空立体交通随机转乘切换的时代，跨越行政区划单位甚至跨越国境的旅游线路成了高频率的旅游活动。旅游活动分散在大尺度的空间范围里，叠加时间上还存在着季节性的波动和错位现象，在特定的区域就更难形成经济学上的规模啦。线路主观上是为了解决旅游的规模与效率之间的矛盾问题，客观上却放大了旅游的规模与效率之间的矛盾。所以，2010年代以来，单体的旅游项目就越来越追求大投资和大体量了，潜意识里是企图打破"游客规模性集聚"瓶颈。一旦投入巨资建造了"巨无霸"的单体旅游项目或独立性旅游区，就形成了硬核的沉没成本和刚性的边际成本，旅游的敏感性特征就凸显出来了，重资产的旅游业就难以超越经济学上盈亏平衡点的天花板。对于具体的旅游企业而言，绝大部分地区的旅游企业往往需要在短则两三个月的旅游旺季里完成全年的经营业绩目标，旅游淡季里有的不仅颗粒无收甚至还要垫钱维持运营，盈利难度可想而知。这就是为什么尽管疫情之前许多地方的旅游业平台企业掌控了优质的旅游资源，但经营业绩仍不如人意甚至债台高筑！更不用说，那些没有掌控优质旅游资源的旅游企业，寄希望于通过完全市场竞争摆脱地域性、季节性和敏感性的刚性约束，自然就是"蜀道难，难于上青天"。网红救不了旅游业，炒作解决不了旅游业的问题。因为在没有金矿的地方无论如何是挖不到金子的。回归了本质，就好解释"天价菜单""黑店坑人"等旅游宰客事件为什么层出不穷；回归了现实，就好解释那么多投入巨资建造的旅游项目为什么"开业前几个月红红火火，开业后几个月门前罗雀"；回归了常识，就好解释那么多旅游企业为什么即使尊为上市公司和旅游行业龙头企业，也都热衷于"旅游+地产"的商业模式，哪怕旅游+地产也还是负债率居高不下。这些事实都指向一个道理：旅游是模糊的不确定性消费，难以在具体的时空系统中形成特定的经济规模和商业秩序，因而不可能支撑地方的经济发展。基于这样的不可能原理，传统认知中的旅游业显然是难以为继的，简单的"旅游+地产"模式也解决不了旅游业的可持续发展问题。

2023年的旅游业至少有3个关键点值得关注：一是旅游业的市场主体变了，很大一部分旅游企业没有熬过疫情肆虐的三年，歇业了，倒闭了；二是旅游业的操作者变了，很多旅游职业经理人没有扛过艰难的三年疫情，伤心了，辞职了；三是旅游业的从业者变了，很多旅游企业疫情三年里难以为继，裁员了，员工转行了。实际上，这三个显而易见的变化将会深刻地改变未来的旅游业。"旅游+"走不走得通，"+旅游"搞不搞得好，"+旅游+"有没有机会？这三个关键点就是旅游业杠杆系统中的战略支点。疫情之后的旅游业将由1980年代出生的主流人群接棒，为1990年出生的新世代人群提供旅游产品和接待服务，1970年代出生的人群将成为旅游消费的边缘性人群，1960年代出生的人群就是旅游业的夕阳红客群市场。相对于物资短缺时代成长起来的先辈们而言，1980年代出生的人群是互联网的冲浪者和高新技术的产消者，其认知体系、思维逻辑、生活方式和行为模式的变化具有划时代的社会意义。这是实实在在的迭代性变化，旅游企业和地方旅游主管部门必须重整旅游业的发展思路，既不能旧瓶装新酒，也不能新瓶装老酒，回归旅游的本质，回归旅游业的常识，在千行百业的融合中发展旅游，在旅游资源的系统性整合中推进迭代创新，旅游业才能行健致远。

四、在遇到经济增长困难的时候，党和国家采取积极稳健的经济政策，不仅能够化解经济运行中的困难，而且还能在危机中开启经济发展的新篇章。政策满贯的2023年旅游业红利可期

最近这几年，受国际环境和宏观经济的影响，我国经济进入了生产导向和产业结构的调整阶段，从出口贸易的高速增长模式切换到了国内消费为主、国内国际双循环的高质量发展模式，一方面居民收入增长越来越难，另一方面居民加杠杆购买城市住房累积了债务风险，导致了居民消费的持续走低，加上三年疫情的影响，居民的消费预期进入了低迷状态。

2022年9月29日，央行、银保监会阶段性放宽部分城市首套房贷利率下限；9月30日，央行决定下调首套住房公积金贷款利率，财政部、税务总局宣布换购住房个人所得税退税。这次中央层面的"三箭齐发"，旨在稳信心、稳预期，进而稳地产、稳增长。本次由中央直接出手，覆盖范围较广、信号意义较强，有助于提振市场信心、改善居民预期。

2022年10月，党的二十大召开，对到2035年乃至2050年的发展都做了战略部署，当然为旅游业的高质量发展指明了方向。

2022年12月，中央经济工作会议召开，坚持了稳字当头、稳中求进的主基调，进行了实行积极财政政策的总动员，聚焦了2023年经济工作的四个着力点：内需稳总量、结构高质量、安全保发展和民生兜底线。

2022年12月14日，中共中央国务院印发了《扩大内需战略规划纲要（2022—2035）》。相信未来还会发布涉及金融、货币、财政、利率、汇率、证券、债券、期货等一系列的制度性政策，甚至有"王炸牌"的改革性举措，在2023年两会之后陆续出台，重在发展经济，着力中国式现代化的高质量发展。

回顾历史，不难发现，改革开放以来，每一次在遇到经济增长困难的时候，党和国家都会采取积极稳健的经济政策，不仅能够化解经济运行中的困难，而且还能在危机中开启发展新篇章。1980年代的农村农业改革，1990年代的经济体制改革，2000年代的加入世界贸易组

织，2010年代的供给侧结构性改革，每一次的改革不仅解决了结构性的内生性问题，而且化解了系统性的输入性问题，显示了大国经济的韧性和生命力。这一次的三年疫情和国际地缘政治关系，相信党和国家对百年未有之大变局一定高瞻远瞩地顶层设计好了大政方针，谋好了篇，布好了局，我们只要坚持党的领导和坚持走中国特色社会主义道路，团结一致砥砺前行，一定能够从胜利走向辉煌。

竹外桃花三两枝，春江水暖鸭先知。中国人口基数庞大、基建成果庞大、经济底盘庞大、行业存量庞大、政策动能庞大，不仅代表了中国经济的韧性和潜力，而且显示了中国旅游的常量可预期性。2023年中国经济的动能将应开尽开，政策满贯；尽管旅游业有一些重资产的门类，但相对于其他产业而言，旅游业总体上是轻资产。2023年旅游业会先感受到宽松的货币政策、积极的财政政策和稳健的汇率政策带来的后疫情红利。旅游业是经济发展的结果，2023年的中国旅游业将加速反弹，形成政策性资金真多、消费性游客真多、盈利性机会真多的生意兴隆格局。

五、2023年就是拼经济，发展是硬道理。只有经济稳健增长，生活才能幸福美好。放开去干，豪放地干好2023年的旅游业

旅游业具有经济的反周期现象，旅游业是经济发展的结果，旅游业是一个高产业融合度的多元复杂系统，2023年的旅游业要习惯十字路口没有红绿灯的事实，站在高处摆脱路径依赖，看在远处走出认知误区，想在深处立足常识常规，干在实处着力发展创新，深度挖掘基于资源的传统要素存量，提升扩大基于资产的发展要素增量，乘势推进基于资本的创新要素变量，找活路，走大路，创新路，关键是提振信心，重点是强化合作，方法是搭积木的插件模式，重构旅游业的新时空体系，既要脚踏实地做好短距离、小群体、微度假和高频率的"短小微高"旅游业，更要志存高远地做好专业运营团队、精准数智赋能、特色产品服务和新兴业态模式的"专精特新"旅游业。

雄关漫道真如铁，而今迈步从头越！毫无疑问，旅游业经历了三年疫情的一次性"归零"到了应该迭代性重整的时候，2023年是旅游业划时代的战略机遇，将紧跟百年未有之大变局的经济新周期翩翩起舞！"兔子跑得快，全靠脑洞开"。2023年，旅游业高强度变化、高速度反弹，人丁兴旺的游客增长和生意兴隆的业态创新已经蓄势成局。这四个趋势组合叠加在一起，机缘巧合，2023年旅游业的主旋律就是高高兴兴！我们应该热情拥抱2023年，拥抱双循环新模式中的高质量发展，高高兴兴地去旅游，高高兴兴地做旅游，豪迈地投入到迭代重整旅游业的洪流中去，积极乐观地干一场豪放的旅游业！因为2023年，政策性资金真多，消费性游客真多，盈利性机会真多，旅游业"一个季度一个样，一波更比一波强"。

主要参考文献

[1] （日）土井厚.旅游业入门[M].于学谦,译.北京:北京旅游学院,1981.
[2] 邓观利.旅游概论[M].天津:天津人民出版社,1983.
[3] （美）麦金托什,（美）格伯特.旅游学:要素、实践、基本原理[M].蒲红,等译.上海:上海文化出版社,1985.
[4] 杨时进,江新懋.旅游概论[M].北京:中国旅游出版社,1986.
[5] 林南枝,陶汉军.旅游经济学[M].上海:上海人民出版社,1986.
[6] 孙文昌.旅游学导论[M].青岛:青岛出版社,1992.
[7] 章必功.中国旅游史[M].昆明:云南人民出版社,1992.
[8] 田里,等.现代旅游学导论[M].昆明:云南大学出版社,1994.
[9] 李天元,王连义.旅游学概论[M].天津:南开大学出版社,1995.
[10] 马勇.旅游学概论[M].北京:高等教育出版社,1998.
[11] 申葆嘉.旅游学原理[M].上海:学林出版社,1999.
[12] 刘伟,朱玉槐.旅游学[M].广州:广东旅游出版社,2000.
[13] 魏向东.旅游概论[M].北京:中国林业出版社,2000.
[14] 陶汉军.新编旅游学概论[M].北京:旅游教育出版社,2001.
[15] 黄福才.旅游学概要[M].厦门:厦门大学出版社,1995.
[16] 张立明.旅游学概论[M].武汉:武汉大学出版社,2003.
[17] 王德刚.旅游学概论[M].济南:山东大学出版社,2000.
[18] 石强.旅游概论[M].北京:机械工业出版社,2005.
[19] 田久川.旅游学导论[M].大连:大连理工大学出版社,2005.
[20] 彭顺生.世界旅游发展史[M].北京:中国旅游出版社,2006.
[21] 傅云新,蔡晓梅.旅游学[M].广州:中山大学出版社,2007.
[22] 潘小其.旅游概论[M].北京:科学出版社,2016.
[23] 刘振礼,陈传康.旅游资源鉴赏与开发[M].上海:同济大学出版社,1990.
[24] 李蕾蕾.旅游地形象策划:理论与实务[M].广州:广东旅游出版社,1999.
[25] 喻学才.旅游文化[M].北京:中国林业出版社,2002.
[26] 喻学才,王健民.文化遗产保护与风景名胜区建设[M].北京:科学出版社,2010.
[27] 马勇,舒伯阳.区域旅游规划:理论·方法·案例[M].天津:南开大学出版社,1999.
[28] 马勇,李玺.旅游规划与开发[M].北京:高等教育出版社,2002.
[29] 邹统钎.旅游景区开发与管理[M].北京:清华大学出版社,2004.
[30] 黄郁成.乡村旅游[M].北京:中国大百科全书出版社,2006.
[31] 金振江,等.智慧旅游[M].北京:清华大学出版社,2015.

[32]（美）朱卓仁.休假地的开发及其管理[M].南开大学旅游外语教研室,译.北京:旅游教育出版社,1992.
[33]爱德华·因斯克普,马克·科伦伯格.旅游度假区的综合开发模式[M].国家旅游局人教司组织翻译.北京:中国旅游出版社,1993.
[34]（法）罗歇·苏.休闲[M].姜依群,译.北京:商务印书馆,1996.
[35]（法）罗贝尔·朗卡尔.旅游和旅行社会学[M].陈立春,译.北京:商务印书馆,1997.
[36]刘德谦.中国旅游文学新论[M].北京:中国旅游出版社,1997.
[37]（英）约翰·斯沃布鲁克.景点开发与管理[M].张文,等译.北京:中国旅游出版社,2001.
[38]（美）罗伯特·克里斯蒂·米尔.度假村管理与运营[M].李正喜,译.大连:大连理工大学出版社,2002.
[39]黎洁,赵文红.旅游企业经营战略管理[M].北京:中国旅游出版社,2000.
[40]石培华.中国旅游研究30年专家评论 1978-2008[M].北京:中国旅游出版社,2009.
[41]宋立,刘欣.休闲旅游[M].合肥:安徽人民出版社,1997.
[42]庄恩岳,张树夫,贲国栋.旅游的忠告[M].杭州:浙江人民出版社,2000.
[43]谷慧敏.旅游危机管理研究[M].天津:南开大学出版社,2007.
[44]周武忠.旅游学研究（第三辑）[M].南京:东南大学出版社,2008.
[45]（美）查尔斯·R.戈尔德耐,（美）J.R.布伦特·里奇,（美）罗伯特·W.麦金托什.旅游业教程:旅游业原理、方法和实践 第8版[M].贾秀海,译.大连:大连理工大学出版社,2003.
[46]王兴斌.旅游产业规划指南[M].北京:中国旅游出版社,2000.
[47]王兴斌.旅坛忧思录（上、下）[M].北京:旅游教育出版社,2013.
[48]王兴斌.旅坛思辨录[M].北京:旅游教育出版社,2021.
[49]（英）史蒂芬·佩吉,（英）保罗·布伦特,（英）格雷厄姆·巴斯比,（英）乔·康奈尔.现代旅游管理导论[M].刘劼莉,等译.北京:电子工业出版社,2004.
[50]李昕.旅游管理学[M].北京:中国旅游出版社,2006.
[51]王大悟,魏小安.新编旅游经济学[M].上海:上海人民出版社,1998.
[52]王衍用,宋子千.旅游景区项目策划[M].北京:中国旅游出版社,2007.
[53]李享.旅游调查研究的方法与实践[M].北京:中国旅游出版社,2005.
[54]（加）斯蒂芬·L.J.史密斯.旅游决策与分析方法[M].南开大学旅游学系,译.北京:中国旅游出版社,1991.
[55]何光暐.中国旅游业50年[M].北京:中国旅游出版社,1999.
[56]罗明义.旅游经济分析——理论·方法·案例[M].昆明:云南大学出版社,2001.
[57]（德）卡尔·马克思.资本论[M].何小禾,译.重庆:重庆出版社,2014.
[58]（英）亚当·斯密.国富论[M].孙善长,李春长,译.北京:中国华侨出版社,2010.
[59]（美）大卫·哈维.资本社会的17个矛盾[M].许瑞宋,译.北京:中信出版社,2016.
[60]（美）曼昆.经济学原理[M].梁小民,梁砾,译.北京:北京大学出版社,2012.

[61] （美）约瑟夫·E. 斯蒂格利茨.经济学（第二版）[M].梁小民,黄险峰,译.北京:中国人民大学出版社,2000.
[62] 高鸿业.西方经济学（第二版）[M].北京:中国人民大学出版社,2003.
[63] （美）斯蒂芬·J. 托洛维斯基.宏观经济动态学方法（第二版）[M].王根蓓,译.上海:上海财经大学出版社,2002.
[64] （美）哈尔·R. 范里安.微观经济学[M].费方域,译.上海:格致出版社,上海三联书店,上海人民出版社,2015.
[65] 平新乔.微观经济学十八讲[M].北京:北京大学出版社,2001.
[66] 张维迎.博弈论与信息经济学[M].上海:上海三联书店,上海:上海人民出版社,1996.
[67] （美）斯蒂芬·P. 罗宾斯,（美）玛丽·库尔特.管理学[M].李原,等译.北京:中国人民大学出版社,2012.
[68] （美）斯蒂芬·P. 罗宾斯,（美）蒂莫西·A. 贾奇.组织行为学[M].孙建敏,李原,译.北京:中国人民大学出版社,1997.
[69] （英）D. 福克纳,（英）C. 鲍曼.竞争战略[M].李维刚,译.北京:中信出版社,1997.
[70] （美）弗雷德·R. 戴维.战略管理[M].李克宁,译.北京:经济科学出版社,2001.
[71] （美）詹姆斯·迈天.大转变——企业构建工程的七项原则[M].李东贤,等译.北京:清华大学出版社,1999.
[72] （英）格里·约翰逊,（英）凯万·斯科尔斯,公司战略教程[M].金占明,贾秀梅,译.北京:华夏出版社,1998.
[73] 李春波.企业战略管理[M].北京:清华大学出版社,2011.
[74] 杨锡怀,王江.企业战略管理——理论与案例（第四版）[M].北京:高等教育出版社,2016.
[75] （日）畠山义雄.管理者革命——繁荣现代组织机构的必然选择[M].王森,等译.北京:经济日报出版社,1991.
[76] （美）高哈特,（美）凯利.企业蜕变[M].宋伟航,译.北京:经济管理出版社,1998.
[77] 魏杰.企业前沿问题——现代企业管理方案[M].北京:中国发展出版社,2001.
[78] 史仲文.中国人:走出死胡同[M].北京:中国发展出版社,2004.
[79] 夏禹龙,刘吉,冯之浚,等.现代化与中国[M].北京:中国展望出版社,1987.
[80] 邹东涛,崔全宏.十字路口上的中国[M].兰州:兰州大学出版社,1992.
[81] 何博传.山坳上的中国[M].贵阳:贵州人民出版社,1989.
[82] （美）B. 约瑟夫·派恩,（美）詹姆斯·H. 吉尔摩.体验经济[M].夏业良,等译.机械工业出版社,2002.
[83] （美）帕拉格·唐纳.超级版图:全球供应链、超级城市与新商业文明的崛起[M].崔传刚,周大昕,译.北京:中信出版社,2016.
[84] 杨星.国际金融学[M].广州:广东经济出版社,2001.
[85] 王晓光.国际金融（第三版）[M].北京:清华大学出版社,2015.

[86] (美)哈罗德·L. 瓦格尔.旅游经济学:金融分析指南[M].宋瑞,林红,译.北京:中信出版社,2003.
[87] (美)本杰明·格雷厄姆,(美)戴维·多德.证券分析[M].巴曙松,陈剑,等译.北京:中国人民大学出版社,2006.
[88] 中国证券业协会.证券交易[M].北京:中国财政经济出版社,2008.
[89] 中国证券业协会.证券投资基金[M].北京:中国财政经济出版社,2008.
[90] 任淮秀.证券投资案例教程[M].北京:北京大学出版社,2003.
[91] 刘军宁.投资哲学:保守主义的智慧之灯[M].北京:中信出版社,2015.
[92] 许晓峰,林晓言,肖翔.投资管理学[M].北京:中国发展出版社,1997.
[93] 卢家仪,等.项目融资[M].北京:清华大学出版社,1998.
[94] 卢石泉,周惠珍.投资项目评估[M].沈阳:东北财经大学出版社,1993.
[95] 吴晓波.历代经济变革得失[M].杭州:浙江大学出版社,2013.
[96] 吴晓波.跌荡一百年[M].北京:中信出版社,2009.
[97] 王云龙.期货交易入门[M].北京:中国物资出版社,1993.
[98] 黄学忠.经济信息知识手册[M].武汉:湖北科学技术出版社,1985.
[99] (美)高登·B. 戴维斯,(美)马格瑞斯·H. 奥尔松.管理信息系统[M].孙定浩,等译.乌鲁木齐:新疆人民出版社,1988.
[100] 李应正,尹以森,黄发恭,等.区域工业管理信息系统及其使用[M].武汉:中国地质大学出版社,1992.
[101] 蔡自兴,(美)约翰·德尔金,龚涛.高级专家系统:原理、设计及应用[M].北京:科学出版社,2005.
[102] 尹世杰.消费力经济学[M].北京:中国财政经济出版社,2001.
[103] 贺学良,等.中国物业管理[M].上海:文汇出版社,1999.
[104] (法)佩鲁.新发展观[M].张宁,丰子义,译.北京:华夏出版社,1987.
[105] 日中经济协会.中国经济的中长期展望[M].沈希红,等译.北京:经济科学出版社,1988.
[106] 马洪,孙尚清.中国经济形势与展望 1995–1996[M].北京:中国发展出版社,1996.
[107] 胥和平.WTO与中国产业重组[M].广州:广东旅游出版社,2000.
[108] 熊贤良.WTO与经济全球化浪潮[M].广州:广东旅游出版社,2000.
[109] 房汉廷.WTO与中国企业金融创新[M].广州:广东旅游出版社,2000.
[110] 卢世琛,王燕梅.WTO与中国经济增长热点[M].广州:广东旅游出版社,2000.
[111] 王延中.WTO与中小企业发展战略[M].广州:广东旅游出版社,2000.
[112] 吴晓波.大败局[M].杭州:浙江人民出版社,2001.
[113] (美)菲利普·科特勒,(美)加里·阿姆斯特朗.市场营销原理[M].何志毅,等译.北京:机械工业出版社,2006.
[114] 刘利兰.市场调查与预测[M].北京:经济科学出版社,2001.

[115]张华,等.市场调查与预测:110方法和实例[M].北京:中国国际广播出版社,2000.

[116]王纯孝,蔡浩然.服务营销与服务质量管理[M].广州:中山大学出版社,1996.

[117]傅云新.服务营销实务[M].广州:广东经济出版社,2002.

[118]李海洋,牛海鹏.服务营销[M].北京:企业管理出版社,1996.

[119]牛海鹏.特许经营[M].北京:企业管理出版社,1996.

[120]刘爱基,李虹.服务业如何实施ISO9000族标准[M].北京:中国标准出版社,1998.

[121]（美）杰里米·里夫金,（美）特德·霍华德.熵:一种新的世界观[M].吕明,袁舟,译.上海:上海译文出版社,1987.

[122]（美）杰里米·里夫金.第三次工业革命[M].张体伟,孙豫宁,译.北京:中信出版社,2012.

[123]（美）杰里米·里夫金.零边际成本社会[M].赛迪研究院专家组,译.北京:中信出版社,2017.

[124]胡运权.运筹学教程[M].北京:清华大学出版社,2002.

[125]韩兆洲.统计学原理（第七版）[M].广州:暨南大学出版社,2011.

[126]朱海芳.管理会计学[M].武汉:湖北科学技术出版社,1995.

[127]李定安.企业成本学[M].武汉:湖北科学技术出版社,1993.

[128]刘再兴,祝诚,周起业等.生产布局学原理[M].北京:中国人民大学出版社,1984.

[129]工业企业经济活动分析编写组.工业企业经济活动分析[M].北京:中国财政经济出版社,1989.

[130]林增杰,严星.土地管理原理与方法[M].北京:中国人民大学出版社,1986.

[131]自然辩证法讲义编写组.自然辩证法讲义[M].北京:高等教育出版社,1979.

[132]张坤民,等.可持续发展论[M].北京:中国环境科学出版社,1997.

[133]（美）埃兹拉·沃格尔.日本的成功与美国的复兴 再论日本名列第一[M].韩铁英,等译.北京:生活·读书·新知三联书店,1985.

[134]（美）马克·斯考森,（美）肯那·泰勒.经济学的困惑与悖论[M].吴汉洪,苏晚囡,译.华夏出版社,2001.

[135]童大林,刘吉.春雨行:对全球发展战略的探讨[M].北京:经济科学出版社,1985.

[136]（法）托克维尔.旧制度与大革命[M].冯棠,译.北京:商务印书馆,2012.

[137]（美）弗兰克·戈布尔.第三思潮:马斯洛心理学[M].吕明,陈红雯,译.上海:上海译文出版社,1987.

[138]（德）叔本华.爱与生的苦恼[M].陈晓南,译.北京:中国和平出版社,1986.

[139]（德）叔本华.人生的智慧[M].韦启昌,译.上海人民出版社,2014.

[140]（保）基·瓦西列夫.情爱论[M].赵永穆,范国恩,陈行慧,译.北京:生活·读书·新知·三联书店,1986.

[141]（英）奥兹本.弗洛伊德和马克思[M].董秋斯,译.北京:生活·读书·新知·三联书店,1986.

[142]（奥）弗洛伊德.论创造力与无意识[M].孙凯祥,译.北京:中国展望出版社,1986.

[143]（奥）弗洛伊德.梦的解析[M].赖其万,符传孝,译.北京:作家出版社,1989.

[144] （美）埃里希·弗洛姆.弗洛伊德思想的贡献与局限[M].申荷永,译.长沙:湖南人民出版社,1986.
[145] （法）居斯塔夫·勒庞.乌合之众:群体心理研究[M].胡小跃,译.杭州:浙江文艺出版社,2015.
[146] （美）瑞·达利欧.原则[M].刘波,綦相,译.北京:中信出版社,2018.
[147] （苏）M.H.鲍特文尼克,M.A.科甘,等.神话辞典[M].黄鸿森,温乃铮,译.北京:商务印书馆,1985.
[148] 余祖政,刘佳.世界经典神话大全集[M].北京:中国华侨出版社,2010.
[149] 山海经[M].方滔,译注.北京:中华书局,2011.
[150] 司马迁.史记[M].黄建华,译注.天津:天津人民出版社,2016.
[151] 司马光.资治通鉴[M].陈磊,译注.北京:中华书局,2019.
[152] 陈寿.三国志[M].张文强,译注.北京:中华书局,2018.
[153] 吕思勉.中国通史[M].武汉:武汉出版社,2011.
[154] 钱穆.国史大纲[M].北京:商务印书馆,1996.
[155] 钱穆.古史地理论丛[M].北京:生活.读书.新知三联书店,2004.
[156] 黄仁宇.中国大历史[M].北京:生活.读书.新知三联书店,1997.
[157] 李兰芳,姜鹏.地图上的中国史[M].北京:中国地图出版社,2016.
[158] 郭静云.夏商周:从神话到史实[M].上海:上海古籍出版社,2013.
[159] 费孝通.江村经济:中国农民的生活[M].北京:商务印书馆,2001.
[160] 余太山.古族新考[M].北京:商务印书馆,2012.
[161] 施展.枢纽[M].桂林:广西师范大学出版社,2018.
[162] 雷敦渊,杨士朋.用年表读通中国史[M].北京:中华书局,2013.
[163] 张承宗,魏向东.中国风俗通史:魏晋南北朝卷[M].上海:上海文艺出版社,2001.
[164] 姚卫群.佛学概论[M].北京:宗教文化出版社,2002.
[165] 谢路军.一口气读完佛教史[M].北京:九州出版社,2007.
[166] 孔祥金.走近孔子[M].北京:中国旅游出版社,2003.
[167] 杨佐仁,宋均平.孔子传[M].济南:齐鲁书社,1999.
[168] 孙善玲.走向神圣——耶稣传[M].北京:中国社会科学出版社,2000.
[169] 安森垚.祖先[M].北京:九州出版社,2017.
[170] （美）秦家骢.祖先:一个家族的千年故事[M].舒逊,曼予,译.北京:北京联合出版公司,2017.
[171] 江应梁.中国民族史(上、中、下)[M].北京:民族出版社,1990.
[172] 殷海光.中国文化的展望[M].北京:中华书局,2016.
[173] 陈胜前.人之追问[M].北京:生活·读书·新知三联书店,2019.
[174] （美）亨利·基辛格.论中国[M].胡利平,等译.北京:中信出版社,2012.
[175] 王治来.中亚通史（古代卷、近代卷、现代卷）[M].乌鲁木齐:新疆人民出版社,2007.
[176] 丁笃本.中亚探险史[M].乌鲁木齐:新疆人民出版社,2009.

[177] 徐霞客.徐霞客游记[M].长春:吉林出版集团,2010.
[178] （英）尼尔·弗格森.文明[M].曾贤明,唐颖华,译.北京:中信出版社,2012.
[179] （法）费尔南·布罗代尔.文明史[M].常绍民,冯棠,张文英,等译.北京:中信出版社,2014.
[180] （美）佩里·M. 罗杰斯.西方文明史 问题与源头[M].潘惠霞,魏婧,杨艳,等译.沈阳:东北财经大学出版社,2011.
[181] （美）威廉·H. 麦克尼尔.5000年文明启示录[M].田瑞雪,译.武汉:湖北教育出版社,2020.
[182] （英）弗里德里希·奥古斯特·冯·哈耶克.自由宪章[M].杨玉生,冯兴元,陈茅,等译.北京:中国社会科学出版社,2012.
[183] （法）蒂埃里·伦茨,（法）帕特里丝·格尼费.帝国的终结[M].邓颖平,李琦,王天宇,译.深圳:海天出版社,2018.
[184] （英）苏珊·斯特兰奇.国家与市场[M].杨宇光,等译.上海:上海人民出版社,2019.
[185] （英）迈克尔·提袭提斯.季风吹拂的土地 现代东南亚的碎裂与重生[M].张馨方,译.上海,上海人民出版社,2021.
[186] （澳）约翰·赫斯特.你一定爱读的极简欧洲史[M].席玉苹,译.桂林:广西师范大学出版社,2011.
[187] （英）赛门·加菲尔.地图的历史[M].郑郁欣,译.台北:马可孛罗文化,2014.
[188] （英）彼得·弗兰科潘.丝绸之路:一部全新的世界史[M].邵旭东,孙芳,译.杭州:浙江人民出版社,2016.
[189] （英）西蒙·蒙蒂菲奥里.耶路撒冷三千年[M].张倩红,马丹静,译.北京:民主与建设出版社,2017.
[190] （德）卡尔·雅斯贝斯.历史的起源与目标[M].李夏菲,译.桂林:漓江出版社,2019.
[191] （美）斯塔夫里阿诺斯.全球通史:从史前史到21世纪[M].吴象婴,等译.北京:北京大学出版社,2006.
[192] （以）尤瓦尔·赫拉利.人类简史 从动物到上帝[M].林俊宏,译.北京:中信出版社,2014.
[193] （以）尤瓦尔·赫拉利.未来简史 从智人到神人[M].林俊宏,译.北京:中信出版社,2017.
[194] （美）彼得·图尔钦.历史动力学[M].陆殷莉,刁琳琳,译.北京:中信出版社,2020.
[195] （美）戴维·威德默,（美）罗伯特·A. 威德默,（美）辛迪·斯皮策.下一轮经济危机[M].宫立杰,译.北京:北京大学出版社,2012.
[196] （美）伊恩·莫里斯.西方将主宰多久[M].钱锋,译.北京:中信出版社,2014.
[197] （美）哈里·S. 登特.下一个大泡泡 续 如何在历史上最大的牛市中获利 2006-2010 第2版[M].阮一峰,姜九红,译.北京:中国社会科学出版社,2008.
[198] （俄）尼古拉·伊万诺维奇·雷日科夫.大国悲剧:苏联解体的前因后果[M].徐昌翰,等译.北京:新华出版社,2013.
[199] 朱东来.大国崛起[M].北京:北京联合出版公司,2016.
[200] 鄢一龙,白钢,章永乐,等.大道之行:中国共产党与中国社会主义[M].北京:中国人民大学出版

社,2015.
[201] (美)阎云翔.私人生活的变革[M].龚小夏,译.上海:上海人民出版社,2017.
[202] 李仲生.发展中国家的人口增加与经济发展[M].北京:世界图书出版公司,2012.
[203] 胡平.中国旅游人口研究:中国旅游客源市场的人口学分析[M].上海:华东师范大学出版社,2002.
[204] 李玉江,张果.人口地理学[M].北京:科学出版社,2011.
[205] 蓝勇.中国历史地理学[M].北京:高等教育出版社,2002.
[206] 赵荣.人文地理学[M].北京:高等教育出版社,2006.
[207] 杨景春,李有利.地貌学原理[M].北京:北京大学出版社,2005.
[208] (美)亨德里克·威廉·房龙.地球的故事[M].余杰,译.西苑出版社,2016.
[209] (英)尼古拉斯·克里福德,(英)吉尔·瓦伦丁,等.当代地理学方法[M].张百平,等译.北京:商务印书馆,2012.
[210] (英)埃比尼泽·霍德华.明日的田园城市[M].金经元,译.北京:商务印书馆,2000.
[211] 赵和生.城市规划与城市发展[M].南京:东南大学出版社,1999.
[212] 黄亚平.城市空间理论与空间分析[M].南京:东南大学出版社,2002.
[213] 吴志强,李德华.城市规划原理[M].北京:中国建筑工业出版社,2010.
[214] 王建国.城市设计[M].南京:东南大学出版社,2001.
[215] 王建民.城市管理学[M].上海:上海人民出版社,1987.
[216] 康少邦,张宁,等.城市社会学[M].杭州:浙江人民出版社,1986.
[217] 顾朝林,柴彦威,蔡建明,等.中国城市地理[M].北京:商务印书馆,1999.
[218] 顾朝林.中国城镇体系:历史·现状·展望[M].北京:商务印书馆,1992.
[219] (美)刘易斯·芒福德.城市发展史:起源、演变和前景[M].宋俊岭,倪文彦,译.北京:中国建筑工业出版社,2005.
[220] 邵益生,石楠,等.中国城市发展问题观察[M].北京:中国建筑工业出版社,2006.
[221] 陆大道,等.中国区域发展的理论与实践[M].北京科学出版社,2003.
[222] 阳建强.城市规划与设计[M].南京:东南大学出版社,2012.
[223] 赵民,陶小马.城市发展和城市规划的经济学原理[M].北京:高等教育出版社,2001.
[224] 新玉言.新型城镇化:理论发展与前景透析[M].北京:国家行政学院出版社,2013.
[225] 张捷,赵民.新城规划的理论与实践:田园城市思想的百年演绎[M].北京:中国建筑工业出版社,2005.
[226] 沈静.珠三角专业镇的发展与创新系统的构建[M].广州:中山大学出版社,2011.
[227] 李仲生.发展中国家的人口增加与经济发展[M].北京:世界图书出版公司,2012.
[228] 王国平.城市论[M].北京:人民出版社,2009.
[229] 冯艳,黄亚平.大城市都市区簇群式空间发展及结构模式[M].北京:中国建筑工业出版社,2013.

[230]唐燕.城市设计运作的制度与制度环境[M].北京:中国建筑工业出版社,2012.

[231]吴晓松,吴虑.城市景观设计:理论、方法与实践[M].北京:中国建筑工业出版社,2009.

[232]徐文辉.城市园林绿地系统规划[M].武汉:华中科技大学出版社,2007.

[233]郝鸥,陈伯超,谢占宇.景观规划设计原理[M].武汉:华中科技大学出版社,2013.

[234]李静.园林概论[M].南京:东南大学出版社,2009.

[235](美)诺曼·K.布思.风景园林设计要素[M].曹礼昆,曹德鲲,译.北京:中国林业出版社,1989.

[236]唐晓岚.风景名胜区规划[M].南京:东南大学出版社,2012.

[237]王云才.乡村景观:旅游规划设计的理论与实践[M].北京:科学出版社,2004.

[238]郑健雄,郭焕成,陈田.休闲农业与乡村旅游发展[M].徐州:中国矿业大学出版社,2005.

[239]曹诗图,廖荣华,王衍用,等.社会发展地理学概论[M].武汉:中国地质大学出版社,1992.

[240]杨吾扬.地理学思想史纲要[M].开封:河南大学地理系印,1984.

[241]杨吾扬.产业和城市区位导论[M].开封:河南大学地理系印,1985.

[242]胡欣.中国经济地理(第6版)[M].上海:立信会计出版社,2007.

[243]杜德斌,冯春萍,李同升,等.世界经济地理[M].北京:高等教育出版社,2009.

[244]赵济.中国自然地理(第3版)[M].北京:高等教育出版社,1995.

[245]中国青藏高原研究会,星球研究所.这里是中国[M].北京:中信出版社,2019.

[246]刘沛林.风水:中国人的环境观[M].上海:上海三联书店,1995.

[247]王深法.风水与人居环境[M].北京:中国环境科学出版社,2003.

[248]亢亮,亢羽.风水与城市[M].天津:百花文艺出版社,1999.

[249]亢羽.中华建筑之魂:易学堪舆与建筑[M].北京:中国书店,1999.

[250]全国监理工程师培训教材编写委员会,全国监理工程师培训教材审定委员会.工程建设投资控制[M].北京:知识产权出版社,2000.

[251]全国监理工程师培训教材编写委员会,全国监理工程师培训教材审定委员会.工程建设质量控制[M].北京:知识产权出版社,2000.

[252]全国监理工程师培训教材编写委员会,全国监理工程师培训教材审定委员会.工程建设合同管理[M].北京:知识产权出版社,2000.

[253]国家发展计划委员会,建设部.工程勘察设计收费标准[M].北京:中国物价出版社,2002.

[254](美)珍妮特·沃斯,(新)戈登·德莱顿.学习的革命[M].顾瑞荣,陈标,等译.上海:上海三联书店,1998.

[255]王琪延.中国人的生活时间分配[M].北京:经济科学出版社,2000.

[256]黄镇.工时博弈:休息权的实现与限度[M].北京:法律出版社,2020.

[257]杜佐标.岁月留墨:回望六十年[M].北京:国际文化出版公司,2020.

[258](英)玛格丽特·博登.AI:人工智能的本质与未来[M].孙诗惠,译.北京:中国人民大学出版社,2017.

[259] 涂子沛.大数据:正在到来的数据革命,以及它如何改变政府、商业与我们的生活[M].桂林:广西师范大学出版社,2012.

[260] 程大章.智慧城市顶层设计导论[M].北京:科学出版社,2012.

[261] (美)迈克尔·塞勒.移动浪潮:移动智能如何改变世界[M].邹涛,译.北京:中信出版社,2013.

[262] 吴功宜,吴英.物联网工程导论[M].北京:机械工业出版社,2012.

[263] 王贤坤.虚拟现实技术与应用[M].北京:清华大学出版社,2018.

[264] (美)乐威汀.算法设计与分析基础[M].潘彦,译.北京:清华大学出版社,2004.

[265] 中国社会科学院工业经济研究所未来产业研究组.影响未来的新科技新产业[M].北京:中信出版社,2017.

[266] 董观志.旅游主题公园管理原理与实务[M].广州:广东旅游出版社,2000.

[267] 董观志,苏影.主题公园营运力管理:"六员一体"解决方案[M].北京:中国旅游出版社,2005.

[268] 郑维,董观志.主题公园营销模式与技术[M].北京:中国旅游出版社,2005.

[269] 董观志,白晓亮.旅游管理原理与方法[M].北京:中国旅游出版社,2005.

[270] 董观志.旅游学概论[M].沈阳:东北财经大学出版社,2007.

[271] 董观志.景区经营管理[M].广州:中山大学出版社,2007.

[272] 董观志.旅游学基础教程[M].北京:清华大学出版社,2008.

[273] 董观志.现代景区经营管理[M].沈阳:东北财经大学出版社,2008.

[274] 董观志,梁增贤.旅游管理原理与方法[M].武汉:华中科技大学出版社,2020.

[275] 董观志.景区运营管理[M].武汉:华中科技大学出版社,2016.

[276] 董观志,张颖.品牌优势+产业集群:华侨城的战略轨道[M].广州:中山大学出版社,2008.

[277] 董观志,张颖.旅游+地产:华侨城的商业模式[M].广州:中山大学出版社,2008.

[278] 董观志,李立志.盈利与成长:迪斯尼的关键策略[M].北京:清华大学出版社,2006.

[279] 董观志,傅轶.武隆大格局:中国旅游的领先之道[M].武汉:华中科技大学出版社,2015.

[280] 董观志,肖凯提·吐尔地.疆山如画[M].北京:中国旅游出版社,2015.

[281] 董观志.仙境沔城:田园古城的现代思想与全域规划[M].武汉:华中科技大学出版社,2019.

[282] 董观志,李广明,李舟.世界只有一个墨脱:乡村振兴的示范样本与实施方案[M].武汉:华中科技大学出版社,2022.

[283] 董观志.山河壮志:从文旅富民到乡村振兴的操作模式与行动策略[M].武汉:华中科技大学出版社,2022.

[284] (美)瑞·达利欧.债务危机[M].赵灿,熊建伟,刘波,译.北京:中信出版社,2019.

[285] 李录.文明、现代化、价值投资与中国[M].北京:中信出版社,2019.

[286] 巴曙松,周冠南,禹路等.2022年中国资产管理行业发展报告[M].北京:中国财政经济出版社,2022.

[287] (美)威廉·欧奈尔.笑傲股市[M].北京:机械工业出版社,2010.

后记

　　这是一本由讲义编撰而成的教科书。

　　因为我既有大学校园里的定岗授课，也有峰会论坛上的公开演讲，还有全国各级政府机构里的培训讲课。大学校园里从学生到教授，旅游企业里从员工到集团董事长，旅游地区里从村民到省市领导，都有我授课的听众，应该有百万之众。如果加上电视节目和网络上的视频课程，听众就更多啦。这都是30多年的时间给予我的回报，让我有机会将讲稿汇集成册，几乎每年都出版1本书。感恩时代，我们幸运地跟上了旅游业快速发展的经济周期。

　　1985年5月，湖北大学地理系主任方辉亚教授主持《湖北省大洪山风景名胜区总体规划》编写项目，我们1983级地理系的全体同学随老师们分为钟祥组和随州组对大洪山区进行了综合考察，我所在的是动植物资源考察小组。1986年暑假，方辉亚教授再次考察京山县境内的大洪山片区，马林老师和熊剑平老师，我和涂贻福、王朝南、陈迪和、毛杰5名学生参与了这次考察活动。1988年8月，国务院公布第二批国家重点风景名胜区名单，大洪山名列其中，是湖北省当年唯一上榜的风景名胜区。现在回望彼时，发现我的旅游管理专业工作就是从规划大洪山国家级风景名胜区开始的。

　　1994年9月，通过全国硕士研究生招生统一考试后，我拜在湖北大学旅游学院院长马勇教授门下，开始旅游管理专业的学习和探索。马勇教授站在旅游学研究的至高处，一方面用睿智的理论体系指导我深耕旅游学术领域的前沿问题，另一方面用务实的理念导向指引我拓展旅游教育领域的焦点问题。

　　2003年9月，通过中山大学博士研究生统一考试后，我拜在中山大学规划设计研究院院长陈烈教授门下，主攻人文地理的区域可持续发展方向。陈烈教授是区域发展战略和城乡体系规划领域的泰斗级学者，经常叮嘱我"不要做教授中的学院派，要做教授中的实战派"，让我惶恐地砥砺前行。

　　马勇教授激发了我研究旅游学术前沿问题的浓厚兴趣，之后几十年，我发表了100多篇学术论文，出版了20多本学术著作，从而为业界贡献了系列理论成果——旅游圈成为旅游规划的空间布局范式，主题公园概念成为业界定义同类业态的基本术语，稳定度成为区域旅游的业态衡量指标，满意度成为游客评价景区品牌形象的关键指标，7：2：1成为主题公园盈利水平的评价常数，P&C成为主题公园营销的实现技术，六员一体解决方案成为主题公园运营力的管理模式，价值变现力的圈层模型成为旅游发展战略管理的梯度层次理论……这些研究成果被学术界高频率地引用和传播，形成了特殊的影响力。2009年我被《人文地理》第3期专门介绍为"中国著名中青年人文地理学家"，2018年被创刊30周年的《旅游学刊》颁发了"中坚作者奖"，2021年4月24日在文化和旅游部直属的中国旅游研究院发布的1978—2018年"旅游论文学术影响力TOP100"和"旅游论文作者学术影响力TOP100"双榜中名列21位和40位。

　　陈烈教授敦促我以坚定意志扎根旅游社会实践，我几十年如一日，行走在祖国各地，足迹遍布海峡两岸、长城内外、深山老林、大漠戈壁、冰川雪峰和边境地区，考察旅游业的足迹遍布亚洲、非洲、欧洲和美洲的许多国家和地区，坚持把论文写在大地之上。20多年坚持参与华侨城集团旅游业具体项目落地实施，18年坚持参与推进重庆市武隆区旅游业，10多年坚持参与新疆旅游业实施跨越式发展战略，从浙江宁波到西藏墨脱，从海南三亚到吉林延边，从山东潍坊到新疆喀什，凡是游客云集的旅游目的地，驴友心驰神往的秘境圣地，只要有利于旅游富民和乡村振兴，我都有约必行，而且虽远必达。《品牌优势+产业集群：华侨城的战略轨道》《中国的欢乐谷：构建主题公园的连锁品牌》《武隆大格局：中国旅游的领先之道》《疆山如画：乌鲁木齐市南山旅游产业基地总体规划》《仙境沔城：田园古城的现代思想与全域规划》《世界只有一个墨脱：乡村振兴的示范样本与实施方案》《山河壮志：从文旅富民到乡村振兴的操作模式与行动策略》……这些著作标注了我热爱祖国和深爱旅游业的技术路径。

几十年来，全国31个省份的地方政府和旅游企业邀请我主持完成了一系列规划设计项目，参与了一系列的旅游活动，正是这样的背景和实践，赋予了我分享《旅游管理十五讲》的内在动力。目前，旅游业重启新征程，在双循环新格局中走上了高质量发展轨道，尤其需要新的价值观，旅游管理者的价值变现力不仅弥足珍贵，而且刻不容缓！所以，本书从战略决策力、管理执行力、资源整合力、市场竞争力和运营收益力"五力合一"的角度，力图构建旅游管理的价值变现力。

人生的路无需苛求，只要你迈步，就能山高人为峰。有趣的人生，一半是山川湖海，诗和远方尽在墨香浓郁处。此刻，更加怀念2003年3月20日离开我们的母亲，思念远在湖北仙桃的90岁的父亲，想念勤劳辛苦的兄弟姐妹，挂念质朴奋斗的家人们，感念鼓励我的巧玲、张弛、乔生和支持我的傅轶、白晓亮、刘芳、刘改芳、杨凤影、孟清超、李立志、徐斌、谢丽君、李世清、谭家斌、赵晋良、唐艳、梁增贤、张晓斌、张笙、徐芳芳、卓友生、周晓文、马翔、谢永宁、何艇、徐晓倩、童梦蝶、羊珏瑜、徐缘等学生们，谛念因为旅游业结识的同道朋友和帮助过我的牧民村民，感谢一起坚守燕晗山下20多年的段开成、程斌、吴克祥、李舟、朱明芳、张弛、于广玲、朱春玲、孙光、赵荔、蓝蔚、李文丽、张秋慧、王求是、赖俊勇、刘森林、汪传才、侯智德、葛学奎、黄俊武、黄美东、李世涛、郑天翔、白华、张含宇、苗玲玲、罗靖、张端祥、黄文卿、杨革生等同事，感恩百年名校暨南大学给予和而不同的学术氛围和忠信笃敬的行动力量！

本书作为讲义，在成稿的过程中收集和参考了大量的教材、专著、报刊、内部文件和网络资料，在此对有关作者和机构表示衷心的感谢。这是（45022418）喀什大学旅游学科发展规划（45022016-子课题）的成果之一，感谢暨南大学校长宋献中教授、副校长张宏教授大力支持智力援疆，深圳校区执行主任杜金岷教授安排我、李舟教授、朱明芳教授参与智力援疆的具体工作；感谢喀什大学党委书记薛继海教授、党委常委赵斌副校长为我们课题组提供了切实的保障条件，喀什大学资产管理处刘江处长和喀什大学旅游学院张含宇副院长对我们的倾情支持。要特别感谢文旅实战营销领军人物熊晓杰先生、广东旅游出版社刘志松社长、林保翠责任编辑的鼎力支持！

  由于本人的知识局限和时间约束，作为讲义的书稿内容肯定有许多不如人意的地方，甚至错误，敬请大家批评和指正（767312016@qq.com）。祝福阅读到《旅游管理十五讲》的朋友们得偿所愿，惊喜圆成！

董观志

2023年3月28日